1 MONTH OF
FREE
READING

at

www.ForgottenBooks.com

By purchasing this book you are
eligible for one month membership to
ForgottenBooks.com, giving you
unlimited access to our entire
collection of over 1,000,000 titles via
our web site and mobile apps.

To claim your free month visit:

www.forgottenbooks.com/free760822

ISBN 978-0-332-61352-9
PIBN 10760822

This book is a reproduction of an important historical work. Forgotten Books uses
state-of-the-art technology to digitally reconstruct the work, preserving the original format
whilst repairing imperfections present in the aged copy. In rare cases, an imperfection in
the original, such as a blemish or missing page, may be replicated in our edition. We do,
however, repair the vast majority of imperfections successfully; any imperfections that
remain are intentionally left to preserve the state of such historical works.

VOYAGE CRITIQUE

A

L'ETNA.

TOME PREMIER.

IMPRIMERIE DE FAIN, PLACE DE L'ODEON.

All'Egreggio Autore

a Gallia Poetica

stima ed amicizia offro

Autore suo amminator

...co; Parigi li 2 Aprile 1

J. A. de Tourbillon

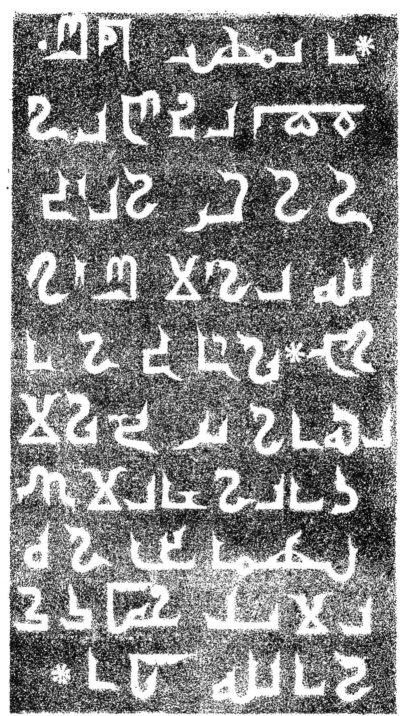

VOYAGE CRITIQUE

à l'Etna

en 1819.

Par J. de Gourbillon,

Tome 1er.

Ceci, je ne l'ai pas lu, je ne l'ai pas entendu ;
mais je l'ai vu de mes yeux.

Métrorgie Égyptienne, L. b. Ch.b.

Cime de l'Etna: Maison de Refuge: Tour du Philosophe.

PARIS,

La librairie universelle de P. Mongie

VOYAGE CRITIQUE

à l'Etna

en 1819.

Par J. A. de Gourbillon,

Tome 1er.

Ceci, je ne l'ai pas lu, je ne l'ai pas entendu;
mais je l'ai vu de mes yeux.

Pétrarque. Epit. tom. I. L. E. 3.

Cône de l'Etna: Maison de Refuge: Tour du Philosophe.

PARIS,

ERRATA

DU PREMIER VOLUME.

Pag. 6, lig. 11. Pachinum; *ici et ailleurs*, *lisez* : Pachynus.

id. lig. 17. Lelybée; *lisez* : Lilybée.

20, lig. 15. qui produiraient; *lisez* : que produiraient.

id. lig. 17. la plus complée; *lisez* : la plus complète.

24, lig. 1. disposés; *lisez* : disposée.

id. lig. 5. *Entre les deux paragraphes*, *ajoutez* : DES ANGLAIS, A NAPLES.

25, lig. 19. *Même omission ; ajoutez* : MIRACLE DE S. JANVIER.

67, *Note* 2. après; *lisez* : de.

69, lig. 7. Enfin Alphonse; *lisez* : Enfin, l'an 1435, Alphonse.

71, *Note.*, Juillet; *lisez* : Juin.

72, *Note.* Throug; *lisez* : through.

89, lig. 25. *Entre les deux derniers paragraphes*, *ajoutez* : VÊPRES SICILIENNES.

129, lig. 1. dix lieues et demie; *lisez* : deux lieues et demie.

263, lig. *antépénult.* Tyrrhénienne; *lisez* : Tyrrhène.

279, lig. 13. le cours; *lisez* : le nom.

289, lig. 22. vers la fin; *lisez* : vers le milieu.

293, lig. 14. est fermé; *lisez* : est formé.

378, *Fausse pagination ; on lit* : 387 ; *lisez* : 378.

392, lig. 1. une persónne; *lisez* : des personnes.

409, *Note* 1. Inf.; *lisez* : Purg.

421, *Note* 2. Voyez ci-dessus, pag. 401 ; *lisez* : Voyez ci-dessus, pag. 344.

431, lig. 1. orientale; *lisez* : occidentale.

432, lig. 27. dicilivité; *lisez* : déclivité.

465. *Note* 2. *Le Châtaignier des cent chevaux*, comme dit Borch; *lisez* : *La Chataigne* des cent chevaux, comme dit Borch.

478, lig. 21. et l'explication fut; *lisez* : et l'explication est, etc.

490, *Note* 2, lig. 2. 1565 ; *lisez* : 1566.

513, lig. 20. soixante-cinq ; *lisez* : soixante-six.

521, lig. 22. pas géométriques ; *ajoutez en note* *.

* Le pas géométrique est de cinq pieds ; d'où il résulte que la masse volcanique sortie hors du sein de l'Etna, en 1669, aurait eu 419,193,850 pieds cubiques.

Nota. L'emploi de l'accent circonflèxe est aussi étranger au dialecte sicilien, qu'à la langue italienne; toutefois, on a cru devoir s'en servir dans le cours de cet ouvrage, quant aux noms d'hommes et de lieux, à l'effet d'indiquer la place de l'accent tonique, ou élévation de la voix, sur certaines syllabes. Ce mode d'orthographe faciliterait beaucoup la lecture des poëtes et des prosateurs ultramontains; et il serait à désirer qu'il fût généralement adopté, non-seulement en France, mais en Italie même.

VOYAGE CRITIQUE

A

L'ETNA,

EN 1819.

~~~~~~

INTRODUCTION.

Q<small>UOI</small> <small>QU'IL</small> en soit, vers la fin de l'an de grâce 1818 selon le calcul de l'Église, et 1822 selon celui de la raison (1), la révision d'un gros

---

(1) Vers la fin du cinquième ou au commencement du sixième siècle, un moine, Scythe de naissance et chronologue de son métier, imagina, le premier de tous, de compter les années à partir de la naissance de Jésus-Christ ; le moine se trompa dans son calcul : l'erreur fut ensuite démontrée ; ce qui n'empêcha pas l'Église d'adopter le système de Denys le Petit, et de faire naître Jésus-Christ quatre ans et quelques jours plus tard qu'il n'est né en effet. Voilà une erreur bien grossière consacrée depuis bien du temps : les Turcs, que nous traitons de barbares, n'ont jamais divagué sur l'hégire.

livre (1), aussi bon qu'un gros livre peut l'être, m'avait conduit en Italie.

Pour la troisième fois je revoyais Florence, et sa célèbre galerie, qui attend encore de nos jours un ordre plus intelligible et des rideaux un peu moins sales.

Rome m'avait offert de nouveau le luxe de ses palais et la misère de ceux qui les habitent. J'avais revu ses cardinaux tonsurés et ses cardinaux sans tonsure ; ses églises, ses convens, ses madones, ses saints, ses pieuses amulettes ; j'avais revu ses prêtres, ses sbires, ses moines, ses castrats, ses bandits, son armée et ses ruines ! De nouveau je m'étais égaré dans cette population fictive, au milieu de ce peuple mort-né, pieux oisifs de tout rang, de tout genre, de toute classe ; j'avais revu, enfin, ce qu'on ne s'attendait guère à revoir ; et j'étais depuis six mois à Naples, que je doutais encore de ce que j'avais vu.

Au moment où, sur le point de repasser en France, je m'affligeais d'avoir à traverser encore le

_____

(1) *Les Florentines*, ou *Lettres Critiques sur Dante*, avec une imitation en vers de la première partie de son poëme. Cet ouvrage est fait depuis long-temps : il n'attend pour paraître que des circonstances politiques un tant soit peu raisonnables : or, comme dit Figaro, je suis bien près de les trouver ; voilà trente ans que je les cherche !

grand couvent des Sept-Collines , un Anglais me proposa de passer avec lui du Vésuve à l'Etna. J'aurais été à tous les diables , plutôt que de retourner à Rome : les foudres de tous les volcans du monde m'auraient moins effrayé que les foudres de l'Église : j'acceptai la proposition ; et il fut résolu que j'irais en Sicile.

De tous les pactes volontaires , les associations de voyages sont ceux que l'on conclut le plus vite, et dont on se repent le plutôt. J'en sais peu , toutefois , qui demandent plus de réflexion et de prudence : tout engagement de ce genre est un contrat réel , bien plus important qu'on ne croit: de lui seul dépend en effet la cherté ou l'économie , le plaisir ou l'ennui , le profit ou l'inutilité du voyage. Le pacte le plus sérieux de la vie , le mariage même , n'offre guère de chances plus hasardeuses : s'il est vrai que celles-ci soient effectivement plus à craindre, ce n'est du moins qu'en raison de leur durée ; rayez de l'acte le mot *éternel*, et la différence disparaît. Voyager seul est une nécessité fort triste ; mais voyager avec un homme dont l'humeur, les opinions , la manière de sentir et de voir , vous sont directement opposés , c'est le comble des misères humaines : mieux vaudrait mille fois renoncer au voyage , ou se pendre quand il est entrepris !

L'Anglais avec lequel j'avais conclu mon propre pacte, et dont je tais ici le nom, par des raisons qui s'expliqueront d'elles-mêmes ; cet An-

glais, dis-je, était un homme très-estimable, et,
de plus, un homme fort instruit. Un rapprochement journalier m'avait fait reconnaître en lui une
foule de qualités précieuses; en un mot, la plus
grande prudence semblait avoir fixé mon choix :
et, quand je signai le contrat, j'étais fort loin de
soupçonner la chaîne ! Mais autre chose est de lo-
ger, de dîner et d'aller au spectacle ensemble
dans une ville comme Naples, ou d'être cinq à six
mois, face à face l'un de l'autre, dans une
chambre d'auberge, une litière ou une cabine
de bâtiment : l'amour le plus robuste pourrait
bien en pâlir; et je le donne au plus hardi ?

Ce malheureux engagement finit donc comme il
devait finir : comme finissent tous ceux du même
genre : au bout de quelques semaines de patience
et de sacrifices mutuels, chacune des parties con-
tractantes n'eût pas été fâchée de se débarrasser de l'autre : une fausse délicatesse nous retint;
et quand, n'y pouvant plus tenir, je levai le premier l'étendard de la révolte, et quittai mon Anglais à Catane, déjà, depuis long-temps, nous nous
étions privés tous deux de ce calme de l'esprit et
l'âme, de ce contentement intérieur, en un mot,
de cette chère et rare indépendance, trésor inestimable et trop peu estimé, sans le secours duquel, dans un palais comme dans une chau-
mière, aux champs comme à la ville, en route
comme chez soi, on fait mal ce que l'on veut
faire.

Une fois ma résolution prise, je ne m'occupai plus que de l'achat des livres les plus indispensa-
. bles; et quand, à force de recherches, je fus parvenu à tròuver cinq ou six volumes lisibles, échappés comme par miracle à la censure napolitaine, comme à l'index apostolique; lorsque j'eus sous les yeux d'Orville, Brydone, Ryedesel et Borch, je me crus plus au fait des choses de la Sicile que ne le furent jamais Thucydide, Diodore, Massa, Amico, Fazzèllo et Cicéron même! Telle fut même, pendant long-temps, mon aveugle confiance en mes illustres guides que, plutôt que de douter de leur bonne foi ou de leurs lumières, j'aurais cru volontiers que, si ce que je voyais était autre que ce qu'ils avaient vu, c'est que, depuis l'époque de leur propre voyage, quelque grand tremblement de terre avait apparemment changé la face des objets et des choses? C'était pousser loin la confiance : je m'en suis un peu corrigé.

Cicéron remarque quelque part, qu'il lui semble étonnant que deux augures puissent se rencontrer sans rire : depuis que je cours le monde, et que j'écoute ceux qui l'ont couru, je m'étonne bien plus moi-même que deux voyageurs se lisent, en gardant mutuellement leur sérieux.

De tous les voyageurs modernes qui ont écrit sur la Sicile, Borch, à ce que je sache, est celui qui resta le plus long-temps en route? Parti de Naples le 20 décembre 1776, je l'y trouve de retour le 29 juillet suivant. Durant ce court intervalle, il aura fait bien du chemin : suivons-le un peu dans sa route.

Il est passé de Naples au fond de la Calabre ; il a vu les principaux ports ; il a fait plusieurs excursions dans les terres ; puis il est arrivé à Messine ; d'où, après quelque séjour, il a été droit à Catane. C'est là qu'il gravit l'Etna, là qu'il observe et décrit toutes les éruptions et tous les produits du volcan. Ensuite, il se remet en route ; il visite successivement Leontium, Mégare, Syracuse, et poussé jusqu'au cap Pachynum ; d'où encore, par un vent favorable, il quitte les côtes de la Sicile, et cingle à toutes voiles vers Malte. De Malte, le voilà qui passe à l'île de Goz ; et de l'île de Goz le même vent le ramène en Sicile, où, toujours actif et courant, il visite et décrit encore Agrigente, Géla, Lilybée, Drepanum, Ségeste, Monréal et Palerme ; ville où il séjourne fort longtemps, et qu'il ne quitte, comme il le dit lui-même, qu'avec un vif attendrissement. En un mot, il parcourt en entier la Sicile, ses côtes et ses îles; et revient sain et sauf à Naples, sept mois après l'avoir quitté.

Je suppose que, pendant cette course, l'auteur se sera quelquefois arrêté, ne fût-ce même que pour écrire, manger, boire et dormir ? mais il n'en est pas moins merveilleux, pas moins admirable sans doute que, dans un pays où l'on ne va qu'au pas d'une mule, et où les occasions de mer sont le plus ordinairement aussi lentes que précaires ; il n'est pas moins étonnant, dis-je, qu'un hómme soit parvenu à faire, en si peu de temps, douze à quinze cents milles de chemin, sur des routes hérissées de rocs, de torrens, de gouffres et de laves ! et tout cela en compilant en route deux volumes passablement lourds, remplis d'observations exactes sur la topographie, le climat, l'agriculture, les phénomènes naturels, les monumens anciens et modernes, les établisse-mens civils, militaires et religieux ; les lois, les mœurs, les coutumes, les usages, l'histoire, les arts, les sciences, les lettres, l'industrie nationale, le caractère et la langue de tant de provinces, de tant d'hommes, formant une population de plus d'un million d'habitans ? Cependant, comme personne ne l'ignore, M. le comte de Borch a fait tout cela.

Quant au baron de Ryedesel, et surtout à Patrick Brydone, c'est bien encore une autre allure ! Montés sans doute sur l'hippogriffe d'Astolphe, c'est avec la rapidité d'un trait qu'ils traversent les terres et les mers ! Trois à quatre mois leur suffisent pour tout voir, tout décrire, tout juger : on n'exécute plus des voyages de ce genre ; et nos Mungo-Parck du jour se traînent où ces messieurs volaient !

Et moi aussi, car il est bon que l'univers le sache, et moi aussi j'ai vu cette île célèbre, cette ancienne Trinacrie, ou, comme d'autres le disent, cette ancienne Triquétrie ; j'ai parcouru de tout sens cette Sicile si vantée, cette Ile du Soleil, cette terre de promission, ce vieux grenier de notre vieille Europe ; grenier qui , de nos jours , paraît suffire à peine à nourrir assez mal un petit nombre d'habitans ; et dans lequel tout homme qui ne vit pas exclusivement d'admiration et d'extase , de noix sèches et d'eau claire , *d'ave Maria* et *d'orémus* , fera bien , s'il m'en croit , de ne pas pénétrer sans avoir un pain dans sa poche ! Quelques mois m'ont également suffi pour voir tant de pays fameux , pour battre tant de mers aventureuses , pour fouler tant de sols classiques ! Cependant quoiqu'aussi convaincu que mes illustres devanciers , et de l'intérêt de la course , et de la justesse de mes remarques , comme il se pourrait faire qu'en allant aussi vite , je n'eusse vu les choses qu'en passant , je ne me trace point un plan aussi vaste que le leur ; je ne tranche point la question que l'on peut agiter encore ; et ne parle que de ce que j'ai vu.

Que si parfois je parais en agir autrement , ce n'est que dans les cas assez rares où, pour juger la chose, il ne s'agit que d'avoir des yeux. C'est ainsi , par exemple , que là où je n'ai pu me procurer du pain, j'en ai conclu que le pain manque ? et que là où je n'ai vu qu'oppression , avilissement , misère et moines , j'en ai conclu que le peuple pouvait être mieux ? Au surplus j'ai pu me tromper; car il n'y a que moyen de voir et de représenter les choses ! A cette exception près, on juge mal en courant la poste : j'ai couru la poste moi-même : je me suis abstenu de juger. J'ai pu parfois me récrier sur certains préjugés, et m'égayer un peu aux dépens de certains usages ; mais ni la remarque, ni le rire n'ont rien de personnellement offensant. On ne saurait trop le redire : les hommes sont partout ce que le gouvernement les fait. Depuis l'époque fort récente où, à cinq à six cents lieues de la France, je confiais au papier mes observations journalières, nous mêmes ne sommes plus ce que nous avons été ; et la plupart de ces remarques retombent aujourd'hui sur nous.

Les citations pédantesques, les lambeaux des poètes, les mesures par lignes et par pouces ne sont point entrées dans mon plan, ou du moins je n'en ai usé qu'avec beaucoup de réserve. Depuis qu'on publie des voyages en Grèce, en Égypte, en Italie et en Sicile, ce fatras scolastique n'a que trop passé de livre en livre. Il n'est pas un temple debout, pas un temple abattu, pas un dieu, pas un marbre, pas une pierre qui n'ait été cité, décrit, prôné, baptisé, débaptisé, et mesuré de tout sens ! Avec plus de raison encore, ne décrirai-je point le monument qui n'est plus; c'est bien assez sans doute de parler de celui qui existe? Ce dernier genre de description est le plus fastidieux, le plus inutile de tous; il provoque à la fois l'impatience et la pitié : une fois sur les lieux, chaque trait du tableau contredit la nature du site, et chaque partie du site donne le démenti au tableau.

Admirer tout, ou ne rien admirer, sont des systèmes également fautifs : la plupart des voya-

geurs se décident pour l'un ou pour l'autre : le
but et l'esprit du voyage est fixé avant le départ ;
et la course est à peine entreprise , que le livre est
aux trois quarts écrit ! Soit bizarrerie , soit prudence , les jugemens tout faits n'ont point été les
miens : le nom, la réputation, les éloges unanimes,
l'engouement général, ne me font point admirer ce
que je ne trouve point admirable ; l'improbation
commune ne me porte point à blâmer ce qui me
paraît digne d'éloge. Je dis ce que j'ai vu , et peins
ce que je sens , sans m'occuper de ce qu'ont dit et
senti les autres. Un peu las , je l'avoue , de tant
d'éloges payés au pays parcouru , j'ai pu voir sous
un jour assez peu favorable, l'objet qu'on m'avait
trop vanté : l'excès de l'exaltation commune a
pu glacer mon âme et refroidir mon imagination ;
mes impressions ont pu être fautives , mes jugemens hasardés ; mais ni les unes ni les autres
ne tiennent à un plan fait d'avance ; je les donne
comme je les ai reçues et formés ; en un mot , si
je me trompe , je me trompe de bonne foi , sans
dessein de tromper les autres. Je veux savoir pourquoi je me fâche, disait plaisamment Figaro : je me
suis aussi dit, je veux savoir pourquoi je m'enthousiasme.

On me reprochera peut-être encore une ten-
dance naturelle à m'élever contre les autorités
les plus respectables , à heurter les opinions les
plus accréditées? soit; chacun a son allure, et celle-
ci est la mienne. Toutefois il n'est pas d'attitude

plus soumise et plus humble que celle que je
garde généralement devant la science : que si, parfois la patience m'échappe, c'est que tout autre
n'en aurait pas plus que moi.

Au reste, je le crains fort, de ces différens élémens, il ne saurait sortir qu'un assez fade ouvrage :
aussi ne donné-je ce fatras de remarques que pour
ce qu'il vaut en effet ; mais, d'un autre côté, si
depuis l'époque de mon départ, les idées et les choses ne sont pas entièrement changées en France,
il me semble qu'en ma qualité d'auteur, je suis encore en droit de publier un méchant livre.

UN MOT SUR ,NAPLES.

NAPLES serait la plus agréable ville du monde, si ceux qui y passent étaient sourds, ou si ceux qui l'habitent étaient muets. Je n'en doute pas un moment: c'est ici, et seulement ici, que Dante aura pu prendre le vacarme de son enfer ! Au bout de six mois de séjour, j'étais aussi peu fait au bruit de cette ville, qu'à l'heure même ou j'y étais entré; j'allais dire à celle où j'y rentre. Le peuple napolitain peut se vanter de faire plus de bruit à lui seul que la totalité des autres peuples de la terre ! Son langage habituel est un cri : ce cri s'appellerait ailleurs hurlement. La voix formidable de Stentor, la trompe de Nembroth et de Roland ne se feraient pas mieux entendre ici, que les sons argentins d'un castrat de la chapelle Sixtine ! Quand la grande trompette sonnera, Naples sera la dernière à l'entendre ; et l'ange s'époumonera en vain.

Paris n'est pas muet sans doute : j'ai peint le bruit des abords de Londres, et celui de la ville même (1); mais, sous ce point de vue, et comparativement à Naples, Londres et Paris sont de vraies landes,

---

(1) *L'Angleterre et les Anglais*, ou *Petit Portrait d'une grande famille.* Tom. I, Lett. V et VI, pag. 59 et suiv.

des solitudes silencieuses , l'asile du calme et du repos ! Celui qui n'aura pas vu Naples , criera à l'exagération : celui qui l'aura vue , tiendra la comparaison pour faible.

Non - seulement le bruit de Naples assourdit et étonne l'étranger qui parcourt la ville pour la première fois ; mais ce bruit le frappe et l'inquiète fort long-temps avant d'y entrer ; et partienlièrement du côté de la route de Rome. A peine a-t-il franchi une partie des dix-neuf à vingt milles qui sèparent la petite ville des Osques , l'ancienne et célèbre Attella (1) , des murs non moins fameux de Parthenope , qu'un sourd bruissement fixe son attention : il regarde , et ne voit qu'une allée (2) à perte de vue ; il écoute , et le bruissement redouble ; il avance , et le bruissement devient un bruit distinct ; il est à peine dans le faubourg de la ville , et déjà il ne s'entend plus : une lieue plus loin , il est entré dans Naples : il a cru entrer dans l'enfer !

Quels sont ces cris perçans ? que signifient ces hurlemens horribles ? où vont ces flots de peuple qui , roulant plutôt qu'ils ne marchent , se croisent , se heurtent , se fendent et se précipitent en tous sens , en criant comme des perdus ? L'ennemi

---

(1) Aujourd'hui Aversa, la dernière poste, sur cette route.

(2) Cette belle avenue commence à Câpo di Chîno , petit village entre Aversa et Naples.

serait-il aux portes de la ville ? leurs jours seraient-
ils menacés ? saint Janvier ou le prince a-t-il fait
quelque nouveau miracle ? le Vésuve est-il entrou-
vert, ou s'agit-il enfin de quelque grande fête?
Telle est l'incertitude où l'on est ; telles sont les
questions qu'on ne manque pas de se faire, la première fois qu'on entre dans Naples ; et ce n'est pas
sans surprise qu'on reconnaît ensuite que tant
de bruit et de tumulte est le bruit et le tumulte
de tous les jours.

Non-seulement je n'exagère point ici l'impression qu'on éprouve en arrivant à Naples ; non-seulement ce fracas inouï vous frappe plus ou moins
dans toutes les parties de la ville ; mais je vais
jusqu'à dire qu'il ne peut en être autrement : une
multitude de causes secondaires, toutes indépen-
dantes de l'esprit national , naturellement porté à
la gaieté bruyante , contribuent en effet à faire de
cette immense ville (1) l'empire du tumulte et du
bruit.

Située sur la pente d'une longue chaîne de
montagnes (2) , qui , du côté de l'ouest, la dominent entièrement, et qui , du côté de l'est et du
nord , diminuent peu à peu de hauteur, Naples
est effectivement cernée par une muraille naturelle;

· (1) Naples n'a pas moins de vingt-deux milles , ou
sept lieues de circuit.

(2) Les monts Pausilippe , Saint-Elme et Antignâ-
no , et les montagnes de la Calabre.

le dessous de la ville n'est, à proprement parler, qu'une seconde ville, une vaste catacombe. Les maisons, construites en pierres de taille, n'ont jamais moins de cinq étages; quelques-unes même sont plus élevées. Les rues sont généralement très-longues et très-étroites ; et ces rues, qui, comme je viens de le dire, sont creusées en-dessous, sont revêtues de larges dalles d'une espèce de pierre noirâtre et très-dure, connue sous le nom de *piperno*. Ajoutez à cela plus de trois cents églises et autant de palais et monumens publics, formant comme autant d'échos artificiels : faites rouler à la fois, sur ces dalles retentissantes, trente à quarante mille voitures de tout genre et de toutes formes ; les unes brûlant le pavé, les autres péniblement traînées par des bœufs ou des mules, au cou desquels pend une énorme cloche ; enfin joignez au fracas résultant de ces causes accidentelles, le bruit des divers métiers, le branle de sept à huit cents cloches, les cris de cent cinquante mille hommes, obligés de renforcer encore une voix naturellement glapissante ; et concevez, s'il est possible, comment on fait à Naples pour entendre et pour être entendu ?

Je ne sais trop dans quel ancien ouvrage sur l'Italie, le compilateur anonyme d'un certain Manuel de voyage (1), a pu prendre les remarques

_____

(1) *Manuel du Voyageur en Italie.* Milan 1818. Scct. IV, § 2, pag. 623 et suiv.

qu'il a consignées dans son livre sur cette classe malheureuse, communément connue ici sous le nom de Lazzarôni; mais, ce que je sais bien, c'est que l'auteur d'un livre imprimé en 1818, au milieu de l'Italie même, devait, s'il ne respectait pas la vérité, respecter du moins son pays. Voyons d'abord de quelle manière cet auteur a parlé du peuple même :

« Quant au peuple, dit-il, les vices les plus honteux forment la base de son caractère, de ses mœurs et de ses usages : grossièreté, paresse, dissimulation, mutinerie, férocité, lâcheté au moindre danger; nulle foi, nulle probité; la débauche la plus infâme, et, par-dessus tout, une superstition poussée jusqu'aux derniers excès du fanatisme. Malgré cela, on n'a jamais pu introduire l'inquisition à Naples (1); les habitans de cette ville s'y sont toujours opposés. »

Voilà pour ce que l'auteur nomme le *peuple* de Naples; passons au portrait qu'il trace de ce qu'ailleurs on nomme si injustement la *canaille*.

« Les *Lazzarôni* sont une *espèce* d'hommes, qui n'ont ni état ni profession; ne se faisant remar-

---

(1) Elle existe de fait, par la présence seule du Légat Apostolique, censeur en chef de l'émission des opinions politico-religieuses, soit verbales, soit imprimées. La seule et unique différence, c'est qu'on ne brûle ni les hommes ni les livres; mais on emprisonne les uns, et on confisque les autres.

quer que par leur extrême misère ; à demi nus, sans demeure fixe, couchant dans les rues de *Naples*, satisfaits s'ils y trouvent un abri contre les intempéries de l'air, et ne surmontant leur paresse naturelle, et l'horreur qu'ils ont pour le travail, qu'afin de se procurer quelques faibles moyens d'existence, cette classe, profondément immorale, a plusieurs fois troublé la tranquillité publique ; mais le gouvernement la tolère, et alors elle cesse d'être un problème. C'est bien le cas de dire ici : O temps ! ô mœurs ! Quels hommes ont succédé aux anciens habitans de la Grande Grèce, de ce pays régi par les lois de Pythagore, etc. ! » (1)

Je ne sais, dis-je, si l'auteur de la compilation en question a effectivement puisé ces remarques dans quelque ancien livre de voyage, ou si elles sont purement le fruit de ses propres observations : dans l'un et l'autre cas, ces remarques sont également fausses, également odieuses, et l'auteur est également coupable : copiste mercenaire, il eût dû considérer du moins l'énorme différence que pouvaient avoir produite dans les mœurs des deux classes en question, des événemens inouïs dans l'histoire de tous les autres peuples, et, après avoir vérifié la date du livre qu'il copiait, hésiter à donner comme vraies, des réflexions, qui avaient cessé de l'être, et qui pour la plupart ne

---

(1) *Loc. cit.*

I. 2

l'avaient même jamais été; comme auteur de ces
mêmes remarques, il eût dû s'assurer des faits,
et craindre de donner des réminiscences odieuses,
comme le résultat véritable de ses propres observations. L'auteur, ou le copiste, ne nous dit point
s'il a vu par ses yeux. Quant à moi, qui ne sais voir
que par les miens, j'ai vécu fort long-temps parmi
ce peuple: je dirai même parmi ces Lazzarons; car ce
n'est pas dans les palais des villes, que l'homme qui
veut connaître l'homme doit le plus fixer ses regards. Si je comprends bien mon auteur, il entend, par le mot *peuple*, cette classe intermédiaire,
entre l'homme à peu près inutile à la société, et
l'homme qui partout la menace; et par le mot
Lazzarons, il entend cette dernière classe? C'est ce
qu'en d'autres termes, on nomme ailleurs, les
marchands, les artisans, les ouvriers, et, enfin,
la populace. Mais le marchand, mais l'artisan,
mais l'ouvrier de cette ville, bien loin de m'offrir le caractère dont les vices les plus honteux formeraient la base; loin de m'avoir paru en
effet, ni grossier, ni paresseux, ni dissimulé, ni
mutin, ni féroce, ni lâche; loin que j'aie remarqué
en lui un éloignement naturel pour la foi et la
probité, et moins encore un penchant vers la débauche; ici, comme partout ailleurs, cette classe
m'a paru composée de citoyens honnêtes et paisibles, de bons pères de familles, de braves et
simples bourgeois, qui, non-seulement étrangers
aux vices dont on les charge, m'ont offert des

qualités et des vertus qu'on chercherait en vain dans les plus hautes classes.

Quant à cette *espèce* d'hommes, connue sous le sobriquet injurieux de Lazzarons, il n'est pas une seule des accusations de notre auteur, qui, à l'époque où elles furent écrites par lui, ne fût, depuis long-temps, la plus odieuse calomnie, la réaction la plus injuste. Eh quoi! en 1818, le Lazzaron napolitain serait un vagabond sans profession! il n'en est pas un, au contraire, qui ne fasse un métier quelconque : les uns font celui de pêcheurs; les autres crient le poisson, les fruits, les légumes, par la ville; ceux-là font le métier de portefaix; ceux-ci, les commissions; et tous sont occupés, laborieux, et actifs. Ils n'ont point de demeure fixe, et couchent tout nus, dans les rues! L'homme qui, au coucher du soleil, serait trouvé couché dans une des rues de Naples, serait à l'instant arrêté par la garde, et conduit de suite en prison. Leur existence est un mal que le gouvernement tolère! mais de leur existence dépend celle des deux tiers de la population, dont ils forment eux-mêmes l'autre reste! Dans quelle vieille chronique notre anonyme a-t-il puisé de si fausses assertions, et de si vieilles fables? Il nous promet l'histoire de Naples, en 1818; et il nous peint cette ville, telle qu'elle était vers le milieu du dernier siècle!

Quant à la superstition des deux classes, et quant à l'immoralité qu'on peut relever dans

la dernière, est-il juste, en effet, de s'en prendre ni à l'une, ni à l'autre? qui infecta jadis
qui infecte, encore aujourd'hui, l'esprit du peuple
napolitain, de ces idées superstitieuses, sinon les
moines et les prêtres, à l'instigation même de son
stupide gouvernement? sur qui pèsent en effet, les
vols, les assassinats, les actions immorales et hon-
teuses que peut commettre une classe nécessairement ignorante, et nécessairement avilie, sinon
sur ce gouvernement même? dans quel autre coin
de l'Europe, dans quel pays civilisé, le voyageur
voit-il ce qu'il voit sur toute l'étendue du royaume
des deux Siciles : une immense portion de la population du pays, sans institutions et sans guides,
abandonnée à tous les vices, que produiraient partout
ailleurs, et peut-être même plus qu'ici, l'ignorance
la plus complète, le plus absolu dénuement de
toute éducation, de toute instruction pour le pauvre; c'est à dire, pour celui-là même qui en a
le plus grand besoin? Au lieu donc de nous étonner du joug superstitieux qui pèse, je ne dis pas
seulement sur le peuple, mais sur toutes les classes
de ce pays, étonnons-nous plutôt de sa tolérance remarquable à l'égard de certaines opinions religieuses,
que cette superstition condamne; et plaignons-les
plutôt, d'avoir pour conseils et pour guides des
charlatans intéressés à entretenir les ténèbres où
des intérêts mal compris les retiennent ! Au lieu
de nous étonner de la corruption d'une classe plus
ignorante et plus malheureuse encore, étonnons-

nous plutôt que les êtres qui la composent, ne soient pas mille fois plus corrompus! Gardons-nous de fermer les yeux sur les chángemens inouïs que des institutions étrangères parvinrent à opérer dans les mœurs, les caractères et les goûts de ces hommes, si injustement accusés de fautes qui ne sont pas les leurs. Reportons-nous à cette époque où le tableau de l'anonyme fut vrai; et, retrouvant, au temps actuel, les institutions et les hommes des temps d'alors, étonnons-nous, dis-je, que les plus inhabiles soient précisément ceux qui aient mis à profit la leçon!

Bien loin d'être aujourd'hui un membre inutile et dangereux à la société comme aux hautes classes qui le couvrent d'un mépris injuste, le Lazzaron actuel est plus estimable, cent fois, que le pieux oisif, décoré du titre extorqué de Rêvérendissime Père! J'ai vu l'un travailler sans cesse : j'ai toujours vu l'autre inactif. L'industrie et l'activité du premier surpasse en effet toute croyance : j'en ai vu, dans la même matinée, aller et revenir dix fois, du marché aux poissons à l'autre extrémité de la ville, pour remplir à chaque course un petit panier de sardines, dont le produit total ne valait pas cinq sous; et pour la vente desquelles ils se tourmentaient plus et faisaient plus de bruit, que tous les négocians de Londres, vendant les trésors des deux Indes!

Eh ce sont là ces mêmes hommes qu'on ose accuser encore de paresse et de fainéantise! Avec

plus de raison, on pourrait les prendre, peut-
être, pour le rare et touchant exemple de l'indus-
trieuse pauvreté, et du courage de la misère! Sans
doute cette classe malheureuse a ici, comme partout ailleurs, les vices de son état : ceux qui sont
la suite nécessaire du manque de toute éducation,
de l'absence des bons principes, des conseils de
quelques-uns, et de l'exemple du plus grand nombre. Sans guide, sans boussole, et sans but, sinon celui du moment même, tantôt gai, tantôt
triste, le pauvre Lazzaron traverse l'océan ora-
geux de la vie : il est l'enfant de la nature : existence et ressources, vertus et vices, imperfections
et qualités, il tient tout du hasard, et, comme lui,
est variable et quinteux; véritable pendant du valet de Marot, il est, enfin, selon les circonstances,

> Gourmand, ivrogne et assuré menteur;
> Pipeur, joueur, larron, blasphémateur;
> Sentant la hart de cent pas à la ronde :
> Au demeurant, le meilleur fils du monde!

Il est donc encore fort loin d'être le modèle
des vertus sociales : quel est l'homme qui les réunit? Mais, comme dit fort bien Figaro, c'est
qu'on veut que le pauvre soit sans défauts ; et que,
dans l'infortuné forcé de trouver par lui-même
ce que le hasard donne aux autres, on est convenu
d'appeler vice, ce qui n'est que nécessité.

Au reste, la dénomination odieuse donnée à ces
mêmes hommes est encore une injustice, et une

dureté de plus. Les croisades portèrent bientôt à
Naples, comme par tout le reste de l'Europe, la
lèpre, originaire de l'Égypte et de la Palestine;
ceux qui revenaient affligés de ce mal invoquaient
le Lazare, le plus célèbre lépreux de tous les lépreux de la bible : de là, l'ordre fameux des chevaliers de Saint-Lazare, et voire même, des Hospitaliers, fondus ensuite dans celui de Malte. Nous
fûmes les premiers à nommer *Lazares* les lépreux;
mot qui, par corruption, fut changé en celui de
ladre. Le mal même fut nommé *ladrerie*, ainsi
que les maisons où l'on renfermait les lazares ou
les ladres. Par une singularité remarquable, on
appelle encore *Lazarets* les lieux où sont reçus les
vaisseaux et les hommes soupçonnés de la peste;
et, toutefois, ceux-ci ne sont plus nommés Lazares.

Mais, pour en revenir à l'étymologie du surnom en question, qui pourrait supposer que cette
épithète odieuse n'eût effectivement d'autre source
que la ressemblance du costume de ces véritables
Lazares avec l'habillement de nos malheureux
Lazzarons? Ceux-là étaient forcés de porter un
caleçon large et court, une chemise grossière, à
laquelle était jointe une espèce de capuchon : ils
marchaient sans souliers ni bas; ce costume dis-
tinctif, commandé par la prudence, et très-adapté
à la douceur du climat, était celui de tous, sans
doute, que la misère commandait elle-même à la
totalité de ses autres enfans. Les plus pauvres s'en

emparèrent ; et, toujours disposée à avilir de plus
en plus des hommes déjà trop avilis, l'orgueilleuse richesse leur donna le surnom de ceux, dont
la nécessité les forçait d'emprunter le costume.

Une assez bonne partie de la population bri-
tannique passe annuellement dans cette ville. Au
reste, les Anglais font ici ce qu'ils font partout
ailleurs : ils dépensent beaucoup, courent beaucoup, s'ennuient fort, et doublent le prix des
auberges.

Les idées fort étranges que les faiseurs de ro-
mans nous donnent de ces voyageurs leur acqui-
rent, sur les grandes routes, un caractère de générosité rare : je ne sais trop s'ils le méritent, mais
je sais qu'ils le paient bien. En descendant dans
une auberge, craignez-vous d'être rançonné par
l'hôte ? Fussiez-vous né au milieu de la cité de
Londres, protestez hautement que vous n'êtes point
Anglais : que si l'on ne vous en croit pas sur parole, si votre air, vos manières, l'arrogance de
votre ton, votre inaptitude naturelle à parler la
langue du pays, et à respecter ses usages, sont
autant de témoins à charge qui parlent encore
plus haut que vous ; que voulez-vous que je vous
dise ? Soumettez-vous à votre sort : soyez noblement écorché !

Que de fois ne l'ai-je pas éprouvé moi-même !
Un long séjour en Angleterre m'a donné je ne sais
quel goût du terroir : pendant le cours de mes
voyages, j'avais payé si souvent et si cher l'hono-

rable avantage de passer pour voyageur anglais, qu'un peu las des charges du titre, dès la première fois que j'arrivai à Naples, je résolus de m'en débarrasser, en me casant dans quelque maison particulière, où je ne fusse plus exposé à payer aussi cher l'effet d'une longue habitude et le caprice de mon tailleur. Le hasard me servit au delà de mes espérances : je tombai justement sur ce que je cherchais : une famille des plus respectables (1), propriétaire d'une fort belle maison située dans le quartier le plus sain et le plus tranquille de Naples (2), m'y céda un joli logement, donnant sur un vaste jardin qui domine toute la baie occidentale, depuis la promenade de Chiàja jusqu'au promontoire de Misène. J'habitai six mois cette aimable retraite ; et, à mon retour de Sicile, du moment que j'y fus rentré, j'eusse donné beaucoup pour n'en plus ressortir.

Je ne m'explique point la peine que j'eus à quitter Naples : ces affections de voyage dépendent beaucoup, je le sais, des circonstances particulières : s'est-on ennuyé dans une ville? le pays nous semble maussade ; y fut-on, au contraire, entouré de plaisirs et d'amis? le lieu devient un paradis terrestre.

-----

(1) Cette famille est celle de M. le baron Ciccôni, fils du feu président de la cour criminelle, à Naples.

(2) Le quartier dit *Pizzofalçóne ; strada Monte di Dio*, n°. 74.

Ce dernier lot fut loin d'être le mien ; et toutefois, je le répète, j'eus de la peine à quitter Naples.

La gaieté naturelle de ce peuple parviendrait à changer l'humeur la plus morose, et ferait rire la douleur même. Le caractère des habitans de cette ville ne ressemble, en effet, à celui d'aucun autre ; on y voit, comme partout, force gens malheureux : on n'y voit pas un homme triste ; soins, travail, inquiétude et peine, tout ici s'oublie en chantant, et chaque figure est riante : le moyen donc de s'attrister à Naples ! le moyen de s'y ennuyer ! Cette gaieté est d'autant plus rare, elle agit d'autant plus sur les objets environnans, qu'elle ne tient à aucun calcul de la raison ni de l'esprit : c'est une disposition heureuse, un don vraiment naturel, dont le siége est dans le sang, et la source dans la gaieté même d'un ciel toujours pur et serein. En un mot, cette ville est le séjour du plaisir et du bruit ; et, jusqu'à la *face jaunâtre*, tout y amuse et tout y instruit : une plaisanterie expliquée est comme un conte connu d'avance ; mais puisque celle-ci m'échappe, encore faut-il bien qu'on l'entende.

On connaît de reste le fameux miracle de saint Janvier, saint évêque et martyr de Pouzzole, dont le nom est à Naples, ce que celui de la Vierge est à Rome, celui de sainte Rosalie à Palerme, celui de sainte Agathe à Catane. Ce miracle est d'un genre tout particulier : c'est purement une œuvre périodique, qui toutefois échappe à la cen-

sure ! Il s'opère trois fois tous les ans (1) ; et, n'é-
tait la perversion générale, peut-être s'opérerait-
il plus souvent encore ; mais enfin il réussit chaque
fois , et chaque fois sa réputation augmente. Deux
fois témoin de la merveille , je joindrai aux faits
bien connus, quelques détails qui pourraient ne pas
l'être ; car il est de ces contes qui , pour être crus
à la fin , ont besoin de passer par mille et mille
bouches.

Sur un des côtés de l'autel de la chapelle du
saint en question , dans l'église cathédrale de Naples , est une espèce de niche ou tabernacle , au-
dessus duquel est placée une petite caisse ou ci-
boire , tout surchargé de diamans et de pierres
précieuses : cette caisse est entourée d'un quadruple
cristal ; on remarque dans l'intérieur le sang mira-
culeux , encore dans l'état de congélation , et précieusement renfermé dans deux fioles de grosseur
inégales ; fioles qui , pour la forme , ressemblent à
deux espèces de cornues , artificiellement inclinées
l'une sur l'autre. De l'autre côté du même autel
est un buste en vermeil , de grandeur naturelle ,
dont la tête renferme le crâne du saint évêque. Ce
buste est paré des ornemens les plus riches et de la
mître épiscopale , tout éclatante de perles et de
rubis. Si le miracle s'opère à point nommé , si le
sang renfermé dans les fioles se liquéfie, sans trop se

_____

(1) Le 16 mai , le 16 septembre et le 16 décembre.

faire attendre, les transports du peuple (et par ce
mot j'entends parler de toutes les classes de la ville,
qui encombrent alors et la chapelle en question et
l'église), ces transports, dis-je, sont sans frein et
sans bornes : de toutes parts on entendrait partir
spontanément l'action de grâce, la bénédiction et
l'éloge ; mais tout n'est qu'heur et malheur en ce
monde : la faveur du peuple est changeable, et le
saint court aussi ses chances : de même que ces
bons sauvages, qui, selon la conduite du fétiche,
le caressent ou le battent, le conservent ou le jettent
à l'eau ; pour peu que le miracle tarde, l'impatience se manifeste, et l'orage gronde bientôt. Ce
n'est d'abord qu'une simple prière, des vœux un
peu trop prononcés, des instances un peu trop
vives qui, partant de tous les points de l'église,
ne laissent distinguer même que l'exclamation ordinaire : *Bon saint Janvier, fais le miracle ! fais
le miracle, bon saint Janvier !* et jusque-là tout est
encore tranquille ; mais de minute en minute l'impatience et le désir s'accroissent ; pour peu que le
miracle se fasse encore attendre, cette impatience
et ce désir prennent un caractère différent : c'est
une véritable fureur, ou plutôt une véritable rage ;
plus d'éloges, plus de caresses, plus d'instances
doucereuses, plus de prières ni de vœux ! L'indignation passe rapidement du spectateur le plus près
de l'autel, à celui qui en est le plus loin : la prière
fait place à l'injure ; et perdant à la fois sa considération, son crédit, son nom et ses titres, par al-

lusion à la couleur du buste qui contient son crâne,
le surnom de *face jaunâtre* lui est donné à l'unanimité!

Du moment que les choses en sont là, rarement
le miracle diffère ; car les acteurs de cette scène
ont fort à craindre pour leurs traiteaux. Au reste,
tôt ou tard le miracle s'opère à l'époque et au jour
indiqué ; et ce qui le prouverait sans doute, c'est
que le peuple n'a point encore mis le feu aux quatre
coins de la ville de Naples.

Les esprits forts, les gens qui doutent de tout,
les philosophes et les hérétiques, s'obstinent, je le
sais, à ne voir dans tout ceci que l'effet d'un tour
de physique : tour dont le secret serait encore celui
des jongleurs, parce que sa découverte paraît assez
peu importante : quant à moi, qui, grâce au ciel,
me souvins que la foi nous sauve, je crus, pour
être sauvé ; et, sans approfondir la chose, je criai
tour à tour avec les autres : *Bon saint Janvier,
fais le miracle ! fais le miracle, face jaunâtre !* et
le miracle s'opéra.

BRIGANDS DE LA CALABRE

ET DES ÉTATS ROMAINS.

L<small>A</small> route de la Calabre eût été celle que nous eussions suivie , si la crainte des brigands , qui , ici comme sur la route de Rome à Naples (1) , sont les véritables maîtres du pays ; si cette crainte , dis-je , ne nous avait forcés de passer directement par mer, de Naples dans la capitale de la Sicile.

L'existence de ces bandes ne peut être un problème que pour ceux qui n'ont aucune idée des lieux , des gouvernemens et des hommes en question. Grâce aux mesures vigoureuses prises à une certaine époque , cela avait disparu : le malheureux voyageur n'avait plus à trembler , au centre de l'Europe , pour sa vie et sa liberté même : aujourd'hui tout cela a repris , et tout cela est plus fort , plus redoutable que jamais !

La plupart de ces bandes se composent , ou d'habitans du pays même , ou de soldats réformés, que la misère la plus extrême et le manque absolu de travail poussent , comme malgré eux , à un

(1) Ces brigands infestent en ce moment (1820) plusieurs autres routes d'Italie ; et particulièrement les environs de Mantoue et de Milan.

genre d'existence, qui, par suite du défaut de
toutes mesures répressives, j'ajoute même des *ca-
pitulations* que les deux gouvernemens signent avec
eux (1), devient de jour en jour le métier le plus
lucratif; métier dont l'infamie retombe bien moins
sans doute, sur ceux qui en profitent, que sur ceux
qui la protégent : car, en fait de délits publics,
tolérer c'est protéger. Retirés dans les montagnes
les plus voisines des grandes routes, l'intrépidité,
le sang-froid et surtout la tactique de ces hommes,
ne dévoilent que trop leur ancienne profession : ils
ont leurs espions dans les villes, dans les auberges
et jusque sur les routes mêmes : du moment que la
proie se présente, ils connaissent d'avance sa valeur, et fondent hardiment sur elle ; leur nombre
et leur détermination rendent la résistance inutile,
sinon même extrêmement dangereuse. Ces hommes
qui, dans le fait, n'en veulent qu'à votre bourse,
ne sont pas généralement aussi durs et aussi féroces
que leurs traits semblent l'annoncer : jamais, ou
du moins très-rarement, ils ne se portent à des
actes de cruauté que dans le cas où ces actes leur
sont commandés par leur sûreté personnelle : en un
mot, ils ne tuent que pour n'être pas tués. A peine
ont-ils signalé la voiture, que, gagnant les devans,
ils tendent une forte corde en travers de la route ;

(1) J'avance ici un fait connu de toute l'Italie et
de tous ceux qui y ont voyagé : si ce fait est faux,
qu'on le démente : s'il est vrai, qu'on le justifie.

cette corde fait tomber ou arrête les chevaux ; un des brigands se porte à la tête de l'attelage ; les uns coupent les traits ; les autres détachent les malles et les emportent ; tandis qu'armés jusqu'aux dents, deux autres ouvrent les deux portières, font descendre les voyageurs ; et, dans le plus profond silence, le pistolet sur la gorge, les tiennent facilement en respect : cependant un autre les fouille, et parfois abrège la besogne, en mettant leurs habits en lambeaux. Tout cela est l'affaire de quelques minutes ; et tout cela arrive deux ou trois fois par mois, en dépit des prétendus gardes placés de distance en distance, pour escorter les voyageurs !

Sept différens étrangers, dont deux Anglais, trois Français et deux Allemands, furent arrêtés et volés de cette manière, dans les derniers six mois que je restai à Naples. L'un des deux premiers (1), jeune homme extrêmement intéressant, et que je vis moi-même la veille de son départ pour Rome, mourut, quelques jours après son arrivée dans cette ville, par suite des mauvais traitemens qu'il avait éprouvés. Cependant, à l'époque où je passai de Rome à Naples, plusieurs brigands de cette espèce, détenus pour un temps quelconque au château Saint-Ange, étaient sur le point d'en sortir, et en sont sortis en effet,

_____

(1) L'honorable capitaine Collier, fils ou neveu du lord de ce nom.

en vertu de la capitulation signée entre eux et le gouvernement de l'Église. Si le lecteur croit lire ici des fables, qu'il en appelle, avec moi, au témoignage de tous les habitans de Rome, et de trente mille étrangers, qui ont dû voir ce que j'ai vu.

Au reste, on se tromperait fort en supposant que cette odieuse impunité ne portât jamais ces brigands à des actes plus odieux encore. Au lucre du voleur de grand chemin, le brigand de Rome et de Naples joint aussi le lucre du pirate ; et, s'il n'écume point les mers, il écume du moins les grandes routes. Je sais qu'on aura peine à me croire ; car c'est surtout ici que le vrai n'est pas vraisemblable : mais au milieu de l'Europe, au centre de l'Italie même ; en un mot, sur les routes de Rome, de Naples et de la Calabre, le voyageur court cent fois plus de risques, qu'on n'en courut jamais sur les côtes de la Barbarie !

Les brigands de Sicile, ou du moins, les hommes que Brydone (1) nomme ainsi, ces hommes, dis-je, sont des gens scrupuleux, des êtres assez peu redoutables, comparativement aux nôtres ; ils vous attaquent, ou vous défendent ; vous tuent ou vous empêchent d'être tué : leur bande est une vraie compagnie d'assurance : l'inscription une fois prise, les chances ne portent que sur eux.

_____

(1) *A Tour through Sicily.* Lett. IV.

I.

Mais ici il n'en est pas de même : mille fois plus cruel et plus fier que le pirate d'Afrique, non content d'obtenir la rançon de sa proie, le pirate en question fait dépendre du paiement de celle-ci, non-seulement votre liberté, mais encore vos jours mêmes. Par suite d'une audace, honteusement impunie, il traite journellement, soit avec la famille, soit avec les amis de l'homme tombé entre ses mains : une lettre de change à vue est forcément signée par lui ; présentée par un des brigands aux parens, aux amis ou au banquier de la victime, la tête de celle-ci leur répond du paiement. Vingt exemples de ce genre, connus de toute l'Italie, pourraient me dispenser d'en rapporter moi-même : j'en choisirai un au hasard.

Lucien Bonaparte.

Au-dessus des montagnes qui dominent Frascati, petite ville située à environ trois lieues de Rome, sont les ruines du fameux Tusculum, où Cicéron composa son livre des *Tusculanes*. Au milieu de ces ruines s'élève aujourd'hui une jolie maison moderne, nommée la Ruffinella, et qui appartient à Lucien Bonaparte. Des brigands descendent des montagnes en question, pénètrent en plein jour jusque dans les jardins : Lucien s'y promène alors ; il les voit, pénètre leur projet, et se sauve vers un pavillon où sa famille est rassemblée. La précipitation qu'il met à en ouvrir la porte nuit à son propre dessein ; et, pour échapper aux regards de ceux qui conspirent sa ruine, à peine a-t-il le temps de se jeter dans un buisson voisin. Cependant, le cri qu'il a poussé, pour engager ses enfans à se barricader en dedans, a attiré son premier secrétaire, qui est arrivé sur les lieux, au même moment que les brigands ; il est pris pour celui qu'ils cherchent ; ils se jettent sur lui, lui mettent un bâillon dans la bouche, et l'entraînent aussitôt dans les montagnes. Le fidèle serviteur sait fort bien qu'il est pris pour son maître ; et, se livrant volontairement au sort qu'on lui prépare, il les laisse dans cette erreur. J'ai vu et parcouru la caverne où ils le mirent ; je me suis couché sur le lit de feuilles sèches, où cet homme généreux passa plus d'une nuit pénible : je me suis étonné de n'y pas voir encore un temple consacré à la fidélité !

Dès le lendemain même, tout Rome connut l'événement : le fait ne pouvait être mis en doute : Lucien en fut le narrateur. Au bout de quelques jours, un homme lui remit une lettre : cette lettre mettait un prix énorme à la rançon de celui que les brigands prenaient toujours pour lui, et désignait le lieu où la somme devait être déposée d'avance. La police de Rome connut tout cela, et demeura tranquille : la somme fut payée, le généreux ami fut enfin délivré ; et la police de Rome demeura encore tranquille.

Il est inutile d'ajouter que, depuis ce moment, Lucien ne remit plus le pied sur sa terre : la plus affreuse misère pèse aujourd'hui sur un pays, où il était parvenu à faire naître le bonheur et l'aisance, fruits du travail et de l'industrie.

Je tiens ces faits de la bouche d'un témoin oculaire : le concierge de la maison dite la Ruffinêlla.

VOYAGE DE NAPLES

A PALERME.

Nous nous embarquâmes donc à bord d'un bâtiment marchand : le paquebot royal était retenu, depuis assez long-temps, pour son S. A. R. le prince héréditaire, sur le point de passer lui-même à Palerme ; non pas précisément pour y voir, comme nous, la fête de sainte Rosalie ; mais, à ce qu'on disait, pour contenir par sa présence, et celles de quelques baïonnettes, envoyées avant lui, un certain esprit de mécontentement qu'aurait fait naître en Sicile, l'abolition prochaine des anciens priviléges nationaux, et la promulgation d'un nouveau mode de gouvernement.

Sur l'humble bâtiment qui nous portait vers l'ancienne patrie des Pindare et des Archimède, étaient aussi plusieurs autres passagers, dont les plus remarquables, sans doute, me parurent être un prince et une princesse de Palerme même ; hauts et puissans seigneurs, qui, nonobstant la livrée superbe et les bas sales de leurs valets, auraient passés, partout ailleurs, pour de bons et honnêtes bourgeois. C'étaient, au reste, les meilleures gens du monde : la princesse était rouge et replète : le prince était pâle et fluet ; leur nom, qui, sans vouloir y comprendre ni le titre ni le

don , se composait de quelques douzaines de
voyelles ; leur nom , dis-je , est malheureusement
sorti de ma mémoire ; et ce n'est pas le moins
mauvais tour qu'elle m'ait joué : autant qu'il m'en
souvient , il commençait par *Cala* , et finissait
bien certainement par *Malatalata* ; inflexions si-
culo-gréco-sarrasines , comme le prince me le fit
remarquer ; mais , outre ce petit nombre de syllabes , il y en avait bien quelques autres. Pendant
les soixante-douze à quatre-vingts heures que dura
notre traversée (1) , le prince et la princesse ne
sortirent point de leur cabinet , ne quittèrent
point leurs lits , ne changèrent point d'attitude;
celle-ci , il est vrai , était aussi noble que remarquable : le lit de la princesse était au-dessus de
celui du prince ; la princesse avait les jambes en
l'air ; et le prince était raide et droit sur son lit.
On m'assura que cette double attitude leur
était commandée par leur rang ; et je cessai de
m'étonner de la raideur de l'un , et du laisser-
aller de l'autre.

Trois valets composaient leur suite ; plus une
espèce de grosse dondon , qui me fut décla-
rée ensuite, pour femme de chambre de la prin-

─────────────

(1) La traversée de Naples à Palerme est d'environ
soixante-six lieues , ou deux cents milles. Je remarque
ici , une fois pour toutes, que, dans le calcul des distances, j'ai constamment compté à raison de trois

cesse ; et que je fus assez malencontreux , pour prendre d'abord pour la princesse même ! Ces quatre personnages semblaient suffire à peine à remplir leur service. Ce service se bornait , toutefois, au transport presque continu de limonades et des verres d'eau , que le prince et la princesse avalaient à la hâte , et comme à l'envi l'un de l'autre. Cette particularité me surprit plus encore que leur attitude même ; et mon étonnement augmenta, lorsqu'ayant jeté un coup d'œil sur la cantine du prince et de la princesse , je reconnus que, soit pour leurs gens , soit pour eux, toutes leurs provisions se bornaient à quelques paniers de citrons , et à un gros baril de neige ! LL. AA. avaient force glace ; mais LL. AA. n'avaient point de pain.

BAIE DE NAPLES.

A PEINE avons-nous mis à la voile , qu'une brise des plus favorables nous fait laisser , à notre droite , cette superbe côte que Cicéron surnomma le royaume de Pouzzole et des Cumes , par allusion à la fécondité du sol , à la richesse de ses habitans, et aux maisons de plaisance , dont elle était comme

---

milles siciliens par lieue. Je ne prétends point répondre de la justesse du calcul : il peut s'y trouver quelque légère différence, soit en plus, soit en moins ; mais le point important est de partir d'une base quelconque , et surtout de se faire entendre.

surchargée. Déjà nous perdons successivement de vue le fier et noble Pausilipe, et sa prétendue Tombe du prince des poètes latins ; Angulanum, et son lac brûlant (1); le forum de Vulcain, et sa plaine sulfureuse (2) ; le Lucrin, l'Achéron, le Styx, et l'Averne; tous sites plus ou moins beaux, plus ou moins enchanteurs, plus ou moins entourés de souvenirs classiques. Nous n'apercevons plus que dans l'éloignement, et comme se perdant dans l'espace, Baies et ses trois beaux temples ; Bauli et ses champs élyséens ; Linturnum et ses tristes restes ; puis là-bas, bien plus loin encore, Misène, son théatre, sa piscine plus admirable peut-être que celle de Baüli; ses ruines du palais de Lucullus ; et, enfin, son cap sourcilleux et noirâtre, qui, battu par les flots de la mer Tyrrhène, les repousse avec bruit, vers l'île de Prôcida. Nous tournâmes ici nos regards vers la côte orientale de la baie ; côte que nous longions alors, et sur les bords de laquelle Rome venait jadis afficher ou cacher son luxe, sa mollesse, ses vertus ou ses vices.

PÔRTICI. RESÎNA. HERCULANUM.

DÉPLOYÉE sous mes yeux, comme un panorama superbe, cette carte animée et parlante nous présente d'abord ses deux nouvelles villes, s'élevant aujourd'hui sur le sol même qui recouvre la ville

---

(1) Le lac d'Agnâno.
(2) La Solfatâra.

antique, la célèbre Herculanum, dont la fondation précéda celle de Troie, qui n'a plus qu'un seul reste (1) de son ancienne magnificence, et qui, malgré ses dix-sept siècles de ruines, et les six couches de laves qui la couvrent, serait sortie pour nous de la tombe, s'il était vrai que, dans les calculs des princes, l'intérêt personnel ne l'emportât pas toujours. La vue de la petite ville de Résine, située au pied du Vésuve, et l'une des trois routes qui conduit au cratère du volcan,

---

(1) Son théâtre, échappé, comme par miracle, au système destructeur qui, après avoir dépouillé la ville de ce qu'elle renfermait de plus précieux, crut devoir l'enfouir de nouveau sous ses propres décombres. L'histoire des peuples les plus reculés dans les arts et la civilisation, n'offre pas en effet de plan plus stupide et plus faux que celui qui fut adopté à l'égard d'Herculanum et de Stabia, dont il sera parlé plus loin. Il est de toute fausseté que le résultat des fouilles et la conservation de ces mêmes fouilles eût jamais pu devenir funeste aux deux insignifiantes villes de Résina et Portici. Cette ridicule assertion fut mise en avant par les fauteurs même du système qui a replongé dans l'oubli la ville qu'on eût pu exhumer toute entière. Une foule d'exemples le démontrent : plusieurs quartiers de Paris, la plus grande partie de Rome, tout Catane, tout Naples, toute l'ancienne Syracuse étaient ou sont encore construites sur des excavations plus profondes et plus vastes que celles qu'il

nous rappela le voyage que nous y avions fait nous-
mêmes, la surveille de notre départ.

Vésuve. Fontaines vésuviennes.

Nous montâmes en effet au Vésuve dans la nuit
du 5 au 6 juillet 1819. Cette époque était l'une
des plus favorables pour voir, dans toute sa force,
une des plus longues éruptions connues. La lave,
qui, depuis le 23 octobre précédent, n'avait cessé
de couler, venait précisément de s'ouvrir un nou-

---

eût fallu faire, ou pour conserver toute la ville en
question. Cependant les laves qui couvrirent Herculanum sont bien autrement compactes et bien autrement
dures que le tuf de ces mêmes carrières. Ce n'est donc
point dans un calcul d'utilité publique, qu'il convient
de chercher le véritable motif de la perte d'Herculanum : la vanité, plus encore que l'amour des arts, voulut former le musée de Pòrtici : l'épargne sordide et
mesquine s'arrêta au milieu du chemin : pour excaver
la ville entière, il eût fallu volontairement renoncer
à mille autres dépenses superflues; et c'est là justement
ce qu'on ne voulut pas faire ; mais, d'un autre côté,
comme la vue des travaux commencés, et surtout celle
des trésors déjà ravis à cette mine, eussent parlé très-
haut en faveur de la poursuite de son exploitation, on
préféra de tout détruire, de tout replonger dans l'oubli. Quand le pays cessera d'être entre les mains des
barbares, Herculanum pourra renaître une seconde
fois de ses cendres.

veau passage au travers de la digue même du cratère.
Un hasard, plus heureux encore, nous avait fait
rencontrer à Résine le savant minéralogiste (1),
auquel on doit la découverte très-curieuse des
fontaines vésuviennes, produits de la condensation des vapeurs volcaniques généralement connues
sous le nom de fumeroles. L'auteur de cette expérience ingénieuse, nous en avait souvent entretenus
à. Naples, et tandis que le souper s'apprêtait à
l'auberge, située à mi-côte du Volcan, je m'amusai à parcourir des yeux l'album que le prétendu
ermite ne manque pas de présenter aux voyageurs; et là, parmi une foule de noms bien ignorés
et bien faits pour l'être, immédiatement au-dessous
d'une note bien insignifiante, signée *le physicien
Garnerin!* j'en trouvai deux très-remarquables,
écrites par le savant en question(2). Le désir de juger

---

(1) M. le chevalier Gimbernat, de Barcelone, en Espagne, conseiller intime du roi de Bavière.

(2) *Note première.* « J'ai établi sur le cratère un
appareil au moyen duquel, en condensant les vapeurs
du Vésuve, je suis parvenu à obtenir une quantité
d'eau considérable. Cette eau est potable et claire, sans
soufre, acide, ni alcali; elle ne contient aussi ni terre
ni sels; mais, d'après un goût gras qu'on y remarque,
il semble qu'elle contient quelque matière animale. »

Note deuxième. « Aujourd'hui, 8 janvier 1819, j'ai
rétabli les fontaines vésuviennes au milieu de la région
du feu ; et avec des tuyaux de verre, au lieu des

par mes yeux, de cette intéressante expérience, me fit trouver le souper un peu long, dans l'impatience où j'étais de gravir le reste de la montagne. Mais à mon arrivée au cratère, je reconnus, non sans beaucoup de peine, que les scories, les laves et les pierres incessamment lancées hors de la bouche du volcan, venaient de briser récemment une grande partie de l'appareil, et la moitié des tubes qui servent de conduits à ces étranges sources. Échappés à la ruine commune, quelques-uns subsistaient encore; et, grâce à mon chapeau, je

———————————————————

tuyaux de roseau, dont je m'étais servi dans ma première expérience. Ce changement a eu pour but de lever toute espèce d'incertitude sur la nature de l'eau obtenue par la condensation des vapeurs volcaniques. Je laisse mon appareil en place; afin que les physiciens qui visitent le Vésuve puissent facilement se procurer de cette eau, et l'examiner ensuite; sa connaissance peut conduire à l'éclaircissement de la théorie des volcans. Tandis que les vapeurs des fumeroles du cratère n'ont aucune espèce d'acidité, les vapeurs dégagées des laves incandescentes, sont si fort acides, au contraire, qu'en exposant à leur action des étoffes teintes en bleu de girasol, j'ai obtenu moi-même la plus belle couleur rouge; et c'est ainsi que, des cyclopes vésuviens, on peut parvenir à faire de bons et habiles teinturiers.

Signé C. DE GIMBERNAT, *de Barcelone,
en Espagne.* »

parvins à en recueillir une quantité, suffisante, pour satisfaire pleinement ma curiosité, plus active encore que la soif, produite par la fatigue d'une nuit employée à gravir le volcan. Par malheur je n'avais aucun vase pour en rapporter avec moi ; mais M. le chevalier Gimbernat nous en fit présent d'une fiole, qui fut partagée entre nous. Au reste, rien de plus simple que l'appareil en question : un vase de terre cuite, coupé par le milieu, est plongé, du côté concave, dans la cendre volcanique ; à cette espèce de récipient est affixé un tube de verre, hermétiquement scellé. Les vapeurs volcaniques condensées sur la superficie intérieure du vase, retombent goutte à goutte dans le tube, qui les verse lui-même dans un second vase placé au-dessous. Cette eau, comme le dit fort bien l'auteur de cette expérience, est d'une limpidité remarquable ; le léger goût de gras qu'on y remarque ne la rend pas moins agréable à boire ; tant qu'elle est condensée dans le récipient en question, elle conserve toute la chaleur du sol brûlant d'où elle sort, et le récipient est lui-même d'une chaleur que la main ne saurait supporter ; chaleur, qui se communique naturellement au tube qui lui sert de conduit ; mais à peine l'eau vésuvienne a-t-elle reçu l'action de l'air extérieur, à peine est-elle sortie du tube, que déjà elle coule aussi fraîche que l'eau de roche. Au moment où j'écris, c'est-à-dire, neuf à dix mois après l'époque en question, et plus de onze cents lieues de courses, tant par terre que par mer, cette eau extraordinaire est encore aussi pure, qu'au moment où elle passa de sa source brûlante en mes mains; et la fiole qui la renferme n'offre aucune espèce de dépôt, si ce n'est, toutefois, quelques corpuscules blanchâtres, qui surnagent quand on l'agite, et sont, pour ainsi dire, imperceptibles à l'œil. Quant à l'existence de la matière animale, elle se fait encore reconnaître par certains globules oléagineux attachés dans l'intérieur de la fiole. Cette digression semblera peut-être trop longue : l'intérêt du sujet lui servira d'excuse ; mais n'en ayant point à donner à l'égard de mes propres remarques, je reviens sur-le-champ, au point où j'en étais resté.

Tour du Grec. Tour de l'Annonciade.

Nous avons à peine dépassé le village de la Tour du Grec, village deux fois détruit par le volcan (1), et deux fois reconstruit des laves du volcan même; que nous en remarquons un autre, non

---

(1) En 1631 et 1794. Des torrens d'eaux bouillantes vomies hors du volcan, pendant la première de ces deux éruptions, submergèrent et détruisirent ce village; cinq cents personnes furent noyées : trois mille, à Naples, partagèrent le même sort. Quant à la seconde éruption, elle ne fut pas moins terrible : un fleuve de laves détruisit de fond en comble ce malheureux village, aujourd'hui entièrement reconstruit.

moins fameux par ses désastres : la vue de la Tour
de l'Annonciade nous retraça le souvenir d'un des objets les plus remarquables, qui aient jamais été offert
à la curiosité de l'homme. C'est là qu'en suivant cette
même route pour la première fois, le voyageur
surpris, s'arrête devant un poteau indicateur
qui sépare ici la grande route d'un sentier qui
s'ouvre à la gauche : il s'arrête, il regarde, il
croit être le jouet d'un rêve : il croit lire, et lit en
effet : *Chemin de Pompeïa.*

POMPEÏA.

Ici, commence à se glisser en vous, je ne sais
quel mélange de plaisir et de peine, d'ivresse et
de froideur, d'illusion et de vérité, de contentement et de regret : impressions toujours promptes,
toujours vives, toujours involontaires ; qu'on
éprouve ordinairement, ou du moins que j'éprouvai toujours moi-même, à l'aspect imprévu de ces
vieux monumens, de ces masses parlantes, de ces
grands fragmens de l'histoire qui, confondant pour
vous les temps et les distances, vous arrachent,
pour ainsi dire, au siècle et au lieu où vous êtes,
pour vous jeter sur un site et parmi des êtres, qui
étaient il y a trois mille ans.

Ce poteau, comme je viens de le dire, s'élève sur
la gauche du chemin qui va de Naples à Salerne,
à quelques toises du village en question ; l'impression qu'il produit sur tous ceux qui le voient, est
du petit nombre des effets plus faciles à sentir qu'à

peindre. Là, commence la voie ancienne; à peine
l'a-t-on suivie pendant quelques momens, que
déjà on est à l'entrée du faubourg (1) de la
Cité même. Ici on a devant soi une ville dont
l'origine se perd dans la nuit des fictions poétiques;
et que les supputations les moins exagérées rattachent en effet à Hercule.

Quant à la rue qui vous fait face, elle vous con-
duira jusqu'aux portes de la ville; suivez-la donc
en sûreté : c'est la rue du Faubourg; la grande
voie sépulcrale ; aussi est-elle bordée de chaque
côté par une multitude de tombeaux qui rasent le
double trottoir. Depuis long-temps sans doute cette
rue n'a pas été pavée ; on y voit partout des ornières
qui indiquent la trace des chars. Voyez-vous cette
maison à droite? là, précisément en entrant, et
qui non-seulement se fait remarquer par sa magnificence, mais encore par le contraste singulier du
style de son architecture, avec celle des autres monumens de la rue : c'est celle de l'affranchi Marcus-
Arrius Diomède, homme puissamment riche, et
qui vient cacher ici le fruit honteux de ses rapines.
Tout le faubourg lui appartient: c'est un véritable
Crésus. N'approfondissons pas la source de sa fortune ; ce que nous lui devons, vaut ce qu'il nous a
pris : la découverte de sa maison donna lieu à la
découverte des autres, qui, comme elle, sortirent

_____

(1) L'ancien *Pagus Augustus Felix.*

sans doute hier, d'entre les mains de l'architecte :
le toit seul (1) n'aura pas été mis.

C'est ici qu'on se croit au pays des fables, et qu'on
croit être dupe de ses propres regards : la vérité
est sous vos yeux : vous la touchez au doigt, et
vous la récusez encore. Cette maison, où vous
êtes, fut celle d'un ancien Romain : les lieux que
vous parcourez, Cicéron, Virgile et Mécène les
ont parcourus comme vous! Tandis que le vaisseau
s'éloigne de ce pays d'enchantemens, au défaut des
lieux mêmes, je m'y transporte en souvenir : oui,
voilà bien l'entrée : à droite, deux jolies petites colonnes s'élèvent de chaque côté de la porte ; quatre
à cinq marches conduisent à l'*atrium* ou cour découverte ; personne ne nous voit : cette maison parait déserte : entrons-y : parcourons-la un peu. La
cour est entourée d'un portique carré-long, formé
par quatorze colonnes en briques, et revêtues d'un
très-beau stuc. Eh quoi ! toutes les portes, toutes
les fenêtres même semblent ouvrir sur ce portique ?
Voilà donc le plan généralement suivi par les anciens, quant aux issues et quant aux jours ? Tout
ici est dans l'intérieur ; et, jusqu'au plan de nos
maisons religieuses, nous avons tout pris des

---

(1) Cette partie manque en effet à toutes les maisons
de Pompéia qui, exposées ainsi à toutes les intempéries
de l'air, ne tarderont pas sans doute à être, cette fois,
entièrement détruites.

païens. Un beau pavé de mosaïque s'étend autour
du péristyle. Cette cour et ce joli portique se retrouvent dans toutes les maisons : les anciens les
nommaient l'*impluvium* , ou *cavum œdium* ; le
premier de ces noms , fort difficiles à rendre dans
notre langue , faisait allusion à l'abri qu'offrait le
portique contre les eaux pluviales ; le second , à la
cour même, ou peut-être bien aussi à deux petites
citernes que j'aperçois dans celle-ci , et dans lesquelles l'eau des toits était conduite par des canaux
qui existent encore. Le pourtour même de ces
citernes est orné d'une mosaïque remarquable par
sa beauté ; et la margelle de cette espèce de puits
offre encore la marque de la corde. En face de la
porte de la rue , un escalier commode conduit à
l'appartement principal. Voici d'abord l'essèdre ou
salon ; vient ensuite la basilique ou galerie intérieure ; puis enfin la basilique ipètre ou galérie découverte , donnant sur les jardins. En rentrant ici
dans la cour, je remarque à ma gauche, le nym-
phée ou salle de bain, composée d'un assez grand
nombre de pièces , dans lesquelles je me hâte d'entrer. La première est la plus jolie de toutes : c'est
là qu'est le lavacre ou baignoire , entouré de colonnes de stuc ; dans la seconde est l'hypocauste ou
fournaise propre à chauffer l'eau, qui de là, par un
conduit en bronze, est conduite jusque dans la baignoire , au-dessus de laquelle je vois le robinet.
Un peu plus loin sont les trois salles du *sudatorium*
ou étuve ; ces trois salles sont l'apoditère , l'unc-

tuaire et le laconique : la première est le cabinet de toilette ; la seconde , celle où après s'être
frotté , avec des espèces de grattoirs de métal
connus sous le nom de strigiles , on se couvre
de certaines huiles parfumées ; enfin la troisième
est consacrée au bain fumigatoirè. Cette dernière
pièce est charmante : placée immédiatement au-
dessus de l'ipocauste ou fournaise, qui lui communique sa chaleur ; elle est couronnée par une
voûte conique et légère, et entièrement revêtue de
stuc d'une blancheur éclatante. Le cubicule ou
chambre à coucher, consiste dans un appartement
de trois pièces : la première est l'antichambre , la
seconde le salon ; et dans la dernière, est le lit ,
qui , en forme de semi-cercle , s'élève sur un ou
deux gradins , dans une espèce de niche , également
ment revêtue de beaux stucs. Les autres appartemens sont ceux des femmes : le tricline ou salle à
manger à trois lits , le cénacle ou cuisine , et enfin
la *cella penaria* ou l'office. Quant aux jardins , ils
sont également entourés d'un portique , avec un
bassin dans le centre ; mais , à dire le vrai, ils me
semblent assez mal entretenus : depuis long-temps,
sans doute , Marcus-Arrius Diomède n'a mis le pied
dans cette maison , et tout ici se ressent de son absence. Les caves seules sont bien entretenues, à en
juger par le nombre et la grosseur des amphores ,
symétriquement enfoncées dans le sol , des deux
côtés du chemin : il paraît que le maître aimait

mieux le bon vin que les fleurs et les fruits (1).

Passant de surprise en surprise , de la porte de cette maison au faubourg , le voyageur parvient à la porte de la ville même. Cette ville est ouverte devant lui : qui l'empêche de la parcourir? Rues, places , théâtres , temples , jardins , boutiques , maisons particulières, il peut tout voir , tout observer. La simple curiosité ne vous amène-t-elle pas dans cette ville? Y venez-vous pour acquérir, pour louer ou pour vendre une maison , une boutique , un jardin , des marchandises , des denrées ou des terres? tout étranger que vous paraissiez être au lieu , aux usages, à la langue , vous serez bientôt au courant! Remarquez un peu ces affiches peintes en caractères rouges sur les murs : vous en trouverez de semblables au coin de chaque place , de chaque carrefour et même de chaque rue : il vous suffit de les lire, pour trouver ce que vous cherchez. Le rétablissement de votre santé serait-il l'unique objet du voyage? Vous ne pouviez trouver de secours plus certains et plus prompts : là , à deux

_____

(1) Plusieurs squelettes ont été trouvés à l'une des deux entrées de ces caves. D'après le collier et les bracelets d'or que portait l'un des cadavres , il paraîtrait probable que c'était celui de la femme de Marcus Arrius Diomède, qui, lors du fatal événement qui engloutit toute cette malheureuse ville, se serait réfugiée ici, avec toute sa famille, comme dans un lieu plus sûr, contre la pluie des cendres brûlantes.

pas de nous , à droite , est l'école de médecine ; et
plus loin , au bout de cette rue , qui , s'il faut vous
le dire , se nomme la Voie-Consulaire , cette grande
maison qui vous fait face, est celle du meilleur apo-
thicaire de la ville : ne voyez-vous pas d'ici son enseigne : un énorme serpent qui se mord la queue ?
Mais peut-être cherchez-vous quelqu'un dans la
ville ? Rien de plus facile encore : le nom de chaque
propriétaire est à la porte de chaque maison. Enfin
ne voulez-vous que traverser la ville même , ou
vous y reposer un moment ? Entrons dans la première boutique , ou plutôt au café du coin : c'est
le plus fameux thermopôle. La maison , ainsi que
l'enseigne vous l'indique , est tenue par un certain
Perenninus Nimpheroïdès , célèbre pour ses bois-
sons chaudes ; au reste , c'est un fort honnête
homme , et qui est là depuis long-temps. Cependant , malgré tous ses soins , Dieu sait depuis combien de jours on n'a nettoyé cette table ! la propreté n'est nulle part , et la trace des tasses est partout : les garçons de Pompéia sont presque aussi
sales que les nôtres ! Tout en causant ainsi , l'heure
du spectacle approche ; l'affiche est sur le mur en
face : voulez-vous la lire pour moi : j'ai la vue
courte ; et elle est haute : bon, c'est celle du théâtre
tragique : on donne l'Oreste de Sophocle : le fameux Pylade y jouera.

Qu'ajouterai-je à cette faible esquisse d'un lieu
qu'on irait volontiers chercher au bout de la terre ,
et qui n'est qu'à deux pas de nous ? C'est ici, et seu-

lement ici, qu'on se trouve transporté en effet au milieu d'une ville de quatre mille ans d'existence ; que l'on parcourt des rues, que l'on visite des maisons parcourues et habitées jadis par les plus célèbres citoyens de Rome ; les rues et les maisons existent : les habitans seuls n'y sont plus !

Tout en m'éloignant de cette scène d'illusions, j'éprouvais malgré moi ce serrement de cœur, qu'on éprouve en quittant la maîtresse ou l'ami qu'on s'attend à ne plus revoir : l'aspect de l'ancienne Stabia, ou plutôt la vue du sol qui, pour la seconde fois, la recouvre, vint augmenter encore ces pénibles impressions.

STABIA.

VAINEMENT chercherait-on dans l'histoire, une ville plus constamment malheureuse que la malheureuse Stabia ! Fondée par les Étrusques et les Osques ; tombée ensuite aux pouvoir des Pelasges, des Samnites et des Romains ; aux trois quarts renversée par Sylla ; enfin, deux fois engloutie toute entière sous les torrens de cendres qui couvrirent Pompéia, il ne lui restait plus d'autre misère à craindre que le malheur qui l'accable aujourd'hui : dans la seule intention de s'enrichir de ses dépouilles, quelques spéculateurs avides donnent l'éveil au gouvernement, qui, plus avide et plus barbare encore, ne la tire un instant de dessous ses ruines, que pour l'y remettre aussitôt !

Le musée de Pôrtici , à demi transporté aujour-
d'hui dans celui de Naples même (1) , atteste seul
le luxe , la richesse et le goût des anciens habitans
de Stabia et d'Herculanum , villes entièrement
perdues pour nous. Mais ici, il n'est pas inutile de
remarquer que la barbarie a tout fait , et qu'aucune
considération de la nature de celle dont on veut colorer le crime d'Herculanum , ne motive les mesures du gouvernement napolitain , quant à ce qui
regarde la perte de la ville en question. En effet ,
il ne s'agissait point ici de la conservation d'une
maison royale ; il ne s'agissait pas non plus de dépenses inouïes pour excaver une carrière de laves
compactes et solides : le sol , gratuitement accu-
mulé sur Stabia , est une plaine aride et nue , et
la ville elle-même , ainsi que celle de Pompéia , ne
fut jamais couverte que de cendres volcaniques.
On a donc volontairement , et sans aucune espèce
de motif , replongé dans l'oubli une ville non
moins curieuse que l'autre ; on a volontairement
mis la lumière sous le boisseau ; on a fait encore
ici le mal , pour le seul plaisir de le faire !

SORRENTE.

DES souvenirs non moins pénibles m'attendaient
à la vue de la petite ville de Sorrente , pittoresquement située sur les bords de la mer Tyrrhène.
C'est là que naquit , en effet , l'illustre et malheu-

_____

(1) Le Stûdio.

reux Torquâto ; là que, fuyant devant la vengeance d'un ancien protecteur, naguère changé
en ennemi, le Tasse vint chercher un asile, contre les projets d'un maître irrité, et des consola-
tions qui devaient être insuffisantes ! Toutefois,
même au milieu des murs qui l'ont vu naître, il
craint encore, et le pouvoir d'Alphonse, et les
projets de ses ennemis : sous un nom emprunté,
sous un déguisement qui le cache à tous les yeux,
il se montre à ceux de sa sœur ; et lui remet en
secret une lettre, dont il est à la fois le porteur
et l'auteur. Cornélie ouvre la missive de son
frère : elle y voit que le plus grand péril menace
les jours de ce dernier, si, contre ce péril, elle ne
peut lui trouver un asile assuré, et une protection
puissante. Effrayée du danger d'un frère qu'elle
chérit, Cornélie engage le prétendu messager, à
lui donner quelques détails sur ce funeste événement. Torquâto n'obéit que trop bien à la prière
de Cornélie : passant légèrement sur les honneurs
payés d'abord à son mérite, à la cour du duc d'Este,
il arrive bientôt au moment, où la sœur même d'Alphonse lui inspire une passion funeste ; il révèle
l'indiscrète confidence qu'il en fait à son meilleur ami ; l'indigne usage que ce dernier en fait
lui-même, pour le perdre dans l'esprit du prince
de Ferrare ; il passe, ensuite, à la vengeance
de celui-ci, qui, feignant de le protéger,
contre le ressentiment des parens du perfide, naguère tombé sous ses coups, le retient à sa cour,

dans une longue et dure captivité. Le Tasse
aborde enfin le moment où il parvient à rompre ses chaînes : il se peint fugitif et errant, sans
amis, sans asile, sans ressources ; et ce cruel tableau, échappé à une âme brûlante, est tracé avec
tant d'éloquence et de force, que, comme frappée
d'un coup de foudre, sa malheureuse sœur tombe,
sans vie, à ses pieds. On sait, comment poussé
de nouveau, vers des murs qui lui avaient été si
funestes, il sollicita son rappel, en écrivant au
duc, à la duchesse d'Urbin, à Léonore même ?
On sait aussi le résultat de toutes ces démarches :
le duc, la duchesse et Léonore ne daignent pas
répondre aux lettres de Torquâto Tàsso ! on fait
plus : et quand, en dépit des larmes de sa sœur,
des instances de quelques amis fidèles, le Tâsse
quitte Sorrente, et revient à Ferrâre ; lorsque,
rentré, en apparence, dans les bonnes grâces
d'Alphonse, l'auteur de la Jérusalem réclame son
manuscrit saisi, le duc Alphonse le lui refuse, en
donnant pour raison, qu'affaiblie par le chagrin
et le malheur, sa plume gâterait son ouvrage ! Il
devait le gâter en effet : mais à l'époque, très-pos-
térieure sans doute, où ce génie sublime, égaré
par tant de persécutions, eut la faiblésse de se
soumettre aux critiques monstrueuses de l'académïe
de Florence !

SALERNE.

UNE cathédrale gothique du style le plus barbare ; masse informe et sans goût, enrichie des

dépouilles de Pestum , par le Normand Robert Guiscard, fils aîné du célèbre Tancrède ; un beau bas-relief antique ; peut-être aussi le nom de son ancienne école ; et , enfin, un crucifix à grands miracles ; voilà quels sont les tristes restes de la ville des Piscentins !

Le Silarus.

Neuf à dix lieues plus loin, nous nous trouvâmes à l'embouchure du Silarus ; fleuve souvent cité par les naturalistes et les poëtes, pour la nature pétrifiante de ses eaux.

Pestum.

Nous côtoyons ici un sol jadis célèbre par sa fraîcheur et sa fertilité : une plaine marécageuse et brûlante , un désert sauvage et aride le remplace aujourd'hui. Des troncs d'arbres pétrifiés , des débris de colonnes et de frises , à demi usées par le temps ; des eaux croupissantes et infectes ; pas un arbre, pas une plante, pas une fleur, pas un brin d'herbe ; partout la ronce et l'épine, remplaçant les bosquets de roses ; et l'eau marécageuse, coulant sur le lit du ruisseau : tel est le site ou s'élèvent de nos jours les murs abandonnés de la ville de Neptune , l'antique et superbe Pestum ; où les vainqueurs du monde , oubliant leur ambition et leurs soins , venaient parfois suspendre aux branches du rosier et du myrte, un glaive si fatal aux vaincus !

Qui pourrait s'empêcher de tourner encore ses regards vers le site où s'élèvent les temples de Pestum ! Ces temples, qui, intacts et solides, semblent avoir traversé les siècles avec tant de rapidité, et dire à celui qui les voit : Je suis l'œuvre d'un des plus anciens peuples de la terre ; j'ai vu s'écouler trois mille ans : trois mille ans n'ont pu altérer ma noblesse, ma solidité, ni mes formes. Les Osques, les Étrusques, les Sybarites, les peuples du Samnium, tous, jusqu'à l'orgueilleux Romain, n'ont approché de moi, n'ont foulé mon portique, qu'avec crainte et respect : tous se sont inclinés devant moi ; et tous m'ont admiré, comme tu m'admires toi-même.

On assure que l'Etna et Ségiste l'emportent de beaucoup sur le Vésuve et sur Pestum ? Je me méfie des éloges payés aux lieux et aux monumens lointains, aux dépens de ceux qui sont proches : au surplus, nous verrons.

CAP ATHÉNÉE. ILE DE CAPRÉE.

Nous voici enfin à la hauteur du Cap Athénée, qui, s'élançant dans la mer Tyrrhène, termine cette superbe baie ; mais, ni son rocher pittoresque, ni la vue de Caprée, qui semble sortir ici des flots, ni les grands souvenirs que les pas d'Auguste et de Tibère ont gravés sur le roc antique, ne peuvent détourner mes regards, attachés sur le site, où j'admirai naguère ces trois temples, échappés à la main de l'homme.

Arrivée a Palerme.

Le lendemain de notre départ, nous passâmes à la vue des îles Éoliennes ; le soir, nous crûmes apercevoir la sommité du blanc Etna ; et, dès la nuit suivante, nous mouillâmes dans le port de Palerme.

DÉTAILS GÉOGRAPHIQUES

SUR LA SICILE.

LA Sicile est la plus grande de toutes les îles de l'ancienne mer Tyrrhène, aujourd'hui, la Méditerranée.

Elle est située entre le 36 d. 39 m. ; et le 38. 14. de latitude ; sa longitude est le 29. 59; et le 33, 21. du méridien de l'île de Fer.

Sa forme est celle du delta grec : c'est un triangle irrégulier, dont la sommité regarde l'occident ; et la base, l'orient.

Trois caps principaux forment chacun de ses angles : à l'ouest est le cap Lilybée; au sud-est, le Pachynum; et à l'est, le Pélore. Le premier de ces promontoires se nomme aujourd'hui, cap Boëu, ou Boë ; le second, Pàssaru ou Pàssaro ; le troisième est celui qu'on appelle le Phare de Messine.

A partir de l'ancienne Drepanum, aujourd'hui Tràpani, ville située à l'angle occidental ; à partir de ce point, dis-je, jusqu'au cap Pélore, situé lui-même à l'une des extrémités orientales de la base, la côte septentrionale peut avoir soixante-six lieues d'étendue. Depuis le petit cap Milàzzu, ou Milàzzo, l'une des pointes de la côte septentrionale les plus avancées vers l'est ; depuis ce cap,

jusqu'au promontoire Pachynum, la base de ce
même triangle n'a pas moins de trente à trente-trois
lieues de largeur.

Depuis le cap Saint-Vîtu ou Saint-Vîto, au nord-
ouest, jusqu'au cap Pélore, au nord-est, la côte septentrionale de l'île est baignée par la mer Tyrrhène,
ou Méditerranée. Depuis le Pélore, jusqu'au cap
Pachynum, la base du triangle est baignée par cette
partie de la même mer, que les Grecs et les Latins
connurent sous le nom de mer Ionienne; enfin,
depuis ce dernier cap, jusqu'au promontoire Lilybée, toute la côte méridionale est baignée par la
mer d'Afrique.

Dans les temps fabuleux, la Sicile fut d'abord
nommée l'Ile du Soleil ou des Cyclopes. Pyndare
et Homère ne lui donnent point d'autre nom. On
la nomma ensuite Trinacrie, Triquetra, Trinacie;
noms bizarres, sur l'étymologie desquels les anciens
historiens ne s'accordent pas eux-mêmes. Thucydide tire le premier, du mot grec *trinacrós*, qui a
trois angles, ou trois pointes. Une semblable étymologie est donnée par Pline, au nom de Triquetra; enfin, Eustachius, dans son commentaire
sur Homère, prétend que la Sicile fut nommée
Trinacrie ou Trinacie, d'un certain Trinachus,
qu'il fait fils de Neptune, et qui aurait été l'un des
plus anciens rois du pays.

On n'a que des données très-peu sûres, à l'égard
des premiers habitans de cette terre éternellement
volcanique. Les géans, enfans de Noé, connus en-

suite sous les différens noms de Cyclopes, Anthro-
pophages; Lotophages, Lestrigons et Sicans, passent généralement pour s'y être établis les premiers;
mais on ignore d'où ces mêmes colonies peuvent venir. Moïse et Bérose les tirent de l'Arménie ; Di-
dyme, de la Thrace ; Trogue Pompée les fait naître
dans l'île même. Cent ans après le déluge, le Noé
de Moïse ou le Janus de Bérose, divisa toute la
terre en trois différentes parties : l'Asie, l'Afrique et
l'Europe; parties qu'il donna à chacun de ses fils.
Sem régna sur l'Asie ; Japhet, que Diodore nomma
Atlante le Maure, parce qu'il mourut dans la Mau-
ritanie, eut en partage l'Europe et toutes les îles
de la mer Tyrrhène; enfin, Cham ou Chem eut
pour lui toute l'Afrique. Au nom de Cham, qui en
hébreu signifie infâme, les différens peuples joignirent ensuite ceux de Sterculius, Incubus, Syl-
vain, Pan, Saturne, Chronos, et Zoroastre. Ce Cham
ou Saturne passa par la suite en Sicile, où, selon
Diodore, il fonda une ville qui, de lui, prit
le nom de Chamésène ; on ignore sur quel point de
l'île cette ville était construite ; on sait seulement
qu'il bâtit plusieurs forteresses sur les sites les plus
élevés du pays, forteresses, qui, du nom de leur
fondateur, prirent elles-mêmes ensuite le surnom
de Saturnies. Cérès fut fille dé ce prince ; c'est sous
son règne, qu'il convient de placer les premiers essais de l'agriculture, quant à l'ensemencement du
blé, et à l'art de faire le pain ; car jusqu'à cette
époque, le gland avait été la nourriture commune

des hommes. La mère de Proserpine mourut âgée
de six cents ans; elle en avait cinq cent trente-
neuf quand elle commença à régner en Sicile.
Les anciens la connurent aussi sous les différens
noms de Cérès, Isis, Io ; elle fut femme d'Osiris , et donna le jour à Orus, à Proserpine,
et à l'Hercule Thébain. Peu de temps après elle ,
l'Athénien Aristée passa en Sicile , où il porta
aussi la culture de l'olivier, du mûrier, et l'art
d'utiliser les bestiaux. Éryx, fils de Bute et de
Lycaste, gouverna le pays après lui. Au sommet
de la montagne qui domine l'ancienne Drépanum,
aujourd'hui Trâpani, on voit encore les ruines
d'une ville qu'on prétend être celle qui fut fondée par ce même prince. Enfin, nous voici parvenus à l'invasion de l'Hercule égyptien, personnage
moitié historique et moitié fabuleux , qu'il faut
se garder de confondre avec les quarante-deux ou
quarante-trois autres qui tous ont suivi celui-ci.
Cet Hercule donc, que l'on surnomme le Thébain,
parce qu'il naquit à Thèbes en Égypte, fut , ainsi
que je viens de le dire , fils d'Osiris et de Cérès.
Après avoir exterminé tous les tyrans du jour , et
s'être emparé de leur trône ; après avoir conquis une
partie de l'Asie, de l'Afrique et de l'Europe, il passe
enfin en Sicile, où il combat et tue le fondateur de
la ville d'Éryx; fait supporter le même sort à
tous les princes de cette île, et meurt, en Celti-
bérie , à l'âge d'environ deux cents ans. Iole son
compagnon d'armes, lui succède , et est remplacé

par Éole, roi des iles Lipariennes, auxquelles il avait donné son nom ; ce prince fut du petit nombre de ceux dont les sujets chérirent la mémoire; il laissa après lui, six garçons et six filles. Sutos et Agathirse, les aînés des six garçons, régnèrent après lui en Sicile. Peu de temps *avant* la prise de Troie, selon Solin, ou, peu de temps *après* cette même époque, selon Trogue Pompée (tant les historiens sont d'accord !), les Sicans, sous la conduite de Sicanos, débarquèrent sur les côtes de l'île, et parvinrent à soumettre le pays. Ici la même contrariété se remarque dans le dire des historiens, à l'égard du pays d'où ce peuple vint en Sicile. Solin et quelques autres, les font venir du Latium; Thucydide les dit venus d'Espagne; et enfin Thymée les regarde comme un peuple indigène, comme les plus anciens habitans de la Sicile. Ce qui paraît certain, c'est que l'île prit alors le nom de ses nouveaux conquérans. Enfin, à ces derniers succédèrent, ou plutôt s'unirent les Sicules, qui, chassés de la Ligurie, soit par les Pélasgiens, soit par les Aborigènes, soit enfin par les Osques, selon le sentiment de Thucydide, passèrent à leur tour en Sicile, vers l'an 4300 de la création du monde, et donnèrent à cette île le nom qu'elle conserve encore aujourd'hui.

Quatre à cinq siècles après la migration des Sicules, différentes colonies grecques passèrent à leur tour en Sicile; et parvinrent à s'emparer d'une partie du pays. Syracuse fut fondée par une colonie gréco-étolienne, environ deux mille ans

I. 5

avant notre ère. Ici commence l'histoire greco-
sicule; et c'est ici encore, qu'il convient de placer
l'origine des plus utiles et des plus belles inven-
tions dans les arts, les sciences et les lettres. C'est
ainsi que la ville d'Enna (1) donna naissance à
l'agriculture; et que, la première de toutes, elle
en fit une véritable science, qui se répandit ensuite dans la Grèce et dans le reste de l'ancienne
Europe. C'est ainsi, encore, que la Sicile fut le
berceau des premiers législateurs des hommes;
qu'Empédocle précéda Hypocrate; que la philo-
sophie compta successivement ses Épicharme, ses
Dion, et ses Phylonide; que la géométrie, la
statique et la dynamique prirent un essor jusqu'alors inconnu, dans les mains du divin Archimède; que l'éloquence, l'astronomie, la géographie, et l'histoire s'enrichirent tour à tour des
grands talens de Thysias, Gorgias, Lysias, Corax,
Antiochus, Anthandros, Thymée, Évéméros,
Eumachus, Cléon et Diodore; et c'est ainsi, enfin, que la poésie, la peinture et l'art du sta-
tuaire furent portés au plus haut degré de perfection
et de splendeur, par les poétes Stesychore, Théocrite, Bion, Épicharme et Moschus; les peintres
Démophyle et Zeuxis; et le sculpteur Pythagoras.

La prise de Syracuse par le consul Marcus Mar-
cellus, et le partage du pays, devenu colonie ro-

_____

(1) Aujourd'hui, Castrugiuvânni ou Castrogiovânni.

maine (1), peuvent-être regardés comme l'époque désastreuse, où les arts et les sciences commencèrent à s'éclipser en Sicile. Depuis cette funeste époque, jusqu'à celle, plus funeste encore, du démembrement de l'empire (2), les fastes littéraires de cette malheureuse île, n'offrent plus que trois noms connus : le médecin Apulée, surnommé le Sicule, le-poete Lucius Calpurnius Pison, et l'historien Flavius Vospicus.

Ces arts et ces sciences furent entièrement morts, sous les empereurs d'Orient, les Vandales, les Goths et les Arabes; ils semblèrent renaître un moment, sous les Normands, les Suèves, les Aragonais et les Castillans. Le treizième siècle eut quelques poëtes célèbres : Cicèllo d'A'lcamo, et la célèbre Nina, chantée par Dante de Majàno. Ce siècle compte aussi l'anatomiste Philippe Ingrassìa, le chirurgien Brànca, le mathématicien Mâuròlico, les botanistes Cûpani et Boccôni, l'astronome Odièrna, les deux peintres Pierre Novêlli, plus connus sous le nom de Moréalèse, et Antonêllo de Messine, le célèbre sculpteur Gagîni, l'orateur Viperàno, les historiens Fazzêllo et Blàsi, les antiquaires Màssa, Amico, Parûta, Torremûzza, Bìscarìs; et enfin, le célèbre Jean Mêli, surnommé, avec tant de raison, le moderne Théocrite.

Dans son état actuel, la Sicile est divisée en trois

(1) L'an 212 avant notre ère.
(2) L'an 364 de notre ère.

vallées ou provinces, savoir : à l'ouest et au sud, le val Mazzâra , ainsi nommé du fleuve de ce nom ; au nord et à l'est , le val Dèmoni , Dèmone ou même Dèmini ; enfin , à l'est et au sud , le val de Nôtu ou Nôto.

Ces trois vallées sont divisées en sept différentes intendances , dont chacune est subdivisée elle-même en deux sous-intendances ; à l'exception cependant de Palerme et de Messine , qui sont régies par un intendant et trois sous-intendans. Les intendances principales sont celles de Palerme, Messine, Catane, Girgênti, Syracuse, Trâpani, et Calatanissêtta.

Avant l'invasion des Romains on comptait douze millions d'âmes en Sicile : sous le règne des Césars , elle n'en eut plus que dix : sous celui des moines et des prêtres , à peine en a-t-elle un aujourd'hui !

Quant au titre moderne de royaume des *Deux-Siciles*, il serait difficile de citer une prétention plus absurde , plus ridicule , plus contraire , en un mot, à la nature des choses , et aux faits transmis par l'histoire. Cette partie de l'Italie appartenante au roi de Naples , et que les Latins connurent sous le nom de Grande Grèce , ne fut jamais nommée Sicile. Cette étrange dénomination sortit, pour la première fois, de la tête d'un des successeurs de Saint Pierre (1), vers la fin du qua-

_____

(1) Grégoire XI, dans la bulle relative à la paix

torzième sièele. La sottise échappée au Saint Père,
fut sottement accueillie par Martin, roi de la véritable Sicile, lequel, sans posséder un pouce de
terrain, en terre ferme, donna à ses prétendus
états du continent, le surnom de Sicile au delà
du Phàre ; et nomma l'île même, la Sicile en deça
du Phàre. Enfin, Alphonse d'Aragon réunissant
les deux couronnes, changea ces noms, suffisamment ridicules, en un nom plus ridicule encore ;
ses successeurs n'eurent garde de ne pas suivre un si
bel exemple ; et, depuis, ils prirent tous le titre de
rois des Deux-Siciles. L'historien Fazzèllo (1) remarque, à cet égard, qu'Alphonse, en agissant
ainsi, donna un rare exemple de sa soumission à
l'autorité des papes ; et Fazzello a raison sans
doute : c'est se montrer très-soumis, en effet, que
de heurter ainsi, par pure obéissance, le témoignage de l'histoire, et l'autorité du bon sens !

------

qu'il conclut, entre la reine Jeanne et l'empereur Frédéric III.

(1) *De Reb. Sic.* Dec. I, lib. 1, cap. 2.

PALERME.

On dit que la ville de Palerme est le siége d'un gouvernement; mais n'y voyant aujourd'hui, ni roi, ni vice-roi, ni gouverneur, ni prince, je crains fort que le gouvernement en question ne soit mal assis en Sicile.

Au moment où je quittai Naples, on prétendait aussi que, par suite de la promulgation prochaine de la nouvelle constitution, je trouverais le pays tout en feu : je distingue bien en effet quelques légers murmures ; j'entends bien çà et là quelques respectueuses plaintes ; en un mot, je vois bien quelques gens mécontens du gouvernement et d'eux-mêmes : mais les murmures, mais les plaintes, mais les gens mécontens ne sont pas seulement en Sicile ! il est partout des hommes qui veulent se mêler de leurs affaires ; cependant, grâce au droit et aux baïonnettes, la machine n'en roule pas moins; les ministres n'en sont pas moins riches ; et le prince n'en fait pas moins ce qu'il veut !

Au reste, si le bruit est vrai; et si, comme chacun me l'assure, ce pays est à la veille d'éprouver quelque grand changement; il faut que les signes précurseurs soient ici tout différens des autres ; jamais peuple, au contraire, ne parut plus patient ni plus doux ; et si c'est ainsi qu'il se fâche, on peut le fâcher hardiment.

Le fait est que , au moment où j'écris (1), cette pauvre colonie est soumise à un gouvernement qui ne ressemble pas mal à celui des Turcs, en Égypte. La vie , l'honneur et la fortune des peuples , tout est entre les mains de trois espèces de bachas , qui , selon la coutume , agissent avec délicatesse, et sur l'honnêteté desquels les factieux seuls ne s'en reposent pas. A la vérité, encore., on attend ici, de jour en jour, l'arrivée du prince héréditaire : le seul qui ait eu l'art de se faire un peu plus desirer. Depuis plus d'un mois, ce grand événement occupe exclusivement toutes les têtes : sainte Rosalie même en pâlit ; et sa fête est remise de semaine en semaine. Ce délai n'est pas propre à calmer l'agitation des esprits : déjà quelques dévots crient hautement au scandale ; et jusqu'aux jolies femmes , qui ont des bonnets et des schals à montrer le jour de la fête , tout paraît indigné de voir les intérêts du ciel sacrifiés ainsi aux princes de la terre.

Au reste, ce fameux code dont la promulgation prochaine effarouche tant les esprits, sera l'ouvrage le plus complet, sinon le plus généralement utile ; il formera six à sept gros volumes. En voilà bien plus qu'il n'en faut sans doute, pour diriger et faire taire un peuple plus nombreux et plus mécontent. Force gens bien instruits m'assurent qu'on y cherchera vainement une foule de certains articles , qui ne déparent point un livre de ce genre , dans

(1) Juillet 1819.

quelque langue, et pour quelque peuple qu'il soit écrit : peut-être figureront-ils dans quelque nouvelle édition ; jusque-là le gros livre me paraît un livre à refondre.

J'ai sous les yeux deux voyageurs modernes (1), qui ne tarissent pas en éloges sur Palerme et ses habitans. Je suis dans le pays des fables : je me méfierai des conteurs. A les en croire sur parole, Palerme serait au moins l'égale de Paris et de Londres, quant au luxe, aux plaisirs, aux lettres, aux arts, au commerce ; et enfin, à toutes les branches de l'industrie nationale. Pour ce qui est des nobles Palermitains (car nos deux voyageurs, dont l'un, chargé de promener un lord dans les principales villes de l'Europe ; et l'autre n'étant rien moins qu'un comte polonais ou allemand, n'étaient pas gens à puiser leurs remarques dans aucune classe secondaire) ; pour ce qui est des nobles Palermitains, dis-je, ce sont autant de nouveaux patriarches, attendant l'étranger aux portes de la ville, et le saisissant au collet, pour se disputer l'avantage de l'attirer sous leur toit ! Tout cela peut avoir été vrai ; mais tout cela ressemble assez peu aux objets qui m'entourent. En place de ce brillant tableau, je ne vois dans cette ville qu'une population malheureuse, qu'un port entièrement

_____

(1) Brydone. *A Tour Throug Sicily*. London, 1770, Borch. *Lettres sur la Sicile*, écrites en 1777.

vide, qu'un commerce entièrement détruit, qu'une
industrie entièrement éteinte , qu'un courage entièrement épuisé ; et , quant aux patriarches en
question , celui d'entre eux qui m'attendait en
effet aux portes de la ville , est vraisemblablement
le moins généreux de tous : car, jusqu'ici, son hospitalité se borne à me présenter, chaque jour, des
mémoires fort peu hospitaliers ! Au reste, je le répète , il est bon de se défier un peu de ces portraits
tracés par des peintres à lettres de recommandation pour des vice-rois et des princes. Au moment
de me parler des mœurs , des qualités et des talens d'une grande famille , c'est un assez mauvais
moyen de capter ma confiance, que de commencer
le récit par le détail, un peu long, des plaisirs de
tous genres, des agréables connaissances , des repas
somptueux et des politesses infinies qu'on doit
à ceux qui la composent : un semblable début alar-
merait la famille même ! Quand on a dîné chez les
gens, on a perdu la liberté du dire ; le silence ou
l'éloge vous est nécessairement commandé. Je
n'ai dîné chez aucun noble Palermitain : je parlerai librement de leur ville.

Mais, en admettant même que l'habitant de
Palerme n'ait pas été , pour Brydone et Borch ,
le véritable Amphytrion; en admettant aussi, qu'au-
dessus de toutes les petites considérations personnelles, que l'auteur le plus impartial accueille sans
le vouloir, et écoute sans s'en douter , ils eussent
parlé de la même manière de la ville et des hommes,

qui ne leur auraient offert, ni les mêmes agrémens
ni les mêmes prévenances , la plupart de leurs tableaux n'auraient plus le mérite de la fidélité : ils
seraient à retoucher, si non même , entièrement à
refaire. La Sicile d'aujourd'hui ne ressemble point
à la Sicile de leur temps (1); et , d'ici à un an ,
elle sera peut-être toute autre ! Les voyages et les
dictionnaires sont des livres essentiellement impar-
faits : la dernière édition est la moins défectueuse.

Dieu me garde d'entrer pour rien dans la question scientifique qui , depuis des siècles , partage
les érudits sur l'étymologie du nom de la ville
même! Les uns, avec Calias , cité par Athenée (2),
veulent que l'ancien nom Panormos, équivale à
tout potager, *tout entouré de potagers* , par allusion à la richesse de ses environs ; les autres , avec
Procope (3), soutiennent au contraire qu'il ne s'a-
git ici que d'une allusion à l'extension de son port,
et que ce même nom signifie *tout port*. Calias a
raison et Procope n'a pas tort. Le mot composé
pan-ormos peut recevoir, en grec, l'une et l'autre signification. Quant à l'origine de la ville ,
il faut remonter au déluge ; et lire l'histoire comme
la bible. Thucydide (4) lui donne, pour fondateurs,

_____

(1) Brydone vint en Sicile en 1770 ; et Borch ',
en 1776.

(2) Deipnosoph. lib. XII.

(3) *De Bell. Goth. et Palerm.* Lib. V.

(4) Lib. VI.

des Phéniciens débarqués en Sicile , à la même époque que les colonies grecques. Un ancien cbroniqueur du pays (1), recule de beaucoup l'origine, qu'il rattache aux Chaldéens et aux Syriens. Ce savant fonde son opinion sur une inscription en caractères chaldaïques ou syriaques, qui n'existe plus aujourd'hui , qui existait encore de son temps , et qu'un certain Abraham , médecin de la ville de Damas , avait traduit en pur et bon latin , langue dans laquelle elle aurait eu le sens suivant : *Vivant Isaac , fils d'Abraham ; et Ésaü , fils d'Isaac , régnant dans la vallée de Damas et dans l'Idumée ; un grand nombre d'Hébreux , auxquels se joignirent beaucoup de gens de la ville de Damas et beaucoup de Phéniciens , étant venus en cette île triangulaire , s'établirent dans ce lieu très-agréable ; lieu qu'ils nommèrent Panormos.*

Fazzèllo qui rapporte le même fait (2) , le confirme par l'existence d'une autre inscription chaldaïque , placée de son temps sur une tour d'une des portes de la ville. Ce précieux morceau qui fut pendant long-temps une énigme indéchiffrable aux Arabes modernes , fut enfin expliqué et traduit par un certain Étienne Speziàle ; de Palerme , l'an 1470 , et voici le sens qu'il lui donna : *Il n'y a d'autre Dieu qu'un Dieu , il n'y a d'autre puissant*

---

(1) Ranzâno. *Della città di Palermo.*
(2) *De Reb. sic. Dec.* I , lib. 8, cap. 1.

*que ce même Dieu; et il n'y a d'autre vainqueur que
ce même Dieu que nous adorons. Le capitaine de
cette tour est Saphu, fils d'Éliphar, fils d'Esaü,
frère de Jacob, fils d'Isaac, fils d'Abraham; et le
nom de la tour est Baïch; et le nom de la tour
voisine est Pharat.*

Je ne réponds point de l'exactitude de la version,
et moins encore de celle du texte de l'inscription
même, qui, pouvant donner d'agréables tortures
aux Saumaises à venir, me paraît assez remarquable pour que je la copie, telle que Fazzello la
copia lui-même sur les lieux (1).

L'histoire de Palermè ne commence à sortir des
ténèbres, qu'à l'époque de la première guerre puni-
que, c'est-à-dire, vers l'an 264 avant notre ère. Diodore (2) et Polybe (3) nous apprennent qu'elle était
alors au pouvoir des Carthaginois; mais ils passent
sous silence l'époque où ces derniers s'en emparèrent; elle tomba au pouvoir des Romains, et fut,
pendant très-long-temps, une de leurs meilleures
colonies en Sicile, jusqu'à l'époque du partage de
l'empire, époque où elle passa dans les mains des
empereurs d'Orient, avec toutes les autres villes de
cette île. L'an 515 de notre ère, elle suivit encore
le sort commun; et les Goths s'en emparèrent. Environ quatorze ans après, Bélisaire la rendit à l'em-

---

(1) Voyez la planche en regard.
(2) *Bibl. hist.* Lib. XIV.
(3) *Hist.* Lib. I.

pire (1). En 1326, elle passa au pouvoir des Arabes, dont le prince, Michel Balbus, en fit le siége de son gouvernement (2). La prise de cette ville donna beaucoup de peine à Robert Guiscard et au comte Roger, déjà maître du reste de la Sicile (3); mais enfin les Normands s'en emparèrent ; et, depuis cette époque, elle suivit constamment le sort de toutes les autres villes du pays : c'est-à-dire, qu'elle passa successivement dans les mains des Suèves, des Angevins, des Aragonais, des Castillans, des Allemands, et enfin des princes espagnols.

La situation de Palerme rend la ville plus belle à voir de loin que de près : située au pied d'une chaîne de hautes montagnes qui la cernent de toutes parts, et qui n'ouvrent à la circulation de l'air aucun autre passage que son port ; durant les trois quarts de l'année, c'est un four où l'on respire à peine ; en hiver, une tombe humide et froide ; et la vue dont on jouit au centre de la ville, n'est ni plus ni moins pittoresque, que celle dont on jouirait au fond d'une étroite carrière. Considéré à quelques milles en mer, son port présente un fort beau coup d'œil. Aux deux extrémités de la baie au fond de laquelle cette ville est construite, s'élèvent à gauche, les montagnes de la Bagharie, et à droite, le mont Pélégrino. Une partie de ce vaste espace

---

(1) Procop. *De Bell. Goth. et Palerm.* Lib. V.

(2) Fazell. *De Reb. Sic. Loc. cit.*

(3) *Id, ibid.*

est occupée par le port même ; vient ensuite une
superbe promenade , connue sous le nom du Marino , qui , longeant le bord de la mer hors des
murs de la ville même , s'étend jusqu'à deux autres
jardins publics , nommés la Flôra et la Villa-Giû-
lia. Cette promenade est en effet le plus bel , ou
plutôt le seul ornement de Palerme , et mérite sa
grande réputation.

Le Marîno.

Je ne m'amuserai point à relever ici tous les
contes ridicules dont Brydone a rempli ses pages ,
à l'égard de cette promenade : Borch les signala
avant moi. Je remarque seulement, qu'aux exagérations de l'un, se joignirent les exagérations de l'autre : celui-là , plongeant le Marino dans une obscurité totale , n'en fit ni plus ni moins qu'un mauvais
lieu ; celui-ci le peupla de princes en robes de
chambr   et de princesses en déshabillés blancs ;
l'un y ouvrit ses intrigues à minuit ; l'autre deux
fois par jour, y transporta ses acteurs en pet-en-l'air
et en chemise ; et tous deux de n'y faire briller
d'autre éclat qu'*une lueur douce et amie de l'œil* ,
ou , *les chastes cornes* de la lune ! Tout cela est
très-poétique sans doute ; mais tout cela est absolument faux. Comme les promenades publiques
de toutes les autres villes du monde , le Marino
de Palerme a ses heures plus ou moins fixes , et
qui varient suivant le temps et les saisons. Ouvert
à toutes les classes , et n'ayant d'autres portes que

celles de la ville même , chacun y porte le costume
qui lui convient. Quant aux gens des deux premières classes, bien loin de se borner à une robe
de chambre et à un déshabillé blanc , ce costume
est au contraire de la plus grande élégance ; et , d'un
autre côté, les ténèbres de Brydone et de Borch, disparaissent, depuis long-temps, sous l'éclat des lanternes , dont toutes les voitures et la promenade
même , sont abondamment pourvues ; mais , en
supposant même que l'usage de ces lanternes fût
effectivement postérieur au voyage de Brydone
et de Borch, il faudrait en conclure, que les cornes
du premier, et la douce lueur du second , équiva-
laient de leur temps à de véritables ténèbres. Les
nuits un peu trop vantées d'Italie, ne sont pas les
nuits de Palerme : il règne presque toujours ici , et
particulièrement dans la promenade en question ,
je ne sais quelle espèce de brouillard qui , partant
de la mer , s'étend sur toute la ville , et suffirait
pour obscurcir le ciel le plus pur et le plus éclatant. Apparemment qu'il n'en était point ainsi du
temps de Borch : car il se confond en éloges sur la
beauté des clairs de lune, à Palerme ! Il y vint au
printemps : je n'y restai moi-même que dans l'été
et dans l'automne; mais Brydone qui y était dans les
mêmes saisons que lui , ne dit pas un mot de la
chose. Au reste, dans une ville où le soleil est tellement vertical , la chaleur tellement intense , et
l'air tellement épais et brûlant que , la plus grande
partie du jour, toutes les boutiques se ferment, et

que les rues sont entièrement désertes, il n'est pas
étonnant qu'une promenade quelçonque, située
comme celle-ci au bord de la mer et hors de la
ville, c'est-à-dire, sur le seul point où l'air cir-
cule librement, il n'est pas étonnant, dis-je, que
cette promenade devienne, au coucher du soleil,
le rendez-vous général où se rassemblent des hommes
long-temps privés de l'élément le plus nécessaire à
la vie; et qu'ils viennent y jouir, pendant quelques
heures, d'un air que l'on puisse aspirer. Quoiqu'il
en soit, cette promenade précieuse, le serait encore
plus, s'il était vrai de dire qu'elle pût être fréquentée à toutes les heures du jour; mais telle est l'insouciance du gouvernement, pour tout ce qui tient
à la commodité, sinon même à la salubrité publique, que, sur toute l'étendue de cette brûlante
arène, l'œil n'aperçoit pas un seul arbre, pas un
seul bâtiment qui fasse ombre! Ce n'est que tout
récemment encore, qu'on vient de tracer une espèce d'allée d'arbres, le long des murailles de la
ville; mais ces arbres sont encore des arbustes; et
il faudra bien du temps sans doute, pour les porter
à la crue nécessaire au but tardif qu'on s'est enfin
déterminé d'atteindre.

Il est assez étrange, que les peuples du nord
prennent, contre la chaleur, des précautions ignorées dans les pays les plus méridionaux. Les canaux des villes de Hollande, leurs arbres ver-
doyans étendant autour d'eux leur ombrage protecteur, sont la critique la plus frappante du

sol aride, brûlant et nu, qui forme la promenade
de Palerme. On peut en dire autant, quant au
défaut de toute espèce de précautions contre le
froid, soit à Rome, soit à Naples, soit par toute
la Sicile : l'usage des cheminées y est pour ainsi
dire, inconnu ; et toutefois, pendant sept à huit
mois de l'année, cet usage y serait tout aussi nécessaire qu'à Paris, à Amsterdam ou à Londres.
Cette inexplicable incurie se remarque bien plus encore à Palerme, dans la direction des rues et la construction des maisons; là, aucune précaution de prise
pour parer à la chaleur même; point de jalousies,
point de stores, point de persiennes, point de
volets intérieurs ; si ce n'est, toutefois, deux espèces de portes grossières et massives, qui, du
moment qu'elles sont fermées, vous forcent de
crier aux lumières ; lumières qui, produites par
des mèches de coton, flottant dans l'huile la plus
commune, ne vous laissent d'autre alternative
qu'une chaleur suffocante, ou une atmosphère
empestée. Et, comme si ce n'était pas assez pour
les pauvres habitans de Palerme, du séjour
d'une ville dominée en tout sens par des montagnes
arides et brûlantes, répercutant sur eux toutes les
chaleurs du midi ; deux espèces de canaux, profonds et étroits, coupent leur ville en deux parties
égales ; et, pendant tout le jour, engouffrent à
l'envi les rayons du soleil, la poussière et les vapeurs les plus méphitiques. Ces canaux ne deviennent enfin praticables, que lorsque chacun est

couché : la *Stráda Macquéda* , le *Cássaro*, ou la
rue de Tolède, sont les deux canaux en question.

Rues de Palerme.

A ne considérer ces rues , que sous le seul rapport de leur effet même , je suis encore à m'expliquer les grands éloges que Brydone et Borch en
ont faits? toutes deux sont en effet fort longues ;
mais, outre l'irrégularité des maisons , la saleté
de la voie publique , incessamment obstruée par
une foule de boutiques portatives , et d'artisans de tous les genres, travaillant à la porte de
leurs maisons , ou même, au milieu de la rue ;
leur défaut de largeur les ferait plutôt prendre
pour des ruelles que pour de véritables rues.
Quant aux maisons mêmes, il est difficile de rien
imaginer de plus irrégulier , de plus sombre, de
plus sale et de plus mal construit. Les portes et
les escaliers mêmes, sont des égouts publics, qui
repoussent à la fois la vue et l'odorat. Je veux
croire que les palais visités par nos deux voyageurs,
étaient exempts de ces inconvéniens ; mais des
palais ne forment point une ville, ni des princes
une population. Quant aux autres rues de la ville,
Brydone et Borch n'en disent mot ; et, pour le
coup, leur silence s'explique de lui-même. Ce
serait, sans doute, pousser l'admiration un peu
loin , que de trouver matière à vanter ces véritables cloaques, ces voies fangeuses , escarpées,
tortueuses, qui coupent, çà et là, les deux rues

en question ; et qui , ni plus ni moins qu'elles , exposées de tout sens aux rayons brûlans du soleil ,
ont fait naître l'idée d'un plan routier de cette
ville , intitulé PALERME A L'OMBRE !

Les voyageurs en question ne donnent que quatre portes à Palerme ; ces portes sont en effet au
nombre de quinze ; elles seraient assez belles , s'il
était vrai de dire que deux piliers isolés , sans cintres , pussent passer pour de véritables portes (1) ?
Quoi qu'il en soit, cette étrange architecture a
donné lieu à Borch de rapporter le mot échappé à
ce qu'il appelle un plaisant de cette ville; et qui aurait remarqué , selon lui , que cette nouvelle forme
de portes « était un effet de la prudence de la
» nouvelle administration , qui a voulu que les
» maris pussent y passer commodément. » Si les
plaisans de Palerme sont sujets à des traits de ce
genre , je m'étonne un peu moins du goût de l'auteur pour leur ville.

ÉTAT DES LETTRES ET DES SCIENCES.

A en croire nos deux voyageurs , les lettres ,
les arts , les sciences et le commerce seraient très-
florissans dans Palerme. Toutefois, dans ce centre
de l'industrie et des lumières , il me fut impossible
de trouver un thermomètre, une description de
la ville , les dessins des monumens antiques, ni

---

(1) La Porte-Neuve est la seule qui soit construite ,
selon la coutume ordinaire.

même une carte du pays ! mais , en revanche, les boutiques abondent de madones, de saints, de crèches et de reliques d'un travail admirable, et d'un assez bas prix.

Quant aux lettres , elles sont ici sur le même pied que les sciences et les arts : la plupart des bons livres manquent , ou les libraires n'osent les vendre qu'aux personnes qui leur exhibent la permission du saint-office. La liste des ouvrages prohibés formerait elle-même un ouvrage. Ces étranges restrictions ne se bornent pas à l'achat des livres : dans toutes les bibliothéques publiques ou partienlières , l'interdiction fatale se lit au dos de la plupart des volumes : je l'ai lue, sur l'histoire naturelle de Buffon ! ce n'est qu'avec les plus grandes précautions , et après une assez longue connaissance , que le bibliothécaire vous confie , devant lui, l'ouvrage que la Sainte Inquisition ne vous a pas permis de lire ; ne pouvant plus rôtir les curieux, celle-ci du moins les prive de la lumière ! Après de semblables détails, il serait inutile d'aborder la question de la liberté de la presse ; et je ne pense pas que le nom même en soit connu ici ? Toutefois, les choses ne sont pas aussi désespérées qu'on le pense ; l'esprit de tolérance fait ici ses progrès ; et, avec les permissions nécessaires , on imprime librement aujourd'hui, des dissertations ascétiques, des remarques sur le rosaire , et des élans vers le cœur de Jésus. Toutefois ces permissions ne s'obtiennent pas facilement , même à l'égard des livres

qui sembleraient justifier le moins l'inquiète surveillance d'un gouvernement méticuleux. Les restrictions et les formalités de la censure frappent
également toute espèce d'ouvrage, depuis le livre
de l'abécédé, jusques et compris le livre de Ba-
rême. J'ai en ce moment sous les yeux un exemple de ce genre, qui mérite d'être connu ; car il
s'agit d'un simple catalogue de livres; catalogue,
en tête duquel se lit l'avis suivant : *Les livres
compris dans l'Index de la Censure de Rome ne
pourront être vendus qu'à ceux des acquéreurs
qui exhiberont au libraire le Permis Pontifical.* Ce
catalogue n'appartient point au 15ᵉ. siècle : il porte
la rubrique de Naples, et la date de 1819 !

Mais ce n'est pas tout encore ; et, avant d'avoir
pu obtenir le *permis* de publier son catalogue, et
de vendre ses livres aux lecteurs qui ont eux-
mêmes le *permis* de lire, le malheureux libraire a
dû frapper à bien des portes : voici la marche que
son affaire a suivie. Il aura dû adresser à S. Exc
le secrétaire général du conseil suprême de la
chancellerie, une humble requête à l'effet d'obtenir le permis en question ; requête à laquelle il
aura joint le manuscrit original de son catalogue.
Dans une autre requête, S. Exc. le secrétaire général aura communiqué la demande à S. Exc. le secrétaire d'état, ministre chancelier, en suppliant
celui-ci d'accorder audit libraire la *faveur* de la
révision, c'est-à-dire, de la censure ! Je suppose
que S. Exc. le secrétaire d'état ne se sera pas fait

tirer l'oreille, pour accorder cette dernière grâce ;
et qu'au bout de deux ou trois mois de courses,
de soins et de sollicitations de la part du libraire,
le permis attendu sera enfin tombé de la plume de
S. Exc., sur la requête du secrétaire général ? Une
fois pourvu de cette pièce, de nouvelles courses,
de nouveaux soins et de nouvelles sollicitations
auront eu enfin le pouvoir d'engager le secrétaire
général à faire passer le catalogue, la requête et
le bon au président de la seconde chambre ; lequel président, après un temps déterminé, les
aura envoyés lui-même à S. E. mgr. l'archi-diacre
Don Luca Samuële Cagnâzzi, Censeur Apostolique
et Royal, qui, après lecture prise, aura renvoyé
le tout à S. Exc. le secrétaire d'état, en y joignant
la lettre suivante :

Naples, le 25 juin 1819.

Excellence,

J'ai lu, avec la plus grande attention, le cata-
logue de livres qui sont en vente chez Luìgi Ma-
rôtta, et qui doit étre réimprimé par Núnzio
Pásca. Je n'y ai remarqué aucun livre contraire à
la religion, au gouvernement ni aux mœurs. Pour
ce qui est des ouvrages compris dans la liste des
livres prohibés par la Sainte Congrégation des
Index, j'imagine qu'on peut en permettre la
vente ; bien entendu que lesdits livres ne pourront
étre vendus qu'aux seules personnes qui exhibe-
ront le permis pontifical. Je crois donc que V. Exc.
pourrait, si elle le trouvait bon, accorder à l'im-

primeur Pásca, *le permis d'imprimer et publier*
ledit catalogue.

Il ne s'agit plus maintenant que de quelques
formalités d'usage ; une fois revêtu du permis du
censeur apostolique, le catalogue prendra une attitude plus hardie ; et l'affaire marchera d'elle-
même. C'est ainsi que, dès ce moment, le libraire
n'aura plus qu'à adresser une nouvelle requête à
S. Exc. le secrétaire général; que S. Exc. fera passer ladite nouvelle requête à LL. EE. les membres du conseil suprême ; lesquels, après mûre
délibération, présenteront eux-mêmes une autre
requête à S. Exc. le secrétaire d'état, ministre
chancelier, à l'effet d'en obtenir le permis défini-
tif ; lequel permis sera enfin accordé par S. Exc.,
à la condition expresse qu'une fois imprimé, le catalogue et le manuscrit original ne pourront être
mis en vente , sans avoir préalablement passé
à une seconde et dernière révision du Censeur
Apostolique et Royal, auquel il sera enjoint de
collationner, mot par mot, le manuscrit et le
livre ; et d'arrêter la publication du dernier , pour
peu que celui-ci ne soit pas entièrement conforme
aux changemens faits à l'autre. Au reste , ces petites restrictions à la liberté de la presse sont bien
autrement fortes en Sicile, qu'à Naples même : en
dépit de tant de formalités , je doute fort que le
pauvre catalogue en question, eût jamais paru à
Palerme.

La plupart des nobles auteurs que Borch eut soin de coucher sur ses tablettes , ne sont plus aujourd'hui de ce monde. Les princes de Torremûzza , les marquis Natâli, les comtes de Villarosâta ; en un mot , les ducs qui savaient écrire , et les duchesses qui savaient lire , tous , jusqu'à la haute et puissante dame Dona Rosalia di Resûtano ; celle-là même qui , comme l'auteur en question le remarque ingénument , se sépara du duc de Caniâstro , son mari , *pour manque de connaissances physiques aussi-bien que morales de sa part ;* tous ces gens-là , dis-je , ont disparu du parnasse palermitain ; qui , ainsi que beaucoup d'autres , paraît aller de mal en pis ; et s'est étrangement mésallié ; puisqu'il est vrai de dire , qu'il tire aujourd'hui tous ses membres , du seul corps de la roture ! C'est ainsi que , dès 1797 et 1806 , cette ville avait perdu ses deux plus célèbres sculpteurs , Ignace Marabîtti et Etienne Quattr'occhi ; et c'est ainsi encore qu'elle compte , parmi ses plus simples bourgeois , les mathématiciens Guillaume Sèlio et Nicolas Cênto ; les hellénistes Joseph Zerêlli, Mârius Sêttimo , Savêrius Româno et François Vèsco , le Buffon de la Sicile ; l'encyclopédiste Salvadôre Camilla ; le naturaliste Barône, l'économiste Vincent Sèrgio ; les légistes Gaetan Sàrri et Rosaire de Gregôrio ; enfin , les poëtes Salvadôre Càri et Blàsi, et le célèbre Jean Mêlli , que les Si-

ciliens surnomment le nouveau Théocrite , et qui
mérite en effet ce surnom. Mais tout cela ne
prouve rien sans doute , contre la noblesse sicilienne d'aujourd'hui ; si ce n'est que , en dépit du
système féodal , et des droits bien légitimes et
bien généralement reconnus des princes , ducs ,
marquis , comtes , barons et cavaliéri de cette île,
le temps approche aussi pour elle , où la voix
d'un gentilhomme ne comptera pas pour plus , que
la voix d'un roturier.

AUBERGES DE PALERME.

CETTE bonne et brave aubergiste française , si
durement traitée par Patrick Brydone ; la célèbre
madame Montagne , n'existe plus elle-même, depuis
long-temps ; deux auberges , également médiocres
et également chères , remplacent aujourd'hui la
sienne ; et celles-ci sont les seules , entre lesquelles
on ait le choix , au milieu de la capitale de la Sicile ;
mais tout est compensé dans ce monde ; et si Palerme n'a , en effet, que deux auberges , Palerme
compte, en revanche , deux ou trois cents églises,
et plus de soixante couvens , dont le parvis est
constamment ouvert à l'étranger qui cherche
un lit.

Dieu me garde d'entreprendre , je ne dis pas la
description , mais la simple énumération de tous
ces différens temples ! Borch et Brydone m'en ont
épargné la peine : tous deux en ont fait des éloges
et une critique également justes.

Je ne romprai ce même silence, qu'à l'égard de l'église du Saint-Esprit, église qui, le 3o mars 1282, passe pour avoir été le principal théâtre d'une scène sanglante, et, ne craignons pas de le dire, d'une vengeance aussi horrible que naturelle. Le lecteur voit déjà qu'il s'agit des fameuses vêpres siciliennes ! L'histoire n'offre pas de fait plus effrayant, plus célèbre, et sur lequel l'opinion générale soit toutefois plus égarée. Une partialité excusable dans l'homme, mais condamnable dans l'historien, a mis à cet égard la passion à la place de la vérité. J'exposerai ces faits, d'après le témoignage d'un auteur (1), dont l'impartialité éclate dans toutes les parties du récit.

Depuis l'an 1265, Charles d'Anjou régnait en Sicile. Le luxe, l'orgueil, l'ambition, la rapacité et l'injustice des ministres et des magistrats, tous Français dè naissance, avaient excité, depuis long-temps, la haine et l'indignation; des impôts jusqu'alors inconnus, des lois tyranniques et nouvelles, des violences et des insultes faites aux femmes des paysans, des bourgeois et des nobles mêmes; des adultères, des rapts honteusement impunis; l'exil des citoyens; la confiscation des fortunes, sous les prétextes les moins plausibles; en un mot, tous les maux qui découlent de

_____

(1) Flazzêllo. *De Reb. sic. Dec.* II, lib. 8, cap. 4.

l'odieux arbitraire, du vertige des rois , et des atten-
tats des ministres contre les libertés publiques ;
tels étaient les griefs que les malheureux Siciliens
supportaient depuis dix-sept ans , sans redressement et sans plainte. Cependant , ce que n'avaient
pu faire les vexations les plus inouïes , les injustices
les plus criantes , l'honneur , l'amour et la jalousie l'opérèrent. Le mécontentement général éclata
bientôt en murmure ; du murmure on passa à la
plainte ; et de la plainte , à la détermination d'obtenir la justice réclamée , ou de se la rendre soi-
même. A cette époque, la Sicile était gouvernée
par Erbert Orillon , vice-roi du pays. Jean de Saint-
Remi commandait le Val Mazzâra et Palerme ;
Thomas Boussan , le Val Nôto. Les plaintes de la
nation , contre ces trois Français , passèrent jusqu'à Charles , qui était alors à Viterbe ; ces plaintes
avaient pour objet , d'obtenir le redressement d'une
foule d'actes de violences , d'injustices et d'iniqui-
tés de tout genre , commis , soit par ces mêmes
ministres , soit par leurs magistrats , soit enfin par
les troupes mêmes. Après avoir pris connaissance
de ces plaintes , et en avoir reconnu la justesse , le
roi , dans une lettre datée de Viterbe , l'an 1276 ,
ordonna expressément à Erbert, de mettre un frein
aux excès de ses ministres ; de s'opposer, par toutes
les voies possibles, à la rapine, à l'adultère et au viol ;
de les punir enfin , selon toute la rigueur des lois ,
et sans distinction de personnes. Ces sages mesures
furent insuffisantes pour réprimer l'audace d'un

vainqueur qui se croyait tout permis ; on eût dit.
même , que ces mesures ne firent que rendre
alors les Français plus insolens et plus cruels. Convaincus par leur propre expérience de l'inutilité
des plaintes adressées à un prince qui, pour rendre
justice à son peuple , s'en reposait ainsi sur des
ministres incapables ou pervers , les infortunés Siciliens s'adressèrent directement au Pape , vers lequel ils envoyèrent deux hommes dévoués à leur
cause : Bartholomée , évêque de Pàtti , et Fra Bon-
giânni Marino , dominicain. Nicolas III , ennemi
secret de Charles , et qui ne pouvait lui pardonner
le refus outrageant que ce prince lui avait fait de la
main d'une de ses nièces , pour son propre neveu ,
accueillit, avec joie , une occasion si favorable de
jeter de l'inquiétude dans l'esprit de Charles ; et ,.
pour le punir davantage , envoya Bartholomée
près de lui , sous le titre de légat apostolique. Toute
hasardeuse que fût cette mission., celui-ci n'hésita
pas à l'accepter ; et le propre sujet de Charles se
présentant bientôt devant lui , lui porta les plaintes
de son peuple , dans une harangue qui commençait
par ces mots remarquables , et bien faits pour
blesser l'orgueil du roi : *Fils de David , aie pitié
de moi, car ma fille est injustement foulée par le
démon !* Le nouveau légat entra ensuite dans le
détail circonstancié des actes d'oppression, de rapine , d'adultère et de rapt , commis par les Français , en Sicile ; et finit par sommer le prince de
mettre un terme à ces excès. A peine de retour à

Palerme, le légat et Marino furent arrêtés par ordre des ministres de Charles ; tous deux trouvèrent le moyen de s'échapper ; et tous deux passèrent à Messine, où bientôt leur présence et le récit de ce nouvel abus de pouvoir de la part des ministres du prince, achevèrent de soulever les habitans, et de les porter à la révolte.

Il y avait alors, en Sicile, un seigneur connu sous le nom de Jean Prôcita ou Prôcida, de la petite île de ce nom, qui lui avait appartenu. Cet homme, d'un courage à l'épreuve, et naturellement doué de cet esprit qui sait en imposer aux autres, se concilier leur avis, et capter le suffrage et l'amour de la multitude ; cet homme, dis-je, avait plus d'une raison de se plaindre et de haïr les Français : long-temps ami intime du malheureux et célèbre Mainfroi, la perte de ce prince (1) lui avait enlevé tout espoir de fortune ; et d'un autre côté, une épouse qu'il adorait avait été indignement traitée, par les soldats de l'armée de Charles. Il n'en fallait pas plus, sans doute, pour porter à une vengeance, qu'il regardait comme juste, un homme naturellement haineux et violent. Prôcita forme donc le projet de délivrer la Sicile du joug de ses orgueilleux vainqueurs : pendant deux années entières, il conspire secrètement, contre eux et le roi Charles.

---

(1) Mainfroi, roi de Sicile, perdit la couronne et la vie le 26 février 1266, dans la bataille qu'il perdit, contre Charles d'Anjou, son compétiteur au trône.

Alan Leontîno, Palmêrio Abbâte , Gaultier de
Caltagirône, et plusieurs autres principaux habitans , tous , frémissant sous le joug , tous , plus ou
moins frappés dans leurs intérêts les plus chers ,
tous, enfin, n'aspirant qu'à venger leurs griefs, s'em-
pressent de s'unir à lui pour chasser les Français
de Sicile , et livrer la couronne à Pierre , roi d'A-
ragon , qui y avait droit par sa femme. Le succès
de ce grand complot s'appuyait sur l'espoir du secours de Nicolas III , et de l'empereur Paléologue ;
qui , quoique ennemis naturels , se seraient aisément alliés , contre les intérêts de Charles. On s'a-
dressa d'abord , par lettres, à l'empereur de Constantinople ; puis ensuite au Pontife ; et enfin au
roi d'Aragon même. Prôcita est celui sur qui tous
les yeux se tournent , pour l'exécution de ces péril-
leuses ambassades ; et Prôcita les accepte avec joie.
Il se dépouille de ses habits de gentilhomme , se
travestit en simple prêtre , et, sous ce costume ,
prenant l'air et le ton du métier, s'ouvre une route
sûre , soit par mer , soit par terre. A peine est-il
débarqué à Constantinople , qu'il perce jusqu'à
l'empereur , lui découvre les projets de Charles ,
lui apprend que ce prince lève en ce moment même
une armée contre lui , dans le dessein de lui ravir
la couronne ; ajoute que le meilleur moyen de dé-
jouer les projets d'un ennemi aussi dangereux, c'est
d'imiter l'exemple de l'ancienne Syracuse , et de
porter soi-même l'épouvante et la guerre dans les
murs du Carthaginois : en un mot, Prôcita n'ou-

blie rien de ce qui peut ébranler Paléologue : il lui
représente les infortunés habitans de Sicile, comme
ployant à regret, sous un joug abhorré ; et n'attendant qu'une main protectrice, pour secouer leurs
fers et se délivrer des Français. A ce discours, auquel Prôcita ne manque pas de joindre beaucoup
d'autres motifs favorables à ses vues, l'empereur,
ébranlé, promet de soutenir les droits de Pierre
d'Aragon, par des sacrifices pécuniaires ; et d'é-
crire même à Nicolas III, pour l'engager à protéger aussi les intérêts de ce prince. L'empereur tient
sa parole ; il écrit aussitôt au pape et à Pierre, et
ne veut confier ses missives qu'à celui qui les obtient de lui. Enchanté d'un succès qui passe son
espérance, l'heureux Prôcita, à l'abri de son tra-
vestissement, revient sans péril à Messine, où une
fois de retour, il rassemble ses amis et leur fait
part du résultat de cette première tentative.
L'homme qui avait si bien commencé, devait réunir tous les suffrages pour poursuivre ; Prôcita fut
donc encore chargé de la commission, honorable
autant que hasardeuse, de porter les lettres de
l'empereur à Nicolas III et à Pierre. Cette seconde
mission offrait des chances autrement favorables
que la première : il ne s'agissait plus que de décider
deux hommes à agir dans leur propre intérêt : ces
deux hommes étaient un prince et un prêtre : le
succès n'était pas douteux ! L'orgueilleux successeur
de l'apôtre fut au-devant de la prière : non-seulement il approuva le projet, mais encore, il promit

de n'épargner ni peine ni dépenses, pour mener à bien la conjuration contre les Français. En consé quence, il remit à Prôcita une sainte missive pour le roi d'Aragon ; missive par laquelle le serviteur des serviteurs de Dieu engageait saintement le prince à lever une grande armée, et *à machiner* avec le porteur de sa lettre, *quelque trame soudaine et cruelle* [ce sont les termes de l'historien (1).] *de la part des Siciliens, contre les Français.* Une fois chargé de cette lettre, Prôcita se rend près du roi d'Aragon, auquel il porte des preuves irrécusables de l'assentiment de l'empereur et du pape, à tout ce qu'il pourra entreprendre pour chasser Charles de la Sicile, et exterminer les Français ; il retourne ensuite près du pape ; lui rend compte de sa mission ; le tranquillise sur la soumission du prince ; et repasse enfin en Sicile, où sa présence et l'heureux résultat de cette seconde entreprise, raniment encore l'espoir et le courage de ses amis.

Cependant, toujours vigilant et actif, et ne s'endormant pas sur la promesse d'un roi, l'impatient Prôcita retourne bientôt à Constantinople. Il communique à l'empereur les lettres du pontife et du prince ; et, ne pouvant douter de l'exécution du projet, l'empereur remet à son secrétaire Accârdo Latino, une très-grosse somme en or, et le charge de

(1) Flazzêllo. *De Reb. sic. loc. cit.*

passer secrètement à Malte, avec Prôcida, l'ambassadeur sicilien. A peine débarqué dans cette île, Prôcida, selon leurs conventions, passe lui-même à Trâpani, ville située sur la côte occidentale de la Sicile; et là, après s'être abouché avec les principaux habitans de la ville, il les engage d'aller s'entendre, à Malte, avec le secrétaire de l'empereur; conseil qui avait pour but de porter dans leur esprit la ferme conviction des secours qu'ils devaient espérer de la libéralité de ce prince. Enfin, Prôcida et Accàrdo passent tous deux à Barcelone, près du roi d'Aragon, entre les mains duquel ils versent l'or de Paléologue. Ce fut là qu'on arrêta le plan général de la conspiration; et qu'il fut décidé qu'il fallait massacrer tous les Français qui étaient en Sicile, comme le moyen le plus sûr de s'emparer en un seul jour de la totalité du pays.

Cependant Prôcida repasse en Sicile, et, dans le cours de la traversée, apprend, par un bâtiment de Pise, la mort de Nicolas III, et l'exaltation de Martin IV (1), connu par son affection pour les Français. Atterré par cette nouvelle désastreuse, Prôcida n'en poursuit pas moins son voyage, et débarque de nouveau à Trâpani. De son côté, pour colorer l'armée qu'il lève, le roi d'Aragon laisse courir le bruit qu'il prépare une croisade; mais, un peu moins traitable que son prédécesseur, le

(1) An 1281.

nouveau .pape le somme, par l'entremise de son
nonce, de déclarer le motif de ce formidable ar-
mement. Le roi élude long-temps la demande ;
prié enfin de s'expliquer , il répond fièrement au
nonce : *Je jetterais dans le feu la chemise que je
porte, si je croyais qu'elle connût mes secrets.* Les
mêmes demandes et les mêmes instances lui sont
faites par le roi Charles , qui y joint une somme de
vingt mille écus , à la condition que l'armée en
question ne sera destinée qu'à faire la guerre aux
Sarrasins. L'historien ne dit pas si Pierre renvoya
le subside ; mais il ajoute , qu'il répondit à Charles :
*J'ignore encore moi-même contre quels Sarrasins
mes soldats tourneront leurs armes.*

Tandis que ces choses se passaient, Prôcida qui
craignait de voir échouer un dessein qui lui avait
coûté tant de soins et de peines , se hâta de le
mettre à exécution , avant même que l'armée du
roi d'Aragon pût en assurer le succès. En conséquence, il passe .successivement dans toutes les
villes de la Sicile ; et convient , avec ses amis, que
le troisième jour après Pâques, au moment où
les cloches indiqueront l'heure des vêpres , tous
les Français seront massacrés , sans distinction de
sexe ni d'âge, ni de personnes. Quelques historiens
prétendent que , pour parvenir à ce but , Prôcida ,
feignit d'être fou , et parcourut toutes les villes de
la Sicile , en soufflant dans une espèce de tube
qu'il appliquait à l'oreille de chacun. Ces mêmes
historiens ajoutent, qu'à l'oreille des Français, il ne

faisait entendre qu'un bruit qui les faisait rire ; et qu'à celle des Siciliens, il transmettait ainsi l'ordre, le jour, l'heure et la nature de la conspiration. Ce dernier fait reste encore à prouver ; et Fazzèllo ne le rapporte lui-même que comme un simple ouï-dire.

Cependant tout s'exécuta comme on en était convenu ; et, le 30 mars 1282, la 17ᵉ. année du règne du roi Charles, toute la Sicile se leva contre les Français, qui, jusqu'au dernier moment, n'eurent aucune espèce de soupçon du danger. Tous furent inhumainement égorgés, non-seulement par la main des séculiers, mais par celle de tous les prêtres et de tous les moines. La rage du peuple fut telle, que, quelques-unes de ces victimes ayant trouvé un asile momentané dans le fort de Sperlingue, on fit un crime de cette action à la garnison du château, dont le peuple mura les portes, et dans lequel on les laissa mourir de faim (1). Je n'insisterai point sur les horreurs alors commises ; on ne se borna pas au meurtre pur et simple des enfans et des femmes enceintes : celles-ci furent

---

(1) Ce fait horrible donna lieu à un proverbe non moins horrible, exprimé en vers doublement barbares :

Quel ch'a Sicilia piacque,
Solo a Sperlinga spiacque.

C'est-à-dire : *Ce qui plaît à toute la Sicile, déplaît seulement à Sperlingue.*

éventrées à coups de poignards ; leurs enfans furent arrachés de leur sein, puis écrasés entre deux
pierres. En moins de deux heures, huit mille
Français de tout sexe et de tout âge furent ainsi
massacrés par toute la Sicile. On ignore si une
seule des victimes échappa au fer des bourreaux.
Fazzèllo, qui écrivait vers le milieu du 16ᵉ. siècle,
c'est-à-dire, plus de deux cents ans après cette
horrible tragédie, assure que, de son temps,
on voyait encore dans l'église de Saint-Côme et
de Saint-Damien, à Palerme, et dans plusieurs autres
temples de cette même ville, des monceaux d'osse-
mens de Français (2).

Il eût été à désirer sans doute que la Sicile eût
pu briser ses chaînes par des moyens moins odieux :
mais ces moyens n'étaient point à son choix ; il lui
fallait opter, entre l'asservissement volontaire au
pouvoir le plus tyrannique, ou le parti de la vengeance ; et toute lutte ordinaire devenait pour elle
inutile. La mort de Nicolas III détruisait toute pos-
sibilité d'une rébellion ouverte : il fallait ployer
ou agir, conserver à jamais l'attitude de l'esclavage,
ou se lever contre un tyran : quelque soit le parti
auquel son désespoir eut recours, on ne peut qu'admirer un peuple qui, courbé sous le joug étranger,
le secoue, par tout moyen quelconque ; s'élève
contre ses oppresseurs ; et conquiert sa liberté. Il
n'est pas, selon moi, de plus beau caractère

(2) *Loc. cit.*

historique que celui de Jean Prôcida. L'auteur
d'une tragédie moderne l'a peint sous des traits
peu flatteurs et peu vrais; il en a fait un conspira-
teur ordinaire, un véritable assassin; et les détails
par lui rattachés à sa fable, sont étrangement coñ-
traires à la vérité des faits historiques.

Palais des Rois.

On m'avait assuré que le roi des Deux-Siciles
avait un palais à Palerme; que ce palais se nommait
le Palais des Rois, et contenait, entre autres choses
rares « *des pièces dignes d'être vues.* » La modestie
de cet éloge, dans la bouche d'un auteur comme
Borch, excitait assez faiblement ma curiosité à l'é-
gard du palais des rois : cependant, comme le sort
d'un voyageur est de frapper à toutes les portes, et
de courir après les choses les moins dignes en effet d'être vues ; je me déterminai à parcourir
moi-même *les pièces* de ce palais; mais, une fois
au delà du seuil, ma curiosité était plus que satisfaite. Ce palais ne renferme, en effet, qu'un seul
objet digne de remarque : deux beliers de bronze
d'un travail admirable. Au reste, je ne sais d'où
Borch a pu tirer l'historiette qu'il rapporte à l'é-
gard de ces deux statues antiques, qui, selon lui,
seraient précisément les mêmes que celles que
Denys aurait placées sur une tour octogone, non loin
du port de Syracuse, à l'effet de recevoir le souffle
des différens vents, et de les rendre ensuite par un
bêlement artificiel, bêlement qui aurait annoncé

aux pilotes les vents favorables ou contraires à
leur navigation (1).

MONT PÉLÉGRINO.

J'AI parlé du Mont Pélégrino, dont la célébrité
ne va pas au delà des murs de Palerme : c'est un
roc escarpé, situé à deux milles de la ville, à
l'extrémité orientale de son port. Ce roc ne doit
cette même réputation, ni à sa grande élévation
au-dessus des eaux de la mer, ni au coup d'œil
dont on y jouit; mais seulement à la découverte
d'une grotte naturelle, dans laquelle se trouva le
squelette d'une femme. On savait par une vieille
tradition que sainte Rosalie, protectrice de la
ville, s'était jadis retirée dans les montagnes voisines : ce squelette se trouva assez bien conservé :
il n'en fallut pas davantage, pour le faire reconnaître pour celui de la sainte, et pour faire crier
au miracle. Ce miracle était d'autant plus croyable, en effet, que la plupart des grottes souterraines, aux environs de Palerme, ont la propriété
de conserver les corps. Quoiqu'il en soit, une
chapelle fut construite ; le précieux squelette fut
précieusement recueilli ; et la statue de la sainte
fut placée sur la tombe qui la renferme. Malheureusement, l'un des plus anciens historiens modernes, Fazzello, dans sa description du mont

_____

(1) Borch. Lett. XV, pag. 74.

Pélégrino et de Palerme même (1), ne dit mot,
ni de la sainte m du miracle ; et Fazzèllo n'était
pas homme à négliger ces sortes de détails. Cet historien écrivait en 1540; d'où il résulte que la sainte
est d'une assez fraîche date. Ce n'est pas la première fois, que le bons sens aurait marché en sens
inverse des lumières.

LUXE DES NOBLES PALERMITAINS.

BRYDONE s'est fort étendu sur la prétendue honte
qu'aurait la noblesse Palermitaine , d'être vue à
pied dans la ville, et même dans les promenades :
la date de la remarque peut en expliquer l'inexactitude. Ici, comme partout ailleurs, l'importance attachée à une voiture, tient bien plus
sans doute à son utilité même, qu'au calcul d'une
sotte vanité. L'historiette assommante de son valet
Philippe, et les faits qui s'y rattachent, pourraient passer, à la rigueur, pour autant de créations puériles, d'un auteur qui n'était pas fâché
de trouver l'occasion de nous apprendre l'existence
de son valet de place, et de son carrosse de l'ouage.
Borch avait fait justice avant moi du ridicule de
l'historiette; et je puis assurer mes propres lecteurs, que les nobles Palermitains se servent de
leurs jambes, comme tous les autres nobles du
monde ; et, si l'anglais Brydone a cru sa dignité

_____

(1) *De.Reb. sicul. Dec.* I, lib. 3, cap. 1.

compromise, pour avoir été forcé de sortir à pied
du théâtre; c'est que, dupe d'une ruse, que sa
vanité lui fit prendre pour un véritable intérêt,
il ne soupçonna pas que, d'accord avec le loueur
de carrosse, le valet sicilien, se jouait d'elle et de
lui. Mais, puisque je suis à parler de cet auteur,
je sauterai à pieds joints sur une trentaine de
pages, impitoyablement consacrées à la théorie
des comètes; et je passerai de suite, à l'article où,
de même que Borch, il tombe en extase devant
la magnificence des équipages Palermitains.

C'est ici, s'il faut les en croire, que la noblesse
sicilienne étale tout son luxe : qu'une famille
de distinction a, au moins, deux ou trois carrosses
pour l'usage journalier; et qu'il n'y a pas d'homme
de bon ton, qui n'en donne un à sa femme (1).
C'est ici encore que les écuyers fourmillent;
que madame ne peut sortir en public, sans un
double appui qui la soutient de chaque côté,
comme si elle allait s'évanouir à tout instant.
Ici enfin, qu'il y a des maisons qui ont jusqu'à
six coureurs; que les équipages sont superbes,
et que les chevaux sont de race espagnole (2).

Nul doute que nos deux voyageurs n'aient
peint ce qu'ils ont vu : un intervalle de près
de cinquante ans, entre les faits d'alors et les faits

(1) Brydone. *A Tour Through Sicily*. Lett. 34.
(2) Borch. *Lettres sur la Sicile* Tom. II, Lett. 15.

d'aujourd'hui, a pu faire, d'une remarque juste,
une remarque qui ne le soit plus; et c'est effectivement ce qui est arrivé à la leur. En fait de
luxe des équipages, de la magnificence du train,
et de la beauté des chevaux, Palerme est fort loin
aujourd'hui de soutenir la comparaison avec Naples. Les trois ou quatre équipages magnifiques
dont nos auteurs gratifient ici chaque famille, se
sont réduits à une méchante calèche, mal peinte
et mal suspendue ; voiture que plus d'un homme
du bon ton, se dispense même de donner aujour-
d'hui à sa femme. Quant à ces pages, ces coureurs, ces écuyers, chargés de livrées si riches
qu'elles en étaient extravagantes, et qui fourmil-
laient de leur temps, ils font place, de nos jours,
à un ou deux laquais, couverts d'un modeste
surtout, et souvent même, en veste et en bas
sales ; enfin, non moins déchus que tout le reste
de son ancien éclat et de son ancien prix, le
cheval de race espagnole, n'est plus qu'un squelette ambulant, qui, sous la forme d'un bidet ou
d'une mule, semble tendre, avec peine, la corde
qui lui tient lieu de trait. Si nos deux auteurs revenaient aujourd'hui à Palerme, ils s'écrieraient,
avec la veuve d'Hector :

Hei mihi, qualis erat; quantum mutatus ab illo !

Environs de Palerme.

Les amplifications des auteurs en question tendent à faire des environs de cette ville, comme autant de petits paradis terrestres. Le ton employé par Borch est extrêmement poétique, et qui plus est, cicéronien; ici l'haleine épuisée, court inutilement, de phrase en phrase, après la fin de la période. « Toutes les beautés de la nature, tous les ornemens dont l'art peut embellir sa rivale ; coteaux chargés de vignobles et de fruits; plaines émaillées de fleurs ; vallons frais, arrosés de mille ruisseaux; bosquets touffus, grottes profondes, beautés terribles, découvrant la première carcasse qui soutient la structure du globe ; cent fontaines, l'une plus belle que l'autre ; mille maisons de campagne, parsemées dans la campagne, et reposant l'œil fatigué de l'immensité d'une vue que le regard ne peut embrasser toute entière! etc. etc. » Telle est la *carcasse* de l'exorde, qui soutient la *structure* de la période Borchienne.

Le début de Brydone est plus simple; il promet moins, et tient plus.

Il y a, dit cet auteur, deux petits cantons, l'un à l'est, et l'autre à l'ouest de Palerme, où les principaux nobles ont leurs maisons de campagne; le premier est appelé la Bagharia ; et le second *il Colle.* »

En s'exprimant ainsi, Brydone a dit tout ce qu'on pouvait dire ; en passant sous silence la des-

cription de cinq à six maisons tombant en ruines,
et ressemblant plus ou moins à ce qu'on voit partout; enfin, en ne s'attachant à décrire que ce qui
mérite effectivement de l'être; il a fait grâce à ses
lecteurs, de tout l'ennui dont notre polaque accabla
les siens. Sa description de la fameuse maison du
prince de Palagonïa, est un croquis aussi piquant
qu'agréable : malheureusement ce croquis a cessé
d'être fidèle ; et toutes les productions monstrueuses, que le propriétaire · s'était plu à ras-
sembler, ont été détruites à sa mort, et sont
maintenant pêle-mêle dans les caves. Toutefois, la
description de Brydone me paraît si intéressante,
que, malgré sa longueur et son inutilité actuelle,
j'imagine que le lecteur ne me saura pas mauvais
gré de la remettre ici sous ses yeux ?

PALAIS DU PRINCE DE PALAGONÏA.

LE palais du prince de Valguarnêra est, je
crois, dit notre voyageur (1), le plus beau
et le plus magnifique de tous; mais il est bien
loin d'être le plus extraordinaire. Si j'en faisais la
description, je vous parlerais de choses communes
à chaque pays ; et je ne vous entretiendrai que d'un
autre château qui, sur tout le globe, est assuré-
ment le seul de son espèce. Il appartient au prince
de Palagonïa, homme d'une fortune immense, qui

_____

(1) Brydone. *Loc. cit.* Lett. 24.

a passé sa vie à enfanter des monstres et des chimères infiniment plus ridicules et plus bizarres,
que tout ce qui est jamais sorti de l'imagination
des romanciers ou des auteurs qui décrivent les
aventures des chevaliers errans.

La multitude prodigieuse de statues qui environnent sa maison, ressemblent de loin à une
petite armée rangée en bataille pour sa défense;
mais lorsqu'on en approche et qu'on voit la figure de chacune, on se croit transporté dans un
pays d'illusion et d'enchantement. Parmi ce groupe
immense, il n'y a pas une seule pièce qui représente un objet existant dans la nature; et l'on n'est
pas moins étonné du désordre de l'imagination folle
qui en inventa la forme, que de sa fécondité merveilleuse. Je ferais un volume, si je vous décrivais
en entier cette scène d'extravagance. Il a mis
des têtes d'hommes sur le corps de différens animaux, et des têtes de toute sorte d'animaux sur
des corps humains. Quelquefois il a fait une seule
figure de cinq ou six animaux qui n'ont jamais
existé. On voit une tête de lion sur le cou d'une
oie, avec le corps d'un lézard, les jambes d'une
chèvre et la queue d'un renard; sur le dos de
ce monstre, il en place un autre encore plus hideux, qui a cinq ou six têtes, et un grand nombre
de cornes. Il a rassemblé toutes les cornes du monde;
et son grand plaisir est de les voir toutes élevées
sur la même tête. Sa femme est près d'accoucher;
et plusieurs personnes de Palerme nous assurent

qu'il désire sincèrement qu'elle mette au jour un monstre.

Sa folie est d'une étrange sorte, et il est surprenant qu'on ne l'enferme pas ; mais il est très-doux, et, en satisfaisant ses caprices insensés il ne trouble qui que ce soit. Il donne du pain au contraire à un grand nombre de statuaires et d'ouvriers qu'il récompense suivant que leur imagination se rapproche plus ou moins de la sienne, c'est-à-dire, suivant qu'ils produisent des monstres plus ou moins affreux. Il serait ennuyeux et fatigant de vous détailler en particulier toutes ces absurdités. Les statues qui embellissent ou plutôt qui défigurent la grande avenue, et bordent la cour du palais, montent déjà à 600 ; mais on peut dire avec vérité qu'il ne transgresse point le second commandement du Décalogue, car il n'y a pas une de ces statues, qui ressemble aux objets qu'on voit dans les cieux, sur la terre et sous les eaux. Son père était un homme d'esprit ; et les décorations qu'il avait faites étaient d'un très-bon goût. Le fils les a mises en pièces, pour faire place à ces nouveaux chefs-d'œuvres ; et elles sont tous entassées dans un coin.

Le dedans de ce château enchanté, répond exactement au dehors ; on retrouve partout la folie et la bizarrerie du maître ; et de quelque côté qu'on se tourne, on aperçoit des figures originales. Les appartemens sont vastes et magnifiques ; on y voit des plafonds en grandes voûtes, qui au lieu de plâtre ou de stuc, sont entièrement recouverts de larges

miroirs joints ensemble très-exactement. Chacun
de ces miroirs faisant un petit angle avec son voisin,
ils produisent l'effet d'un multipliant ; de sorte que,
si trois ou quatre personnes se promènent au-dessous, il paraît toujours y en avoir trois ou quatre
cents qui marchent dans la voûte. Toutes les portes
sont aussi couvertes de petits morceaux de glaces
taillées sur les formes les plus ridicules, et entre-
mêlées de cristaux et de verres de différentes couleurs. Les chambranles, les fenêtres et les encoi-
gnures sont garnis de pyramides et de colonnes, de
théières, chandeliers, coupes, tasses, saucières,
etc. cimentés ensemble. L'une de ces colonnes a
pour base un grand pot de chambre de porcelaine,
et un cercle de jolis petits pots de fleurs pour son
chapiteau ; le fût, qui a plus de 4 pieds de long,
est composé entièrement de cafetières de diverses
grandeurs, et qui diminuent par degré, depuis la
base jusqu'au chapiteau. Vous ne pouvez pas imaginer quelle est la quantité de porcelaine qu'on a
employée pour former ces colonnes ; il n'y en a pas
moins de 40, faites de cette manière, et sur cet
étrange modèle.

La plupart des chambres sont parées de tables
de marbre de toute sorte de couleurs, qui ressemblent à autant de tombeaux. (1) Quelques-unes sont

_____

(1) Ces tables existent encore : je les ai vues moi-
même ; mais je ne comprends pas ce que Brydone a
voulu dire ; car la traduction est exacte. Ces tables

richement ornées de lapis-lazuli, de porphyre et d'autres pierres précieuses ; leur beau poli est maintenant passé (1), et elles ressemblent à du marbre ordinaire. A côté de ces jolies tables , on en trouve d'autres de sa propre invention , qui ne sont pas sans mérite. Ce sont de très-belles écailles de tortue mêlées avec de la nacre de perle, de l'ivoire et divers métaux.

Les fenêtres de ce château de fée , sont composées d'un grand nombre de verres de couleurs·, bleus , rouges , verts , jaunes , pourpres et violets, mêlés sans ordre et sans régularité ; de façon que pour voir le ciel et la terre sous la couleur qu'on désire , il n'y a qu'à les regarder à travers le panneau correspondant de la fenêtre.

L'horloge est enfermée dans le corps d'une statue; les yeux de la figure se meuvent avec la pendule , et ils montrent alternativement le blanc et le noir ; ce qui produit un effet hideux.

La chambre à coucher et le cabinet de toilette ressemblent à deux appartemens de l'arche de Noé : le prince y a placé toutes sortes d'animaux les plus vils : des crapauds , des grenouilles, des serpens , des lésards , des scorpions , travaillés

sont de la forme ordinaire, les unes rondes , les autres carré-long , et n'ont aucune ressemblance à des tombeaux. ?

(1) Si le fait fut vrai , il faut que ces tables aient été repolies, car elles sont aujourd'hui comme neuves.

en marbres de différentes couleurs. Il y a aussi plusieurs bustes qui ne sont pas moins singulièrement imaginés. Quelques-uns ont un très-beau profil, et, de l'autre côté, ce n'est qu'un squelette. Ici, vous voyez une nourrice qui tient dans ses bras une figure, dont le dos est celui d'un enfant, et qui a le visage ridé d'une vieille femme de quatre-vingt-dix ans.

On peut s'amuser pendant quelque moment de ces folies ; mais on est pénétré d'indignation et de mépris contre le propriétaire et l'inventeur de tant de monstres. J'avoue que j'en ai bientôt été fatigué, quoiqu'il y eût des objets si bizarrement conçus, que le stoïcien le plus rigide me pardonnerait bien d'en rire un peu.

Les bustes de famille sont très-beaux ; on les a exécutés d'après quelques anciens portraits ; et c'est une collection respectable. Il les a couverts de la tête aux pieds de nouveaux habits de marbre élégans ; ce qui produit l'effet le plus ridicule que vous puissiez imaginer. Leurs souliers (1) sont tous de marbre noir ; les bas sont ordinairement en rouge ; les habits de diverses couleurs, bleus, verts, etc., avec un riche galon de jaune antique. Les perruques des hommes et les coiffures des

---

(1) Il y a évidemment ici erreur de traduction : l'auteur nous décrit des bustes ; or des bustes n'ont point de jambes ; et des corps sans jambes ne peuvent avoir des souliers ni des bas.

femmes sont de marbre blanc, ainsi que les chemises qui ont de grandes manchettes flottantes d'albâtre. Les murs de la maison sont couverts de plusieurs jolis bas-reliefs de marbre blanc d'un bon goût; comme il ne peut les enlever ni les altérer, il y ajoute d'immenses cadres : quatre larges tables de marbre forment chacun de ces cadres.

L'inventeur et le propriétaire de cette collection curieuse est un petit homme maigre, que la bise fait frissonner, et qui paraît craindre toutes les personnes qui lui parlent ; mais ce qui m'a beaucoup surpris, il raisonne assez bien sur plusieurs articles. C'est un des plus riches habitans de l'île ; et on croit que ses monstres et ses chimères ne lui ont pas coûté moins de 460,000 livres tournois. Il aurait pu faire ses preuves de folies à meilleur marché ; cependant il nourrit beaucoup de pauvres gens qu'il traite en bon maître.

Son hôtel de Palerme est à peu près dans le même goût que sa maison de campagne ; il couvre ses voitures de grandes plaques d'airain ; de manière qu'elles sont à l'épreuve des coups de fusil.

Le gouvernement pensait sérieusement à abolir ce régiment de monstres qu'il a placés autour de son château ; mais comme ce pauvre visionnaire est humain et qu'il ne fait de mal à personne, on n'a pas encore exécuté ce projet, qui sûrement le réduirait au tombeau, etc. (1).

_____

(1) Brydone. *Loc. cit.* Lett. XIV.

Après cette aimable description , c'est avec peine que je suis forcé de répéter ici, que rien de tout cela n'existe de nos jours , si ce n'est peut-être quelques monstres échappés à la ruine commune , et qui s'élèvent encore au-dessus de la balustrade qui regarde la seconde façade du château. Ainsi privée des monstruosités qui en faisaient le seul mérite, cette maison n'offre donc plus rien de remarquable, si l'on excepte toutefois le portrait de son ancien possesseur. Le salon principal est fort beau ; j'y remarquai cette particularité étrange, que tous les marbres en pièces de rapport qui couvrent les murailles sont couverts eux-mêmes de glaces, qui, à la première vue, leur donnent un poli fort extraordinaire. Une espèce de prêtre faisant l'office de concierge, ne put parvenir à m'apprendre si cette nouvelle bizarrerie appartenait à l'ancien propriétaire , ou n'était, dans ses héritiers, qu'un legs de mauvais goût qu'il aurait pu leur faire. Tout ce que j'en pus tirer, fut de m'apprendre que les pierres en question étaient des marbres , et que les verres étaient des glaces !

Sans approfondir les raisons qui ont pu déterminer les héritiers du prince à détruire ainsi toutes les productions monstrueuses sorties d'une imagination plus active que réglée , on peut dire du moins qu'ils ont privé leur héritage du seul prix qu'il eût en effet. Et d'un autre côté, il est plus surprenant encore que l'ancien propriétaire , qui, de son vivant, ne voulut jamais consentir à leur destruction, et qui résista même vivement aux ordres réitérés des autorités supérieures, n'en ait point protégé l'existence, en faisant de leur conservation un article positif de son testament, et le *sine quâ non* de l'héritage ?

PALAIS VALGUARNÊRA.

En sortant de ce même château, qui perdit tout son prix en perdant ses extravagances, je passai devant la maison dont Brydone s'excusa de parler, faute sans doute de pouvoir en rien dire; et dont Borch, selon sa coutume, ne manque pas de faire un pompeux éloge. Cette maison, s'il faut l'en croire, est une de celles qui doivent captiver les *suffrages de tous les connaisseurs :* n'étant pas moi-même de ce nombre, je ne m'étonne pas qu'elle n'ait pu captiver les miens. En effet, je ne puis découvrir le moindre motif d'intérêt, dans une foule de grandes et de petites salles, plus ou moins sevrées des meublse les plus nécessaires; et autour desquelles quelques lambeaux de tapisseries à grands personnages s'efforcent vainement de couvrir la nudité des murs! La vue dont on jouit sur la grande terrasse du château est ici la seule chose digne de remarque : cette vue est effectivement très-belle; mais, outre que toutes les maisons du bourg jouissent d'un semblable avantage, celui-ci n'a que faire avec l'intérieur du château et les grands éloges de Borch.

Palais du prince de Butéra.

Au reste , tel est le penchant de ce même voyageur, pour admirer tout ce qu'il voit, et s'extasier
sur tout ce qu'il admire , que je ne reviens pas de
ma surprise à l'égard du silence qu'il a gardé sur
le célèbre palais du célèbre prince de Butéra ; palais bien digne cependant d'exciter son admiration ;
et dans lequel on remarque , 1°. deux plaines arides
et brûlantes , auxquelles quelques charmilles clair-
semées , quatre statues de plâtre et un bassin à sec ,
ont fait donner , de père en fils , le nom de jardin
et de parc ; 2°. le fameux *couvent de la Trappe ,*
consistant en cinq ou six cellules, ornées de figures
en cire, presque aussi curieuses et aussi fraîches que
celles de notre fameux Curtius !

Ce qui vaut un peu mieux que toutes ces dis-
pendieuses sottises , ce qui mérite véritablement
d'être vu , c'est le caveau sépulcral d'un couvent
des capucins aux environs de Palerme. Brydóne,
qui l'a décrit avec autant d'exactitude et d'élégance
que le palais du prince de Palógania , a si bien
épuisé la matière , que cet auteur n'ayant rien
laissé à dire à ceux qui devaient en parler après lui,
je me bornerai donc à citer encore sa propre dés-
cription.

« Nous sommes allés voir ce matin , dit-il ,
un célèbre couvent de capucins qui est à environ
un mille de Palerme ; il ne s'y trouve rien de bien
remarquable , si ce n'est un caveau très-curieux.

C'est un vaste appartement souterrain , partagé en larges galeries , dans les murailles desquelles on a fabriqué de chaque côté un grand nombre de niches , comme pour y placer des plâtres. Ces niches sont toutes remplies de corps morts , dressés sur leurs jambes , et attachés par le dos à l'intérieur de la niche. Il y en a environ trois cents (1); ils sont revêtus des habits qu'ils portaient ordinairement , et ils forment une assemblée très-vénérable. La peau et les muscles préparés d'une certaine manière (2), sont devenus aussi secs et aussi durs qu'un morceau de *stock-fish* ; et quoiqu'on y en mette depuis plus de deux cent cinquante ans ,

---

(1) Ce nombre est considérablement accru depuis l'époque en question.

(2) Cette assertion donnerait à entendre que ces espèces de momies sont soumises à un embaumement quelconque; et cette opinion serait fausse. Au moment de sa mort , le corps transporté ici est placé dans une cave particulière , dans laquelle personne n'est admis, et où il est renfermé, pendant cinq à six mois ; temps ordinairement suffisant pour compléter l'entière dessication des humeurs et des chairs ; dessiccation qui n'est l'effet d'aucune opération anatomique ni chimique ; mais seulement celui de la propriété naturelle de la cave en question. Une fois cette dessiccation opérée , le corps est retiré de ce lien , revêtu des habits qu'il portait pendant sa vie, et enfin, placé dans une des niches du caveau principal.

cependant il n'y a point encore de squelettes. Les
muscles paraissent seulement un peu plus retirés
dans quelques-uns , probablement parce que ces
personnes étaient plus faibles et plus débiles que
d'autres. Les habitans de Palerme viennent rendre
ici des visites journalières à leurs anciens parens ;
et rappellent avec un mélange de plaisir et de peine
les incidens de leur vie passée ; ils s'y familiarisent
avec la mort, et ils examinent d'avance la société
qu'ils voudraient avoir dans l'autre monde. Il est
très-commun de leur voir choisir leur niche, et essayer si leur corps pourra bien y entrer ; souvent
aussi , par manière de pénitence volontaire , ils
s'accoutument à s'y tenir debout pendant quelques
heures. Les cadavres des princes et des nobles de
distinction sont déposés dans de très-belles caisses
dont plusieurs sont richement décorées ; ces caisses
ne sont point construites comme nos bières ; leur
largeur est partout la même ; elles ont environ un
pied et demi de hauteur. Les clefs restent entre
les mains des plus proches parens du mort ; et
toute la famille vient de temps en temps verser des
larmes sur le tombeau de ses ancêtres. Je ne sais
point si cette manière de disposer des morts n'est pas
meilleure que la nôtre ; mais de telles visites peuvent fournir d'excellentes leçons d'humanité ; et
ce ne sont point des objets aussi hideux que vous
l'imagineriez. On dit que les corps conservent, plusieurs siècles après leur mort, les formes du visage
qu'ils avaient pendant leur vie. Dès qu'on est re-

venu de la première impression que causent ces
figures, on ne regarde plus ce caveau que comme
une vaste galerie de portraits de famille faits, après
la mort, par un peintre fidèle. Il faut convenir que
les couleurs sont un peu fanées et que le pinceau
n'est pas flatteur ; mais il n'importe : c'est le pinceau de la vérité, et non celui du mercenaire qui
ne veut que plaire et gagner de l'argent. Ces cata-
combes pourraient procurer des avantages considérables à la société ; et ces orateurs muets pourraient
faire à l'orgueil et à la vanité les sermons les plus
pathétiques. Lorsqu'un homme commence à s'en-
orgueillir et à prendre un air de fierté, on pourrait
l'envoyer sur-le-champ converser avec ses amis
du caveau ; et si leurs argumens ne changeaient
pas sa façon de penser, il faudrait l'abandonner
comme un homme incurable.... Quelques capucins couchent toutes les nuits dans cette galerie ;
ils prétendent y avoir des visions et des révélations
auxquelles très-peu de gens seraient portés à ajouter foi. Aucune femme morte ou vivante n'est admise dans ce couvent. »

La seule chose à ajouter à cette charmante description de Brydone, c'est que cette espèce de sé-
pulcre est exclusivement réservée aux nobles ; de
sorte qu'après sa mort, le pauvre vilain de Palerme
n'a pas même la consolation de pouvoir dire à son
ancien seigneur et maître :

Ici, tous sont égaux : le titre n'est plus rien :
Je suis sur mon fumier, comme toi sur le tien !

Villa Giulia.

La Villa Giûlia qui, comme je crois l'avoir déjà remarqué, est située à l'extrémité occidentale de la belle promenade du Marino, est un jardin assez vaste, dans le goût de tous les jardins de Le Nôtre. Au milieu est un large bassin, au centre duquel est placée une statue colossale de Neptune, statue qu'on dit être fort belle, et qui est d'un artiste palermitain (1). Au reste, comme toutes les promenades de cette ville, ce jardin est privé de son ornement le plus naturel et le plus nécessaire : on y cherche inutilement une allée à l'abri des rayons brûlans du soleil. Des charmilles de buis, symétriquement taillées, et répandant au loin une odeur insupportable ; quelques arbres sans ombrage ni verdure ; des parterres sans fleurs, et des bassins sans eaux : voilà tout ce qu'on y remarque, ou du moins, tout ce que j'y ai remarqué.

La Flôra.

Ce jardin botanique, qui est attenant à celui dont je viens de parler, est, selon moi, le seul monument moderne, que l'on puisse admirer ici ; et je remarque avec plaisir, que ce monument est l'ouvrage d'un architecte français (2), qui l'exécuta, en 1790. Le style de ce monument a toute la

---

(1) Don Ignace Marabîtti.
(2) M. de Fourny.

noblesse et la simplicité antiques ; il est d'ordre gréco - sicule carré , avec une double façade ; l'une, du côté de la Villa Giúlia; l'autre, du côté de la mer. Au centre est l'École de Botanique ; ce bâtiment également noble et simple est de forme octogone ; il est orné de médaillons en reliefs, et de quatre statues des plus célèbres naturalistes anciens et modernes. Le jardin forme un carré-long immense , divisé en quatre parallélogrammes , au centre desquels sont placées plus de quatre mille plantes exotiques ou indigènes. Cet établissement est fort beau , et parfaitement tenu.

La Favorite.

Cette maison royale n'est qu'un simple rendez-vous de chasse : une folie payée fort chère. C'est ici que le roi a fait enfouir la fameuse statue connue sous le nom d'Hercule-Farnèse ; mais, par une idée fort étrange , l'architecte , prenant sans doute le fils d'Osiris (1) , pour Neptune , n'a rien trouvé de plus convenable , que de le hucher au-dessus d'une tour de cent à cent cinquante pieds de haut , qui s'élève elle-même , au milieu d'un bassin immense ! Il était du sort de ce chef-d'œuvre d'être toujours placé , ou trop haut ou trop bas ; car, autant qu'il m'en souvient, ce malheureux Hercule , qui se perd ici dans les nues , était placé naguère , à Rome , dans une cour du palais Farnèse ?

(1) *Voy.* ci-dessus, pag. 64.

J'ai dit que la Favorite n'était qu'une bagatelle ;
mais il faut convenir qu'il en est peu d'aussi jolies;
et le goût qui perce dans l'ensemble comme dans
les plus petits détails de cette retraite royale, n'y
fait pas désirer plus de magnificence. Chaque chambre est un charmant boudoir, soit meublé dans le
goût chinois, soit orné de peintures à fresque, qui
toutes font honneur aux talens de l'artiste. Je remarquai, entre autres, la chambre à coucher du
roi, autour de laquelle ce bon père a fait peindre
tous ses enfans : placée au bas de chaque portrait,
une courte inscription contient un surnom de ten-
dresse, selon l'âge et le sexe du modèle ; ces mêmes
noms se retrouvent encore, sur une table de la
même pièce ; mais, ici, ils sont entourés d'exer-
gues ; sous le nom de madame la Duchesse de
Berri, on lit seulement : MES AMOURS. J'ai oublié
les autres noms : je n'ai point oublié celui-ci.

THÉATRES.

PALERME a deux théâtres; l'un en pierre, où
se joue l'opéra buffa ; l'autre en planches, où l'on
représente de simples comédies. Quant au théâtre
en pierre, je ne sais trop que dire des chanteurs
et danseurs que les habitans y tolèrent; mais la
salle même est fort jolie. Sans être aussi brillant
ni aussi fréquenté, le modeste théâtre de planches
l'emporte, selon moi, sur son orgueilleux concur-
rent; et il ne doit cet avantage qu'aux talens d'un
seul acteur. Dans les pièces qu'on y représente, il

se trouve toujours un rôle écrit en sicilien; il en est
de même à Naples, où l'acteur chargé du rôle
plaisant de la pièce, parle toujours le dialecte napolitain. C'est ainsi que, dans cette dernière ville,
j'ai long-temps admiré le fils du célébre Caccia-
rêlli, qui, quoique fort loin de posséder tout le
talent de son père, n'en est pas moins un des
meilleurs grimes que j'aie vus. Au reste, l'acteur
palermitaïn fait si bien valoir ce même rôle ; sa
pantomime et la mobilité de ses traits expriment
si bien ce qu'il veut peindre, que, sans entendre
un mot de sicilien , je ne perdais rien de son
rôle ; et que son silence même, était pour moi
plus expressif que le langage connu des autres.

VOYAGE DE PALERME

A SEGESTE.

Tout entier à ses observations barométriques, mon compagnon de voyage ne se souciait point de voir les fameuses ruines de Ségeste ; ruines qui, par suite de leur situation dans l'intérieur des terres, et dans cette partie de l'île que j'étais sur le point de quitter, eussent pu ne m'échapper alors, que pour m'échapper pour toujours.

En conséquence, sans m'amuser à combattre sa résolution, je me déterminai à faire tout seul cette excursion intéressante ; déjà même j'avais loué une calèche et trois fortes mules, et m'apprêtais à partir le lendemain de bonne heure, lorsque deux voyageurs Anglais, sir Frédérick Henniker (1), et M. Waddington, membre de l'université d'Oxford (2), me proposèrent d'être du voyage. Cette proposition m'était doublement agréable ; et, dès le jour suivant, nous partîmes de Palerme, à cinq heures du matin.

Monréal.

L'ancienne ville, ou plutôt les ruines de Sé-

---

(1) Neveu du lord de ce nom.
(2) *Fellow of Trinity College.*

geste, sont situées à environ douze lieues et demie de Palerme (1), au milieu de cette chaîne de montagnes qui séparent les deux villes de Calatâfimi et A'lcamo; nous suivîmes la route qui conduit à cette dernière ville.

Le premier objet remarquable que nous aperçûmes sur la route, fut la jolie petite ville de Monréal, pittoresquement située, à un peu plus d'une lieue de Palerme sur le penchant du mont Capûto. Nous y admirâmes le beau vaisseau de sa cathédrale, édifice fort ancien, construit par Guillaume dit le Bon. Le tombeau de ce prince est d'une seule pièce de porphyre, dont le travail rehausse encore la beauté.

Monréal est la patrie de Pierre Novèlli, dit le Moréalèse, et que son grand talent dans la peinture a fait surnommer le Raphael sicilien. Sur l'escalier principal du couvent attenant à cette église, est un des plus beaux tableaux de ce peintre. Un assez grand nombre de colonnes de granite, un devant d'autel d'argent massif, à figures en relief, comme ceux de Naples et de Malte, me paraissent également dignes d'être remarqués. Le travail de ce morceau est d'une excellente main.

Palco.

Un peu au delà de Monréal, et à trois lieues de Palerme, est la petite ville de Pâlco. Cette

____
(1) *Voy.* ci-dessus, pag. 38. Note.

ville, située aussi au pied d'une haute montagne, est doublement célèbre, et par deux palais qui n'existent plus, et par deux carrières de marbre et d'agate, qui existent encore. Ces agates ont cela de particulier, que les parties ferrugineuses qu'elles contiennent, leur donnent une couleur noirâtre, et le poids et le son du métal. Au pied de la montagne qui domine la ville, se trouve un assez grand nombre de belles schistes, qui deviennent plus compactes et plus dures, au fur et à mesure qu'elles s'élèvent.

Parténico.

A quatre lieues au delà de Pâlco, nous traversâmes encore une autre petite ville, appelée Parténico; et qui, comme dit le poëte, ne vaudrait pas l'honneur d'être nommée, si les uns ne plaçaient ici l'ancienne Élime, et d'autres Palimite. Nous regardâmes de tous nos yeux, sans rien apercevoir qui ressemblât à des ruines antiques; mais, en revanche, là, comme sur tout le reste de la route, nous aperçûmes force ruines modernes.

A'lcamo.

Enfin, après un voyage de dix lieues, sur la seule et unique route, peut-être, où une voiture puisse rouler en Sicile, nous entrons dans les murs d'A'lcamo.

A'lcamo est une très-ancienne villace, qu'on prétend avoir été fondée par les Sarrasins. Ces gens-là avaient sans doute la manie de bâtir, et qui pis est, de bâtir assez mal ; car, de même que tous les monumens auxquels on ne saurait attacher de nom, passent, à Rome, pour autant de maisons de Cicéron ; de même en Sicile, chaque ville dont l'origine est douteuse , est naturellement mise sur le compte des Sarrasins, des Cyclopes, ou des Troyens fugitifs ! Au reste , son nom purement arabe , peut heureusement suffire , pour laver l'architecture grecque du soupçon de l'avoir élevée.

Cette ville n'a rien de remarquable , que les ruines d'une vieille forteresse que le peuple nomme Calata, et les gens instruits, Calatub. Ce Calata ou Calatub, est situé sur le mont Boniface , et fut construit par un certain Al Caniach, Sarrasin de naissance, et corsaire de son métier. Comme nous devions nous arrêter ici, pour y laisser notre voiture , et louer les mules qui devaient nous porter plus loin , il nous vint dans l'idée de visiter un peu les ruines du château du seigneur Al Caniach ; mais, notre hôte nous prévint que M. le gouverneur en tenait les clefs dans sa poche; son palais , à ce qu'on nous dit, était à deux pas de l'auberge ; nous sortîmes pour les lui demander; mais les entreprises les plus simples , sont souvent les plus difficiles ; et nous étions loin de prévoir toutes les peines et les pas que nous coûterait ce maudit Calatub. Quoi qu'il en soit , à la première tentative, son Excellence était au lit; à la seconde ; son Excellence était à table ; à la troisième, son Excellence était à vêpres : nous envoyâmes son Excellence à tous les diables ; et nous ne vîmes point Calata.

Je ne sais plus quel philosophe a dit que l'homme porte avec soi la source de tous les maux qui l'affligent : ce philosophe-là avait voyagé en Sicile.

Si, au moment de quitter ses pénates, on pouvait, avant le départ, se représenter, en effet, les inquiétudes, les contrariétés, les dangers, les soins, les fatigues et l'ennui prêts à fondre sur vous, on imposerait silence à la curiosité, et l'on ne se mettrait point en route. Ce découragement, ce regret, ce désir d'être encore sous le toit, méprisé naguère, que de fois ne l'ai-je pas éprouvé ! que de fois, après une journée pénible, mal reçu, mal nourri, mal logé, et certain, toutefois, de payer au centuple la réception, l'aliment et l'asile ; que de fois, dis-je, n'ai-je pas maudit ma curiosité vaine, la manie des voyages, et ce désir inquiet et vague, qui nous porte à chercher au loin, des soucis et des peines que le plus insensé n'endurerait pas volontairement chez soi !

ÉTAT DES ROUTES.

Ici, nous montâmes pour la première fois sur des mules, seule et unique monture au moyen de laquelle on puisse se frayer le passage sur les prétendues routes de ce pays. Dix heures sonnaient quand nous nous remîmes en route. Les ruines à visiter sont à ~~dix~~ ²lieues et demie au de là ; et, comme elles planent sur un désert, il nous fallait nécessairement revenir coucher le même jour à A'lcamo. Le lecteur ne conçoit rien, sans doute, à la nature de ce calcul ; et, dans le fait, pour tous ceux qui n'ont aucune idée de l'état des routes en Sicile, onze à douze heures de temps semblent plus que suffisantes pour faire un peu moins de cinq lieues. Mais, outre que, dans ce dernier compte, n'entrait point le chemin, ni le temps nécessaire pour visiter les ruines en question, il est bon que le lecteur sache qu'on foule, dans ce pays, le chaos primitif ; que partout l'on s'ouvre la route, à travers les torrens, les précipices et les rochers ; et qu'enfin, dans tout le cours de mon voyage en Sicile, je n'ai jamais pu faire plus de huit à dix lieues par jour, après seize à dix-huit heures de marche !

Si j'en excepte, peut-être, une excursion par mer, précédemment faite aux ruines du Temple d'Hercule, à Côra ; ruines qui, par parenthèse, échappent à la plupart des voyageurs qui passent de Rome à Naples, et qui valent bien cependant la peine de s'écarter de la route, pour les aller trouver, à douze milles dans l'intérieur des terres ; si j'en excepte ce voyage, dis-je, celui d'A'lcamo à Ségeste me parut le plus insipide et le plus long que j'eusse fait jusqu'alors. Cette route n'offre rien, en effet, qui puisse compenser son ennui ; seulement un grand nombre de beaux aloes en fleurs, et qui bordent de temps en temps la route,

I.

varient un peu la monotonie du coup d'œil, par
leur forme élégante et svelte.

Le Scamandre et le Simoïs.

Après six à sept milles d'une marche que l'extrême chaleur rend encore plus fatigante, nous
apercevons enfin le sommet des montagnes, qui
doivent être le terme de notre course ; et quelques
milles plus loin, nous nous trouvons sur les rives
du Scamandre et du Simoïs de Sicile.

La magie de ces noms, leur rapport avec ceux
des fleuves de la Troade ; mais surtout, j'en conviens, l'espoir d'étancher dans les eaux de ceux-ci,
la soif qui nous tourmentait tous, nous fit hâter le
pas de nos mules ; et nous en étions déjà loin,
quand notre muletier nous apprit que nous les
avions passés à pied sec ! La remarque eût glacé
l'enthousiasme le plus robuste : le nôtre n'y résista pas ; mais quoiqu'également trompés, notre
amour-propre et notre soif ne poussèrent pas en
nous le ressentiment, jusqu'à nous faire douter
des faits rapportés par Plutarque, Thucydide,
Diodore, Pausanias et Strabon : il nous parut
prouvé que l'armée carthaginoise fut jadis assez peu chanceuse, pour se noyer toute, dans ces
fleuves ; et, convaincus d'ailleurs que les savans, et
surtout les savans anciens, avaient de meilleurs
yeux que les nôtres, nous rejetâmes la faute sur la
nature même, qui, toujours variante et bizarre,
nous montrait deux ruisseaux à sec, où ils avaient

vu un fleuve rapide et profond ; et nous refusait
une goutte d'eau, où ils avaient trouvé moyen de
noyer dix mille hommes.

Temple de Ségeste.

A ce premier *désappointement*, s'en joignit bientôt d'autres, plus mortifians et plus pénibles ; et
qui, comme celui-ci, n'avaient d'autre principe
qu'une aveugle et folle confiance en nos maitres.
Voulant savoir du moins à quoi nous en tenir, sur
la nature des lieux et la situation des monumens,
nous avions lu, avant de nous mettre en route,
les auteurs et voyageurs les plus accrédités; et nous
avions porté le scrupule, jusqu'à ne consulter que
des écrivains nationaux. Or, donc, l'historien
Fazzèllo nous avait assuré que le temple de Cérès,
à Ségeste, *est situé sous les murs de la ville, à
droite, avant d'y entrer* (1). De leur côté,
Don Paternô, prince de Biscari (2), et l'avocat
Joseph Emmanuel Ortolâni (3), nous avaient dit
également, que ce temple « *est placé au pied de la
» colline, hors des murs de la ville* (4). »

---

(1) *De Reb. sicul.* Dec. I, lib. 7, cap. 4.

(2) *Viaggio per tutte le Antichità della Sicilia.*
Second. édiz. Palermo 1817.

(3) *Nuovo Dizionario geogr. statist. et biogr. della
Sicilia antica e moderna.* Palermo 1819.

(4) Borch, qui paraît avoir copié les mêmes auteurs
que Biscari et Ortolâni, dit aussi : » *C'est-là qu'au*

Nous voilà donc bien sûrs de la connaissance du
terrain : nous savons , sur trois autorités des plus
respectables : 1°. que le temple en question est situé
hors des murs de Ségeste ; 2°. qu'il est situé sous
ces mêmes murs ; 3°. qu'il est situé à droite , avant
d'y entrer ; 4°. enfin , qu'il est situé au pied d'une
colline. En conséquence , à peine nous trouvons-
nous face-à-face avec la montagne sur laquelle
sont les ruines de la ville, et conséquemment les anciens murs , que nous cherchons , à notre droite ,
et le temple et la colline ; et, à notre grande surprise, nous ne voyons ni la colline ni le temple !
Je ne saurais exprimer ce qui se passa alors en nous :
chacun se regardait, comme pour se demander ce
qu'étaient devenus le temple et la colline? L'un et
l'autre avaient disparu ; et toute fois, le journal de
Palerme (car Palerme a son journal , qui donne,
de semaine en semaine, les nouvelles du mois
passé); ce journal , dis-je , ne nous avait parlé,
ni d'aucun tremblement de terre, ni d'aucune récente irruption des Carthaginois , à Ségeste ! La

---

pied d'une montagne se trouve un temple ancien en-
core entier, grâce à sa situation enfoncée , etc. » On
verra plus loin que ces deux lignes contiennent autant
d'erreurs que de mots; le *temple ancien* n'est rien
moins qu'*au pied d'une colline ,* et rien moins que dans
une *situation enfoncée.* Borch décrit ici ce qu'il n'a
pas plus vu que Brydone, Fazzéllo, Biscari, et Ortolâni
même. J'en apporterai plus loin la preuve.

première idée qui nous vint, fut le soupçon que nos auteurs avaient pu prendre leur droite pour leur gauche ; et nous nous retournâmes de ce dernier côté, sans plus de succès que de l'autre. Or, lorsqu'on a regardé à droite, à gauche, et devant soi, comme on ne peut plus porter ses regards qu'en arrière, nous tournâmes le dos aux murs de la ville ; et alors nous aperçûmes le temple, non pas au pied de ces murs, ni de cette colline, non pas même, dans une situation enfoncée ; mais directement en face de la ville, à plus de deux ou trois cents pas de là (1), au sommet d'une montagne, et sur le site le plus découvert.

Maintenant, je le demande, si des lieux mille et mille fois parcourus ; des monumens situés à dix lieues d'une ville capitale ; des ruines encore existantes ; des choses à toucher au doigt ; si ces choses, dis-je, ont pu donner lieu a des assertions si fautives ; quelle confiance accorder au dire des plus graves historiens, des antiquaires les plus érudits, des géographes et des voyageurs les plus célèbres, à l'égard des sites et des monumens lointains ? Trop souvent dupe de ma propre confiance, je lis maintenant ces ouvrages comme on lit un mémoire d'auberge : je m'arme de patience, et m'attends à être trompé !

---

(1) Borch transforme cette courte distance en *trois milles*, c'est-à-dire, une lieue de France ; cette erreur n'est ni plus ni moins forte que les autres.

J'ai dit, plus haut, que Borch qui, dans son livre nous a donné et la description et le dessin du temple de Ségeste, ne l'a jamais vu en effet; et je n'en veux pour preuve, que sa description même.

« Ce temple d'ordre dorique, comme tous ceux qu'on voit en Sicile, dit ce voyageur, est dans toute son intégrité, excepté sa frise et son architrave qui ont un peu souffert ainsi que ses frontons. On n'y distingue ni Pronaôn, ni Prosaïkon intérieur, il paraît même n'avoir point eu de bas côtés. Son enceinte est très-belle; elle est formée de trente-six grosses colonnes, quatorze latérales et six en face. Les dimensions de ce temple sont sur un plus grand module que celui de tous les autres temples anciens connus en Sicile, excepté toutefois celui de Jupiter Olympien de Girgenti. Les colonnes de celui de Ségeste ont six pieds de roi de diamètre (1). »

Cette description bien sèche et évidemment copiée dans les livres, d'un des plus beaux monumens de l'antiquité, renferme trois erreurs principales : 1°. Le temple de Ségeste n'est point d'ordre dorique; il est d'ordre dorico-étrusque, ou gréco-sicule; ordre très-différent sans doute, et tellement dissemblable à celui-là, que Palladio même,

_____

(1) Borch. *Loc. cit.* Tom. II, lett. 10.

qui écrivait avant la découverte des trois temples
de Pestum , va jusqu'à révoquer en doute l'existence de ce même ordre , dont Pétrone a souvent
parlé. Borch a copié ici Biscari , qui , de même
que lui , confond mal à propos ces deux ordres
d'architecture ; 2°. En disant que l'enceinte du
temple est formée de trente-six colonnes , et en
ajoutant ensuite, qu'il a quatorze colonnes latérales
et six de face, notre auteur a parlé pour n'être pas
entendu : car , à prendre la phrase au pied de la
lettre , il en résulterait que le temple n'aurait que
trente-quatre colonnes? L'amphibologie de l'expression se joint ici à la fausseté du calcul : Borch a
voulu dire que chaque face du temple est ornée de
six colonnes ; mais ce biais même nous laisse encore loin de la vérité ; car ces vingt-huit colonnes
latérales , ajoutées aux douze colonnes des deux
faces , produisent un total de quarante , et non pas
seulement de trente-six colonnes , comme Borch le
dit d'abord fort bien. Que le ciel fasse paix à l'auteur de ce calcul , et lui pardonne la peine que j'ai
eue à l'entendre ! Le temple de Ségeste est un carré
long ; il est effectivement entouré de trente-six
colonnes, savoir : six colonnes à chacune des
deux faces , et douze à chacune des parties latérales ;

Comptez : ils sont quatorze , et voilà le sonnet!
3°. Enfin, le même auteur ne donne que six pieds
de diamètre aux colonnes en question , ou , ce qui
revient au même , dix-huit pieds de circonférence ;

puis il ajoute, que toutes les parties de ce temple
sont construites sur un plus grand module que tous
les temples de Sicile, à l'exception de celui de Jupiter Olympien : or, si le calcul était juste, l'assertion cesserait de l'être. La vérité est, qu'il résulte
des mesures récemment prises par don Charles
Chinchi, architecte du gouvernement des Deux-
Siciles, que les trente-six colonnes du temple de
Ségeste ont huit palmes (1) de diamètre, et vingt-
quatre palmes, ou 18 pieds 8 pouces, de circonférence à leur base. Au reste, le dessin que l'an-
teur en question a joint à son ouvrage, suffirait
seul pour prouver qu'il n'a jamais vu le modèle.
Brydone, qui ne l'avait pas vu lui-même, a été plus
prudent que lui : il l'a entièrement passé sous silence.

L'observateur le plus inattentif reconnaît au premier coup d'œil que, par une particularité remarquable, les colonnes de ce temple ne sont point formées d'un même nombre d'assises : les unes en ont
dix, les autres onze, quelques-unes douze; et l'en-
tre-colonnement n'est pas non plus d'une régularité
complète : il varie de quelques pouces en plus ou en
moins ; et son étendue la plus ordinaire est de huit
palmes, ou 6 pieds 2 pouces 8 lignes de France.
Les gens de l'art qui ont voulu se rendre compte de
cette double irrégularité, en ont généralement re-

---

(1) Le palme sicilien équivant à 9 pouces 4 lignes
de France.

jeté la faute , sur les altérations qui auraient été faites au plan de l'architecte , ou même sur l'ignorance des ouvriers en sous-ordre. C'est pousser un peu loin la liberté des conjectures ; mais Biscari ne s'arrête pas là ; et, selon lui (1), l'inégalité relative du nombre des assises des colonnes , ne serait que l'effet de la sage économie de l'architecte même, qui , au risque d'enfreindre ainsi toutes les règles, aurait volontairement commis la faute , dans le seul dessein de parer à une trop forte dépense?

Je ne saisis pas trop la première conjecture ; et la seconde confond toutes mes idées. Je ne disconviens pas, qu'aux idées d'un grand homme, la préoccupation d'un prince n'ait fait succéder trop souvent les idées d'un homme ordinaire : Charles Madèrno toucha au plan de Michel-Ange ; et Saint-Pierre n'excite plus qu'une admiration restrictive , qu'un plaisir mêlé de regret. J'entends d'ici crier à l'anathème : bâtons-nous de colorer un peu notre dire.

De toutes les formes à donner à un temple , celle qu'on a donnée à Saint-Pierre , me parait en effet , la moins propre à réveiller l'idée de grandeur dont on a voulu frapper les regards. D'après le plan , aussi simple que sublime de Buonarôtti , on eût embrassé d'un coup d'œil, toutes les parties de l'édifice : le plan complexe et mesquin de Madèrno, ne les offre que suc-

_____

(1) Biscari. *Loc. cit.* Cap. 18 , pag. 215 *e segg.*

cessivement aux regards Après avoir long-temps
erré de nef en nef, de voûte en voûte, et de chapelle en chapelle; comme perdu, pour ainsi dire,
dans cet inextricable labyrinthe de piliers, de voûtes
et d'arcades ; plus ébloui que satisfait, l'œil aspire
après le repos : ce repos n'existe nulle part ; et la
longueur seule du chemin parcouru, lui apprend la
grandeur qu'il soupçonne et qu'il cherche. Ces remarques, je le sais, paraîtront du dernier ridicule,
à cette foule de gens qui s'enthousiasment à froid,
et s'extasient volontiers sur parole : ils peuvent
m'accuser d'ignorance ; mais ils ne peuvent pas
m'obliger à voir par leurs yeux. Je le déclare ici,
une fois pour toutes : je n'entends rien aux règles de
Vitruve ; mais je crois entendre quelque chose aux
règles du bon sens et du goût : quant au mérite des
productions de l'art, mon admiration ou ma critique ne va pas au-delà. Si mes jugemens sont faux,
mon ignorance des règles peut leur servir d'excuse ;
mais, si, par hasard, ils sont justes, celle-ci ne
saurait les faire rejeter. Mais, pour en revenir au
système de Biscari, outre que rien ne prouve
ici l'existence de l'altération dans le plan primitif,
c'est par trop abuser du droit des conjectures, que
de fonder celles-ci, sur des bases aussi évidemment
fausses ; savoir que, dans le dessein de s'écarter de
l'ancien plan, le nouvel architecte se serait écarté
des règles de l'art ; ou que, tout en se con-
formant à ce plan, il en eût confié l'exécution à
des mains inhabiles et ignorantes !

Quant à la seconde conjecture , j'avouerai franchement que , la première fois que je lus l'ouvrage
de Biscari , j'eus quelque peine à en croire au témoignage de mes propres yeux. Voici le passage en
question : « *Ma io direi piuttosto* , dit-il , en parlant du nombre inégal des assises , *che sia ciò
provenuto da una saggia economïa , che permise
un difetto , il quale a buon conto è stato finora in-
sensíbile , per non soffrire un molto pesante inte-
resse , quale sarebbe stato quello di scartare co-
tante pietre tagliate con molto dispendio , e fatica ;
pietre , che dalle carriere uscirono con insensibile
disuguaglianza ; perchè forse non poteva la cava
stessa somministrarne delle simili* (1). »

Avant de répondre à cette étrange conjecture ,
je ne saurais me dispenser de relever une assertion
très-fausse, qui en fait la base principale ; savoir,
que cette inégalité dans le nombre des assises qui
forment les colonnes de ce temple , serait tellement
insensible , qu'à peine la remarquerait-on. La vérité est , que cette inégalité est tellement frappante ,
au contraire , que je le donne à l'observateur le plus
ignorant , comme le plus superficiel , à ne pas en
être aussi promptement frappé, que nous le sommes
nous-mêmes, à notre entrée dans le temple ; mais
l'observateur en question écrivait lui-même à Catane, c'est-à-dire , à plus de cent lieues du monu-

---

(2) Biscari. *Loc. cit.* Cap. 18 , pag. 215.

ment qu'il avait à décrire ; et quand on observe d'aussi loin , il est peu surprenant que quelques défauts vous échappent.

Mais est-ce bien sérieusement que notre prince a cru, et a voulu nous faire croire à l'existence d'un semblable calcul , dans l'architecte et dans les habitans de Ségeste? Eh quoi , cette ville si fameuse par le nombre et la magnificence de ses monumens publics; cette ville que Thucydide salue du surnom de *puissante;* cette ville qui égalait, sinon même surpassait toutes les villes de la Grèce , quant à la construction et à la richesse de ses temples , tels , entr'autres , celui d'Énée , de Vénus , et surtout de Diane, dont les richesses incalculables excitèrent, à deux différentes époques , la cupidité des Carthaginois , et du célèbre Verrès ; cette ville , dis-je , aurait pu pousser ici l'épargne, jusqu'au calcul le plus mesquin? Voulant élever un grand temple à une grande divinité quelconque (1) , les anciens habitans de Ségeste auraient volontairement donné

---

(1) On ignore réellement à qui fut consacré le temple de Ségeste. S'appuyant d'un passage de Vitruve, qui dit, en effet , que les temples de Cérès étaient ordinairement élevés hors des murs de la ville; les antiquaires l'on donné à cette même déesse; mais ces sortes de dons ne sont que des faveurs précaires , qui , comme celles des princes·, dépendent entièrement du caprice des donateurs ; et Dieu sait à combien d'autres divinités ce même temple sera donné par la suite !

un exemple public de l'avarice la plus sordide
comme la plus déplacée? Ils auraient pu forcer l'artiste à entrer dans des vues rétrécies et mesquines;
et celui-ci, ennemi de sa propre gloire, et de celle
de son pays, aurait pu se soumettre à faire un
temple de pièces et de morceaux? Il n'aurait pu
choisir ses matériaux ni tailler ses propres pierres;
rejeter ceux qui ne lui convenaient pas, et n'employer que ceux convenables à l'exécution de son
plan? Tant d'avarice dans une des premières colonies de Rome, tant de bassessè dans un de ses premiers artistes, seraient à la fois, sans doute, des contradictions sans exemples, et des exemples sans précédens? Mais, de ce que le fait existe, qu'il existe
dans un des plus beaux temples connus, et enfin,
qu'il existe sans aucun autre exemple; s'ensuivrait-il
qu'il fallût en chercher la cause hors des bornes
du possible? S'il me fallait chercher moi-même
cette prétendue cause introuvable, tout en remontant de plus haut, peut-être m'écarterais-je moins,
sinon de la vérité même, du moins de la vraisemblance. En effet, cette particularité remarquable
ne réveilla d'abord en moi, ni l'idée d'un calcul
aussi sordide, ni celle d'un assentiment plus vil encore; en un mot, je ne vis en cela, que l'effet
naturel des premiers essais de l'art. Le temple de
Ségestè est d'ordre gréco-sicule; et, quant à
l'architecture grecque, cet ordre est, sans doute, le plus ancien de tous. D'un autre côté, l'é-
poque de la construction de ce temple, son nom

même, est perdu dans la nuit des temps, comme tout ce qui se rapporte aux temples de Pestum, dans la Grande-Grèce ; et à la plupart des autres monumens de la Sicile. Or, comme l'irrégularité en question ne se remarque dans aucun de ces mêmes temples, pourquoi, au lieu de considérer cette faute comme une violation volontaire de règles postérieurement établies, ne le regarderait-on pas comme une preuve évidente de l'ignorance de ces mêmes règles ; et se refuserait-on d'en conclure, avec moi, que le monument en question, est probablement le plus ancien de tous les autres ; et que, dans son état actuel, il découvre à nos yeux, un des premiers essais de l'art? Au reste, ces idées ne me sont point inspirées par le désir puéril de conjecturer ni de dire, ce que d'autres n'ont ni conjecturé ni dit, avant moi : l'aspect des lieux mêmes le fit naître : je les donne comme je les ai reçues.

Du point où nous étions alors, le temple me frappa de cette espèce d'admiration soudaine, qui, pour n'être pas encore raisonnée, n'en est, par fois, ni moins juste ni moins vive. Séparé de toute habitation quelconque, planant sur un désert, et situé au sommet d'une montagne, le temps semble l'avoir posé là, plus encore que la main de l'homme. Du haut de ce roc isolé et aride, au milieu de la nuit des siècles, et du silence de la nature, le monument commande l'admiration et le respect.

Ce que j'éprouvai là, je ne l'avais éprouvé nulle

part : je ne devais plus l'éprouver. De semblables
effets, ne se décrivent point : la peinture qu'on
voudrait en faire, paraîtrait d'avance ridicule.
Eh! comment, en effet, rendrais-je compte aux autres, de ce dont je ne me rendrais pas compte à
moi-même? Un désert, une montagne, un temple : voilà toutes les parties du tableau ; mais est-
ce donc pour la première fois, que je vois un désert, une montagne et un temple? J'en ai vu des
milliers sur ma route! Cependant, la surprise, le
plaisir et l'extase m'attachent, immobile, à la
place, d'où le temple m'est comme apparu! La
cause du plaisir que je sens, je ne la cherche pas
dans le mérite du monument même : en fussé-je
déjà aussi près, que j'en suis éloigné encore, ce
mérite m'échapperait sans doute ; mais l'effet en
est à la portée de ma vue, de mes sens, de mon
intelligence. Déjà, sir Fréderick s'éloigne, pour
chercher un point convenable à l'esquisse qu'il
veut faire de ce temple ; de son côté, impatient de gravir la montagne, pour prendre ses
mesures et ses notes , M. Waddington court directement au but ; quant à moi, je ne puis songer
encore, qu'à contempler le monument, et graver
dans mon souvenir le tableau qui m'étonne et
m'enchante.

Sans se confondre entièrement avec elles, l'impression que j'éprouvais alors, était de la nature de
celles que j'avais si souvent ressenties à la vue de
l'amphithéâtre Flavien, à Rome ; et surtout, des

trois temples de Pestum, dans la Grande-Grèce. Cependant, tout en payant à ces monumens célè-bres, le tribut d'admiration qu'ils méritent; on eût dit qu'il y manquait quelque chose, pour être aussi complet et aussi naturel, que celui commandé par la vue du temple en question. Commencé par Vespasien, l'an 72 de notre ère; puis, achevé par Titus, qui le dédia à son père, le Colisée de Rome appartint .incontestablement à l'époque de la décadence de l'art; et, dans son état de dégra-dation actuelle, ce n'est plus que le squelette d'un corps gigantesque et superbe. Je parle de l'objet existant, de l'objet que j'ai vu; et non pas des dessins, ni du monument même, que la main de l'artiste, et des dissertations savantes, ont trop souvent mis à sa place. Je veux croire que tant de décombres, for-maient jadis le monument le plus riche et le plus majestueux; mais ce monument est détruit aux trois quarts; mais le peu qui en reste, est lui-même en ruine! Partout je cherche ses statues, ses bas-reliefs, ses inscriptions, ses colonnes, ses groupes et ses marbres; et partout je ne vois que des bri-ques. Fléchissant sous le poids de tout ce qu'il me faut reproduire, je veux jouir, du moins, de la vue de la faible partie échappée à la main des papes (1) : je passe du côté du mont Esquilin,

_____

(1) On ferait un volume de l'histoire particulière des dégradations des monumens antiques de Rome, fai-tes par ordre du gouvernement papal. Je me borne à

seul point où s'élève encore son triple rang d'ar-
ches superbes ; là, un profond fossé m'en sépare ;
et, pour en voir le premier ordre , je regarde à vingt
pieds sous terre ! L'illusion cependant, n'est point
entièrement détruite ; et là, du moins, les ruines
du monument sont l'œuvre du temps, non des
hommes; mais bientôt, au milieu même de cette célèbre enceinte, sur ce sol sanglant et classique, où
chaque pas doit révéler un fait, et chaque fait un
souvenir analogue au sol même, quelle n'est pas ma
surprise, quand, au lieu des colonnes, des statues, et de riches tribunes, d'où les empereurs ,
les vestales, les sénateurs et les chevaliers romains
assistaient aux combats des gladiateurs et des bêtes
féroces, je vois quatorze chapelles, quatorze
croix, et quatorze *mystères*, placés autour d'un
crucifix de bois !

Pour ce qui est des temples de Pestum, ces
temples sont en effet de la plus grande beauté ; et
grâce au ciel, leur situation même les a protégés
en partie, contre les outrages des hommes ! Là,
comme ici, la scène est un désert ; là, comme ici,
l'ordre du monument, son irrégularité même, et

---

citer ici, à l'appui de ma remarque, les trois immenses
fabriques des palais Farnèse et de la chancellerie
de Venise ; fabriques entièrement construites des
pierres et des marbre arrachés à l'amphithéâtre Flavien.

jusqu'à la rudesse des pierres qui le composent,
vous transportent aux premiers temps de l'art, et
vous offrent ses premiers essais ; mais une plaine
aride et nue (1), est une scène assez peu pittoresque ; et le trop grand rapprochement de ces
temples, détruit en partie l'effet du site où ils sont
situés. Entièrement séparé de tout objet quelconque, le temple de Ségeste, comme je l'ai précédemment dit, s'élève seul, au sommet d'une montagne ; et son isolement force l'œil à ne s'arrêter
que sur lui. Une semblable situation ne peut qu'accroître encore, sans doute, l'effet d'un monument
de ce genre. On vante beaucoup le temple de la
sibylle Tiburtine ; ces ruines sont en effet fort
belles ; mais la nature du site ne nuit pas à leur
réputation. Dans un lieu aussi beau et aussi pittoresque que Tivoli, que l'imagination transporte le
petit temple antique qui s'élève, ignoré, dans les
murs d'une de nos propres villes ; et, ou je me
trompe fort, ou le temple de Nîmes sera aussi
fameux et aussi admiré que le temple de Tybur.
Il en est, à cet égard, des monumens comme des

---

(1) Dans les planches enluminées des temples de Pestum, l'artiste napolitain ne manque pas de colloquer,
sur le premier plan, quelques groupes d'arbres, qui
font le plus bel effet ; ces arbres n'existent que dans l'i-
imagination du peintre ; et le site où s'élèvent les
trois temples est, comme je l'ai dit, d'une aridité
complète.

mots : la place qu'ils occupent fait leur plus grand mérite.

Enfin, après avoir gravi la montagne sur laquelle le temple s'élève, je me trouvai bientôt au pied de son vaste portique. A mesure que j'avançais, les énormes proportions de l'édifice paraissaient grandir devant moi ; et quand j'en fus plus près encore, je reconnus que ces proportions étaient plus grandes que celles des temples de Pestum.

Je voudrais cacher au lecteur un exemple de mauvais goût et de petitesse ; mais cet exemple est sous ses yeux : il est écrit, en grosses lettres, sur l'entablement du temple ; et comme on ne le mit là, sans doute, que pour qu'il ne pût échapper aux regards, libre à chacun d'en prendre note, et d'en faire part à qui de droit. Cette inscription porte :

FERDINANDI REGIS AVGVSTISSIMI PROVIDENTIA
RESTITVIT.

ANNO M.DCC. LXXXVIII.

Il est bien à un prince de s'occuper de la conservation des monumens antiques ; mais quand sur le monument même, on cherche en vain le nom de l'architecte et de celui qui le fonda, n'est-ce pas sans quelque surprise, qu'on y trouve le nom du restaurateur ? Au reste, quelques pierres de plus ou de moins, un peu de mortier dans des fentes, justifient assez mal ces grandes prétentions d'un petit amour-propre ; et d'un au-

tre côté, tout fraîchement sortis de l'atelier du
fondeur, ces gros caractères en bronze, dont l'éclat
est encore rehaussé par le poli de la longue ta-
blette de marbre sur laquelle ils ressortent, sont,
selon moi, autant de colifichets, qui contrastent
de la manière la plus fâcheuse et à la fois la plus
ridicule, avec la noble simplicité du monument,
la nature âpre et grossière des matériaux qui le
forment, et surtout la teinte sévère et rude qui
leur est donnée par le temps. Cette affectation
puérile, ce petit calcul de la vanité de certains
princes, se remarquent dans tous les anciens monumens restaurés d'Italie. Là, où deux pierres ont
été replacées l'une sur l'autre, on peut hardiment
parier, pour l'existence de l'inscription ; j'en
comptai jusqu'à cinquante, sur la route de Naples
à Rome : c'est une sottise par chaque lieue. Une
seule me parut être aussi modeste que convenable, aussi élégante que concise : je veux parler
de l'inscription placée vers le milieu de la superbe
route ouverte, par les soins de Pie VI, à travers les
Marais Pontins ; peu de voyageurs l'ont citée : elle
mérite toutefois de l'être ; je la rapporte ici ,
comme je l'ai copiée sur les lieux :

OLIM PONTINA PALVS
NVNC AGER PONTINVS.
OPVS PII VI.
ANNO 1793.

Il serait difficile de prendre acte, d'une manière

plus modeste et plus simple, d'un travail plus utile et plus grand. Cette inscriptiou est la plus belle que je connaisse : elle commande à la fois la reconnaissance et l'admiration ; et quand on la rapproche de celle qui défigure le Temple de Ségeste, on ne peut réprimer un sourire de pitié.

Mais, pour en revenir au monument en question ; la façade qui, par suite de sa situation du côté de l'ancienne ville de Ségeste, semble devoir être regardée comme la façade principale du temple, quoiqu'entièrement semblable à celle qui lui est opposée ; cette façade, dis-je, est tout ce qu'elle pouvait être : elle est grande, elle est noble, elle est simple ; six colonnes d'ordre gréco-sicule la parent ; et celles-ci, comme les autres, sont sans aucune espèce de base. Borch, qui, comme je l'ai dit, a décrit et copié ce qu'il ne vit jamais sans doute, leur en donne une, toutefois, dans la gravure qu'il a jointe à son livre ; et cette gravure ressemble autant au temple de Ségeste, que celui-ci ressemble lui-même au Panthéon.

S'il fallait prendre au pied de la lettre la description de Biscari même, les colonnes en question offriraient cette particularité inouïe, sans doute, d'un chapiteau moins large que sa colonne, d'une partie projetant au delà de celle qui doit la dépasser ; en un mot, d'un chapeau plus petit que la tête qu'il est appelé à couvrir (1)! La mémoire en-

_____

(1) Voici les propres expressions de l'auteur : « *Un*

core toute fraîche de la lecture de ce passage , nous
nous attendions en effet , à voir ici la chose du
monde la plus extraordinaire , l'idée la plus bizarre,
pour ne pas dire la plus contraire au bon sens ;
mais nous ne tardâmes pas à reconnaître , que ce
produit monstrueux n'exista en effet que dans l'imagination de l'auteur ; et que tout cela se borne à
la particularité suivante ; savoir , qu'au lieu de
poser en angle droit , sur la totalité du fût de la
colonne , la base du chapiteau s'arrondit ici un peu ,
de manière à laisser projeter à l'entour une petite
portion du fût même. Au reste, autant que je le
sache , cette même particularité se remarque dans
les colonnes du temple de Minerve , à Syracuse ?

J'ai dit, je crois, que les colonnes du temple de
Ségeste sont sans base , comme celles de tous les
autres temples de Sicile ; et en ajoutant que ce monument semble avoir été posé là par le temps , j'ai

---

» *intero pezzo forma il capitello... ma in modo par-*
» *ticolare travagliato : perchè secondo le solite regole,*
» *dovrebbe alquanto sporgere fuori del vivo della co-*
» *lonna ; e questo al contrario rientra.* » Biscari. *Loc.
cit.* cap. 18, p. 215 *e segg.* Il est évident, sans doute,
qu'il y a ici amphibologie, et que l'auteur n'a pas dit
ce qu'il a voulu dire ; mais, en fait de descriptions
scientifiques, plus encore que de toute autre matière,
il ne suffit pas de s'entendre soi-même ; et il est toujours bon de s'exprimer de manière à se faire entendre
des autres.

cru d'abord n'employer qu'une expression méta-
phorique, et me permettre une exagération trop
forte : mais, à n'envisager ici que l'effet de cette
transgression volontaire des règles les plus communes, je ne trouve aucune expression plus naturelle et plus juste, pour rendre le caractère tout particulier que cette absence de base imprime à ces
mêmes colonnes, et la solidité apparente dont elle
les pare. Cet ordre d'architecture n'est celui d'aucun
des monumens de l'Italie, proprement dite, et ne
se remarque que dans les trois temples de Pestum, dont j'ai précédemment parlé ; il peut servir
de date au monument même ; et partout où on le
trouve, on voit une des productions de l'art à peine
sorti du berceau. Quant à la façade opposée, quoiqu'un peu moins bien conservée que la première,
elle l'emporte, selon moi, sur celle-ci, par cela
seul qu'elle n'est défigurée, du moins, par aucune
inscription moderne ; et que la royale *providentia*
ne s'est pas étendue jusqu'à elle ! D'énormes blocs
de pierres, de 12 pieds 5 pouces 4 lignes de long,
s'unissent ici sur les cintres des colonnes, au-
dessous d'une frise de 3 pieds 1 pouce 4 lignes
de haut, ornée de beaux tryglyphes, et sup-
portant le reste de la corniche. Il est au moins
douteux que le monument ait jamais eu de nef ni
même de toiture ; l'intérieur et le haut n'en offrent
pas du moins la plus légère trace ; et je suis plus que
porté à croire que ce prétendu temple de Cérès
n'est qu'un édifice du même genre que la *basilique*

de Pestum. Au reste, quel qu'ait pu être son usage,
l'effet qu'il produit sur moi, tient peut-être à l'ignorance des règles de l'art : ses défauts, s'il en a,
n'existent point pour moi ; je l'admire, j'en conviens, sans savoir pourquoi je l'admire ; mais cette
admiration machinale suppose elle-même une
cause qui, pour ne m'être pas connue, n'en existe
pas moins en effet.

Ruines de la ville de Ségeste.

Nos mules, que nous avions laissées derrière
nous, nous rejoignirent ici ; il était alors quatre à
cinq heures du soir, et, vu la marche qu'il nous
restait à faire, soit pour parcourir les ruines de
l'ancienne Ségeste, soit pour regagner notre gîte
d'Al'camo, le muletier s'était récrié plus d'une fois,
sur le temps que nous lui faisions perdre ; dans son
patois greco-sicule-arabe, il s'apitoyait fort sur
le sort de ses pauvres mules, et donnait à tous les
diables, le temple, la ville ancienne, et notre curiosité. Sa colère nous amusait, et nous l'écoutâmes
d'abord avec tout le sang-froid possible ; mais,
quand il se fut aperçu que ses imprécations ne nous
touchaient pas plus que les colonnes contre lesquelles il se frappait la tête, il changea de tactique,
et prit un ton si touchant et si humble, qu'il aurait
attendri les pierres mêmes. Ses argumens nous parurent d'autant plus persuasifs, que, soit vérité,
soit malice, il y mêla adroitement une foule de

récits d'aventures bien tragiques , récemment ar-
rivées à des voyageurs attardés dans ce désert; en
un mot, il nous fit un tableau si terrible du danger
d'un retour nocturne , que sa frayeur nous gagna
nous-mêmes , et qu'il parlait encore , que déjà
nous étions remontés sur nos mules.

Nous gagnâmes le fond de la vallée qui sépare la
montagne sur laquelle sont les ruines de la ville ,
d'avec celle où nous étions nous-mêmes ; et tout
en avançant, nous nous arrêtions de temps à autre
vers le monument regretté. La route que nous sui-
vions nous forçait à le laisser derrière nous ; force
était de se retourner pour le voir , et nous ne pouvions nous retourner sans suspendre le pas de nos
mules ; une fois arrêtés , la conversation s'enta-
mait entre nous ; on se communiquait ses remarques ; on corrigeait ses observations , et ses cartes ;
on revenait sans cesse sur le regret de s'en éloigner.
Quant aux mules, elles prenaient assez bien la chose :
quelques branches d'arbre , quelques ronces les
consolaient de reste ; mais , quant au muletier ,
c'était une autre affaire ! Il ne paraissait ni aussi
sobre ni aussi patient ; chaque nouvelle remarque
le faisait pâlir d'épouvante ; et chaque regard jeté
vers le temple , était comme un poignard qui lui
perçait le cœur.

Enfin nous gravîmes jusqu'au premier plateau
de la montagne en question , où nous parvînmes à
une méchante maison moderne, que notre muletier
nous donna pour avoir été la retraite d'un certain

guerrier sarrasin, devenu chrétien et ermite, sous
le nom de Frère Bàrbaro. L'aspect du site confir-
mait le récit : jamais lieu plus convenable, en effet,
à abriter un sarrasin et un barbare ! Cette cahutte
appartient aujourd'hui à une espèce de garde-fo-
restier, commis à la surveillance du temple et des
ruines. La vue seule de cet homme suffirait pour
détruire le système de tous les métoposcopes passés, présens et à venir. Qu'on se figure, si toutefois il est possible de le faire, une masse, nommée
corps, de quatre pieds de haut, au sommet de laquelle masse, une autre masse, nommée tête, s'é-
lève, plus grosse et plus massive encore ; qu'au-
dessus du front étroit de cette immense tête, l'imagination creuse deux profondes cavités, communément nommées orbites, au fond desquelles roule,
d'une manière effroyable ; un petit globe étincelant
et noirâtre, communément appelé œil ; qu'au-
dessus de ce petit front, de cet œil et de cet orbite,
on élève une haute protubérance, qui s'affaisse et
s'étende des deux côtés d'une bouche, négligem-
ment fendue de l'une à l'autre oreille ; qu'on se figure, enfin, une barbe aussi noire, aussi épaisse ;
aussi crépue et aussi sale que les cheveux de cette
horrible tête ; et l'on relira à deux fois ce fameux
verset de la Genèse, qui nous donne à entendre que
Dieu aurait formé à son image la figure du seigneur Ugo !

Cependant, sous ces formes repoussantes et hi-
deuses, la bizarre nature cacha un cœur aimant et

généreux ; elle fit plus : non contente d'avoir ainsi satisfait son caprice, elle voulut en prouver le pouvoir, en unissant cet homme à l'une des plus belles femmes du pays, et en le faisant aimer d'elle !

Au moment où nous passions devant la porte de ce nouvel Azor, il était près d'y rentrer lui-même ; il paraissait fléchir sous une charge de bois qu'il venait de couper sur la montagne ; du moment qu'il nous aperçut, il jeta de côté son fardeau, et s'offrit à nous servir de guide, en nous faisant remarquer que notre muletier, étranger au pays, ne nous serait d'aucune ressource au milieu des rochers et des ruines à travers lesquels nous devions nous frayer la route. De tout autre que de lui, la proposition nous aurait été agréable ; mais l'aspect de cet homme nous fit un moment hésiter ; et, comme si la connaissance de sa propre difformité l'eût habitué depuis long-temps à l'effet qu'elle produisait sur les autres, il se hâta de nous rassurer contre lui-même, en ajoutant qu'il était commis par le gouvernement à la garde de ces ruines. Cette explication de sa part leva toutes les difficultés ; et, une fois tranquilles sur son caractère, le pauvre Ugo nous parut déjà moins laid.

Nous voilà donc en route sur les pas de ce terrible guide, dont la proposition ne nous paraît encore qu'un simple calcul d'intérêt. Les traits hideux d'Ugo nous cachaient entièrement son âme :

nous la croyions aussi laide que sa figure ; aussi in-
téressée que dure : nous étions doublement injustes
envers lui.

Après une marche aussi pénible que longue,
pendant le cours de laquelle nous avions à notre
gauche les ruines des murs de Ségeste, çà et là
parsemés sur le penchant de la montagne, nous
arrivâmes enfin au milieu de la ville même, ou
plutôt, au milieu de ses tristes décombres. Là, une
espèce de cavité souterraine, dont l'intérieur est
recouvert en briques, et du travail que les anciens
nommaient *opus reticulatum*, cette cavité, dis-je,
nous est donnée pour un bain magnifique ; ici, on
nous indique un temple de Diane qui se compose
d'un amas de ruines amoncelées les unes sur les
autres ; plus loin, Ugo nous fait remarquer une
fosse récemment excavée, où, selon lui, trompant
sa vigilance, les brigands ont découvert un trésor.
A ce mot là, nous arrêtons nos mules ; et, mettant
aussitôt pied à terre, nous voilà descendus dans la
fosse, cherchant les débris du trésor, et n'y trouvant que des morceaux de briques !

Tout honteux du résultat de la fouille, nous re-
montâmes tristement sur nos bêtes ; accueillant
toutefois, comme un motif de consolation, l'assurance que nous donnait notre guide, de nous faire voir
enfin quelque chose digne d'être vu ; et, en effet,
s'arrêtant à quelques pas plus loin, il s'écrie tout
à coup : *Ecco, signori miei, ecco una vera galan-
teria ! Roba antica, Eccellenzie ! roba antica !*

*cose stupende, maravigliose , anzi , maravigliosís-
sime!* Et, en parlant ainsi, il nous faisait signe d'ap-
procher, et nous montrait du doigt un site qui, plus
qu'aucun autre, étoit couvert de pierres, de briques
et de marbres à demi rongés par le temps ; décombres confus et sans forme, parmi lesquels nous ne
pouvions soupçonner l'existence de cette *chose* antique , de cette nouvelle *galanterie ,* dont il avait
flatté nos *Excellences.* Quant à lui , remarquant la
froideur avec laquelle nous regardions ces ruines ,
il reprit le fil de son discours par un éloge fort
beau et fort long de ce qu'il appela la générosité
et l'affection paternelle du souverain des Deux-Siciles, pour la *chose antique ;* discours que nous
écoutâmes bouche béante , et qui nous apprit,
enfin, que ce morceau informe de ruines n'était
autre que les restes d'un théâtre , soi-disant re-
stauré par ordre du prince ! Le commencement du
discours nous ennuya un peu ; mais la conclusion
nous fit rire. Cependant, dès que nous pûmes re-
prendre notre sérieux, nous demandâmes à notre
homme le nom de l'antiquaire qui avait fait un si
beau rêve ; et il nous nomma Son Exc. Mgr. le
prince de Torremûza , en ajoutant, qu'à l'égard
de la *chose* antique , Son Exc. n'était pas homme
à prendre le change ! Nous feignîmes de l'en croire
sur parole ; et pour réparer autant qu'il nous était
possible le fou-rire qui nous était échappé, nous
l'assurâmes sérieusement que nous soutiendrions ,

envers et contre tous, le dire du prince de Torremûza.

Si les ruines de cette ville fameuse ne méritaient
pas, en effet, la peine qu'on prend pour les voir,
du moins cette peine est-elle amplement compen-
sée par un site des plus rians et des plus pittoresques, et, surtout, par la vue de son temple, qui
semble tourner avec vous, et qui, de quelque
point qu'on le regarde, est un modèle d'élégance
et de majesté.

Nous nous éloignâmes enfin des ruines du prétendu théâtre. Un chemin différent nous conduisit
de nouveau à la maisonnette de notre guide, dont
l'habitude, cette seconde nature, nous rendait déjà
les traits moins hideux. Le jour était à son déclin;
nous marchions depuis dix heures du matin; notre
guide nous engagea, le premier, à ne pas poursuivre notre route, sans nous reposer un peu, et
sans prendre quelque nourriture. Cette proposition
nous parut très-acceptable, et, toujours pénétrés
de l'idée que nous avions prise de la vénalité de
cet homme, non-seulement nous entrâmes chez
lui, mais, sans autre façon, nous lui dîmes de
nous donner tout ce qu'il avait de mieux. La chose
était facile, car le pauvre diable n'avait rien, et,
comme il nous l'avona ensuite, le désir de nous
être utile, lui avait fait perdre de vue ce petit in-
convénient.

Jésus-Maria! s'écria-t-il, en regardant sa
femme, qui restait devant nous, aussi confuse que

lui, *que donnerons-nous donc à ces braves sei-*
gneurs, qui se meurent de faim et de soif ? Et,
pour toute réponse , et plus confuse encore, la
jeune femme lui montra un morceau de lard ap-
pendu à une poutre du plafond. — *Y penses-tu,*
Gaëtane ? ces seigneurs ne mangeront pas ça ! —
Non, sans doute, répondit la jeune femme ; *ce-*
pendant... Eh ! mais, dit le mari en l'interrom-
pant, *n'avons-nous pas une poule? — Oui : mais*
elle n'a pas pondu aujourd'hui. — Que parles-
tu de pondre ? raison de plus pour qu'ils la man-
gent ! — Sans doute ; mais.... quoi ? — M. le curé
vient demain? — Soit ; mais M. le curé n'aura pas
fait vingt milles : que ne venait-il aujourd'hui !
L'éloquente conclusion du discours paraît convaincre la jeune femme ; le mari sort pour expé-
dier la poule ; et il est résolu qu'on ne nous ren-
verra pas sans souper ! En un moment, la table est
mise ; la poule, rôtie tant bien que mal, et le lard,
sauté dans la poêle. D'excellent pain , du vin pas-
sable, un brave hôte , une jolie hôtesse, c'en était
plus qu'il n'en fallait sans doute , pour rendre le
vieux coq très-tendre, et le lard rance délicieux.

Nous nous trouvions si bien à table , que nous
ne pensions plus à remonter sur nos mules ; mais
le maudit muletier y pensait de reste pour nous !
Ses doléances recommencèrent ; et , pour le coup,
il choisit bien son temps ; car le vieux coq était
mangé , et toutes les bouteilles étaient vides. Nous
nous levâmes donc de table, pour nous apprêter

à partir ; mais quel fut notre étonnement, lorsque, voulant compter avec notre hôte, il s'obstina
à ne rien accepter, ni pour ses pas, ni pour la dépense ! Quelques instances que nous lui fîmes,
notre homme resta ferme dans ses refus, et rien
ne put l'engager à recevoir la moindre chose. Nous
les quittâmes donc tous les deux, en les comblant
de caresses et de remercîmens, la seule chose
qu'ils voulussent accepter, et nous poursuivîmes
notre route, plus sombres encore que silencieux.

Je ne sais, en effet, quel nuage planait sur
nous : la conduite d'Ugo nous poignait d'un secret
reproche ; sa générosité nous peinait, et sa gaieté
avait éteint la nôtre. Tout insurmontables qu'elles
fussent, ces impressions étaient injustes : de quel
droit l'homme riche refuserait-il au pauvre le
plaisir d'être généreux ? A quelque classe d'hommes que la nature l'inspire, pourquoi rougirait-on
d'être l'objet d'une bonne action ? Quant à nos
soupçons mêmes, qui ne les eût eus comme nous ?
Il faut en convenir, la personne d'Ugo n'était pas
avenante ; son cœur nous était caché par ses traits,
et le masque était vraiment horrible. Ce tribut de
reconnaissance et de regret ne passera jamais jusqu'à lui sans doute ; sans doute aussi, il lui serait
inutile : le brave Ugo fit le bien pour le seul plaisir
de le faire ; sa récompense est dans sa propre estime, et celle là n'est pas la moins bonne.

Mode de Recrutement.

Au moment où nous rentrons dans Palerme, un tableau commun, mais affreux, un de ces pénibles spectacles qui troublent l'âme la plus impassible, et révoltent le cœur le plus dur, vint tout à coup s'offrir à nos regards.

Escortés par vingt à trente hommes à cheval, deux à trois cents autres hommes à pied, et de tout âge, haletant de fatigue, couverts de sueur et de poussière, paraissant exténués et de soif et de faim ; sans souliers, sans bas, sans chapeaux ; les mains fortement garrottées en arrière, et marchant sur deux rangs, de chaque côté d'une corde qui les réunit tous, entrent avec nous dans Palerme.

Si ce spectacle repoussant se fût offert ici à nos yeux pour la première fois, sans doute nous eussions été assez tentés de prendre les hommes à cheval, pour des sbires ou des bourreaux, et les hommes à pied, pour une bande d'assassins ou de voleurs de grandes routes ; mais ce que nous voyions alors, nous l'avions vu cent fois, au milieu même des rues de Naples, sans que là, plus qu'ici, un peuple malheureux et courbé sous sa propre honte, nous eût jamais paru partager notre indignation, et non pas même notre surprise ! En un mot, nous savions de reste que les hommes à carabines n'étaient autres que des gendarmes de Fer-

I.   11

dinand Ier.; les hommes aux mains garrottées,
d'honnêtes paysans siciliens; et qu'enfin, il ne s'a-
gissait ici que d'une mesure très-naturelle, ten-
dant à raffermir la bonne volonté des recrues,
fournies par l'enrôlement volontaire, dans les heureux états du souverain des Deux-Siciles! Au reste,
je le répète, tout cela ne fait rien ici, ou du
moins, ne paraît rien faire; et l'habitant de Naples, comme celui de Palerme, contemple d'un
œil sec, et sans aucune honte, un spectacle qui,
partout ailleurs, coûterait cher sans doute au
chef de l'entreprise; car, voire même en Sicile, un
paysan peut passer pour un homme; et, n'en dé-
plaise au système en crédit, un *vilain*, quel qu'il
soit, n'est pas une bête de somme.

VOYAGE DE PALERME

A MESSINE.

Quoi qu'en puisse penser le lecteur (si , toutefois , il en est d'assez courageux pour m'avoir suivi jusqu'ici), je ne suis rien moins qu'insensible aux beautés réelles des arts , et moins encore à celles de la nature ; mais , au milieu de cette Italie si vantée, j'ai vu tant de prétendus chefs-d'œuvre, tant de vieux temples et de vieux murs, tant d'antiquailles et de décombres, dont la vétusté fait le nom , et la date le seul mérite ; j'ai vu , surtout à Rome , tant de tableaux et de statues fort au-dessous de leur réputation ; tant d'églises , de palais et de pierres , qu'il me fallait admirer sur parole , sous peine de passer pour un sot , qu'une fois hors de la terre classique , j'en savais un peu moins qu'au moment où j'y étais entré ; et que , las des superlatifs , mêlés aux cris d'admiration, je jurai de n'être plus dupe des extases d'un itinéraire , ni des hyperboles d'un roman !

Sir Frédérick et M. Waddington me quittèrent, malheureusement , peu de jours après notre retour à Palerme ; ils passaient directement de cette dernière ville à Agrigente , d'où ils devaient revenir sur leurs pas , pour suivre ensuite la route que nous allions suivre nous-mêmes ; je veux dire celle de Palerme à Messine, où ils devaient nous rejoindre tous deux.

Le petit bâtiment qui nous transporta dans cette ville, mit à la voile le 4 juillet, vers les sept heures du soir, et entra dans le port de Messine, le 6 du même mois, à cinq heures du matin. Cette traversée n'est ni plus ni moins longue que celle de Naples à Palerme (1). Vingt-deux heures nous suffirent pour longer toute la côte septentrionale de l'ile, franchir, sans danger ni tempête, le terrible écueil de Scylla; et, enfin, doubler aussi heureusement le Pélore, ce cap de sinistre augure, où, par suite d'une erreur géographique, erreur fort excusable, sans doute, dans un général de ce temps, le grand Carthaginois éleva une belle tombe à son pilote, après l'avoir préalablement assommé.

Les historiens, qui, comme les journalistes, se démentent à l'envi l'un de l'autre, ne s'accordent point aussi sur l'étymologie du nom de ce même cap. Les uns, ne s'attachant qu'à la nature même du site, tirent le nom du mot grec *peloros*, qui, entre autres significations, veut dire *lieu horrible*; les autres, remontant plus haut, soutiennent que ce nom fut celui de ce même pilote d'Annibal. Ce procès littéraire restera long-temps en litige, car les pièces n'existent plus : bien loin d'être un

____

(1) *Voy.* ci-dessus, pag. 38, note.

lieu horrible, ce site, est en effet, le plus beau, le plus riant et le plus pittoresque ; et la tombe en question est elle-même rentrée dans la terre !

Je ne sais si le lecteur me saura mauvais gré de le transporter de suite de l'ancienne Panormus (1) au Pélore? Mais s'il en était autrement, s'il me forçait de parler des objets que je n'ai pas vus, je le préviens que l'idée ne serait pas nouvelle, et que l'exécution de ce plan de voyage ne me coûterait d'autre peine que celle d'ouvrir mes vieux auteurs, et de ressasser leurs vieux contes. Quant aux faits historiques, aux miracles et au merveilleux, les auteurs siciliens m'en fourniraient de reste ; et quant aux localités mêmes, j'imiterais l'exemple de tant de savans géographes, qui, sans sortir de chez eux, ont parcouru et décrit si fidèlement, comme on sait, toutes les quatre parties du monde! A peine à quatre lieues en mer, je ferais arrêter la barque, que j'aurais soin de nommer le vaisseau ; je la ferais arrêter, dis-je, au pied même de cette fameuse montagne, où, grâce à une vue très-perçante, Fazzèllo et Biscari découvrirent encore de leur temps, les fameux restes de la fameuse Salente, fondée, comme personne ne l'ignore, par les fameux Phéniciens? Et là, après avoir gravi le roc aride et rude, ne pouvant rendre compte de ce qui existe, je parlerais de ce qui a existé. Un

_____

(1) Ancien nom de la ville de Palerme.

peu plus loin, je visiterais, sinon la ville, du moins le site de l'ancienne Hymère, qui, dans sa disparition même, laisse encore après elle un mur de bains publics, une arche d'aquéduc, et un fragment de phallum, à la porte d'un couvent de nonnes. Enfin, six lieues plus loin, le nom éminemment poétique de l'ancienne Cephaledium (1), me forcerait, bon gré malgré, à sortir encore de ma barque, et à gravir de nouveau, sur le ventre, le rocher le plus escarpé et le plus *antique*! Mais, ici, il faudrait que mes vieux auteurs prissent sur eux tous les frais du voyage : et Dieu sait ce que je pourrais en tirer! Quelques détails sur une vieille cathédrale bâtie l'an 1155, de l'incarnation du Sauveur, par le pieux roi Roger, pour le salut de ses père et mère, et, peut-être aussi, pour le sien; ce qui ne laisserait pas que d'étendre un peu la matière, tout en édifiant fort le lecteur. Mais je le répéte : je suis passé directement par mer, de Palerme à Messine; et, comme le brave M. Guillaume, ma moralité et mon enseigne me défendent de parler de ce que je n'ai pas vu.

CHARYBDE ET SCYLLA.

Le sort d'un voyageur est à plaindre. S'il marche sans guide, il s'égare; s'il en prend, ceux-ci le fourvoient. A chaque pas, il lui faut sonder le

---

(1) Aujourd'hui Cefàlia.

terrain, corriger sa carte et ses livres, et donner
des férules à ses maîtres ! J'en fis l'expérience,
quant à Palerme et à Ségeste ; je la fais de nouveau,
quant à Charybde et à Scylla; Dieu sait combien de
fois je doit la faire encore !

La tète encore remplie d'Homère, de Virgile et
d'Horace, long-temps avant d'avoir doublé le Pélore et son fameux phare, qui n'est effectivement
qu'une tour moderne, massive et grossière, je
m'étais établi sur la pointe la plus saillante de
notre barque ; et là, portant avidement mes regards à droite et à gauche, j'eusse pris volontiers
chaque crique pour Charybde, et chaque émi-
nence pour Scylla ! Enfin, j'aperçus sur la gauche le front sourcilleux du dernier. J'avais lu
dans tous mes auteurs, que Charybde est si près de
Scylla, qu'un trait d'arc pourrait les atteindre ;
quel dut être mon étonnement, quand, au bout
de trois à quatre heures de marche, j'entrai dans
le port de Messine, sans avoir aperçu la déesse et
son gouffre ? Je soupçonnai ici quelque nouvelle
bévue scientifique, entée sur quelques vieux
contes ; et, pour le coup, je ne me trompais pas.

Une figure outrée d'un ancièn poëte (1), qui
parle ici de ce qu'il n'a pas vu ; cette figure, dis-je,

(1) Commé un *Voyage en Sicile* ne saurait se passer de quelques *citations grecques*, ceux d'entre mes
lecteurs qui n'entendent pas plusque moi la langue,

donna naissance au proverbe : *incidit ɪn Scyllam qui vult vitare Charybdim* ; et le proverbe devint lui-même la source des conjectures et des assertions les plus fausses. Il n'est pas un historien, pas un géographe, pas un naturaliste, pas un poëte, pas un voyageur même , qui n'ait donné tête baissée, soit dans le gouffre , soit sur l'écueil.

Spallanzâni fut le premier de tous à faire justice des vieux contes poétiques , et à apprendre enfin aux géographes , aux naturalistes et aux compilateurs de voyages , que Scylla est fort loin de Charybde , et que Charybde n'est ni un gouffre, ni même un tournant : *Risum teneatis amici ?*

Au reste, comme on ne saurait trop insister sur les détails et les preuves, quand il s'agit de déchi-

---

d'Homère, voudront bien me passer celle-ci, en faveur de ceux qui l'entendent. Homère dit donc :

Τὸν δ' ἕτερον σκόπελον χθαμαλώτερον ὄψει Ὀδυσσεῦ,
Πλησίον ἀλλήλων καί κε διοϊστεύσειας.
Τῷ δ' ἐν ἐρινεὸσ ἐστι μέγα φύλλοισι τεθηλώς·
Τῷ δ' ὑπο δῖα Χάρυϐδις ἀναῤῥοιϐδεῖ μέλαν ὕδωρ.

Ce qui veut dire , comme me l'assure un savant de la rue S.-Jacques : « *Tu verras plus loin l'autre écueil, ô Ulysse ; et ces deux écueils sont si près l'un de l'autre que d'un trait d'arc tu pourrais les atteindre. Dans ce dernier, s'élève un figuier sauvage, chargé de feuilles, sous lequel la déesse Charybde engloutit l'eau noirâtre.* »

rer entièrement le voile qui cache depuis si long-
temps la vérité, et que, comme l'oiseau fabuleux,
on voit souvent l'erreur renaître de ses propres
cendres, aux détails que Spallanzàni a donnés
sur la situation respective de l'écueil et du courant, j'en ajouterai quelques-uns, plus positifs et
plus particuliers encore.

L'écueil ou rocher de Scylla, est situé sur la
côte orientale de la Calabre ultérieure, au centre
de la baie de la petite ville, à laquelle il donne son
nom, à une lieue avant le cap Pélore, ou phare
de Messine, dont il est séparé par un détroit de
quatre lieues de largeur.

Quant aux courans de Charybde, dont, ainsi que
de Scylla, je parlerai plus amplement ensuite (1),
ces conrans sont situés dans la mer Ionienne, à quelques toises de distance de la première courbure de
cette langue de terre qui forme la fameuse *faux*,
ou port de Messine, espèce de cap nommé *la Pointe
de la Lanterne*, d'un second phare qui y est élevé.

D'où il résulte, qu'au lieu d'être situés l'un
près de l'autre, l'écueil et les conrans en question, sont au contraire, à quatre lieues et un tiers
de distance respective ; et que, par suite de la
courbure de la rade, en venant de Scylla dans le
port de Messine, on laisse sur la gauche, à un

_____

(1) Quant à la situation précise de ces courans,
je renvoie le lecteur à ce qui en sera dit plus loin.

quart de mille de distance (1), Charybde et ses prétendus gouffres. Ce devait être un bras étrangement robuste, que celui qui, comme le bras d'U-
lysse, était censé pouvoir lancer un trait à plus de
quatre lieues de distance. Ici l'existence de l'hy-
perbole saute aux yeux; mais, plutôt que de la
soupçonner même, plutôt que de douter de la
clairvoyance du poëte aveugle, les savans anciens
et modernes ont accueilli la fable, et l'ont consacrée dans leurs livres : croyez ensuite aux savans
et aux livres !

---

(1) Charybde, que les gens du pays nomment le *Ca-*
lófaro, est effectivement à un quart de mille de la
forteresse de *San Salvador*, qui s'élève à l'extrémité
de la *faux* du port de Messine.

MESSINE.

A peine, vers la pointe septentrionale de la Sicile, les flots de la mer Tyrrhénienne se jettent-ils
dans un détroit d'une lieue de largeur, que,
sous le nom de mer Ionienne, ils s'épandent majestueusement dans une baie, d'environ sept lieues
de longueur (1), formée ici par la côte occidentale de l'île, et la côte orientale de la Grande-
Grèce, plus connue sous le nom de Calabre. A la
hauteur de Messine, cette baie sinueuse et superbe est coupée par une espèce de promontoire,
formé par la côte de Sicile, qui, sous la figure
d'une faux, se repliant ici sur elle-même, renferme, en un superbe cadre, un port d'une lieue de
circuit. Cette baie et ce port sont la baie et le port
de Messine; tous deux sont l'ouvrage de la nature; et tous deux sont ce qu'elle a fait de plus
beau.

Dieu me garde de consigner ici les doctes conjectures des historiens, des géographes et des

---

(1) On compte, en effet, vingt milles d'Italie ou
vingt-cinq milles de Sicile, depuis le phare de Messine jusqu'au cap Grôsso, point où la côte de la Calabre cesse de s'étendre dans la même direction que celle
de la Sicile, et où conséquemment se termine la baie
en question.

poëtes , sur l'étymologie du nom de cette ville! Il
suffira de remarquer sans doute que , selon les uns ,
le nom de Zancle , qu'elle porta premièrement , lui
viendrait de Zancle ou Saturne , son prétendu
fondateur ; et , selon d'autres , du mot grec *xan-*
clos , faux, par allusion à la forme même de la langue
de terre qui , comme je viens de le dire , forme
effectivement son port ; et , enfin , que les partisans
des origines fabuleuses ne voient dans ce même
nom qu'une autre allusion à la chute de la faux de
ce même Saturne ; faux qui , selon eux ; serait
tombée du ciel en terre , au lieu même auquel elle
aurait donné son nom. Cette dernière étymologie
n'est pas , sans doute , la plus certaine ; mais il faut
convenir que c'est la plus ingénieuse , parce qu'elle
fait allusion à l'ancienne fécondité de cette partie
de la Sicile ; il me semble qu'elle est due à Ma-
crobe. Un poëte n'aurait pu dire mieux.

Pour être une des plus agréables villes de l'Europe , il ne manque que deux choses à Messine ,
mais deux choses partout nécessaires : des carrosses
de place , et des livres. Celui qui ne tient pas voiture , est réduit ici à aller à pied ; et celui qui n'a
pas de livres , est forcé d'en tirer du dehors.

Messine , comme je le dirai bientôt , fut détruite
aux trois quarts , par l'horrible tremblement de
terre de 1783 (1). La partie de la ville qui avait le

---

(1) Les détails de ce grand fléau seront rapportés
plus loin.

plus souffert, le port, est aujourd'hui un des plus beaux quartiers. La longue suite de maisons qui le bordent et se prolongent sur une étendue de plus d'un tiers de lieue, à partir de la basse porte impériale, jusqu'aux bâtimens modernes de l'arsenal ; ces maisons, dis-je, sont construites sur un plan régulier, et, sinon entièrement achevées, du moins poussées jusqu'au premier étage. On peut en dire autant de toutes les nouvelles bâtisses qui forment les nouvelles rues Ferdinande et du Cours ; et cette même régularité pare encore la construction de tous les bâtimens publics et maisons particulières des autres quartiers de la ville.

Cette ville, soit par sa situation même, soit par la pureté de l'air, soit par la beauté de son port, soit par l'étendue et la longueur des rues qui la coupent en tout sens, l'emporte tellement sur Palerme, qu'on ne s'explique point le caprice qui la priva de l'honneur mérité d'être la capitale de la Sicile.

PORT DE MESSINE.

TROIS grandes directions principales coupent Messine en trois parties parallèles; ces directions ne sont autres que celles dont j'ai précédemment parlé : le port, toujours connu ici sous le nom de Marino ; le Cours ou Côrso, et la belle rue Ferdinande. Je parlerai premièrement du port.

Quoique le quai, qui le borde du côté de la ville, s'étende fort loin au delà, l'entrée même de ce port est située au point où s'élève la maison dite le bureau de santé ; espèce de lazaret succursal où, indépendamment de la visite et des déclarations déjà faites à un autre bureau du même genre, situé hors des portes de la ville, les bâtimens et les barques même, sont tenus à l'exhibition de leurs papiers. Ce bureau se trouve précisément en face de la forteresse de San-Salvador, qui, comme je crois l'avoir remarqué ailleurs, est située elle-même à la pointe du promontoire *Athinus*. Là se termine la fameuse faux ; et le bras de mer qui sépare ces deux points est l'entrée du port de Messine. A partir du bureau en question, jusqu'à la côte opposée de la Calabre, le canal n'a que trois lieues de largeur. La circonférence extérieure de la faux qui ferme le port, est d'une lieue trois quarts ; la circonférence intérieure, d'une lieue.

A s'en tenir au nom que les anciens ont donné à cette langue de terre, le *manche* de cette faux, sera d'un tiers de lieue de longueur directe ; et, à partir du bureau de santé, jusqu'à la hauteur de l'arsenal, ce *manche*, à proprement parler, est le quai du port ; quant à la faux même, elle s'étend depuis l'arsenal, jusqu'à la forteresse de San-Salvador, qui, comme je l'ai dit, forme l'entrée du port. On peut facilement parcourir toute l'étendue de ce beau cap, soit par terre, soit par mer. Dans la description particulière que j'en ferai, je suivrai moi-même cette dernière voie, pour n'être pas forcé de faire revenir le lecteur sur ses pas quant à la description du quai même et des autres parties de la ville.

FORTERESSE DE SAN-SALVADOR.

LA barque qui nous portait franchit, en quelques minutes, le petit bras de mer qui forme l'entrée du port, et qui, sous le nom sarrasin, sans doute, de Sarranièri, sépare la ville de la forteresse de San-Salvador.

Cette forteresse, soit par sa situation même, soit par la dirèction de ses ouvrages, semble bien moins destinée à défendre ici l'entrée du port, qu'à tenir la ville en respect. La garde de cette place est confiée maintenant à un vieux et brave militaire, Don Joseph Gêrmine, qui, après cinquante ans de service, en est encore à monter au-dessus du grade de simple capitaine. Ce Nestor de l'armée siculo-napolitaine, n'a pas moins de quatre-vingt-huit ans, et, à en juger par sa vivacité et sa force, on ne lui en donnerait pas cinquante. Malgré nos instances réitérées, il s'obstina à nous montrer lui-même toutes les parties de la place ; il montait plus lestement que nous sur les ouvrages les plus rapides, et nous forçait à doubler le pas pour le suivre : c'est un des vieillards les plus verts et les plus aimables que j'aie connus.

La Pointe de la Lanterne.

A un quart de mille au delà de cette forteresse , en se dirigeant vers la côte de la Calabre , à l'autre extrémité de la courbure de la *faux*, est le cap nommé la Pointe de la Lanterne. A quelque distance en mer , au-dessous du phare d'où il tire son nom , c'est-à-dire , à environ un huitième de mille de la terre , on passe sur les fameux courans de Charybde , et l'on n'est ici qu'à deux lieues et demie environ des côtes de la Calabre. J'ai promis de parler de Charybde , et je n'oublie point l'engagement que j'ai pris ; ces détails trouveront leur place dans un autre passage de ce journal.

Le Lazaret.

Ici , nous débarquâmes de nouveau ; et , au bout d'un quart d'heure de marche , nous longeâmes les murs des bâtimens et des magasins du lazaret. J'en décrirais volontiers l'extérieur : quant à l'intérieur même , Dieu me garde de pouvoir en parler ! Le lazaret est situé sur une nouvelle langue de terre , qui , séparée de la première , forme ici comme un nouveau port au milieu du port principal. C'est dans ce second port que sont retenus et gardés , avec la plus grande rigueur , tous les bâtimens soumis à la quarantaine. Il est inutile d'ajouter que nous nous tînmes à la distance la plus respectueuse et de la prison même et de ses malheureux habitans.

Au reste, eussions-nous été assez ennemis de notre liberté et de notre santé même, la tentative eût été vaine : des gardes dispersés çà et là, soit dans des barques, soit sur terre, coupent toute espèce de communication avec ces pauvres prisonniers. Ces mesures aussi tristes qu'indispensables sont ici comme beaucoup d'autres mesures de sûreté publique, dont le but, très-utile en soi-même, n'en devient pas moins la source des restrictions et des vexations les plus ridiculement injustes, sinon même du calcul de la cupidité la plus coupable et la plus basse.

De la Quarantaine.

Le commerce de cette ville, comme celui de toutes les autres villes de Sicile, se plaint généralement de l'application arbitraire d'une mesure qui, sans nuire inutilement aux intérêts particuliers, ne devrait tendre qu'à assurer la sûreté et la tranquillité commune. On ne saurait se faire une idée juste des entraves qu'un excès de précautions met au commerce de cette ville et des ports voisins : une barque de pêcheur ne peut ni sortir ni rentrer dans le port, sans être pourvue d'une permission particulière ; et cette permission ne s'obtient qu'à prix d'argent. Ce n'est donc point un calcul de sûreté ; c'est seulement un calcul d'intérêt, car, une fois pourvue de cette même permission, rien n'empêche la barque de rentrer dans le port, après avoir été abordée, en mer, par quelque bâtiment suspect ; circonstance qu'à son retour elle se gardera de faire connaître. Enfin , cette rigueur ne s'étend pas seulement sur les bâtimens venant de l'étranger ; et j'ai vu moi-même , dans la Calabre ultérieure , une barque venue directement d'un port de la même province , c'est-à-dire , de Cantàzzaro , port situé à environ trente-six lieues de Rêggio , et qui , sans avoir communiqué avec aucun autre bâtiment , ne fut pas moins soumise, dans cette dernière ville, à une quarantaine d'autant plus rigoureuse , que Rêggio n'a point de lazaret , et que les malheureuses gens de l'équipage étaient parqués , comme des bestiaux, en plein champ , à quelque distance de la ville (1). Au surplus , je suis pleinement en droit de me récrier moi-même contre ces rigueurs vexatoires et inutiles ; car, je ne saurais oublier, qu'elles seules m'ont privé du plaisir de visiter les îles Éoliennes , qui ne sont pas à plus de vingt lieues de Messine , et qui auraient mérité un voyage trois fois plus long.

LA CITADELLE.

VIENT ensuite la citadelle même ; citadelle qui serait , sans nul doute , une des plus fortes places

(1) Dans un petit bourg, nommé la Catòna, d'où partent ordinairement les barques qui passent de Rêggio à Messine.

de l'Europe, si des bastions et des forts pouvaient
se défendre tout seuls. Durant le cours de la dernière guerre, les Anglais y ajoutèrent quelques ouvrages ; on prétend même qu'ils avaient formé le
projet de rompre toute communication avec la partie orientale du cap, en coupant la langue de terre
qui réunit cette citadelle à la pointe de la Lanterne, et
conséquemment au promontoire Athinus. Ce plan
eût doublé la force de la place ; et , en temps de
paix, il eût été très-favorable au commerce , parce
qu'il eût ouvert une communication directe, entre
le port même, et les côtes de la Calabre ; communication qui eût épargné aux vaisseaux venant de
l'Adriatique ou des côtes méridionales de la Sicile ; la nécessité de doubler le cap en question ,
et de passer sur le redoutable Charybde , qui , en
hiver , et par un gros temps , ne laisse pas que d'avoir ses dangers ; mais malheureusement l'exécution de ce projet fut jugée impossible , par la raison que les conrans qui existent , entre cette même
langue de terre et les côtes de la Calabre, trouvant
ici un libre passage , eussent refoulé les flots dans
l'intérieur du port, et l'auraient rendu bien moins
sûr qu'il ne l'est dans son état actuel.

CIMETIÈRE DES ANGLAIS.

LE cimetière que les Anglais ont fait ici est semblahle aux ouvrages de ce genre que l'on ne peut
qu'admirer dans leur pays : il est à la fois simple ,

touchant et noble ; mais ce qui est pénible à dire, et ce qui cependant doit être dit, c'est qu'au mépris du respect payé, partout ailleurs, à des monumens semblables, les soldats mêmes auxquels la garde en est commise, sont les premiers à les violer, et les dépouillent journellement du marbre sur lequel est gravé le nom du mort, et le regret que causa sa perte. Une accusation aussi grave prendrait le caractère d'une véritable calomnie, si elle n'avait pour base que de simples ouï-dire ; la voix publique même ne la justifierait pas ; mais le fait que j'avance, je l'ai vu de mes yeux. J'ai vu, dis-je, un soldat détachant, en plein jour, un marbre d'une de ces mêmes tombes, tandis que son camarade, alors en faction, affectait de se détourner, pour lui laisser sans doute la liberté d'agir ! Indigné de ce que je voyais, la remarque que je ne pus m'empêcher de lui faire força le factionnaire à s'occuper de son devoir : il cria au soldat ; feignit même de le coucher en joue ; et, fort heureusement, sans doute, laissa à celui-ci tout le temps d'échapper à sa prétendue colère.

ARSENAL ET PROMENADE DE TERRA NOVA.

Ici, nous quittâmes définitivement notre barque, résolus de faire à pied le reste de la route. A quelques pas de la citadelle, la courbure de la faux devient moins sensible ; et celle-ci s'étend pour ainsi dire en ligne directe, jusqu'aux premiers bâtimens qui dépendent de l'arsenal. Toute cette partie du promontoire est ornée de plusieurs belles allées d'arbres, qui forment une promenade charmante, qui, de chaque côté, a pour borne la mer même. Cette promenade, que l'on nomme Tèrra-Nôva, me parut avoir beaucoup de ressemblance avec le Hyde-Park de Londres, sinon, quant à sa situation même, qui l'emporte sur celui-ci; du moins, quant à l'effet du site intérieur. C'est au bout de cette même promenade que commence le quai, qui forme le manche de la faux, et qui finit la faux même.

PALAIS DES VICE-ROIS.

Ici, s'élevait naguère un palais de la plus grande magnificence : les flots de là mer Ionienne se brisaient à ses pieds : de là, l'œil embrassait à là fois, toutes les côtes de la Calabre et de la Sicile, depuis Scylla et le Phare, jusqu'à Rhegium et Messine : le 27 mars 1783, ce palais existait encore : le lendemain il n'était plus : on en voit aujourd'hui les décombres.

QUAI DE MESSINE.

LE quai de Messine a près d'une demi-lieue de long, sur cinquante pieds de large; il s'étend d'abord en demi-cercle, puis en ligne directe, depuis la porte de l'arsenal, jusqu'à la porte de la ville, nommée la basse porte Impériale. Ce tableau

offre un des plus beaux coups d'œil de ce genre ; le
cadre qui l'enferme est orné, d'un côté, d'une forêt de mâts et de poupes de vaisseaux de guerre,
de bâtimens marchands, de felouques, de barques,
de nacelles, de toutes les formes, de tous les
genres, et de tous les pays. De l'autre, est une
longue file de maisons toutes neuves, si élégantes,
et si regulièrement construites, qu'on les prendrait
plutôt pour la prolongation d'un seul et même palais, que pour de simples maisons particulières.
Trente à trente-cinq portes, ornées d'une double colonne, donnant sur autant de rues, s'entr'ouvrent
de distance en distance ; et, du point où vous les
voyez, laissent percer vos regards dans les parties
intérieures de la ville.

Vers le milieu du quai, du côté de la mer, s'élèvent,
à quelque distance l'un de l'autre, deux monumens
modernes, l'un en marbre, l'autre en bronze, représentant Charles III et Neptune. Quant au premier,
il serait difficile de se figurer rien de plus disgra-
cieux, que l'attitude donnée au vieux monarque ; il
est aussi empesé qu'un petit-maitre anglais ; aussi
raide et plus droit qu'un quaker ! Le second,
c'est-à-dire, le Neptune, tant vanté par Brydone,
et tant critiqué par Borch, ne paraît mériter, toutefois, ni la critique ni l'éloge ; et la remarque est
surtout applicable aux autres ouvrages de ce genre,
parsemés dans différentes places de la ville ; ouvrages qui, pour l'honneur de l'art, seraient bien
mieux placés, sans doute, s'ils étaient encore dans

le moule du fondeur, ou dans l'atelier de l'artiste.

Je ne sais où Brydone a pu prendre que le Neptune en question tient Charybde et Scylla enchaînés ? Ces deux dernières figures exécutées en marbre, et qui, par parenthèse, sont fort au-dessus de la figuré principale, sont entièrement séparées de celle-ci, et ne forment à sa base que des parties purement accessoires, des ornemens tout-à-fait étrangers à l'action de la figure principale, qui n'est point représentée elle-même, dans l'action d'un dieu prêt à terrasser des monstres, mais bien effectivement dans l'attitude d'un vieillard faible et grêle, qui, d'une main mal assurée, soulève péniblement une fourche perpendiculaire ; et, de l'autre, indique un objet quelconque ; attitude symbolique dont l'artiste a gardé le secret.

PLACE FERDINANDE.

EN face de cette même statue, on admire une des doubles façades du nouveau palais du Sénat. La façade principale donne sur la place Ferdinande, place également pourvue d'une statue pédestre du prince actuellement régnant. Dans la triple inscription placée sur le piédestal, le prince est nommé Ferdinand III, Ferdinand IV, et enfin Ferdinand Iᵉʳ. Cette inscription est un nouveau mystère ; ici encore, trois ne font qu'un.

Au reste, cette place, qui répond assez mal elle-même au palais dont elle est ornée, donne son nom à la rue Ferdinande, qui, comme je crois l'avoir dit, forme une des trois grandes directions de la ville. Quant au palais même, il est d'ordre dorique ; et , comme tous les nouveaux édifices, élevés depuis le dernier tremblement de terre, il en est demeuré au premier étage.

Rue Ferdinande.

Cette rue Ferdinande est fort belle ; parallèle au quai même, elle commence à la hauteur de l'arsenal, c'est-à-dire, à l'église dite des Ames du Purgatoire, et s'étend en ligne directe , fort au delà du quai même, jusqu'à la jolie place Saléo ; d'où, sous ce dernier nom, elle traverse le faubourg, et ne finit qu'au pied même des hautes montagnes qui s'élèvent à la partie septentrionale de Messine.

Auberges.

Les deux seules auberges de la ville sont situées dans cette même rue ; toutes deux sont également médiocres, mais non pas également chères ; on peut dire qu'il y a entre leur prix la même différence qu'entre les prix de Paris et de Londres, dont chacune porte le nom. Le même logement et les mêmes repas qui dans l'une me coûtent environ 200 francs par mois, me coûteraient au moins le double dans l'autre. Au reste, cette considération ne forme pas le seul avantage que l'une ait effectivement sur l'autre ; l'auberge de la ville de Londres est située de manière à être entièrement privée de la vue du port; la situation de l'auberge de la ville de Paris vous en offre, au contraire, la plus grande partie ; et de plus, la totalité de la baie même. Telle est, du moins, la situation de l'appartement que j'y occupe, qu'en regardant par ma fenêtre, j'ai sous les yeux Charybde, Scylla et le Phare : la vue d'un panorama de ce genre vaut au moins le prix du billet.

Qualité des Vivres.

J'ai dit que Messine n'a que deux seules auberges, et que celles-ci ne sont pas des meilleures. La vérité est que, si l'on en excepte le poisson, les vivres y sont généralement d'une qualité très-inférieure aux nôtres ; la viande et les légumes y sont durs et sans suc, le gibier rare et médiocre, les huiles et le beurre fort mauvais ; les fruits mêmes, si ce n'est les oranges et les figues, beaucoup moins savoureux qu'à Paris et à Londres même ; le raisin, comme par toute la Sicile et le royaume de Náples, y est trop sucré et trop dur; le pain seul y est excellent. Quant à moi, je vivais fort bien de poisson, d'oranges et de figues ; mais cette diététique ne convient pas à tout le monde ; et le séjour de cette ville ferait maigrir un gastronome. Quelque parasite ennuyeux assiége-t-il effrontément votre table ? donnez-lui un dîner de Messine ; et vous en serez délivré!

LA VÁRA.

JE viens d'éconduire à l'heure même, le plus poliment que j'ai pu, la visite la plus inattendue, sinon même la plus impossible à prévoir ! Priant, quêtant, parlant, infectant tout ensemble, trente-deux séraphins, seize archanges, Dieu le père, en personne, la Vierge, son Ame et les douze apôtres, étaient tous naguère à ma porte : le Christ seul y manquait !

Si, dans toute autre circonstance, et surtout dans tout autre pays, j'eusse reçu semblable visite, je serais tombé de mon haut, et j'en aurais perdu la tête. Mais fort heureusement, pour venir à Messine, j'avais passé par Rome, par Naples et par Palerme ; et l'exemple des folies d'hier, servait de passeport aux folies d'aujourd'hui !

Depuis quatre mortelles nuits, toutes les vieilles huiles du val de Dèmone avaient été versées dans vingt mille lampions de verre, à l'effet d'éclairer la ville et d'infecter les habitans ; et ces vingt mille lampions brûlaient tous dans la seule rue du Cours.

Qu'on se figure une rue parfaitement régulière, et si droite et si longue qu'on croit n'en voir jamais la fin ; qu'on étende sur la voie publique un pavé de pierres lisses et blanchâtres, aussi minces et aussi propres que le parquet de nos salons ; que l'on orne les deux côtés de cette rue, d'une longue suite de maisons symétriquement construites, et à chacun

desquelles est un triple rang de balcons d'une forme
élégante et légère ; que , placés de distance en distance , des ifs emblématiques surchargés de lumières , s'élevent , à dix pas l'un de l'autre , des
deux côtés de cette rue, dont l'éclat s'augmente
encore de l'obscurité où sont plongées les rues
voisines ; que l'imagination encombre cette rue
de curieux de tous rangs , toutes classes , tout
sexe , tout costume et tout âge : les uns se prome-
nant , les autres assis devant leur porte , et tous
se regardant, s'admirant, ou se critiquant l'un
l'autre ; qu'on se figure enfin, une suite de salles
superbes , une vaste et brillante galerie, parée de
deux ou trois mille femmes, qui se disputent entre elles de beauté , d'élégance et de grâce, et qui ,
sur deux lignes parallèles , se meuvent en sens inverse , et effleurent le parquet luisant et poli : on
conviendra sans doute , que ce coup d'œil en vaudrait bien un autre ! et ce coup d'œil est celui du
cours de Messine, pendant les quatre à cinq jours
consacrés à la fête de la Vâra (1).

Toute exagération à part, aucune fête de ce
genre ne m'offrit un local aussi beau; aucune autre
ville de l'Europe un coup d'œil plus piquant, une
réunion plus brillante et plus belle. Cependant le
dirai-je ? S'épandant en secret sur ces vingt mille
lumières , je ne sais quel nuage semblait en obscur-

---

(1) *Voy*. ci-après, pag. 192, note, quant à l'explication du mot.

cir l'éclat. Rien n'était épargné pour la fête; et
toutefois quelque chose y manquait. Sur le front
de toutes ces jolies femmes, je lis bien le désir de
l'emporter l'une sur l'autre, moins encore peut-
être en beauté qu'en élégance, en parure et en
luxe; moins par l'effet de leurs charmes, que par
celui du chapeau, de la robe ou du schall fraîchement venus de Paris; j'y lis enfin, tous ces
grands intérêts, tous ces soins importans, mais
pénibles, qui attristent souvent le front d'une
jolie femme, et chassent le sourire, des lèvres qu'il
doit parer : un jaloux à tromper, un ingrat à punir, une rivale à désespérer; en un mot, j'y lis
tout, hormis ce qu'il faudrait y lire : le signe
d'une âme pure et calme : la gaieté franche, et le
plaisir naïf.

Au centre d'une immense place (1), qui termine
cette même rue du côté du port, on remarquait
une galère artificielle, de deux cents pieds de long,
sur une largeur proportionnée. Ce bâtiment était
pourvu de ses canons, de ses rames, de sa mâture,
de ses voiles, et tout surchargé de lampions. A
la poupe, s'élevait un grand échafaudage, du haut
duquel cent cinquante virtuoses, à trente-deux
sous par tête, fendaient à qui mieux mieux la tête
des auditeurs, et faisaient à eux seuls plus de bruit
que l'artillerie de la galère.

La place de la cathédrale avait également ses

---

(1) *Il Piáno di San Gióvanni del Cléro.*

lampions, son orchestre , ses virtuoses et son bruit; les premiers enfumaient encore sa façade rapetassée et gothique, à demi-renversée par le tremblement de terre de 1783. L'intérieur même de l'église fut illuminé le dernier jour de la fête ; et cette illumination passait pour.être la plus belle de toutes ; malheureusement pour nous , la sage économie du Chapitre ne nous permit pas d'en jouir ; et nous arrivâmes sur les lieux au moment où l'on soufflait les chandelles.

L'ébranlement de toutes les cloches de la ville, et Messine n'a pas moins de deux ou trois cents clochers dépendant d'autant d'églises , de monastères et de couvens ; le bruit le plus épouvantable, nous réveille en sursaut, et nous apprend que le fàmeux 15 août est enfin arrivé pour nous !

Aux courses de chevaux, qui ont lieu depuis quatre jours, doivent succéder aujourd'hui deux de ces farces nationales, qui, partout plus ou moins ridicules, se retrouvent chez les peuples les plus barbares, comme parmi les nations les plus civilisées.

Deux figures colossales, montées sur des chevaux de bois , sont promenées dans toutes les rues de la ville, et, au moment où j'écris, sont arrêtées sous ma fenêtre. Ces statues représentent, l'une, le géant Zancle ; et l'autre, la déesse Rhée ; déesse qui, pour une jeune épouse de trois mille et quelques cents ans , me paraît encore assez fraîche. Sur la foi de deux vieilles chroniques , les habitans de

Messine regardent généralement cc beau couple,
comme les premiers fondateurs de leur ville, quoique , à la vérité, des chronologistes chagrins,
prétendent dissiper ce rêve, en remarquant que
ce même Zancle (le Chronos des Grecs, et le Saturne des Latins) mourut long-temps avant monsieur son fils, le grand et fameux Jupiter, qui était
mort lui-même , avant la fondation de la ville!
Mais , ici , prévoyant l'objection, nos deux auteurs ont la réplique prête : l'identité des personnages en question ne résulte point, selon eux , du
mariage de monsieur Zancle avec madame Cybèle :
celle-ci avait quelques raisons de se plaindre de
Saturne, son premier mari : il était brutal et méchant ; et, quoique très-prolifique elle-même, Jupiter fût le seul qu'elle put arracher à la voracité
d'un homme , qui , comme personne ne l'ignore ,
mangeait ses propres enfans , par politique et par
prudence. D'où nos auteurs concluent, qu'une fois
débarrassée de ce premier époux, la déesse put con-
voler en secondes noces , comme les femmes de
Sychée, de Ninus, et, enfin, comme celles de tant
d'autres !

   Quoi qu'il en soit , M. Zancle est armé de pied
en cap., et ne ressemble pas mal à un preux de
Charlemagne. Quant à sa jeune épouse, qui , naturellement moins grande , n'a pas plus de trente
pieds de haut , son costume me paraît aussi noble
que classique , un pet-en-l'air couleur de rose
dessine admirablement sa taille , dont la circonfé-

rence est de quinze à seize pieds ; sa jupe ne lui va pas à mi-jambe ; et son manteau royal balaie toutes les rues de la ville.

Ne rions pas trop haut de ces extravagances : nos voisins pourraient nous entendre. Il n'y a pas fort long-temps qu'on promenait aussi, dans Paris, la figure d'un Suisse condamné à être brûlé vif, pour avoir frappé une image de bois, et donné lieu à un miracle, autrement inouï que celui de Moïse ! folie pour folie, une cérémonie ridicule vaut mieux qu'un arrêt de sang.

Origine de la fête de la Vara.

Il y a quelques centaines d'années que, la veille même de la fête de l'Assomption de la Vierge, un certain moine de cette ville, fit un rêve adapté à la circonstance ; rêve qu'il prit, ou du moins qu'il parvint à faire prendre, pour une véritable vision. Notre moine rêva donc qu'il voyait la Vierge étendue sur son lit de mort ; son âme, transportée au ciel par les anges, et reçue à moitié chemin par le Père Éternel, entouré de toute la hiérarchie céleste. Il fit part de la chose au supérieur du couvent, qui, calculant d'avance le parti qu'on pourrait tirer de ce rêve, engagea le rêveur à publier sa rêverie ; cette relation singulière donna naissance à une idée plus singulière encore, je veux dire, la construction d'une machine qui représentât la vision du visionnaire. Cette machine n'est autre que celle qu'on a promenée aujourd'hui, 15 août, dans la principale rue de Messine; époque qu'une tradition non moins extraordinaire fait regarder ici, comme celle où le sénat de cette ville nouvellement convertie à la foi aurait reçu une lettre de la Vierge, à l'effet de féliciter les habitans sur cette même conversion ! Au reste, il est juste de remarquer que ce dernier fait ne se lit que dans les voyageurs modernes ; aucun auteur sicilien ne le cite ; Fazzello même n'en parle pas. Il est plus naturel de croire que des motifs d'économie auront porté les magistrats de Messine, à réunir ainsi la célébration des deux fêtes.

DESCRIPTION DE LA MACHINE DITE LA VARA.

BORCH et Brydone ont parlé de cette machine, sans l'avoir jamais vue : arrivé le 20 mai à Messine, le premier n'y resta que deux jours ; le second y arriva le 8 octobre, et en repartit le 10 décembre. La description qu'ils en ont faite n'est fondée que sur des oui-dire ; car cette description, que je sache, ne se trouve ici dans aucun livre. Au reste, cette machine est d'une construction tellement étrange et tellement compliquée, qu'au moment même où je l'ai sous les yeux, je désespère d'en rendre compte.

Cette machine singulière, que les Siciliens nomment la Vâra (1), et qui donne le nom à

(1) De l'Italien *Bâra*, bière, cercueil. Ainsi qu'on le verra par la suite, cette machine peut être regardée

la fête, se compose d'un quadruple échafaudage pyramidal, qui présente autant de plate-formes, s'élevant graduellement les unes sur les autres, et diminuant de circonférence à mesure qu'elles s'éloignent de la base de l'édifice, espèce de théâtre mobile, sur lequel sont placés ou plutôt attachés une foule d'acteurs chargés de différens rôles.

Chacune des quatre plate-formes en question est fixée dans son centre par un noyau ou poutre, qui, partant de la base, s'étend de plate-forme en plate-forme, jusqu'au haut de la machine. La première de ces plate-formes a quarante-huit pieds de circonférence, et l'édifice même n'a pas moins de quatre-vingts à cent pieds de haut. Je ne saurais trouver à tout cela de point de comparaison plus juste, que cette espèce de meuble de nos salles à manger, connu sous le nom de *servante*.

Sur la première scène, une jeune fille chargée du rôle de la Vierge, est couchée sur un lit de mort; une vaste et brillante auréole est placée sur sa tête; le fond est occupé par des nuages; douze hommes, à genoux autour du lit, représentent les douze Apôtres.

---

en effet comme une espèce de cercueil. La plupart des Siciliens semblent ignorer eux-mêmes l'étymologie de ce mot, ou du moins, tous ceux que je consultai à cet égard, me parurent lui donner la signification de *char* ou de *barque*. La conformité des mots me fait hasarder ici l'étymologie en question.

La lune, le soleil et les étoiles, *en plein midi*, occupent la seconde plate-forme. Tout cela se meut à la fois : sur les rayons de l'astre du jour, de jeunes garçons sont placés, jambe deçà, jambe delà, et tournent tous en sens contraire.

La troisième plate-forme représente une sphère céleste, avec les douze signes du Zodiaque, les planètes, les astres et leur suite.

Enfin, sur le quatrième et dernier théâtre qui, comme je l'ai dit, s'élève à plus de quatre-vingts pieds au-dessus du sol, le bras droit étendu et soutenu par une barre de fer artistement cachée dans sa manche, le Père Éternel est debout, portant sur sa main une jeune et jolie fille, qui, couverte d'une robe chargée de clinquant et de pierres fausses, représente l'âme de la Vierge, au moment où, montant au ciel, le Père Éternel la reçoit. Mais ici, il faut se rappeler que cette jeune fille, dont tout le corps projette de plusieurs pieds en dehors de la dernière plate-forme, n'est retenue par rien, en apparence, sur la main de l'homme qui la porte ; et ne l'est effectivement, que par une seconde barre de fer, qui, de même que le Père Éternel, l'empêche seule de se rompre le cou.

A l'effet suffisamment pénible, que produit le danger apparent de ces deux principaux personnages, s'en joint un plus pénible encore : autour des quatre plate-formes, ainsi que dans l'espace qui les sépare, sont fixées des espèces de roues cylin-

driques, qui, par un mécanisme véritablement
infernal, entraînent de tous sens après elles, un
grand nombre d'enfans de tout sexe et de tout âge,
chargés du rôle pénible des autres membres de la
hiérarchie céleste, et qui tournent avec vitesse
autour de ces plate-formes, au risque de perdre le
sentiment et la vie, par l'effet de cette rotation
continuelle.

Cependant cette pieuse et dangereuse farce a
non-seulement toute la ville pour témoin, mais
tous les membres du gouvernement, toute la garnison, tous les magistrats, tous les moines, toutes
les confréries, tous les prêtres, qui précèdent ou suivent pieusement, à pied, l'échafaud cruel et mobile qui, fixé à deux câbles, est traîné lui-même
jusqu'aux portes de la cathédrale, par plus de six
cents personnes des deux sexes.

Enfin, une fois parvenu à la porte de l'église,
le théâtre s'arrête ; la Vierge et le Père Éternel
rentrent dans les coulisses ; et la farce finit, au
grand regret des spectateurs !

Je n'essaierai point de décrire l'effet que ce spectacle fit sur moi ; mais je n'oublierai jamais ce que
me fit éprouver la vue de ces malheureux enfans ! Incessamment livrés à la crainte, au danger et aux
tortures les plus cruelles, la souffrance physique et
morale se peint dans leurs traits altérés ; leur front
est tantôt rouge et tantôt livide ; la sueur de la
mort coule de toutes les parties de leur corps ; les
uns poussent des cris et des gémissemens ; les

autres gardent un morne et stupide silence ; et la plupart d'entre eux sont encore entraînés dans cette rotation cruelle , qu'ils ont perdu déjà et leur force et leurs sens.

L'idée , l'exécution d'un semblable spectacle n'est pas seulement ridicule : elle est impie , inhumaine , horrible : elle est digne des peuples les plus barbares : elle fait honte à l'humanité !

Il est inutile de dire que tous ces acteurs sont tirés de la plus basse classe ; mais il ne l'est pas d'ajouter , qu'aucun motif religieux ne les guide : l'intérêt seul est ici consulté ; lui seul peut fermer, en effet , le cœur d'une mère et d'un père aux cris plaintifs de leur enfant , aux tortures auxquelles ils le livrent ! Brydone et Borch regrettèrent fort de n'avoir pas vu cette prétendue fête : j'aurais donné beaucoup pour n'en pas être le témoin ! A mesure que l'énorme machine s'avançait lentement vers la fenêtre où j'étais placé , la pitié , le dégoût , l'indignation et la colère m'agitaient tour à tour , se peignaient dans mes yeux ; et , au milieu des cris et des acclamations de cette populace de toute classe , chaque fois que mes regards tombaient sur ces malheureux enfans , il me semblait entendre et voir autant de cannibales, hurlant et dansant autour de leurs victimes !

Telle est la fête de la Vâra : tel est l'esprit et l'humanité des prêtres siciliens : tel est l'exemple qu'ils prêchent : tel est enfin le caractère de leurs odieuses jongleries !

Dès le lendemain de cette prétendue fête, le Père Éternel et sa suite s'en va, de porte en porte, taxer la piété des fidèles. La Vierge est ordinairement très-belle : son âme ne l'est pas moins ; et l'on devine aisément sans doute qui, d'elles ou de Dieu, sont chargés de porter la parole ; et, plus facilement encore, que le don qu'elles sollicitent leur est rarement refusé ? Jusque-là, rien que de très-ordinaire : nos nones mêmes n'en agissent pas autrement : la plus jolie et la plus jeune est toujours celle qui vous demande ; mais ici cette tactique monacale va plus loin que chez nous, et le plan d'attaque est bien autrement compliqué ! Les gens les mieux instruits m'assurent que la Vierge et son âme sont, parfois, plus humaines qu'il n'est permis de l'être, même à de simples mortelles ; et que, de leur côté, les séraphins et les apôtres, et, voire même, le Père Éternel, finissent par devenir d'assez mauvais sujets, et passent assez souvent du neuvième ciel aux galères : j'aime à douter du dernier fait ; mais je serais tenté de croire à l'autre.

Consulats étrangers.

Rien de plus singulier que la composition du consulat de cette ville ; le consul américain, est Russe ; le consul russe, est Allemand ; le consul allemand, est Hollandais ; le consul hollandais, est Suisse ; le consul napolitain, est Français ; le consul français, est Napolitain : aucun d'eux n'a été dans le pays qui l'emploie ; aucun d'eux n'en parle la langue : voila cinq peuples étrangement représentés ! Au reste, ce sont tous d'excellentes gens, qui s'occupent de leurs affaires ; le dernier est musicien et poete : il joue assez mal de la flûte ; mais il lit couramment ses vers.

Théatres. Cafés. Casino. Promenades.

Les plaisirs de Messine, comme ceux de toutes les villes où l'étranger ne s'arrête que le temps absolument nécessaire pour connaître la ville et ce qu'elle renferme de curieux, ces plaisirs, dis-je, sont nécessairement circonscrits aux théâtres, aux cafés et aux promenades publiques.

Messine a effectivement un théâtre ; mais ce n'est pas ce qu'elle a de mieux. Ses cafés n'offrent aucune espèce de ressources ; chacun n'y va que pour boire, à la hâte, une tasse d'assez mauvais café, des limonades, ou des sorbets ; on n'y trouve aucun journal étranger, pas même celui de Palerme ; quant au local, sans fenêtres et sans portes, il ressemble plutôt à un cabaret, qu'à un lieu propre à recevoir les gens qui ne fréquentent point celui-ci.

Le Casino est ici, ce qu'il est par toute l'Italie ; je veux dire une espèce de club, exclusivement ouvert à un certain nombre de souscripteurs, qui sont généralement pris parmi les personnes de la première classe de la ville. Les étrangers présentés

par un des membres, y sont toujours bien ac-
cueillis; mais, au fait, les amusemens qu'on
trouve dans ces sortes de lieux, se bornent à ceux
de nos cafés publics ; à cette différence près, qu'on
bâille librement dans ceux-ci, et cérémonieuse-
ment dans les autres.

Le Rîngho.

Quant aux promenades publiques, elles sont
de deux genres différens : celles dans les rues
mêmes de la ville ; et les promenades proprement
dites. Les belles rues du Cours et Ferdinande forment les premières ; le port, les allées de Têrra-
Nôva et le Rîngho, forment elles-mêmes les secondes. J'ai parlé des unes et des autres, à la seule
xception de la dernière.

. Le Rîngho n'est qu'une route ; mais cette route
l'emporte, selon moi, sur les plus beaux jardins
publics des autres villes de l'Europe. Le Rîngho
mène directement à un joli village, dont il porte
le nom ; et la côte qu'il longe, du côté du phare
de Messine, forme elle-même un des côtés de la
baie de cette ville. Un bras de mer qui, dans sa
plus grande largeur, n'a pas plus de quatre à cinq
lieues d'étendue, est la seule barrière qui vous
sépare ici des côtes montueuses de la Calabre ultérieure ; côtes que l'on ne perd jamais de vue, et
dont la distance est encore diminuée par l'aspect
d'une multitude de vaisseaux, de bâtimens et de
barques de tous genres, les uns se dirigeant vers

Scylla ou le Phare ; les autres , vers Charybde ou Rhégium ; tandis que d'autres croisent le canal en tout sens.

Cette promenade est un lieu de réunion de toutes les classes de la ville. Les gens à voiture y fourmillent : j'en comptai hier jusqu'à sept, outre un grand nombre de petits-maitres noblement montés sur des ânes : ces animaux abondent dans le pays ; la rareté des chevaux, et surtout l'impraticabilité des routes, les rendent infiniment précieux. Cet humble et modeste animal qui , comme l'homme même , est trop souvent prisé , en raison inverse de son utilité , l'emporterait partout, sur son orgueilleux rival , pour la force , la patience et la sobriété ; mais dans un pays qui , comme la Sicile , n'offre de toute part que des torrens, des ravins, des précipices et des montagnes , le cheval ne devient qu'un simple objet de luxe ; et l'âne reprend ses droits. Mais, pour en revenir au Rîngho, toute cette route est ornée , de distance en distance , de jolies maisons de campagne , de villages et de hameaux, dont l'aspect animé et riant forme le plus parfait constraste avec les côtes de la triste Calabre, pays maudit du ciel et des hommes , et, sans doute aussi , de son gouvernement ? A peine , sur cette dernière côte , quelques misérables villages sont-ils clairs-semés çà et là , au milieu d'un pays aride , inculte, montueux, sauvage et désert. Mais la gloire de ce monde est vaine et transitoire ; et si , de ce côté , l'aspect des côtes de la

Sicile l'emporte de beaucoup sur celles du pays en question ; il est juste de convenir que, plus celles-là s'approchent du détroit, plus elles deviennent insignifiantes et planes ; et plus celles-ci, au contraire, se parent de richesses et d'éclat. Tout à coup, du milieu des flots, le fier Scylla soulève son front superbe ; et tout ce qui l'entoure s'éclipse ou s'abaisse devant lui.

Monumens Antiques.

L'art avait fait beaucoup pour Messine. Le temps effaça jusqu'à la trace de ses monumens anciens : un fléau destructeur renversa ses monumens modernes (1). Vainement, en effet, cherchâmes-nous dans l'enceinte de la nouvelle Messine, et le palais de Caïus Eius, palais d'où Verrès enleva le fameux cupidon de Praxitelle ; et les temples de Neptune et d'Hercule : leurs ruines n'existent plus, et l'habitant moderne n'en conserve pas même la mémoire. Quelques colonnes, enlevées sans doute à ces mêmes édifices ; un assez beau bas-relief colloqué dans la cathédrale, et représentant l'apothéose de quelques héros inconnu ; enfin, un petit nombre d'ornemens, dans l'intérieur de cette même église, qui, comme toutes celles de la Sicile, paraît bâtie de pièces et de morceaux ; tels sont les tristes restes de l'ancienne magnificence de la ville de Zancle et d'Orion.

---

(1) *Voy.* ci-d., pag. 203 et suiv.

On peut en dire autant de son fameux temple de
Neptune, dont je viens de parler : ce temple, qui
s'élevait jadis au lieu même où l'on voit maintenant une méchante tour, décorée du titre pompeux de Phare de Messine; ce temple, dis-je, se
réduit aujourd'hui, à quelques massifs de briques;
un trou, donné pour une citerne antique; enfin,
quelques débris de colonnes; voilà tout ce qui
reste du monument célèbre, si vanté par Solin!
Les faits suivans expliqueront de reste le sort de
ses monumens modernes.

DÉTAILS HISTORIQUES

ET ANECDOTIQUES

Sur les derniers tremblemens de terre de Messine et des deux Calabres.

Ils ne mouraient pas tous ; mais tous étaient frappés.

LA FONTAINE.

On chercherait inutilement dans l'histoire, l'exemple d'une ville plus constamment malheureuse que Messine. Déchirée, pendant trois siècles, par la fureur des guerres civiles, trois fois dépeuplée par la peste ; une époque plus fatale l'attend : le cinq février (1) pèse sur elle : un affreux tremblement de terre ravage alors les deux Calabres. Se frayant le passage sous les flots de la mer Ionienne, le fléau destructeur parvient jusqu'à Messine ; la frappe, l'ébranle, la soulève, l'abaisse et la détruit.

Cette époque désastreuse vit dans tous les souvenirs ; les détails en sont peu connus : ils méritent toutefois de l'être. J'essaierai d'en tracer le tableau ; je tirerai celui-ci des auteurs contemporains,

_____

(1) De l'année 1783 ; cette époque fut celle des premières secousses : la destruction totale de cette ville se rattache au 28 mars suivant.

des témoins oculaires , des notes par moi prises sur les lieux. Mais , avant d'entreprendre cette tâche, je dois prémunir la confiance du lecteur contre l'invraisemblance apparente de la plus grande partie de ces faits. Le pouvoir de l'homme a des bornes ; la nature n'a ni règles ni limites : elle crée et détruit à son gré , et de la manière qu'il lui plaît. Si les faits en question semblent donc dépasser le possible, qu'on s'en prenne à la vérité : je n'écrirai que d'après elle.

DERNIER TREMBLEMENT DE TERRE DE MESSINE.

DÈS les premiers jours du mois de février 1783, les deux conrans qui existent entre le Cap Pélore (1) et la partie septentrionale du port de Messine ; conrans qui, toutes les six heures, suivent une marche entièrement contraire; ces courans, dis-je, changèrent, tout à coup, leur course accoutumée, ou, du moins, la marée n'en fut plus régulière. Le fameux courant de Charybde devint plus ora-

---

(1) Promontoire connu sous le nom de Phare de de Messine. Les auteurs de géographies, écrites et faites dans leur chambre , ont souvent confondu ce même phare , avec ceux qui s'élèvent sur la langue de terre qui forme le port même. Je reviens à dessein sur cette erreur, parce qu'elle a contribué à perpétuer celle de ces mêmes géographes , quant à la situation des courans de Charybde.

geux, plus fort, plus profond; tantôt les eaux changeaient de direction; tantôt elles demeuraient dans un calme inusité; et tantôt, reprenant leur tournoiement et leur agitation ordinaire, on les eût vues s'élever furieuses, et comme prêtes à s'engloutir, avec un horrible murmure, dans les prétendus gouffres que l'erreur a creusés sous elles (1).

A ces différens phénomènes se joint encore un sourd bruissement des ondes; bruissement qui tantôt précède le changement de ces courans, tantôt l'accompagne, et tantôt n'en est que la suite. Enfin de même que, au moment où le courant venait du cap Pélore, les eaux s'élevaient de beaucoup au-dessus de leur niveau ordinaire, en menaçant de submerger toutes les terres voisines; de même, au moment du reflux, et lorsque le courant se dirigeait de Messine vers le Phare, la mer, moins profonde que de coutume, était aussi plus forte, plus agitée et plus périlleuse.

Une circonstance fort remarquable n'échappa point à l'œil des naturalistes : on trouve, dans la mer de Messine, une espèce de petit poisson du genre des Sphérènes, que les gens du pays nomment Cicérel; ce poisson ne se montre qu'une seule fois dans l'année; mais jamais, ou du moins très-rarement, en hiver; il ne paraît qu'au moment où la mer est dans un état d'agitation peu com-

_____

(1) *Voy.* ci-dessous art. *Voyage à Charybde et à Scylla.*

mune; il ne va jamais seul, mais en troupe, et toujours dans l'endroit où les eaux sont le plus tranquilles. Toutefois, ce poisson devint alors si abon-
dant, que les pêcheurs en furent frappés eux-
mêmes. La vérité est, que l'apparition de ce poisson en hiver est un signe certain de quelque tremblement de terre, soit le jour même, soit dans la
nuit suivante. Depuis cette époque, regardant
le cicérel comme un funeste présage du fléau en
question, le peuple de Messine l'a pris en une
telle horreur, que les pêcheurs ne trouvent plus
à s'en défaire, et le rendent eux-mêmes à la mer.

A ces pronostics particuliers au port et à la baie
de Messine, s'en joignirent beaucoup d'autres, qui
lui furent communs avec plusieurs villes des deux
Calabres; tels furent, entre autres, l'agitation,
la crue ou l'affaissement progressif des eaux des
sources, des fontaines, des ruisseaux, des torrens,
des rivières et des puits; eaux qui, naturellement
limpides, devinrent tout à coup épaisses et troubles; enfin, quant à Messine même, une lueur
pâle et fausse succéda, à midi, à l'éclat naturel du
jour. Un amas de légers nuages se mouvaient lentement, dans une atmosphère épaisse et calme,
tandis que les ondes portaient au loin un bruissement sourd, et pour ainsi dire indistinct : la terre
frémit elle-même; et l'homme commença à pâlir.

Cette première et faible oscillation du sol se
changea tout à coup en une subversion générale
de tous les élémens. Bientôt on entendit des mu-

gissemens souterrains ; et le sol s'ébranla sur toute l'extension du rivage. Les édifices les plus voisins de la mer furent d'abord renversés ; les secousses gagnèrent ensuite les sites les plus élevés, et ne parurent s'affaiblir un moment, que pour s'armer ensuite d'une plus grande fureur.

Le passage continu de la terreur à l'espoir, et de l'espoir à la terreur, se prolongea jusqu'à la fin de la soirée du même jour. A cette journée horrible, succéda une nuit plus horrible encore. Vers les onze heures du soir, la terre fut tellement agitée dans ses entrailles les plus profondes, qu'on eût dit qu'elle allait former un seul et même abîme, pour engloutir tous les êtres vivans. En ce moment terrible, on n'eût entendu, dans Messine, que les oscillations d'un sol convulsif, le mugissement des ondes, les cris, les prières et les pleurs d'une population fugitive ou mourante au bruit des craquemens ou des ruines, des maisons vacillantes, détruites ou près de l'être.

Cependant ce fléau cruel n'avait encore promené ses ravages que sur le rivage même de la Sicile et de la Calabre : Messine avait souffert sans doute ; mais Messine existait encore ; le 28 mars de la même année, était l'époque marquée pour sa ruine.

Dès le 5 février, le clocher et une partie de la façade de la cathédrale avaient été renversés ; mais, le jour en question, aux abîmes que les oscillations continuelles et les horribles secousses de la terre

entrouvraient de toute part, sous les pas des infortunés Messinois, vinrent se joindre encore trois
fléaux non moins inattendus, et peut-être non
moins terribles : l'eau, la flamme et le vent disputent tout à coup à la terre, ce que la terre n'a
point englouti.

Sur une étendue de quatre lieues, depuis le
Phare jusqu'à Messine, les flots amoncelés s'élancent, dépassent de beaucoup les points les plus
élevés ; et s'épandent, au loin, dans l'intérieur des
terres. Cependant les maisons qui avaient résisté
aux affreuses convulsions de la terre, comme à
l'attaque, non moins terrible, des vents et des flots,
deviennent bientôt la proie des flammes. L'écroulement des cheminées et des fours de la ville, met le
feu aux meubles et aux décombres accumulés sous
elles. Un affreux incendie s'unit aux trois premiers
fléaux ; et l'infortuné qui échappe à la terre entr'ouverte, à l'écroulement de sa maison, et à l'im-
pétueuse fureur des vents et des flots, n'échappe
point aux flammes qui s'opposent à sa fuite. Là, le
vieillard, ranimant sa force éteinte, monte sur son
toit embrasé, et, d'une main tremblante, s'appuie
sur la poutre à demi consumée ; et la poutre, cédant sous l'effort, tombe avec lui dans l'abime.
Ici, spectacle plus touchant ! ici, une mère, chargée de son enfant, apparaît d'une fenêtre à l'autre ;
et, d'un œil hagard et fixe, mesure en silence la
hauteur qu'elle veut et n'ose encore franchir ; elle
hésite, elle implore un secours que lui nie l'effroi

général ; elle jette son fils à travers les flammes , se jette après lui , et meurt.

Cet incendie dura sept jours et sept nüits ; il compléta la perte de tout ce que les flots et la terre n'avaient point encore englouti. Pendant près de quatre mois , cet horrible et triple fléau ravagea , avec plus ou moins de force , et Messine et les deux Calabres : commencé le 5 février , il ne cessa que vers la fin de juin. Les calculs les moins exagérés portent le nombre des victimes à cinquante mille âmes. Dès l'année suivante , c'est-à-dire, en 1784 , de violentes secousses se firent encore sentir dans toutes les Calabres ; mais celles-ci , que je sache , ne furent suivies d'aucun désastre remarquable.

DERNIER TREMBLEMENT DE TERRE DES DEUX CALABRES (1).

IL n'en fut pas ainsi du long tremblement de terre qui , aux mêmes époques que celui de Messine , ruina entièrement le pays en question. Au milieu de cette scène de malheur et de dévastation générale , s'élèvent aujourd'hui les ruines de quatorze villes , et d'environ cent trente-six bourgs ou villages , sans en excepter même la malheureuse

_____

(1) Ces détails auraient dû naturellement précéder ceux qui sont relatifs à la ruine de Messine : la nature du sujet que j'avais à traiter , a nécessité ici l'interversion des matières.

Rêggio (1) , dont le sort fut plus affreux que celui de Messine , et qui , depuis trente-cinq ans , gît encore sur ses propres décombres. A la vérité , le gouvernement a adopté, depuis long-temps, un plan particulier pour la reconstruction de la ville ; mais l'exécution de ce plan est loin d'être achevée. Une rue principale , prématurément décorée du nom de Cours Bourbonien , offre à peine, de nos jours , une cinquantaine de maisons habitables. Le reste de la ville n'est que ruine ; et les rues mêmes sont encore si remplies de décombres , que ce n'est qu'avec peine qu'on peut s'y frayer le chemin. Je parle d'une époque récente : le 27 août 1819 , j'errais moi-même au milieu de ces étonnantes ruines. Je reviendrai sur cet article (2).

Le 4 février 1783 (3), au sud-ouest du village de S.-Lucide , étaient situés le lac et la montagne de Saint-Jean ; le 5 , le lac et la montagne disparurent ; une plaine marécageuse prit leur place ; et le premier fut porté , plus à l'ouest, entre la rivière Ca-

---

(1) Anciennement Rhegium.

(2) *Voyez* ci-dessous , art. *Voyage de Messine à Rhegium.*

(3) Ces détails sur le tremblement de terre des deux Calabres , sont tirés, en partie , du rapport officiel fait au gouvernement par la Commission instituée à cet effet, et, comme je l'ai dit précédemment, des renseignemens qui m'ont été donnés par les acteurs mêmes ou témoins oculaires de cette grande tragédie.

caciêri, et le site qu'il avait précédemment occupé. Un second lac fut formé le même jour, entre la rivière d'Acqua-Biânca, et le bras supérieur de la rivière Acqua-di-pêsce. Tout le terrain qui aboutit à la rivière Léône, et qui longe celle de Tôrbido, fut également rempli de marais et de petits étangs.

La belle église de la Trinité, à Milêto, l'une des plus anciennes villes des deux Calabres, s'engouffra tout à coup, le 5 février, de manière à ne plus laisser apercevoir que l'extrémité de la flèche du clocher. Un fait plus inoui encore, c'est que tout ce vaste édifice s'enfonça dans la terre, sans qu'aucune de ses parties parussent avoir souffert le moindre déplacement.

De profonds abîmes s'ouvrirent sur toute l'étendue de la route tracée sur le mont Lâkê (*Lâche*); route qui conduit au village d'Ierocrâne.

Le père Agace, supérieur d'un couvent de carmes, dans ce dernier village, était sur cette route au moment d'une des fortes secousses. La terre vacillante s'ouvrit bientôt sous lui; les crevasses s'entr'ouvraient et se refermaient progressivement, avec un bruit et une rapidité remarquables. L'infortuné moine, cédant à une terreur fort naturelle sans doute, se livre machinalement à la fuite; bientôt l'avide terre le retient par un pied, qu'elle engloutit et qu'elle enferme. La douleur qu'il éprouve, l'épouvante qui le saisit, le tableau affreux qui l'entoure, l'ont à peine privé de l'usage de ses sens, qu'une secousse violente le rappelle à lui-même:

l'abime qui le retient s'ouvre, et la cause de son
infortune devient celle de sa délivrance.

Trois habitans de Soriane, Vincent Grêco,
Paul Feha, et Michel Rovîti, parcourent les environs de cette ville, pour visiter le site où onze
autres personnes ont été misérablement englouties
la veille : ce lieu était situé au bord de la rivière
Charybde. Surpris eux-mêmes par le tremblement
de terre, les deux premiers parviennent à s'échapper ; Rovîti seul est moins heureux que les autres ;
il tombe la face contre terre, et la terre s'affaise
sous lui ; tantôt, elle l'attire dans son sein, et tantôt, le vomit au-dehors. A demi submergé dans les
eaux fangeuses d'un terrain devenu tout à coup
aquatique, le malheureux est long-temps ballotté
par les flots terraqués, qui enfin le jettent à une
grande distance, horriblement meurtri, mais
encore existant. Le fusil qu'il portait fut retrouvé,
huit jours ensuite, au bord du nouveau lit que
la Charybde s'était formé.

Dans une maison de la même ville, qui,
comme toutes les autres, avait été détruite de fond
en comble; un bouge, contenant deux porcs, résista seul à la ruine commune. Trente-deux jours
après le tremblement de terre, leur retraite fut découverte au milieu des décombres; et, au grand
étonnement des ouvriers, les deux animaux apparurent sur le seuil protecteur. Pendant ces trente-
deux jours, ils n'avaient pris aucun aliment quelconque ; et l'air indispensable même à leur

existence, n'avait pu passer jusqu'à eux, qu'au travers de quelques fissures imperceptibles. Ces animaux étaient vacillans sur leurs jambes, et d'une maigreur remarquable. Ils refusèrent d'abord toute espèce de nourriture, et se jetèrent si avidement sur l'eau qui leur fut présentée, qu'on eût dit qu'ils craignaient d'en être encore privés. Quarante jours après, ils étaient aussi gras que de coutume : on les tua tous deux. Il semble, cependant, qu'en considération du rôle qu'ils avaient joué dans cette grande tragédie, ils devaient avoir la vie sauve.

Au manque absolu des choses les plus nécessaires à l'homme, par suite de la destruction des magasins et des vivres, se joignit bientôt encore la qualité défectueuse des alimens, découverts avec peine au milieu des ruines. L'altération la plus remarquable fut celle du blé, des huiles, du vinaigre et du vin. Le blé avait un goût terreux; l'huile était plus épaisse, plus pesante, et d'un goût aigre ; le vinaigre était éventé et fade ; les vins légers étaient décomposés, sans force et sans couleur ; les gros vins étaient troubles et d'une saveur nauséabonde.

Sur le penchant d'une montagne qui mène, ou plutôt, qui menait à la petite ville d'Acèna, un précipice immense et escarpé s'entr'ouvrit tout à coup sur la totalité de la route de Saint-Étienne-du-Bois à cette même ville. Un fait très-remarquable, et qui, partout ailleurs, eût suffi pour

eitanger entièrement le plan ordinaire de construction des bâtimens publics , dans un pays , qui ,
comme celui-ci , est incessamment exposé aux
tremblemens de terre ; c'est qu'au milieu du bon-
leversement général , trois vieilles maisons de
figure pyramidale, furent les seuls édifices qui de-
meurèrent sur pied. La montagne est maintenant une plaine.

Les ruines du bourg de Caridà , et celles des
deux villages de Saint-Pierre et Cheròpoli , présentent un fait tout aussi remarquable : le sol de
ces trois différens lieux , est aujourd'hui fort au-
dessus , ou fort au-dessous de son ancien niveau.

Sur toute l'étendue du pays ravagé par le tremblement de terre, on remarqua (sans pouvoir ce-

cercles empreints sur le terrain ; ces cercles
étaient généralement de la grandeur de la petite roue d'un carrosse ; ils étaient creusés , en

deur ; ils n'offraient aucune autre trace du passage
des eaux qui les avaient formés sans doute, qu'une
espèce de tube ou conduit, pour ainsi dire imper-
ceptible , souvent même impossible à voir ; et qui
en occupait ordinairement le centre. Quant à la
nature même des eaux en question , jaillies tout à
coup hors du sein de la terre ; la vérité se cache
dans la foule des conjectures et des différens rapports. Les uns prétendent que des eaux bouillantes
jaillirent du milieu de ces crevasses , et citent plu-

sieurs habitans qui en portent encore les marques ;
d'autres nient le fait, et soutiennent que ces eaux
étaient froides, au contraire, et tellement imprégnées d'une odeur sulfureuse, que l'air même en
fut long-temps infecté ; enfin, quelques-uns démentent l'une et l'autre assertion, et ne voient
dans ces eaux, que des eaux ordinaires de rivière
ou de source. Ces différens rapports peuvent être
également vrais, selon moi, eu égard aux lieux
où les observations furent faites ; puisqu'il est vrai
de dire que le sol en question renferme effectivement ces trois différentes espèces d'eaux.

La ville de Rosarne fut entièrement détruite ; la
rivière qui la traversait, et qui porte encore le
même nom, présenta un phénomène rémarquable :
au moment de la secousse qui renversa toute la
ville, cette rivière, fort grosse et fort rapide en
hiver, suspendit tout à coup son cours.

La route qui allait de cette même ville à Saint-
Fili, s'enfonça sous elle-même, et devint un précipice affreux. Les rocs les plus escarpés ne résistè-
rent pas à ce bouleversement de la nature : ceux
qui ne furent pas entièrement renversés, sont encore tailladés de tout sens, et couverts de larges
fissures, comme s'ils eussent été coupés à dessein,
avec un instrument tranchant. Quelques-uns sont,
pour ainsi dire, découpés à jour, depuis leur base
jusqu'à leur cime, et présentent à l'œil étonné,
comme autant d'espèces de ruelles qui seraient
creusées par l'art, dans l'épaisseur de la monta-

gne ; phénomène très-intéressant , et qui n'a pas
peu contribué sans doute à faire connaître aux
minéralogistes modernes la nature et l'état de différens corps qui forment ces masses énormes ;
masses dont tout l'intérieur est ouvert ici aux
regards du naturaliste. C'est ainsi , par exemple ,
que , dans les montagnes des environs de Rosarne,
on remarque d'abord une légère couche de terre
végétale ; ensuite une couche épaisse et haute de
sable même , mêlé de cailloux de rivières et de
pierres ignescentes ; vient ensuite une couche
formée par un lit horizontal , large et profond ,
de craie concassée, où se trouvent quelques testa-
cées ordinaires ; enfin , le quatrième lit se compose
d'un amas de sable , de brèches de diverses sortes ,
de terre noirâtre et d'ocre. Ici, se trouve la base, située au niveau du fleuve ; mais , avec cette particularité , qu'au fur et mesure que les pierres approchent de ce même niveau , elles augmentent de
grosseur et de nombre , non pas d'une manière
uniforme , mais sans ordre et sans régularité ; et
comme si elles reposaient sur une base confuse de
sable , de craie et de fange. La forme même de ces
pierres est d'une irrégularité remarquable : quelques-unes sont très-grandes, d'autres plus petites ;
d'autres , enfin , semblent être des débris de blocs
plus considérables. Leur nature diffère autant que
leur forme ; le granite rouge s'y trouve en abondance ; on y voit aussi quelques quartz, et un
bien plus grand nombre de cailloux ordinaires.

Du milieu des ruines de la malheureuse ville de Polistène s'éleva le cri de l'amour maternel ; et ce cri mérite d'être répété.

Deux femmes étaient dans la même chambre, au moment où leur maison s'affaissa. Ces deux femmes étaient mères ; l'une avait auprès d'elle un enfant de trois ans ; l'autre allaitait alors le sien.

Long-temps après, c'est-à-dire, quand la consternation et la ruine générale permit de fouiller parmi les décombres, les cadavres de ces deux femmes furent trouvés dans une seule et même attitude ; la seule que l'amour maternel eût pu les porter à choisir : toutes deux étaient à genoux, courbées sur leurs enfans, tendrement serrés dans leurs bras ; et le sein qui les protégeait les écrasa tous deux, sans les séparer de lui.

Ces quatre cadavres ne furent déterrés que le 11 mars suivant, trente-quatre jours après l'événement funeste ; ceux des deux mères étaient couverts de taches livides ; ceux des enfans étaient de véritables squelettes.

Le nom de ces deux femmes eût mérité de sortir de dessous les ruines de Polistène ; l'ouvrage d'où je tire cette anecdote n'en fait aucune espèce de mention ; et, quelques soins que j'aie pris moi-même, je n'ai pu parvenir à réparer cette omission inexcusable, d'un fait non-seulement honorable au pays, mais à l'humanité même.

Plus heureuse que ces deux mères, une vieille femme fut retirée, au bout de sept jours, de dessous les ruines de sa maison. On la trouva évanouie et presque mourante. L'éclat du jour la frappa péniblement ; elle refusa d'abord toute espèce de nourriture, et ne soupirait qu'après l'eau. Interrogée sur ce qu'elle avait éprouvé, elle dit que, pendant plusieurs jours, la soif avait été son tourment le plus cruel ; ensuite, elle était tombée dans un état de stupeur et d'insensibilité totale ; état qui ne lui permit pas de se rappeler ce qu'elle avait éprouvé, pensé ou senti.

Une délivrance plus extraordinaire encore est celle d'un chat retrouvé, après quarante jours, sous les ruines de la maison de **Don Michelange Pilogâllo**. Le pauvre animal se trouva étendu sur le sol, dans un état d'abattement et de calme ; ainsi que les cochons, dont j'ai parlé plus haut, il était d'une maigreur extrême, vacillant sur ses pates, timide, craintif, et entièrement privé de sa vivacité habituelle. On remarqua en lui le même dégoût d'aliment, et la même propension vers toute espèce de breuvage. Il reprit peu à peu ses forces ; et, dès qu'il eut pu reconnaître la voix de son maître, il miaula faiblement à ses pieds, comme pour exprimer le plaisir qu'il avait de le revoir. Cet animal lui devint cher ; ses caresses et son attachement lui firent oublier un moment la perte de sa fortune. Quant à la ville de Polistène, elle est reconstruite en partie.

La petite ville de Cinq-fronts (*Cinquefrónti*),
ainsi nommée des cinq tours qui s'élevaient en dehors de ses murs, fut également détruite en entier :
églises, maisons, places, rues, hommes, animaux, tout périt, tout disparut, tout fut subitement plongé à plusieurs pieds sous terre.

Le même sort frappa le village voisin de Grif-
fóni, et une multitude d'autres. Cependant cet
horrible tableau n'est que le précurseur de tableaux
plus affreux encore.

L'ancienne Taüranium , aujourd'hui Terra-
Nôva, réunit sur elle seule tous les désastres communs.

Le 5 février, à midi, le ciel se couvrit tout à
coup de nuages épais et obscurs, qui planaient
lentement sur la ville, et qu'un fort vent de nord-
ouest eut bientôt dissipé ; les oiseaux parurent
voler çà et là, comme égarés dans leur route ; les
animaux domestiques furent saisis d'une agitation
remarquable ; les uns prenaient la fuite , les autres
demeuraient immobiles à leur place, et comme
frappés d'une secrète terreur ; le cheval hennis-
sait, et, tremblant sur ses jambes, les écartait l'une
de l'autre, pour s'empêcher de tomber ; le chien et
le chat, recourbés sur eux-mêmes, se blottissaient
au pied de leur maître. Tant de tristes présages,
tant de signes extraordinaires auraient dû éveiller
le soupçon et là crainte dans l'âme des malheureux
habitans, et les porter à prendre la fuite ! une destinée fatale en ordonna autrement : chacun resta

chez soi, sans éviter ni prévoir le danger. En un clin d'œil, la terre, encore tranquille, vacilla fortement sur ses bases ; un sourd et long murmure parut sortir de ses entrailles ; triste et court précurseur de la ruine et de la mort, ce murmure devient bientôt un bruit horrible. Trois fois la ville est soulevée fort au-dessus du niveau naturel; trois fois elle est portée à plusieurs pieds au-dessous ; et Taüranium n'est plus.

Quelques-uns des quartiers de la ville furent subitement arrachés à leur situation naturelle : soulevés avec le sol qui leur servait de base, les uns furent lancés jusque sur les bords du Sôli et du Màrro, qui baignaient les murs de la ville ; ceux-là à 300 pas, ceux-ci à 600 de distance ; d'autres furent jetés çà et là, sur la pente de la montagne qui dominait la ville, et sur laquelle celle-ci était construite. Un bruit plus fort que celui du tonnerre, et qui, à de courts intervalles, laisse à peine entendre des gémissemens sourds et confus ; des nuages épais et noirâtres s'élevant du milieu des ruines ; tel est l'effet général de ce vaste chaos, où la terre et la pierre, l'eau et le feu, l'homme et la brute, sont jetés pêle-mêle ensemble.

Un petit nombre de victimes échappèrent cependant à la mort ; et ce qu'il y a de plus étrange, c'est que cette même nature, qui semblait si avide du sang de tous, sauva ceux-ci de sa propre rage, par des moyens si inouïs et si forts, qu'on eût dit qu'elle prétendait prouver le peu de cas qu'elle fait de la vie et de la mort de l'homme!

Cependant une nuit affreuse succède à un jour d'horreur. La grêle, les vents et la foudre scmblaient vouloir exterminer le peu que la terre avait rejeté de son sein. Cette terre n'était pas même tranquille : en moins d'une heure de temps, trois violentes secousses la soulevèrent encore ; et ces oscillations continuelles rouvrirent aux regards des victimes la tombe où elles devaient rentrer.

Une semblable situation devait ôter à l'homme l'usage de ses facultés intellectuelles, et l'en priva en effet. Du péril passé était née l'épouvante ; du péril à venir naquit le délire et le désespoir. Cette révolution morale n'opère pas sur tous d'une manière semblable : en ceux-là, la terreur produit l'effusion spontanée du remords, qui ne peut être vrai, quand celle-ci l'enfante : on les entend dévoiler hautement les actions les plus faites pour rester ignorées ; en ceux-ci, la raison égarée se pare d'une intrépidité machinale; ils s'arment de cette aveugle audace qui rapproche l'homme de la brute, et qui, enfant du désespoir, lui fait envisager sans crainte des dangers qu'il ne peut ni braver, ni supporter, ni fuir. Enfin, l'endurcissement naturel exalte l'âme des plus dépravés ; et, du sentiment du péril, comme du remords passager de leurs crimes, ils passent à l'excès contraire, se rient des maux de leurs semblables, et ne sont plus portés qu'au vol, et à la rapine, désir qui leur fait

regarder comme un bienfait du ciel, les pleurs, le
sang et la dévastation dont il s'apprêtent à recueillir le fruit.

La ville de Terra-Nôva fut détruite par ce quadruple genre de tremblement de terre, connu
sous les différentes dénominations de secousses
d'*oscillation*, d'*élévation*, de *dépression* et de *bondissement*. Ce dernier genre, le plus horrible,
comme le plus inouï de tous, consiste non-seulement, dans le changement de situation des parties
constituantes d'un corps, mais aussi, dans cette espèce de mouvement de projection, qui élance une
de ces mêmes parties, vers un lieu différent de
celui qu'elle occupe. Les ruines de cette malheureuse ville offrent encore tant d'exemples de ce
genre, que l'esprit le plus incrédule serait forcé
d'en reconnaître l'existence. J'en rapporterai ici
quelques-uns.

La totalité des maisons situées au bord de la
plate-forme de la montagne, toutes celles qui for-
maient les rues aboutissantes aux portes dites du
Vent et de St.-Sébastien; tous ces édifices, dis-je,
les uns à demi détruits, les autres sans aucuns
dommages remarquables, furent arrachés à leur
site naturel, et jetés, soit sur le penchant de la
montagne, soit au bord du Sôli et du Mârro, soit
enfin au delà de cette première rivière. Cet événement inouï donna lieu à la cause la plus étrange
sur laquelle les tribunaux aient jamais eu à prononcer.

Quelques mois après cette étrange mutation de lieux, le propriétaire d'un enclos planté d'oliviers, naguère situé au bord de la plate-forme en question, reconnut que son enclos et ses arbres avaient été transportés au delà du Sôli, sur un terrain jadis planté de mûriers ; terrain, alors disparu, et qui appartenait avant à un autre habitant de Terra-Nôva. Sur la réclamation qu'il fait de sa propriété, celui-ci appuie le refus de la rendre sur ce que l'enclos en question avait pris la place de son propre terrain, et l'en avait conséquemment privé. Cette question, aussi nouvelle que difficile à résoudre, en ce que rien ne pouvait prouver en effet que la disparition d'un des sols n'eût pas été l'effet immédiat de la chute et de la prise de possession de l'autre ; cette question, disje, ne pouvait être décidée que par accommodement mutuel. Des arbitres furent nommés, et le propriétaire du terrain usurpateur fut tenu à partager ses olives avec le maître du terrain usurpé.

Dans la rue dont il a été parlé plus haut était une auberge, située à environ trois cents pas de la rivière Sôli : un moment avant la secousse formidable, l'hôte, nommé Jean Aquilino, sa femme, une de leurs nièces, et quatre voyageurs, se trouvaient réunis dans une salle par bas de l'auberge. Au fond de cette salle était un lit ; au pied du lit, un *brasier*, espèce de grand vase, qui contient de la braise enflammée, seule et unique cheminée de toute l'Italie méridionale : enfin, autour de la salle, quelques chaises, une table, et différens autres meubles à l'usage de cette famille. L'hôte était couché sur le lit, et profondément endormi ; sa femme, assise devant le *brasier*, et les pieds appuyés sur sa base, soutenait dans ses bras sa jeune nièce qui jouait avec elle ; quant aux voyageurs, placés autour d'une table, à la gauche de la porte d'entrée, ils faisaient une partie de cartes.

Telles étaient les diverses attitudes des personanges, et la disposition même de la scène, lorsque, en moins de temps qu'il n'en faut pour le dire, le théâtre et les acteurs eurent changé de place. Une secousse violente arrache la maison du sol qui lui sert de base ; et la maison, l'hôte, l'hôtesse, la nièce et les voyageurs sont jetés tout à coup au delà de la rivière : un abîme paraît à leur place.

A peine cet énorme amas de terres, de pierres, de matériaux et d'hommes, tombe-t-il de l'autre côté de la rivière, qu'il creuse de nouveaux fondemens, et le bâtiment même n'est plus qu'un mélange confus de ruines. La destruction de la salle principale offrit des particularités remarquables. Le mur contre lequel le lit était placé s'écroula vers la partie extérieure ; celui qui touchait à la porte, placée en face de ce même lit ; ce mur, dis-je, plia d'abord sur lui-même, dans l'intérieur de la salle, puis tomba en dehors. Le même effet fut produit par les murailles, à l'angle desquelles étaient placés nos quatre joueurs, qui déjà ne jouaient plus. Le toit fut enlevé, comme par enchantement, et jeté à une plus grande distance que la maison même.

Une fois établie sur son nouveau site, et entièrement dégagée de tous les décombres qui en cachaient l'effet, la machine ambulante présenta à la fois une scène curieuse et horrible. Le lit était à la même place; il s'était seulement effondré sur lui-même. L'hôte s'était réveillé, et croyait dormir encore. Sa femme, pendant cet étrange voyage qu'elle ne soupçonnait pas elle-même; sa femme, dis-je, imaginant que le *brasier* glissait seulement sous ses pieds, s'était baissée pour le retenir; et cette action avait été sans doute la seule et unique cause de sa chute sur le plancher. Mais, dès qu'elle se fut relevée, dès qu'elle aperçut, par l'ouverture de la porte, des objets et des sites nouveaux; elle crut rêver elle-même, et faillit de devenir folle.

Ici, malheureusement, finit la partie plaisante de la scène.

Bientôt, abandonnée par sa tante, au moment même où celle-ci se baisse pour retenir le *brasier*, la jeune fille court, épouvantée, vers la porte, qui tombe et l'écrase sous sa chute. Un sort semblable atteint les quatre malheureux voyageurs, qui, sans avoir le temps de fuir ni de prévoir le danger, passent du jeu dans la tombe.

Cent témoins oculaires de cette catastrophe inouïe, existent au moment où j'écris : le procès verbal d'où est tiré ce récit, fut dressé quelques mois après, sur les lieux ; et appuyé des déclarations de l'hôte et de sa femme, qui vivent sans doute encore.

Les effets inouïs du tremblement de terre par bondissement, ne se font pas sentir aux seuls édifices ; les phénomènes qu'ils produisent à l'égard des hommes mêmes, ne sont ni moins forts ni moins étonnans ; et ce qu'il y a de plus étrange, c'est que cette particularité, qui, dans toute autre circonstance, est la cause immédiate de la perte des habitations et des hommes, devient parfois aussi la source du salut des unes et des autres.

Un médecin de cette même ville, M. l'abbé Tarvêrna, habitait une maison à deux étages, située dans la rue principale, près le couvent de Sainte-Catherine. Cette maison commença par trembler ; elle vacilla ensuite ; puis, les murs, les toits et les planchers s'élevèrent, s'abaissèrent, et enfin furent jetés hors de leur place naturelle. Le médecin, ne pouvant plus se tenir debout, veut fuir, et tombe comme évanoui sur le plancher. Au milieu du bouleversement général, il cherche en vain la force nécessaire pour observer ce qui se passe autour de lui. Tout ce dont il se rappela ensuite, c'est qu'il tomba la tête la première dans l'abîme qui s'ouvrit sous lui, et y resta suspendu, la cuisse prise entre deux poutres. Tout à coup, et au moment même où, couvert des décombres de sa maison en ruine, et près d'être étouffé par la poussière qui tombe de toute part sur lui, une oscilla-

tion contraire à celle dont il est la victime , écarte
les deux poutres qui l'arrêtent , les élève à une
grande hauteur , et les jette avec lui dans une
large crevasse , formée par les décombres entassés
devant la maison. L'infortuné médecin en fut
quitte , toutefois , pour quelques violentes contu-
sions et une terreur facile à croire.

Une autre maison de cette même ville , fut le
théâtre d'une scène plus touchante , plus tragique
encore , et qui , grâce à la même circonstance ,
n'eut pas une fin plus funeste.

Don François Zàppia et toute sa famille , furent
comme emprisonnés dans l'angle d'une des pièces
de cette maison , par suite de la chute soudaine
des plafonds et des poutres. L'étroite enceinte qui
protégeait encore leurs jours , était entourée de
manière qu'il devenait aussi impossible d'y respi-
rer l'air nécessaire à la vie , que d'en forcer les
murs artificiels. La mort , et une mort aussi lente
qu'affreuse , fut donc pendant long-temps l'unique
espoir de cette famille infortunée; déjà même , chacun d'eux l'attendait avec impatience , comme le
seul remède à ses maux. L'événement le plus heureux, comme le plus inespéré , met fin à cette situation affreuse : une violente secousse rompt les
murs de leur prison , et, les soulevant avec elle,
les lance à la fois en dehors. Aucun d'eux ne perdit la vie.

Les arbres les plus forts ne furent point exempts
de cette migration étrange ; l'exemple suivant en

fait foi. Un habitant du bourg de Molochiéllo, aux environs de cette même ville, Antoine Avâti, se réfugie sur un châtaignier d'une hauteur et d'une grosseur remarquables. A peine s'y est-il établi, que l'arbre est violemment agité ; tout à coup, arraché du sol qui couvre ses énormes racines, l'arbre est jeté à deux ou trois cents pas de distance, où il se creuse un nouveau lit ; tandis qu'attaché fortement à ses branches, le pauvre paysan voyage avec lui dans les airs ; et avec lui voit enfin le terme du voyage !

Un fait à peu près semblable, et qui, bien que se rattachant à une autre époque, mérite cependant d'être ajouté aux exemples précédemment cités des tremblemens de terre par bondissement ; ce fait, dis-je, se trouve rapporté dans une vieille relation du tremblement de terre de 1659. Le P. Thomas de Rossâno, de l'ordre des Dominicains, dormait tranquillement dans l'intérieur du couvent, à Soriâno. Tout à coup le lit et le moine sont lancés, par la fenêtre, au milieu de la rivière Vêsco; le plancher suit fort heureusement le même chemin que le lit et le dormeur , et devient le radeau qui les sauve. L'historien ne dit pas si le moine se réveilla en route.

Il est faux que les manuscrits découverts parmi les ruines, soit de la ville de Terra-Nôva , soit d'aucune des villes détruites par ce même tremblement de terre , portent aucune marque de maculations ni de trous , comme quelques-uns l'ont

effectivement soutenu. Les seuls signes particuliers
qu'on y remarque , sont l'effet naturel du froisse-
ment de ces manuscrits , et de leur chute parmi
les décombres.

La ville de Casalnôvo ne fut pas plus épargnée
que celle de Terra-Nôva : églises, monumens publics, maisons particulières, tout fut également
détruit. Parmi la foule des victimes , on peut citer.
la princesse de Garâce , dont le cadavre seul fut
retiré du milieu des ruines, offrant encore la
trace de deux larges blessures ; particularité qui ,
heureusement, paraîtrait démentir le bruit qui courut alors , quant au long intervalle qui se serait
écoulé, entre l'époque de sa disparition , et celle
de sa mort. Cette malheureuse femme emporta
avec elle les regrets de tout le pays.

La ville d'O'ppido, qui , s'il faut en croire le
géographe Cluverius, serait l'ancienne Mamertum;
cette ville, dis-je, eut le sort de toutes les jolies
femmes : objet d'envie dans leur jeunesse, de dégoût dans leur décrépitude , et-d'horreur après
leur mort.

Je n'entreprendrai point de peindre ici les
ruines et les pertes de tout genre dont ce triste
lieu fut la scène ; je me borne à remarquer, que
tel fut l'état de confusion où le terrible fléau jeta
ici les monumens et l'homme, que le spectacle
seul de tant de ruines et de maux serait lui-
même un mal terrible ; et qu'enfin, tel fut
bientôt l'état de cette malheureuse ville , que ,

parmi le très-petit nombre de victimes échappées
à la mort commune, il ne s'en trouva pas une, qui
pût parvenir, par la suite, à reconnaître les ruines
de sa propre maison, dans les ruines de la maison
d'un autre! j'en prends, au hasard, un exemple.

Deux frères, Don Marcel et Don Dominique
Grillo, riches habitans de cette ville, avaient une
fort belle propriété, située à l'un des bouts de la
rue Cannamâria, c'est-à-dire, hors de la ville.
Cette propriété comprenait plusieurs bâtimens;
tels, entre autres, qu'une maison composée de sept
pièces, d'une chapelle et d'une cuisine; le tout au
premier étage; le rez-de-chaussée formait trois vastes
caves; au-dessous, un vaste magasin contenait alors
quatre-vingts tonnes d'huile. Attenantes à cette
même maison, étaient quatre autres petites maisons
de campagne, appartenant à d'autres habitans; un
peu plus loin, une espèce de pavillon, destiné à servir de refuge aux maîtres et aux domestiques, pendant les tremblemens de terre (1). Ce pavillon contenait six pièces élégamment meublées; plus loin
enfin, se trouvait une autre maisonnette, avec une
seule chambre à coucher, et un salon d'une longueur
immense, sur une largeur proportionnée.

Telle était encore, avant l'époque du 5 février,
telle était, dis-je, la situation des lieux en ques-

---

(1) Quel pays que celui où, pour assurer son existence, l'homme est réduit à prendre de semblables
précautions, et à les prendre inutilement encore!

tion. Au moment même de la secousse, toute espèce de vestiges de tant de différentes maisons, de
tant de matériaux, de meubles d'utilité, de luxe
et d'élégance, tout avait disparu; tout, jusqu'au
sol même, avait tellement changé et d'aspect et de
place, tout s'était effacé tellement, et du site et de
la mémoire des hommes, qu'aucun de ces propriétaires ne put reconnaître ensuite, ni les ruines de sa
maison, ni le lieu où elle avait existé !

L'histoire des désastres de Sitizzâno et Cusolèto, m'offre les deux faits suivans.

Un malheureux voyageur fut surpris par le tremblement de terre, qui, en changeant la situation
des rochers, des montagnes, des vallons et des
plaines, avait nécessairement effacé toute trace de
chemin. On sut que, dans la matinée du 5, il était
parti à cheval, pour se rendre de Cusolèto à Sitizz-
zâno; ce fut tout ce qu'on en put savoir : l'homme
ni le cheval ne reparurent plus.

Une jeune paysanne, nommée Catherine Polistène, sortait de cette première ville, pour rejoindre
son père qui travaillait dans les champs; également surprise par ce grand bouleversement de la
nature, la jeune fille épouvantée, cherche un refuge sur la pente d'une colline nouvellement
sortie du sein de la terre convulsive, et qui, de
tous les objets qui l'entourent, est le seul qui ne
change ni ne bondit à ses yeux. Tout à coup, au
milieu du morne silence qui succède, par intervalle, au bruissement sourd des élémens confon-

dus ; la voix d'un être encore vivant s'élève , et
passe jusqu'à elle ; cette voix est celle d'une chèvre ; et cependant, cette voix ranime son courage
abattu. Le timide animal fuyait lui-même devant
la mort, parmi les terres , les rochers et les arbres ,
soulevés , fendus ou fracassés. A peine la chèvre
aperçoit-elle Catherine , qu'elle accourt vers elle
en bêlant. Le malheur réunit les êtres ; il efface
jusqu'aux signes apparents des espèces ; et, rapprochant l'homme de la brute , il les arme contre
lui-même , du secours plus puissant de la raison
et de l'instinct. La chèvre , déjà moins craintive ,
s'approche de la jeune villageoise, qui lui doit
elle-même un peu plus de courage. L'animal reçoit
avec joie ses caresses ; puis il flaire , en bêlant,
la gourde que la jeune fille tient à la main ; ce langage est expressif, et la villageoise le comprend.
Mais comment satisfaire au désir de la chèvre ?
celle-là n'avait point de verre , celle-ci ne pouvait
boire à même la gourde. L'industrie est fille de
la nécessité ; et bientôt, plaçant la gourde sous
son bras, Catherine, de ses mains virginales, forme
une espèce de vase , où la chèvre attentive s'em-
presse d'étancher sa soif. Un morceau dé pain bis ,
partagé entre elle et la chèvre , est le second tribut
que Catherine paie à la pitié : touts deux auront
leur récompense. Une fois le repas fini , la chèvre
se remet en route , et sa jeune amie suit ses pas,
comme ceux d'un guide protecteur. Toutes deux,
parmi les ruines de la nature , errent long-temps,

sans but déterminé. Gravissant les rocs les plus escarpés, se frayant un passage dans les voies les plus difficiles, la chèvre reconnaissante ralentit sa marche et s'arrête, comme pour attendre sa compagne; et quand celle-ci s'attarde, l'animal, par des bêlemens prolongés, semble vouloir lui dire, et lui dit, en effet, le point vers lequel elle doit tendre, et le chemin qu'il lui faut suivre. Enfin, toutes deux se trouvent au milieu des ruines, ou plutôt, sur le sol bouleversé et nu, de la ville qui a cessé d'être.

La petite ville de Scîdo fut également détruite; et devint aussi le théâtre des plus affreux événemens.

Menacés de la chute de leur maison vacillante, Don Antoine Rûffo et sa femme s'oublient eux-mêmes, pour ne songer qu'à leur enfant, jeune fille en bas âge; ils se précipitent vers son berceau, la pressent contre leur sein, et s'apprêtent à fuir, avec elle, la maison près d'écrouler sur eux. Au travers d'une foule de décombres, ils gagnent le seuil de la porte; et, au moment même où ils passent, la porte tombe et les écrase. Dans toute autre circonstance sans doute, le sort de ces deux victimes de l'amour paternel, comme celui de leur enfant, eût excité long-temps l'intérêt général; mais des maux sans mesure sont bien souvent sans pleurs; et, trop longuement excitée, la pitié devient insensible. Ce ne fut donc que quelques jours après, qu'en fouillant parmi ces décombres, pour inhumer les trois cadavres, on reconnut que l'enfant seul n'était pas mort. Ce ne fut qu'avec peine qu'on l'arracha d'entre les bras des auteurs de ses jours, qui, tout morts qu'ils étaient eux-mêmes, semblaient vouloir le retenir encore. Cette jeune fille devint épouse et mère ; elle vit sans doute au moment où j'écris.

Au centre d'un petit canton nommé la Conturélla, non loin du village Saint-Procope, s'élevait une vieille tour, fermée d'un grillage en bois. Toute la partie supérieure de la tour tomba d'aplomb sur le terrain ; mais quant aux fondemens, d'abord soulevés, puis enfin renversés sur eux-mêmes, ils furent jetés à cinquante pieds au delà. La porte fut tomber à une grande distance ; et, ce qu'il y a de plus remarquable, c'est que les gonds sur lesquels elle tournait, les clous qui réunissaient les poutres et les planches, furent parsemés çà et là sur le terrain, comme s'ils eussent été arrachés avec de fortes tenailles. Je laisse aux physiciens à expliquer ce phénomène.

Une autre ville, Siminàra, fut un exemple bien frappant de l'insuffisance de toutes les précautions de l'homme, contre la force des élémens, qu'il croit dompter et qui le domptent. Toutes les maisons de cette ville, l'une des plus belles et des plus opulentes des deux Calabres : toutes ces maisons, dis-je, étaient construites en bois ; les murailles intérieures étaient des joncs fortement réunis, et recouverts d'une couche de mastic ou de plâtre.

Sans rien ôter à l'élégance, cette espèce de construction n'avait qu'une solidité suffisante à la
sûreté des habitans; il semblait devoir être le
moyen le plus propre à les garantir des périls
du tremblement de terre, parce qu'il n'opposait
aux oscillations du sol, que la force strictement nécessaire pour résister, en cédant. Inutile calcul
de l'homme, contre un pouvoir incalculable!
La terre s'agita, et Siminâra ne fut plus. On eût
dit même que la nature se plut à varier ici ses
horribles jeux : la partie montueuse devint une
vallée profonde; et le quartier le plus bas forma
une haute montagne, au milieu des murs de la ville!

A la porte d'une des maisons de cette ville, était
placée une meule de moulin; au centre de cette
meule, le hasard avait fait croître un énorme oran-
ger. Les maîtres de la maison avaient coutume de
venir s'asseoir, en été, dans ce lieu; et la meule
en question, soutenue par un fort pilier de pierre,
était entourée d'un banc semblable. Au moment
de la secousse du 5 février, les branches de l'oran-
ger deviennent le refuge d'un homme, qui, fuyant
épouvanté, s'y blottit; et, par l'effet de cette même
secousse, le pilier, la meule, le banc, l'arbre
et l'homme, sont soulevés et portés à un tiers de
lieue au delà.

Quant à ce dernier fait, je n'en réponds point,
comme de tous les autres; il n'est fondé que sur
de simples bruits publics; mais, faux ou vrai, il
n'est ni plus inouï, ni moins croyable que ceux-ci.

La destruction de Bagnàra présente au philosophe et au naturaliste, des faits moins merveilleux peut-être, mais non moins intéressans. Pendant le cours des commotions de la terre, toutes les sources et fontaines de cette ville furent subitement desséchées. Les animaux les plus sauvages furent frappés d'une si grande terreur, qu'un sanglier, échappé de la forêt qui dominait la ville, se précipita volontairement du haut d'un roc escarpé, au milieu de la voie publique. Enfin on remarqua que, par un choix sans doute inexplicable, la nature se plut à frapper le sexe le plus cher et le plus délicat; et que, par suite d'une prédilection plus bizarre encore, elle s'en prit à la portion de ce sexe la plus belle et la plus précieuse : toutes les jeunes femmes périrent : les vieilles furent seules sauvées.

Tels furent les traits principaux du fléau ; telle fut la situation des victimes ; telle est la destruction fatale où celui-là laissa après lui les Calabres ; tel est enfin, au bout de trente-cinq années de calme, l'état où ce pays est encore.

Je parlerai plus loin des effets de ce même tremblement de terre sur les villes de Scylla (1) et de Rhegium (2).

---

(1) *Voy.* ci-dessous, art. *Destruction de la ville de Scylla.*
(2) *Id.* art. *Rhegium.*

Messine eut un sort moins affreux : le courage et l'industrie vivaient sous ses ruines ; et, dès que l'orage eut cessé, dès que la terre fut devenue tranquille, s'étayant de ce courage et de cette industrie, elle sortit de dessous ses décombres (1).

_____

(1) *Voy.* ci-desus, pag. 171 et suiv.

VOYAGE DE MESSINE

A CHARYBDE ET A SCYLLA.

QUELQUES semaines après notre arrivée à Messine, mes anciens compagnons de voyage, sir Frédérick et M. Waddington , arrivèrent eux-mêmes dans cette ville. Leur présence me réjouit d'autant plus , que , selon nos conditions mutuelles , je les attendais en effet , pour voir d'un peu plus près le fier et fameux Scylla. Dès le lendemain de leur arrivée, non moins audacieux que le vieux roi d'Ithaque, ni les griffes, ni les gouffres, ni même les monstres dont le roc est gardé ,

> Rien ne put vaincre en moi l'audacieuse envie
> De diriger mes pas vers ces bords inconnus (1).

Et je ne songeai plus qu'aux préparatifs de ce long et périlleux voyage.

Les formalités de l'administration sicilienne , formalités très-utiles sans doute pour le fisc et les aubergistes ; ces formalités , dis-je , ne laissèrent pas que de servir mon impatience. Au bout de trois ou quatre jours d'allées et de venues, chez les

---

(1) Imitation inédite de l'Enfer du Dante. *Voy.* ci-dessus, Tom. I, pag. 2 , note.

consuls·de nos souverains respectifs, le ministre de la haute police, l'intendant général, le commandant en chef des armées de terre et de mer, le consistoire, la monarchie, la junte, le tribunal de conscience sacrée et royale, le bureau de santé, la douane et le saint-office, il nous fut enfin permis, sauf à recommencer ensuite, de sortir du port de Messine, et d'aller librement, selon l'usage des pays libres, à l'autre extrémité de la baie, c'est-à-dire, à quatre lieues au delà !

Quoique parfaitement convaincus de la sagesse de toutes ces mesures, qui, comme on le voit bien, ne peuvent entraver les opérations du commerce, et moins encore le cours des communications; comme ces mesures nous eussent menacés encore, à chaque nouvelle sortie du port libre; nous voulûmes du moins profiter de tant de *permis*, de *visa* et de *passes* pour voir, sur notre route, Charybde, la pêche du corail, et celle de l'espadon.

Le 17 août, à cinq heures du matin, heure où un soleil brûlant darde déjà ses rayons sur la ville, je me rends au lieu convenu :

> Et sur un simple esquif, en mes courses nouvelles,
> Suivi du peu d'amis, qui, vaillans et fidèles,
> Ne m'abandonnent point à mon destin amer;
> Je traverse bientôt la haute et vaste mer (1)

Comme Ulysse, à la vérité, nous ne vîmes ni les

---

(1) Dante, imitation citée.

côtes de l'Espagne, ni Maroc, ni la Sardaigne, ni
même les autres points

Dont cette vaste mer baigne le long contour (1);

Mais, outre que notre voyage fut beaucoup plus
heureux que le sien, nous avions alors sous les
yeux la ville, le port et la baie de Messine; et cette
vue en valait bien une autre.

CHARYBDE.

A PEINE eûmes-nous doublé le petit promontoire
où s'élève le château de Saint-Salvador, et fûmes-
nous arrivés à la hauteur du cap dit, la Pointe de
la Lanterne (2), que notre barque pressa le sein
même de la redoutable Charybde.

Ces courans, que l'on ne connaît guère ici que
sous le nom bizarre de *calófaro*, mot grec dé-
naturé par une prononciation vicieuse et qui
veut dire, beau ou bon phâre, épithète qui leur
fut donnée, sans doute, du fanal qui les indique
aux vaisseaux; ces courans, dis-je, sont à une lieue
un tiers, de la colonne milliaire de l'arsenal de Messine; ils longent une partie de la côte orientale et
méridionale de la Pointe de la Lanterne, directement en face des deux convens de Saint François

---

(1) Dante, imitation citée.

(2) La position respective de ces lieux a été indiquée plus haut, pag. 175 et suiv.

de Paule, et de San-Salvador de Grêci, à un tiers
de lieue du premier, et environ une lieue un tiers
du second ; quant à la côte de la Calabre, ils sont
situés en face des villages Saint-Jean et Catôna,
à deux lieues un tiers de l'un et deux lieues deux
tiers de l'autre.

Charybde ou le Calôfaro forme au milieu de
la mer, comme une espèce de cercle qui peut avoir
cent pieds de circonférence ; sa plus grande profondeur est de cinq cents pieds.

Tandis que nous le parcourions en tout sens,
l'extrême profondeur de la mer ne nous empê-
chait point d'en découvrir le fond, aussi clairement que si nous n'en eussions été qu'à quelques
pieds de distance ; car, en dépit du bouillonnement des eaux, celles-ci sont si limpides et si
claires, que la vérité se cache ici aux regards ;
et j'y fus tellement trompé, que sans savoir
nager, voyant le fond si près de moi, je me dispo-
sais à me baigner au milieu du Charybde même,
lorsqu'un des matelots me prévint, que ce fond
que je croyais atteindre, était à cinq cents pieds de
moi : l'avis me parut bon ; et je me remis dans la
barque.

Le célèbre et savant Buffon, trompé, ainsi que
tant d'autres, par les fictions des poëtes (1), et les

_____

(1) *Voy*. ci-dessus, pag. 167. et suiv.

contes-bleus des anciens, ne vit lui-même, dans
Charybde, qu'un gouffre qui absorbe et vomit les
eaux de la mer trois fois en vingt-quatre heures.
J'ai dit plus haut (1) que Spallanzâni a été le premier à faire justice de tous ces contes : grâce à lui,
en effet, les naturalistes et géographes modernes
ont enfin été mis sur la voie : ils savent à quoi s'en
tenir, à l'égard des prétendus gouffres de ce prétendu tournant.

Le phénomène du Calôfaro, dit ce voyageur
célèbre (2), s'observe au moment où le courant
descend. Les pilotes nomment *réma* descendante,
le courant qui entre dans la baie, du côté du nord;
et *réma* montante, celui qui y entre du côté du
sud. Le courant monte et descend, au coucher et
au lever de la lune. On ne l'observe, dans le détroit, que toutes les six heures, dans l'intervalle
desquelles la mer devient entièrement calme, pendant un espace de temps, qui n'excède jamais une
heure, et ne dure jamais moins d'un quart-d'heure.
Au moment du lever et du coucher de la lune, le

(1) *Id.*, pag. 168.

(2) Privé, comme je le suis maintenant, des livres
les plus nécessaires, je suis forcé de substituer ici ma
propre version, à l'excellente traduction que le célèbre
Faujas de Saint-Fonds nous a donné des Voyages de
Spallanzâni. Le lecteur ne peut qu'y perdre sans doute,
quant à l'élégance du style; je tâcherai de compenser
cette perte, par l'exactitude du sens.

courant vient du nord; et, après avoir décrit mille
angles d'incidence contre le rivage, il arrive très-
lentement jusqu'au Calôfaro, qu'il n'atteint, parfois même, qu'au bout de deux heures ; quelquefois aussi, il y arrive au moment même de son entrée dans la baie; et l'expérience a prouvé que
cette particularité est un indice certain de mauvais
temps (1).

Au reste, telle est la force du préjugé et de l'erreur commune, sur les hommes mêmes les plus
savans; qu'influencé sans doute encore, par les terribles peintures d'Homère et de Virgile, et peut-être
un peu aussi par les contes de ses contemporains,
l'illustre auteur de ce passage n'était pas tranquille lui-même, sur les prétendus dangers qu'il
s'exposait à courir, en se portant alors sur les
lieux. Voici du moins de quelle manière il s'ex-
prime :

La barque qui me portait était conduite par
quatre matelots très-expérimentés (*spérimentatís-
simi*), qui, remarquant à la manière dont je m'en
approchais, que j'y montais avec quelque répu-
gnance, m'encouragèrent, et me promirent de me
faire voir le Calôfaro de très-près, et même de
me conduire sur lui, sans que j'eusse rien à craindre. En l'observant de dessus le rivage, il m'of-

_____

(1) Spallanzâni *Viaggi alle Due Sicilie*. Tom. **IV**,
cap. 29.

frait un amas d'eaux tumultueuses ; et, à mesure
que je m'en approchais, l'amas semblait s'étendre
davantage, et les eaux devenir plus agitées et plus
hautes. Je fus conduit jusque sur les bords, où je
m'arrêtai quelque temps pour faire des observations convenables. Je reconnus alors, de manière
à lever toute espèce de doute, que *ce n'était pas
même un tournant* (vortice) ! Les hydrolo-
gistes enseignent, qu'on entend par *tournant*,
dans une eau courante, cette espèce de cours
circulaire que l'eau suit quelquefois, et que ce
même cours ou rotation produit, en son centre, une
espèce de cavité, qui a la forme d'un cône renversé ; cavité, plus ou moins profonde, dont la base
s'élève à l'entour, et dont les parois intérieurs
tournent en lignes spirales. Mais le Calôfaro *ne
m'offrit rien de semblable.* Le cercle dans lequel il
était renfermé, avait tout au plus cent pieds de
circonférence, et, dans toute l'étendue de ce
cercle, il n'y avait *aucune cavité, aucun mouvement de rotation*, mais seulement un bouillonnement continu des eaux agitées, qui s'élevaient,
s'abaissaient, se heurtaient, se repoussaient mutuellement. Au reste, ces mouvemens contraires
étaient d'une nature si tranquille, qu'il n'y avait
pas l'ombre de motif de crainte de se porter au-dessus d'eux, ainsi que je le fis alors. Mon faible esquif
balançait un peu seulement, par suite de l'agitation continuelle des eaux ; et il fallait ramer sans
cesse, parce que, sans cette précaution, la

barque aurait été portée hors du Calôfaro. Si
quelques-uns des corps que je plaçais sur la surface de l'eau, étaient en effet plus lourds qu'elle,
ils tombaient au fond et ne reparaissaient plus ;
s'ils étaient plus légers au contraire, ils surna-
geaient quelque temps, jusqu'à ce que l'agitation
de l'eau les eût poussés au delà du Calôfaro. Bien
que ces observations eussent suffi pour me convaincre, qu'*il n'y avait au-dessous aucun gouffre
ou tournant*, parce que, dans la supposition contraire, les corps surnageans que j'y avais jetés,
auraient nécessairement été entraînés vers le fond ;
Cependant, je fus curieux d'en mesurer la profondeur, au moyen de la sonde ; et je reconnus que,
dans l'endroit le plus profond, celle-ci n'outre-
passait pas la hauteur de cinq cents pieds. De
plus, à ma grande surprise, j'appris alors qu'au
delà du Calôfaro, et vers la moitié du détroit, la
mer avait le double de profondeur.

Nous avons vu, ajoute Spallanzâni, combien d'auteurs, à commencer par Homère, et à
passer jusqu'au moment présent, combien d'auteurs ont dit ou supposé que Charybde est un véritable *tournant*, ou un immense *gouffre* tournoyant
sur lui-même, et dans le courant duquel chaque fois
qu'un vaisseau entre, ce vaisseau est attiré vers le
centre, et bientôt entièrement englouti. Cependant,
lorsque le courant n'est que faible, ou même qu'il
ne règne pas du tout, bien loin d'être aussi redoutable, Charybde n'est nullement dangereux ; et

c'est ce dont mes propres observations m'ont
donné la preuve indubitable. Lors même que ce
courant devient plus fort, et lorsqu'il est très-
dangereux, Charybde ne présente ni plus ni
moins ses prétendus gouffres et ses prétendus tournans; mais seulement, un fort bouillonnement, un
grand bruissement de l'onde, seules et uniques
causes de ces espèces de petits *tournans* qu'on y
remarque en effet ; tournans qui ne sont qu'accidentels (1), et même nullement à craindre. Enfin,
bien loin encore qu'en cet état même, Charibde

---

(1) C'est à regret que je me vois forcé de relever ici
une légère inexactitude dans cette assertion de notre
savant observateur, qui, n'ayant été qu'une seule fois
sur les lieux, a pu facilement être trompé à ce égard.
À la vérité, les tournans en question, qui cou. rent, de
distance à autre, toute l'étendue du cercle que décrit Charybde ; ces tournans, dis-je, sont plus sensibles et plus forts en hiver qu'en été ; par un gros temps,
que pendant un calme ; mais ils ne sont point entièrement *accidentels*, comme l'auteur le dit ici ; et,
quoique plus au moins forts, ils existent toujours. Pendant les six semaines que je suis resté à Messine, il
'est à p eine passé de jour où je n'aie été, soit sur le courant même, soit en vue de Charybde, c'est-à-dire, à
la Pointe de la Lanterne, d'où l'œil plonge au-dessus ;
et toujours les tournans en question m'ont frappé, et
m'ont paru plus ou moins violens, et plus ou moins
sensibles. Au reste, ces tournans sont très rapprochés
l'un de l'autre ; leur force et leur largeur ne semblent

attire à soi et engloutisse les vaisseaux qui passent
au-dessus d'elle, elle les éloigne de son centre, et
les repousse au contraire au loin (1).

Après avoir reconnu, par nous-mêmes, l'exactitude des observations précédentes, tout étonnés
du temps qu'il faut aux hommes, pour repousser
l'erreur et accueillir la vérité; nous poursuivîmes
notre route vers un autre lieu, qui lui-même, fut
long-temps l'objet des plus ridicules fables.

Pêche du Corail.

A peine fûmes-nous éloignés de Charybde, que
nous laissâmes successivement, sur la gauche, les
hameaux de Ciamâre et Saint-Étienne, la charmante promenade et le bourg du Ringho, où,
comme je crois l'avoir dit, les plus riches habitans
de Messine ont des maisons de campagne; et les
villages, non moins pittoresques, de Saint-Fran-
çois-de-Paule, Salvador de Gréci et Paradiso. Un
peu au delà du dernier, c'est-à-dire, à la hauteur
du bourg de la Pâce, nous discontinuâmes notre

point égales. Les plus grands forment un cercle d'environ un pied de circonférence; celle-ci diminue,
jusqu'à la largeur d'un écu de cinq francs; et, comme
le dit fort bien notre savant naturaliste, les corps
légers que l'on y jette, sont progressivement repoussés
vers l'une ou l'autre côte.

(1) Spallanzâni. *Loc. cit.*

route, pour suivre, d'aussi près qu'il nous fut possible, les bateaux qui vont d'ici à la pêche du corail.

Cette pêche se fait à une lieue au-dessus de Messine, en face même de l'église, dite de la Grotte : l'espace exploité a environ deux lieues de circonférence.

A l'époque où Brydone et Borch visitèrent ce pays, la pêche de cette espèce de zoophite était le privilège exclusif des habitans de la ville de Trâpani, le Drepanum des Romains, ville située à l'autre extrémité de l'île, dans le Val-Mazzâra, sur la côte occidentale. Aujourd'hui le corail se pêche sur plusieurs côtes de la Sicile ; et il n'est ni plus beau ni plus recherché que de leur temps.

Au reste, cette pêche est bien autrement fatigante et dangereuse, que Brydone le donne à entendre. Quoiqu'elle ne soit faite, en effet, que par les pêcheurs les plus expérimentés, et qui connaissent le mieux la force, la situation et la nature des conrans de la baie, les pêcheurs et la barque sont souvent jetés à la mer. La machine dont on se sert est d'une construction aussi grossière que simple ; ce sont deux grosses poutres qui se coupent à angles égaux, et forment une espèce de croix, aux quatre angles de laquelle est fixé un filet chargé d'un poids énorme, et qui peut seul en assurer la descente jusqu'au fond de la mer ; enfin, un câble, glissant sur une poulie, au bout d'une autre poutre qui projette de quelques pieds au delà la proue du bateau , sert à lancer la machine , à la contenir et à la retirer.

Au moment où nous arrivâmes sur les lieux , une de ces sortes de barques y arrivait elle-même ; et nous ne manquâmes pas de la suivre. Les pêcheurs nous apprirent que les roches de corail étaient toutes situées à une extrême profondeur, qui augmentait encore à mesure qu'elles étaient plus voisines du phare. Ici , la mer qui n'a pas moins de mille pieds de profondeur , rend leur exploitation impossible : leur moindre éloignement du niveau de la mer, est de trois à six cents pieds ; celles au-dessus desquelles nous suivîmes les pêcheurs, étaient à sept à huit cents pieds au-dessous de ce même niveau.

Une fois arrivé sur le lieu , la machine, suspendue à la proue du bateau , fut plongée lentement et d'aplomb , jusque sur la roche de corail, dont la distance se calcule par le nombre de brasses du câble , qui s'enfonce dans la mer , avec la machine en question. Du moment que celle-ci a touché sur la roche, les pêcheurs fixent fortement le câble à la poutre qui le soutient ; puis , à force de rames, et avec des efforts infinis, ils font tourner et retourner leur barque , sur toute la circonférence que la roche est censée occuper ; tandis que le chef des pêcheurs s'assure , de temps à autre , par le plus ou moins de tension du câble , si les filets qu'il porte , sont ou non attachés aux branches aigües du corail caché dans le sein des flots. Cependant il n'arrive que trop souvent que, au lieu d'être retenus par le zoophite même, la machine et le filet ne le sont effectivement que par les angles du rocher. Trois fois cet accident eut lieu, pendant le cours de cette même pêche; trois fois l'attente des matelots fut trompée; et trois fois ces huit hommes, naturellement forts et robustes, réunirent toute leur force pour retirer à eux l'énorme et pesant filet, dont la résistance même les assurait d'avance de l'inutilité de leurs peines. Enfin, à la quatrième épreuve, la lourde masse fut retirée, n'amenant avec elle qu'un petit fragment de corail, dont je leur donnai un écu, et qui ne valait pas, en effet, la cinquième partie de la somme.

L'entreprise de cette pêche est faite par une vingtaine de pêcheurs, qui équipent chacun une barque, communément montée par huit hommes, y compris le chef. A s'en tenir au calcul d'un célèbre voyageur, cette pêche produirait, chaque année, trois milliers pesant de corail; d'où notre auteur conclut, que le profit en paie amplement la peine. J'admettrais volontiers la conséquence qu'il en tire, si le prix du corail même n'était resté au bout de sa plume? La perte d'une note que j'avais prise à cet égard, ne me permet pas de suppléer à cette omission; j'ajoute seulement que les pêcheurs en question, payent au gouvernement une somme très-considérable; et que, d'après

leur propre dire, leur profit journalier ne s'élève
pas au-dessus de vingt à vingt-quatre sous par
chaque homme; que ce même profit se réduit souvent de moitié ; et, qu'enfin, ils sont des semaines
entières, sans être plus heureux, que le jour où
nous assistâmes à leur pêche !

Au reste, il semblerait que le corail de la baie
de Messine serait fort inférieure en grosseur, hauteur et poids, à celui des côtes de Barbarie, de
Sardaigne et de Corse ; on prétend qu'il l'emporte
sur ceux-ci, quant à l'éclat de la couleur. Celui
qu'on pêcha devant moi, était effectivement d'un
beau rouge ; mais quelques-unes des branches
n'étaient point encore parvenues, si j'ose le dire,
à une maturité complète ; et au lieu d'être rouges,
étaient encore d'un blanc de lait.

Spallanzâni remarque que le corail de Messine
n'arrive jamais à la hauteur d'un pied, et que sa
grosseur ordinaire est celle du petit doigt ; je ne
sais : mais, parmi cinq à six énormes paniers remplis de morceaux de ce même zoophite, que je
vis ensuite, chez les pêcheurs ; il ne s'en trouvait pas un seul qui excédât la hauteur de trois à
quatre pouces; et la plupart de ces morceaux n'a-
vaient sûrement pas la grosseur en question. Au
reste, cette contrariété de remarque vient elle-
même à l'appui de celle que fait notre savant naturaliste ; savoir, que plus le lit du corail est à une
grande profondeur, plus le corail est petit lui-
même. Que si l'on se demande ici, pourquoi les

pêcheurs ne se portent pas toujours sur les roches les moins profondes, c'est que, selon notre auteur, toutes les roches de corail connues dans le détroit, sont seulement au nombre de dix, c'est-à-dire, sur dix points différens; et que, par suite d'une loi établie par les pêcheurs mêmes, chacun de ces mêmes points ne peut être exploité que tous les dix ans; intervalle qu'ils jugent absolument nécessaire pour donner au corail le temps de parvenir à son entier développement; d'où il résulte qu'ils ne sont point libres de choisir les roches les plus riches et les plus belles; mais qu'ils sont forcés, au contraire, à pêcher pendant toute une année, sur un seul et même point.

Quant au prétendu état de mollesse où le corail serait dans la mer, et la dureté qu'il acquierrait ensuite, par le contact de l'air; et enfin, le préjugé qui le classa long-temps parmi les plantes; ce sont là de ces anciennes erreurs dont les progrès de la science ont fait justice depuis long-temps; et, plus savans, à cet égard, que les gens qui se donnent pour tels, les pêcheurs de Messine riraient un peu, sans doute, à la lecture de l'article *corail* de plus d'un Encyclopédiste?

Pêche du Spada.

Notre curiosité une fois satisfaite, nous nous écartâmes encore de notre route, pour rejoindre les bateaux qui vont à la pêche du fameux espadon, connu ici sous le nom d'épée ou spâda.

Ce poisson monstrueux, dont le poids varie de deux cents à trois cents livres, et qui, parfois même, pèse jusqu'à quatre quintaux, est armé, en effet, d'une espèce d'épée ou dard, dont l'épaisseur, la longueur et la force dépendent elles-mêmes de celles de l'animal. Cette arme, dont la largeur diminue à mesure qu'elle approche de l'extrémité du dard, a communément trois à quatre pouces de large, sur un ou deux d'épaisseur, à la partie attenante au front du monstre.

Par une singularité très-remarquable, quoique encore à expliquer, à partir du mois d'avril jusqu'à la fin de juin, ce poisson entre dans le détroit de Messine, se dirige vers cette ville, et longe constamment la côte de la Sicile ; tandis que, depuis le premier juillet jusqu'à la fin de septembre, revenant alors sur ses pas, il longe toujours, au contraire, la côte de la Calabre ?

Cette dernière marche était celle qu'il suivait au moment où nous assistâmes à sa pêche ; pêche qui se faisait alors, à environ un tiers de lieue du village la Pâce, entre ceux de Sainte-Agathe et la Carrière, précisément en face du promontoire de la Calabre, connu sous le nom de Pointes-du-Puits.

D'après les détails que Spallanzâni a donnés sur la pêche du poisson spâda, détails auxquels je me permettrai d'ajouter quelques rectifications nécessaires ; il paraîtrait que, de son temps, cette pêche se faisait encore de deux manières différentes ; savoir, au harpon et au filet; mais, depuis l'époque dont il parle, le gouvernement a prohibé l'usage de ce dernier, et le filet en question, machines énorme, mais plus sûre, et que les pêcheurs connaissent ici sous le nom de *palimadära*, ne peut plus être employé aujourd'hui, que dans la pêche de poissons beaucoup plus petits. Cette prohibition, très-sage, a pour but la conservation de l'espèce; car la pêche du *spâda*, faite avec la *palimadärà*, eût fini par l'anéantir entièrement.

Au centre d'une étendue quelconque ; mais ordinairement de plusieurs milles de circonférence, est placé un bâteau stationnaire, que l'on nomme la *ferriére*, autour duquel un certain nombre de barques, connues sous le nom de *lüntri*, sont placées elles-mêmes, de distance en distance.

Du milieu du bateau central, s'élève un mât d'une hauteur prodigieuse, et terminé par une espèce de hune ou plate-forme, où se tient un matelot en vigie, chargé d'observer la marche du poisson, et d'en donner avis aux autres barques, dont l'équipage demeure dans le plus grand silence. La vue de ces sortes de vigies est si bonne, et tellement exercée, qu'ils aperçoivent le poisson à plus d'une lieue en mer.

La construction des *lüntri*, ou barques qui, comme je l'ai dit, entourent la *ferriére* ou bateau central, exige une description particulière. Ces barques, qui sont les seules agissantes, ont dix-sept à dix-huit pieds de long, sur sept à huit de large, et quatre de haut. La proue en est beaucoup plus large et plus élevée que la poupe ; cette particularité facilite et assure davantage les mouvemens du lancier, ou pêcheur principal, chargé d'attaquer le poisson, au fond des flots. Cet homme, toujours choisi parmi les pêcheurs les plus forts, les plus adroits et les plus expérimentés, est armé d'un harpon, dont le manche, fait du charme le plus compacte et le plus dur, n'a pas moins de douze pieds de long. Le dard qui le termine, et que les pêcheurs nomment la flèche, a sept à huit pouces de long, sur trois de large, à sa base ; ce fer est garni, dans toute sa longueur, de deux espèces d'oreilles, ou plaques mobiles du même métal, qui, au moyen d'une corde cachée dans une rainure qui s'étend des deux côtés du manche, se ferment et s'ouvrent à volonté, du côté opposé à la pointe de la flèche, qui, par suite de la séparation soudaine de ces mêmes parties, une fois entrée dans le corps du monstre, ne peut en être retirée que par la main de l'homme. Enfin, à ce terrible harpon, est fixé un câbleau ou grosse corde, de sept à huit cents pieds de long, qui le suit au fond de la mer.

Au milieu de cette même barque, une autre moins longue, est fixée en travers, de manière que la poupe et la proue projettent de chaque côté du *lúntri*, d'environ un pied et demi. Deux rames sont placées, aux extrémités de cette seconde barque ; ces rames ont vingt à vingt-cinq pieds de long ; deux matelots les font agir ; tandis que, placé en sens contraire, entre ces deux derniers, un troisième, tout en maniant aussi l'une et l'autre rame, tient ses regards constamment attachés sur la vigie de la ferrière ou bateau central ; et, tenant lieu de timonier au *lûntri*, le dirige lui-même, selon les signaux qu'il reçoit ; enfin, deux autres matelots meuvent également deux rames plus petites, à la poupe du bateau.

Tout à coup, au milieu du silence général, s'élève un cri perçant ; ce cri est celui de la vigie, qui, au seul changement de la couleur des eaux, a reconnu l'approche du poisson ; et l'annonce. Au moment même, toutes les barques, jusqu'alors immobiles, s'ébranlent ; et, à l'exception de la ferrière qui reste toujours à sa place, courent à force de rames, au devant de leurs proies ; car, il est bon de remarquer, que le *spáda* ne nage jamais seul, mais sur les pas de sa femelle, qu'il ne perd jamais de vue. Ce sentiment naturel entraîne presque toujours la perte de l'un et de l'autre : l'ennemi qui les voit, en profite ; ses coups tombent d'abord sur celle-ci ; car, aussitôt qu'elle est atteinte, le mâle ne songe plus à fuir.

Cependant, loin de paraître craindre tant de préparatifs hostiles, sans fuir le danger qui la menace, soit en retournant sur ses pas, soit même en changeant un moment de route, la femelle avance fièrement au milieu de ses ennemis ; et, comme si l'espèce de sifflement qui lui est na-

turel n'était pas suffisant, pour leur annoncer son
approche, elle semble, par mille et mille détours,
prendre plaisir à jouir long-temps de leur attente,
et à provoquer leur vengeance. Ici, les cris de la
vigie cessent; et dans le plus profond silence,
chacun regarde le lancier, qui, debout à la proue
de la barque, le bras levé, et le harpon en main,
suit des yeux tous les mouvemens du monstre,
choisit son temps, et lance enfin le trait, qui siffle,
plonge, et perce l'ennemi, à vingt pieds sous les
eaux. Au même instant, il détend la corde qui retient les ailes latérales du dard; celles-ci s'entr'ou-
vent d'elles-mêmes, dans le corps du poisson,
dont les bondissemens furieux ne font qu'affermir
davantage le harpon qui le déchire, et qui, séparé
tout à coup de son manche, reste seul dans ses
reins transpercés. Le poisson plonge et fuit, en laissant après lui un long sillage ensanglanté; mais
toujours retenu par la corde fixée au dard qui le
perce, il l'entraîne avec lui dans les profondeurs
de la mer. Sa reparition sur les flots annonce
aux pêcheurs l'affaiblissement de ses forces; et ce
n'est que long-temps après qu'il surnage tout-à-
fait immobile, que ceux-ci se hasardent à le retirer
de l'eau, et à le hisser dans la barque.

Il arrive assez souvent que le poisson blessé,
parvient à rompre le câbleau, qui le suit dans la
mer, quoique celui-ci n'ait pas moins de deux à
trois pouces de grosseur. Aussi souvent encore,

retombé de nouveau entre les mains de ses ennemis naturels, ils retrouvent le harpon dans son
corps ; car, si la blessure est légère, l'animal
en guérit aisément. Il n'est pas non plus sans
exemple , que le monstre blessé ne s'en prenne à
la barque même ; ne revienne furieux sur elle,
ne la perce de part en part, et ne la fasse couler bas.

Cependant, à s'en tenir au témoignage d'un
voyageur moderne (1), on croirait volontiers que
cette entreprise ne serait ni plus ni moins hasar-
dense, qu'une partie de plaisir faite par de jolies
femmes , qui, dans un yacht élégant, pêcheraient
des poissons dorés , sur le lac de quelque maison
de plaisance? A l'en croire, du moins, nos robustes pêcheurs messinois, se serviraient ici d'un
petit harpon, attaché à une longue ligne. Or, le
petit harpon en question, n'est autre qu'un dard
de sept à huit pouces ; et la longue ligne, la hampe
de douze pieds de long, dont il a été parlé plus
haut! Cette partie de plaisir n'est en effet qu'un
travail de forçat : je ne conseillerais point à nos
élégans de *Coblentz*, de se livrer à cet amuse-
ment.

Une double inexactitude se remarque, dans le
passage, où le même voyageur prétend que, pour

---

(1) Brydone. *A Tour through Sicily*, etc. Let. 33.

attirer le poisson , les pêcheurs se servent d'une
certaine phrase grecque , qu'ils prétendent être
d'une efficacité merveilleuse ; et que , si malheureusement , le poisson entend prononcer un mot
d'italien, il se plonge aussitôt dans l'eau , et on ne
le revoit plus. Sans doute des récits de ce genre ne
vaudraient pas la peine qu'on prendrait à les contredire , si , tout en rectifiant l'erreur, on ne re-
montait à sa source.

J'ai dit plus haut, que l'espadon ou *spáda* faisait
entendre , en nageant, une espèce de sifflement ,
qui est sans doute le simple effet des flots qu'il
aspire et repousse hors de ses larges narines ;
et j'ajoute que ce sifflement laisse entendre ūn
son assez semblable à celui du mot *xiph* ; sans
doute encore , ce même sifflement lui valut le nom
de *xyphias* , sous lequel les Grecs le connurent ?
et ce n'est enfin que dans cette particularité seule,
que l'on peut trouver l'origine de l'historiette du
voyageur anglais ? Ni plus ni moins instruits que
tous les gens de cette classe , les pêcheurs messinois ne parlent ni italien ni grec : ils parlent sicilien , comme les pêcheurs du pays de Brydone ,
parlent probablement irlandais.

Ce même auteur termine le passage en question par une réflexion qui tient aussi par trop à la
légèreté d'un observateur de boudoir. Comme
ces poissons, dit-il, sont ordinairement gros et
forts, on les poursuit quelquefois des heures entières, avant de les attraper ; ce qui procure , ajoute-

t-il, un divertissement agréable : agréable, pour le
spectateur peut-être, mais qui sûrement n'est pas
tel, pour les pêcheurs et le poisson!

Cependant, nous jouâmes encore de malheur;
ou plutôt, le *spāda* se joua lui-même des préparatifs
des pêcheurs : au bout d'une heure et demie d'attente, le cri désiré se fit enfin entendre, et ce cri n'a-
vait en effet rien de *grec*. Nos voyageurs aquatiques
ne tardèrent pas à paraître ; mais, moins audacieux,
ou plus pressés que leurs confrères, ils ne s'amu-
sèrent point à braver des dangers inutiles ; et, au
lieu de se frayer le passage parmi les ennemis, ils
tournèrent brusquement sur la gauche, et, gagnant la côte de la Sicile, passèrent effrontément
à quelques pas de notre propre barque, qu'ils
eussent renversée d'un seul bond, ou pourfendue
d'un coup de leur flamberge, s'il était vrai de dire
que, pourvus de la ligne et du petit harpon de Brydone, nous eussions été assez fous, pour nous opposer à leur fuite.

Presque aussi sots que les pêcheurs mêmes, nous
nous portâmes alors vers le bateau central, pour
y voir un de ces poissons, qui avait été pris
quelques heures avant notre arrivée. Retenu par
le harpon enfoncé dans ses reins, le monstre
flottait encore au pied de la barque, sur laquelle
nous le fîmes hisser. Les pêcheurs s'apitoyaient sur
sa petitesse ; et, après l'avoir mesuré, nous reconnûmes qu'il avait trois pieds et demi de long, sans
compter son espadon même, qui était d'une longueur

égale, sur trois pouces environ de largeur. Cet os énorme, dont les deux côtés sont convexes, nous parut recouvert d'une espèce d'écaille ou peau très-dure, granuleuse, et d'un gris noirâtre. Son extrême pesanteur, jointe à sa dureté et à sa force, en font une arme redoutable, et qui, une fois garnie d'une poignée quelconque, entamerait le bois le plus dur, sans en être nullement ébréchée. Au reste, le *spáda* est l'ennemi naturel de trois autres poissons monstrueux qu'il ne voit pas sans attaquer, et n'attaque pas sans vaincre : ces poissons sont le chien de mer, le caprîtta ou *squalus zigaena* des anciens, et enfin la baleine même (1).

BAIE DE MESSINE.

ENFIN, nous poursuivîmes notre route vers le fameux écueil, qui, grâce au plus beau temps et à la mer la plus tranquille, était plutôt l'objet de nos désirs, que celui de nos craintes.

Avant de parvenir au point où nous étions alors, nous avions laissé, sur la gauche, la côte un peu plane de la Sicile ; et longé, sur la droite, les montagnes

---

(1) Dans les explications jointes aux Cartes topographiques de la Ville de Scylla, le P. Antoine Minâsi remarque que, de son temps, on citait déjà six exemples différens, de baleines monstrueuses jetées par la tempête sur la côte de la Calabre, au pied de l'écueil en question.

de la Calabre, élevant dans les airs leur front sourcilleux et noirâtre. Ces deux côtes sont si rappro-
chées l'une de l'autre, que, pendant plusieurs milles, on reconnaît, pour ainsi dire, les traits particuliers des deux peuples. Bientôt elles s'éloignent
peu à peu l'une de l'autre ; puis, se repliant ensuite
sur elles-mêmes, se rapprochent de nouveau ; et,
ne laissent plus entre elles, qu'un bras de mer d'un
peu plus d'un tiers de lieue de largeur. C'est là
qu'est le fameux détroit connu sous le nom de Phare
de Messine ; détroit que les Grecs nommaient eux-
mêmes Eurypos.

Du côté de la Sicile, ce détroit est formé par le
cap Pélore ; du côté de la Calabre, par un roc où
s'élève une tour, et qui porte le nom bizarre de la
tête du cheval, de la figure qu'on dit être empreinte
sur sa base ; figure que, par parenthèse, nous n'a-
perçûmes point, quoique notre barque rasât alors
le pied du roc même.

SCYLLA.

CE rocher célèbre, qui donne aujourd'hui son
nom à une ville non moins célèbre par ses malheurs,
est situé, comme je l'ai précédemment marqué,
sur la côte orientale de la Calabre ultérieure, à une
lieue avant le cap Pélore, ou phare de Messine,
situé lui-même sur la côte occidentale de la Sicile.

Cette côte, je veux dire la côte de la Calabre,
forme ici une baie profonde, du milieu de laquelle un roc à pic, d'environ 550 pieds de hau-

teur, au-dessus du niveau de la mer, qui, ici, n'a pas elle-même moins de mille pieds de profondeur, s'élance dans les flots, où il forme un promontoir aussi célèbre que redouté.

Ce roc, que les flots battent depuis tant de siècles, n'est autre que le fameux écueil si souvent chanté par les poëtes : c'est le Scylla d'Homère, dont le front touche au vaste ciel ; c'est l'épouvante des plus anciens navigateurs, à commencer par Ulysse même.

Trois récifs, inégaux en hauteur et en forme, se détachent en avant du roc, et élèvent à ses pieds leur cime acérée et noirâtre. Ces récifs sont sans doute les trois dents que le poëte (1) a données aux six têtes de son prétendu monstre : mais, quant aux têtes mêmes, nous les cherchâmes vainement. Enfin, un assez grand nombre d'autres récifs moins élevés, sont semés çà et là, autour du rocher principal ; et ceux-ci sont aussi les loups et les chiens aboyans autour de Scylla ; et auxquels l'imagination des poëtes se plut à en confier la garde.

Toute la baie de Scylla peut être divisée en côte méridionale, et côte septentrionale. La première sera celle qui s'étend du côté de la mer Ionienne ou détroit de Messine ; la seconde, celle qui s'étend du côté de la mer Tyrrhénienne, ou Méditerranée. De l'un et de l'autre côté de cette baie, qui, comme je viens de le

---

(1) *Odyss.* Lib. XII, v. 91.

dire, est coupée; dans son centre, par le promontoire ou écueil de Scylla, s'élève la ville même; ville
qui est dominée de toute part par de hautes montagnes, sur lesquelles elle est en partie située. Enfin, au sommet du rocher, s'élèvent également
les ruines d'une forteresse presque entièrement détruite, à l'époque du tremblement de terre de 1783,
et dont je parlerai plus amplement par la suite,
dans les détails relatifs à la destruction de la ville
même (1). Cette forteresse, ou plutôt ces ruines
sont jointes aux maisons de la ville, par un pont pittoresquement suspendu dans les airs. Les maisons se
prolongent et s'abaissent graduellement sur la pente
du rocher, jusqu'au niveau de la mer, où, une fois
parvenues, elles s'étendent en demi-cercle, pour
former cette double baie dont je viens de parler;
et dont l'aspect agréable et riant, forme lui-même le
plus pittoresque, comme le plus complet des con-
trastes, avec l'aridité et la teinte noirâtre de l'é-
cueil.

Il n'est point d'artifice de style, point de description écrite, qui puisse rendre, sans l'affaiblir,
l'effet d'un tableau de ce genre : le crayon du
peintre le moins habile, l'emporterait ici, sur la
plume de l'écrivain le plus exercé.

Au reste, je l'avoue franchement, nous ne pûmes découvrir les cavernes profondes, claire-

_____

(1) *Voy.* ci-dessous, pag. 269 et suiv.

ment aperçues par Brydone et par Borch, et même
par un voyageur (1) plus moderne, et bien moins
accoutumé qu'eux, à fonder ses récits sur des bruits
populaires, et sur les fables de la crédule antiquité.
Tout aussi vainement cherchâmes-nous à entendre
ces terribles gémisssemens, cette espèce de tonnerre et ces aboiemens de chiens, qui, selon ces
deux premiers auteurs, confirment encore les
récits de Virgile et d'Homère. Brydone et Borch
avaient sans doute des oreilles et des yeux plus fins
et plus perçans que les nôtres? Après trois courses
différentes, par nous faites à l'entour de l'é-
cueil dont nous nous approchâmes d'assez près,
pour pouvoir le toucher au doigt; nous aperçûmes bien, soit sur cette partie du roc que couvrent les eaux de la mer (2), soit sur celle qui s'é-
lève au-dessus de ces mêmes eaux; nous aperçûmes, dis-je, quelques fissures plus ou moins
grandes; nous entendîmes quelques bruissemens
plus ou moins forts; mais ces fissures et ces bruissemens nous parurent fort loin d'être, ni de véritables cavernes, ni des mugissemens affreux. Spal-

---

(1) Spallanzâni. *Loc.* cit. Tom. IV, pag. 160.
(2) Ici, comme dans toute la baie de Messine, la
mer, par un temps calme, est d'une si grande limpidité, que, comme je crois l'avoir remarqué déjà, l'œil
est trompé sur sa profondeur réelle, et voit facilement
des objets, qui sont souvent, à huit à neuf cents pieds
de lui.

lanzàni cite, entre autres cavernes, celle communément appelée la Dragâra ou le Zûco. On remarque, en effet, à la partie méridionale du roc de
Scylla, une espèce de crevasse, située à plusieurs
toises au-dessus du niveau de la mer. Mais, loin
de mériter le nom de caverne, celle-ci n'est effectivement qu'une de ces fissures naturelles, qui se
trouvent dans la plupart de ces énormes masses;
et l'entrée en paraît si étroite, que je doute qu'un
enfant même pût facilement y entrer; et que,
d'un autre côté, il faudrait que la mer fût extra-
ordinairement grosse, pour que les flots pussent
monter jusque-là?

Après avoir suffisamment observé les lieux,
et découvert la vérité sous les fables, nous fai-
sons amarrer notre esquif au pied même du redoutable Scylla; mais, comme nous ne pouvons mettre pied à terre, sans nous soumettre
encore à une foule de nouvelles formalités, aussi
fatigantes que coûteuses; et que, d'un autre côté,
la ville n'a rien de curieux, nous nous déterminons
à dîner dans notre barque; et là, malgré le voi-
sinage du monstre pétrifié, en dépit de ses hurlemens, de ses loups et de ses chiens furieux, nous
buvons tranquillement à la santé d'Homère, de Virgile, d'Horace, et voire même, à celle de Borch et
de Brydone, auxquels nous passons volontiers
quelques légères inexactitudes, en faveur de leur
titre de voyageurs et de savans.

Notre salle à manger flotte au milieu des

écueils : les pièces par bas sont à sept cents pieds
de nous. Du milieu de l'espèce de tente sous laquelle nous sommes assis , nous avons devant nous,
par-derrière, à droite et à gauche, un de ces tableaux assez rares , que la nature trace toute seule ;
et que, toute seule aussi, elle montre aux regards de
l'homme.

Ce tableau, en effet, est plus facile à admirer
qu'à rendre : l'historien, le naturaliste et le peintre
trouveraient ici à exercer long-temps leur plume ,
leurs yeux et leurs pinceaux : le premier aurait
à décrire le rocher de Scylla ; cet écueil redouté , devant lequel l'homme tremble depuis
tant de siècles, épouvanté devant la nature en
fureur : il nous représenterait ce terrible enfant
de la mer, dont le pied sonde ses abîmes , et dont
la tête menaçante s'élève au-dessus d'eux , comme
un géant superbe; il nous représenterait Scylla ,
trop heureux d'échapper à la ruine commune ;
ne pouvant abriter ni défendre un petit nombre
d'habitans ; et tremblant , pour la première
fois lui-même. Ce lieu n'offrirait pas au naturaliste , des remarques et des richesses moins curieuses et moins abondantes : comme nous , face à
face de l'écueil, il se tournerait vers la droite ; et là,
portant ses regards jusque vers ce cap (1), qui s'é-
lève à l'extrémité de la baie, il verrait , sur le récif

_____

(1) Le cap Bâci. Ce cap était naguère formé par
une haute montagne du même nom ; les détails sui-

noirâtre, le lichen marin, les madrépores *calycu-lares*, les zoophytes et les vers-de-mer. Ramenant ses regards vers la ville, de ce même côté, au fond de la profonde baie, il remarquerait sans doute ce roc, en apparence aride, mais couvert en effet de ces fameux plans de vignes grecques, dont les anciens habitans du pays enrichirent jadis leur propre territoire, et qui produisent encore de nos jours des vins de Malvoisie, qui ne sont point infé-rieurs aux vins de Candie et de Crète; il verrait une troupe de colombes, gorgées de ce nouveau nectar, gagner avec empressement leur nid, vaine-ment établi par elles sur le faîte le plus haut du sourcilleux Scylla; lieu sauvage et désert, qui sem-blait leur offrir un asile assuré; mais où leurs enne-mis naturels, l'aigle superbe et l'épervier farouche, les guettent, les atteignent et les tuent. De l'autre côté de la baie, une des montagnes (1) qui la do-minent, lui offrirait un phénomène qui est encore à expliquer : au haut de cette montagne est placée une croix de bois, sans clous ni aucune espèce de ferrures; et, toutefois, cette croix est un véritable conducteur électrique, qui, à chaque nouvel orage, est frappé sans cesse par la foudre; réparée de nou-veau, et de nouveau abattue. Quelques physiciens

vans indiqueront l'époque et la cause de sa dispari-tion.

(1) Le Mont Cicculo.

en ont cherché la cause, dans la nature résineuse du
bois dont cette croix est formée : notre naturaliste
déciderait la question. Quant au pinceau du peintre, je ne me charge point de le guider ici : qu'il
vienne sur les lieux, à la place où je suis maintenant; qu'il admire, observe et copie; et, si sa copie est fidèle, s'il parvient, en effet, à bien rendre
ce qu'il voit, il pourra s'écrier : Eh! moi aussi,
je suis peintre! et prendre place, ensuite, entre
Claude Lorrain et Salvator Rôsa. La seule recommandation que je me permettrais de lui faire, c'est
de ne point oublier, dans ce tableau sublime, les
deux derniers récifs de la partie septentrionale de
la baie : deux faits affreux (1) les ont rendus célèbres ; et le dernier, surtout, vivra dans la mémoire des hommes, tant qu'ils connaîtront le malheur et l'amour.

DESTRUCTION DE LA VILLE DE SCYLLA, EN 1783.

J'AI parlé du château et de la ville de Scylla : je
passe aux détails des malheurs qui les anéantirent.

Le même jour (2) et au moment même où toutes
les deux Calabres devinrent le théâtre de l'épouvante et de la mort, le sourcilleux Scylla, vacil-

---

(1) Ces deux faits sont relatifs aux longues angoisses
de la famille de l'abbé Pontillo ; et à la fin tragique de
Propèrce et Côsima. *Voy*. les détails suivans.

(2) Le 5 février 1783. *Voy*. ci-d. pag. 209 et suiv.

lant sur son énorme base, rejeta loin de lui, et la
ville et les hommes qu'il portait.

Au moment d'une des plus fortes secousses,
M. l'abbé Pontillo, homme d'une force peu commune, et, ce qu'il y a de plus extraordinaire, eu
égard à son état, très-expérimenté dans l'art de
la navigation, se trouvait, ainsi que sa sœur et
deux de ses neveux, sur un point de la plage sep-
tentrionale(1) de la baie de Scylla; côte, que les gens
du pays connaissent sous le nom de Piàna-Lêa. A
l'aspect du double danger que lui présentent, et les
oscillations du rivage, et les vagues qui le recouvrent, il perd tellement l'usage de sa raison,
qu'au lieu de se sauver vers la partie montueuse
du rivage, il ne pense qu'à se jeter sur un de ces
nombreux récifs qui, comme je l'ai dit ailleurs,
environnent l'écueil de Scylla. Sa sœur et ses neveux suivirent malheureusement son exemple; ils
passèrent avec lui sur ce même rocher, qui, vacillant bientôt aussi fortement qu'une barque, tantôt livrait aux vagues quelques-uns de ses débris, et tantôt bondissait sur lui-même. Une fois
établi sur ce funeste site, chacun d'eux tournait
ses regards vers la ville, et voyait ses ruines se
précipiter successivement dans les flots. Bientôt,
au bruit confus des cris et des gémissemens qui
passaient alors jusqu'à eux, succède le silence de la
mort; silence qui n'est long-temps troublé, que par

(2) *Voy.* ci-dessus, pag. 263.

les sourds mugissemens de la terre agitée et le bruit horrible des vagues. A ce spectacle affreux, le prêtre, sa sœur et les enfans, tous tombent à genoux, sur le récif étroit, qui tremble. Cependant ils tournent leurs regards vers l'écueil principal, dont le roc qui les porte vient d'être entièrement détaché; et reconnaissent, avec surprise, que la mer, refoulée sur elle-même, ne les environne plus. Une indécision funeste les retient encore à leur place : le danger est partout, la sûreté n'est nulle part : là, la terre bondit et s'entr'ouvre; ici, la mer, convulsive, les menace et les assaillit. Une espérance inattendue vient calmer un moment le trouble de leur raison et de leur âme : comme sortant de dessous les vagues, une barque leur apparaît : un homme la conduit; cet homme (1) est leur ami, leur parent, leur frère; en un mot, c'est le père des deux enfans. Au retour de la pêche, il a été surpris par le tremblement de terre, et s'efforce de gagner le rivage. A cette vue, un cri de joie que des pleurs mutuelles accompagnent, s'élève spontanément du récif et de la barque. En se voyant ensemble, chacun se croit sauvé : le malheur pousse toujours trop loin, le désespoir ou l'espérance; et l'infortuné père est le premier de tous à partager l'erreur commune : il réunit ses forces, il rame, il hâte autant qu'il peut, sa course vers le point où l'attend sa famille éplorée; mais au moment où il croit tou-

(1) M. Côsta.

cher au roc, la barque engravée s'arrête ; un espace sans eau les sépare ; il croit le franchir à pied
sec : le flot cruel revient tout à coup sur lui-même,
soulève de nouveau la barque, et la repousse à cent
pieds du bord. Cependant l'espoir de son retour
reste encore aux uns et aux autres ; mais ce dernier
espoir leur est soudain enlevé : la mer, toujours
croissante, s'élève à une hauteur horrible autour
du rocher protecteur ; et le temps nécessaire au
retour de la barque, est trop long pour les arracher
à la mort.

Telle était la force des vagues, que, submergeant
alors toute la plage, elles entraînaient après elles,
ceux des habitans de Scylla qui, fuyant les hauteurs,
s'étaient tumultueusement portés sur cette même
rive, où les attendaient de nouveaux dangers et la
mort.

Depuis long-temps, et malgré leur faiblesse,
cramponnés aux aspérités du roc, les infortunés
en question, sont forcés de se tenir debout ; et,
dans cette attitude, déjà même ils ne peuvent plus
protéger leurs enfans contre la lame qui les couvre :
la mère en tient un dans ses bras ; l'oncle s'est chargé
de l'autre ; tous deux ne peuvent plus s'attacher au
rocher, que d'une seule main ; tous deux sont ébran-
lés par les flots qui les gagnent ; tous deux en sont
enfin, à calculer le temps qui leur reste à vivre. La
dernière ressource de l'homme, la prière même
leur devient impossible, ou du moins ils ne peuvent
ici, ni réunir la leur, ni tomber à genoux, devant le

dieu qui les poursuit ; et , muets, immobiles, l'œil fixé sur leur tombe , ils sont là , attendant la mort.

Hâtons-nous de tirer le voile sur cette scène de désespoir et d'horreur ; et passons au moment, où les cris de ces quatre victimes parvinrent enfin jusqu'au dispensateur éternel, et du mal et du bien dont il dota sa faible image ! Ces cris furent à peine entendus , que la terre et les eaux se calmèrent ; la barque désirée approcha du rivage ; l'heureux père en retira ses enfans , sa femme et son frère ; et cinq victimes furent sauvées.

Je voudrais m'arrêter ici : froissée d'avance par les tableaux que j'ai à peindre , ma mémoire me prête à regret son secours. Chose étrange ! la nature se lasse moins de détruire , que l'homme de la suivre dans ses destructions.

Peu de temps avant cette fatale époque , une fatalité non moins grande avait porté un vieillard des plus respectables , le prince de Scylla , à passer de Naples , avec toute sa famille , dans le château de ce nom (1). L'édifice , aussi ancien que solide , avait résisté aux premières oscillations de la terre , et celles-ci n'avaient produit sur lui que des dégâts assez peu importans. Cependant , par une fatalité plus funeste encore que la première , toute la famille du prince , saisie d'une terreur bien naturelle sans doute , mais malheureusement irréfléchie , ré-

_____

(1) Ce château est celui qui est situé au haut de l'écueil de Scylla. *Voy*. ci-dessus, pag. 264.

solut de quitter cet asile ; et l'exécution du projet égala , en vitesse , la force de la terreur.

Éclairé par son expérience , ses longues années et ses lumières , le bon vieillard prévoit le danger de la fuite ; et , désespérant enfin de convaincre sa famille aveuglée , il tombe à genoux, aux yeux de ses enfans en pleurs ; recommande son âme à Dieu , et se soumet à ses décrets impénétrables. C'est ainsi que cet homme , qui , dans tout le cours de sa vie, n'avait pris , pour conseil et pour guide , que son expérience et son raisonnement, maintenant affaibli par l'âge , le désespoir et la terreur qui l'entourent, cède aux pleurs et à l'avis des autres.

On imagine bien que son exemple fut suivi par la plus grande partie de la population de la ville , qui tous le respectaient comme un père ; et tous de se porter avec lui sur le rivage de la mer ; puis de se réfugier ensuite sur des barques, des felouques, des tartanes et autres bâtimens, qu'ils éloignent de la rive autant qu'ils le peuvent , après les avoir encombrés des effets les plus précieux, et de tous les vivres échappés aux premiers ravages du fléau ; ils courent , et sont loin de prévoir qu'ils courent à leur perte !

Les gémissemens et les craintes remplissent le reste de cette journée fatale. La nuit qui lui succède ne change rien à cette situation. Toutefois l'épuisement l'emporte sur l'agitation de l'âme ; le malheureux n'a pas un sommeil calme : il dort agité , mais il dort.

Vers les onze heures du soir, une forte secousse
réveilla leur terreur assoupie ; et telle fut la vio-
lence de cette même secousse, qu'une partie du
mont Baci (1) s'écroula avec un bruit horrible ;
montagne en face de laquelle toutes les barques
s'étaient portées. Quelques-uns de ses débris furent
tomber sur le rivage, d'où ils repoussèrent les
flots ; et, comblant leurs plus profonds abîmes,
formèrent, çà et là, autant d'écueils nouveaux.

Cependant, la population des barques, victimes désignées d'avance par la mort, ne s'occupe en ce moment que des cris et des vœux, que
poussent vers le ciel, ceux de leurs concitoyens
qui n'ont point suivi leur exemple. Tout à coup,
un sifflement sourd, un je ne sais quel murmure sort du fond de la mer, et laisse à deviner à
chacun, si ce sifflement et ce murmure, n'est que
l'effet du vent, ou l'annonce de plus grands malheurs? Ce doute ne dure qu'un moment : après lui,
passe à la fois, dans les cœurs, la surprise,
l'épouvante, le regret tardif et cruel, et enfin, la
certitude de la mort. D'une rapidité, dont l'éclair
est la seule image, le flot mugit, se gonfle, retombe, et entraîne sous lui, dans des abîmes sans
fond, toutes les barques, et tous ceux qu'elles
contiennent.

Que si l'on veut savoir, ce que deviennent tant

---

(1) Ce mont, qui donne son nom à un cap, est situé à l'extrémité de la baie méridionale de Scylla.

de bâtimens , tant de matériaux et tant d'hommes ;
qu'on le demande à cette avide mer , à ces flots
furieux : eux seuls connaissent le sort , et le nombre de leurs victimes ! On les eût vus quitter soudain le rivage , plus vite encore revenir sur leurs
pas ; et là , croissant toujours en fureur comme en
force , égaler bientôt en hauteur , les plus hauts
clochers de la ville. Là , ils vomissent des débris
de barques ; ici , des monceaux de cadavres ; partout ils portent l'épouvante ; partout , ils ne lai-
sent après eux , que la ruine , l'horreur et la mort.

Je ne m'occupe point du sort des monumens
mêmes : les pierres sont moins précieuses que les
hommes ; et je ne pense qu'à ceux-ci.

De toute la famille du prince de Scylla , de toute
sa suite et des gens de l'équipage , deux seuls matelots furent sauvés. On les trouva à demi-morts ,
sur le rivage ; quant aux autres , aucun d'eux ne
reparut : les abîmes de la mer les retinrent.

De même que l'infortuné prince , Don Charles-
Antoine Carbône , s'était d'abord fortement opposé
au projet de l'embarquement général. Cependant ,
en dépit de cette opinion , comme aussi d'un avis ,
pressentiment remarquable , et qui peut faire époque dans l'histoire des pressentimens (1) , cédant ,
comme le bon vieillard , aux instances de ses amis ,
et à l'exemple de tant d'autres , il monta , lui trei-

· (1) Il sera parlé plus loin, de ce pressentiment, très
extraordinaire sans doute. *Voy*. ci-dessous, pag. 278.

zième, dans une barque où se trouvait malheureusement un de ces énormes filets dont on se sert
sur cette mer. Au moment du naufrage général,
cette barque eut le sort de toutes les autres : elle
fut submergée à l'instant. Tous les compagnons de
Don Charles furent engloutis dans les flots ; lui
seul eut un sort moins funeste, mais qui le fut encore assez. Un moment suspendu au bord de la
barque chavirée, la nasse et le filet lui servent
d'abord de refuge ; une secousse violente, le sépare
bientôt de la barque, qu'elle entraîne et met en
débris ; tombé lui-même sur le filet protecteur, il
est repoussé, avec lui, à une grande distance du
rivage ; et, par une fatalité aussi cruelle que remarquable, ce filet, qui avait été jusque-là, qui
pouvait être encore son sauveur, faillit de devenir
l'instrument de sa perte : la vague le jette sur lui ;
et le filet s'entortille autour de chacun de ses membres, ne lui laissant de libre que le bras gauche ;
pour comble d'infortune, la corde du filet s'ac-
croche au nœud de sa cravatte, et menace de l'étran-
gler, à chaque flux et reflux de la mer. Enfin, au
moment même, où les forces l'abandonnent, et où
il croit sa perte assurée, une vague violente le lance
à plus de trois cents pas de distance, sur un point
du rivage, échappé à la fureur des eaux. Don
Charles Carbône vit encore.

J'ai parlé plus haut d'un pressentiment, qui, si
on y eut ajouté foi, non-seulement eût préservé ce
même Don Charles de tous les dangers qu'il courut,

mais qui aurait sauvé, sans doute, tous les habitans de Scylla ; et comme ce pressentiment est du
petit nombre de ceux qui, revêtus de la sanction
publique, portent en soi un caractère véritablement
remarquable, j'en allonge volontiers ces détails.

La nuit qui précéda cette fatale journée, je veux
dire, la nuit du 4 au 5 février 1783 ; époque, où
l'Italie entière était depuis long-temps exempte
du fléau en question, et à laquelle, conséquemment, rien ne pouvait indiquer son approche ; Dona
Lucrèzia Rûffo, parente de la personne en question, et logeant dans la maison qu'il occupait lui-
même ; cette dame, dis-je, rêva qu'elle sentait les
secousses d'un affreux tremblement de terre. Réveillée en sursaut, les cris que la frayeur lui fait
pousser, attirent auprès d'elle, plusieurs personnes de la maison ; et, entre autres, ce même Don
Charles qui, après avoir rassuré sa parente, est le
premier de tous à regagner son lit, en riant de la
rêveuse et du rêve. Quelques siècles plus tôt, celle-ci
eût été regardée comme une véritable sibylle ; et
le rêve, comme un oracle trop certain : car à peine
s'écoula-t-il quelques heures, entre le pronostic
et son accomplissement. Je laisse aux esprits forts
à se rire de cette anecdote : je me borne à répondre de l'authenticité des faits.

Sans croire plus que de raison, à ces sortes d'a-
vis secrets, ce serait aller un peu loin, que d'en
nier positivement l'existence ; l'histoire même en
offre un assez grand nombre d'exemples ; et l'on

en citerait, qui mettraient en défaut le sceptique le plus cuirassé ; parce que, de même que celui dont il est question ici, sans aucuns précédens possibles, ils peuvent être considérés, comme je ne sais quel mouvement de l'âme, au-devant de l'objet, qu'il lui faut désirer ou craindre. Quant à moi, j'en conviens franchement, le pressentiment dont je viens de parler, me semble se rattacher à cette même classe, car rien ne lui servait de base : depuis le dernier tremblement de terre, jusqu'à l'époque en question, de si longues années de confiance et de calme s'étaient effectivement écoulées, que le *nom* même du fléau semblait être, comme de nos jours, entièrement effacé de la mémoire, non-seulement des habitans des Calabres, mais de tous les Italiens, et des Siciliens mêmes. Quoiqu'il en soit, les malheureux Scyllaniens eurent tout lieu d'accuser sans doute l'incrédulité qui se rit, comme d'un simple rêve, du terrible pressentiment de leur concitoyenne.

Je n'en finirais pas de rapporter ici les faits particuliers qui se rattachent à cette même scène. Là, don Diègue Màcri, depuis long-temps jouet des flots·, s'attache à un baril qui, cédant à la lame qui les soulève, est jeté avec lui au travers de la fenêtre d'une des maisons situées sur la rive, où ils tombent heureusement tous deux ; ici, une femme est lancée hors des flots, sur un mûrier de vingt pieds de hauteur , où elle reste long-temps suspendue, les pieds en l'air et la tête vers le sol.

Ici finit la courte liste des victimes épargnées par la mort; liste qui, en y comprenant les neuf personnes que je viens de citer, n'offre plus d'autres noms que ceux de trois femmes et de huit hommes; ce qui forme un total de seize individus échappés aux fureurs de la terre et des flots. Seize personnes de sauvées, sur une population entière !

Ce calcul en dit plus que je ne pourrais en dire. Aussi fatigué que le lecteur l'est sans doute, je m'arrêterais volontiers ; l'engagement que j'ai pris m'en empêche : un tableau plus affreux me reste encore à tracer.

Cosima, jeune fille d'une rare beauté, et d'une des meilleures familles de la ville, errait épouvantée sur le rivage de la mer, au moment de l'inondation générale. L'atteindre, l'entourer, l'entraîner après elle, ce fut, pour la vague inhumaine, l'action d'un seul et même instant. Propèrce, son futur époux, arrive sur ce même rivage : il la voit environnée des flots, accourt à ses cris, et s'élance après elle. Après de longs efforts, parvenu à sauver ce qu'il a de plus cher au monde, l'heureux Propèrce entraîne Cosima sur la rive ; et, pour la défendre des flots, la soulève quelque temps en ses bras ; mais, comme irrités de se voir arracher leur victime, les flots furieux se soulèvent de nouveau, les attaquent et les entraînent. Cosima et Propèrce se tiennent fortement embrassés : tous deux sont long-temps ballottés sur les ondes ; et tous deux

sont enfin lancés avec force, contre un des récifs de
Scylla (1). Propèrce reçoit le choc : la mort seule
peut arracher ses bras d'autour du corps de sa
maîtrese; et ses bras ne l'étreignent plus : Cosima le
croit évanoui; elle s'attache à lui avec plus de force
encore ; l'entraîne vers un lieu plus sûr; le couvre
de baisers et de pleurs ; le presse tendrement dans
ses bras; et reconnaît enfin, que ses bras et sa bouche ne pressent qu'un cadavre ! L'excès du désespoir qui trouble la raison de l'homme , double aussi
sa force naturelle ; la faible Cosima l'éprouve : elle
impose silence à ses cris , soulève ce corps inanimé ,
le porte de nouveau sur l'écueil , de nouveau le
presse en ses bras , et tombe avec lui dans l'abime ,
qui s'ouvre et se ferme sur eux.

_____

(1) *Voy*. ci-dessus, pag. 263.

VOYAGE DE MESSINE

A RHEGIUM DE CALABRE.

J'avais lu, en d'assez vieux livres, que, las de s'époumoner pour le profit des autres, en soufflant nuit et jour dans ses outres, le bon vieux roi Eoleus, auquel, par parenthèse, on dispute, sans rime ni raison, un nom tout aussi bon qu'un autre ; j'avais lu, dis-je, que ce brave prince avait mis un jour dans sa tête d'arrondir ses petits états, de faire poids dans la balance politique, de tenir aussi sa place dans la sainte alliance de la Grèce ; et, enfin, de changer son mince archipel, en une véritable puissance continentale. Mes vieux auteurs ajoutaient même, qu'en conséquence de ce projet, qui, au fond, n'était ni plus ni moins fou que tant d'autres ; notre roi s'était adressé à un certain fier-à-bras du temps, nommé, selon les lieux et les circonstances, Égiste, Alcide ou Hercule; lequel, après des exploits peu communs, pendant le cours desquels il avait légitimement détrôné ou rétabli, deux ou trois cents rois légitimes, pourfendu autant de géans, et assommé autant de monstres ; lequel, dis-je, commençant à s'ennuyer de tant de gloire, bornait son ambition à la conquête de l'univers ; et régnait, tant bien que mal, en Sicile, où il avait placé le siége de son empire. Or donc, le roitelet en question, sollicita et obtint de S. M. Alcidéenne, le droit déjà commun parmi les puissances de ce temps, d'agrandir son petit royaume aux dépens de celui d'un autre ; et enfin ; de fonder, à l'autre bout de la Grande-Grèce, une espèce de cité, qu'il nomma Rhegium.

Ce nom ressemble fort à celui de Rêggio, que j'avais lu souvent sur nos cartes modernes ; et, d'un autre côté, Cluverius et Fazzèllo m'assuraient, foi de critique et d'historien, que cette même ville était la propre ville d'Éole. Je n'en étais séparé que par un bras de trois à quatre lieues de largeur (1) ; et, curieux de me retrouver encore au milieu d'une ville antique, je me déterminai à sauter, pour la vingtième fois, par-dessus les prétendus gouffres de Charybde ; et, en moins de soixante minutes, je passai, sain et sauf, de la ville des Cyclopes, dans la ville du dieu des tempêtes.

DESCRIPTION DE RHEGIUM.

JAMAIS attente ne fut plus complétement trompée que la mienne, ni curieux plus attrapé que moi : j'étais bien, en effet, entouré de décombres ; mais ces décombres-là n'étaient pas ceux que je cherchais, ceux pour qui j'avais ainsi traversé la vaste mer ! Sur les restes du palais d'Éole gissaient les restes d'une église ; et partout, des ruines de trente ans, couvraient les ruines de trente siècles !

---

(1) *Voy.* ci-dessus, pag. 174.

c'était voir une pluie d'opéra , au lieu d'assister au déluge.

A n'en juger que sur l'apparence , à ne la voir encore qu'à quelques milles en mer , la ville de Rêggio présente un coup d'œil qui vous trompe : c'est une vieille coquette sous les armes ; c'est un méchant tableau, placé dans un beau cadre.

Le peu de maisons solidement assises sur leurs bases , sont clair-semées sur le quai de la ville , qui , comme certains marchands, étale ici tout ce qu'elle a de beau, et met la boutique aux fenêtres.

Un Anglais, dont le nom m'échappe , fréta un jour un bâtiment pour passer de Londres à Constantinople , dans le seul dessein de voir cette dernière ville. Arrivé dans le port, il promène ses regards çà et là ; jouit pendant quelque temps, d'un coup d'œil si magnifique et si rare ; puis , se retournant ensuite vers le maître du navire, lui ordonne froidement de revirer de bord , et de cingler de nouveau vers Londres : ce que je vois , ajouta-t-il , m'indique ce qui me reste à voir : l'extérieur est trop beau, pour que l'intérieur y réponde !

Notre Anglais raisonnait juste ; si j'avais suivi son exemple , je me serais épargné le dégoût et l'ennui de me traîner, pendant trois mortels ours , au milieu des décombres d'une ville en uines , d'une population malheureuse , avilie , et cédant lâchement à sa propre misère.

Je ne pus remarquer, sans étonnement ni sans peine, la différence inouïe qu'un espace de quatre lieues met ici dans le caractère, l'industrie, le courage, et les mœurs de deux peuples : là, le travail et la gaieté arment l'homme contre la misère ; ici, la paresse et l'ennui le livrent sans défense à ses inévitables suites ; le Messinois est actif, courageux et gai ; l'habitant des Calabres est fainéant, énervé et sombre ; l'un voyage avec une guitare ; l'autre ne sort jamais sans avoir son fusil à la main ; celui-là travaille et chante ; celui-ci mendie et pleure ; et, s'il ne demande pas, il exige.

Le vol et l'assassinat sur les routes sont, depuis fort long-temps, des crimes inconnus en Sicile : pas une caverne des monts de la Calabre, qui ne soit un repaire de brigands (1) ; pas un homme dont le regard faux et farouche, ne vous remplisse d'inquiétude, ne vous force à mettre la main sur vos armes. Les habitans du pays ne se dissimulent point les dangers de leurs routes : ils gémissent vainement sur l'absence absolue des mesures répressives, et sur la honteuse incurie de leur gouvernement ; nul d'entre eux n'oserait s'exposer lui-même aux dangers de ces routes ; et le fait est si vrai, que les habitans de Rêggio même, que leurs affaires ou leurs plaisirs appellent

---

(1) *Voy.* ci-dessus, pag. 30 et suiv.

à Naples , viennent communément s'embarquer, soit à Messine , soit à Palerme même , pour passer sûrement ensuite dans leur propre pays. Je parle ici d'un fait connu de toute la Sicile, et dont j'ai vu moi-même vingt exemples.

L'état d'abandon de cette ville ; la misère, véritablement affreuse , du petit nombre d'hommes qu'elle abrite ; le manque absolu , dans ceux-ci, de l'industrie et des ressources ; une population en guenilles , un découragement total , et partout la mendicité ; ne pouvaient m'offrir sans doute qu'un tableau aussi pénible que repoussant ; et le peu de jours que j'y fus retenu par les vents contraires , me parurent les plus longs de ma vie.

La richesse de Rêggio , car on peut hésiter malgré soi à lui donner le nom de ville ; la richesse dè Rêggio , dis-je , consistait autrefois dans le commerce des huiles , des soies et du lin. Ce commerce était considérable : il est complétement nul aujourd'hui. Les sept huitièmes de cette population famélique, ne subsistent que de noix sèches et des faibles produits de la pêche. Trois ou quatre propriétaires engloutissent à eux seuls toutes les richesses du sol ; tout le reste est dans un état qui tient de près à la misère. Une faible garnison , et une multitude de harpies fiscales , qui sucent le sang du peuple jusqu'à la dernière goutte , et qui, pour une piastre , vendraient les Deux Calabres , forment , avec ces derniers , ce qu'on appelle ailleurs , le premier corps des habitans.

Conformément à l'engagement que j'en ai pris
plus haut, il me resterait à parler ici des désastres
de cette même ville, à l'époque du tremblement
de terre de 1783 ; mais, outre que la nature de
ces détails ne présente aucun trait nouveau, peut-
être même le lecteur me reprochera-t-il de m'être
déjà trop étendu, sur un sujet aussi constamment
pénible ? et je me borne à remarquer, que cette
ville fut au nombre de celles qui furent entièrement détruites, et dont tous les habitans périrent.

Au reste, comme je l'ai fait entendre, la ville
moderne n'offre pas la moindre trace de ses monumens antiques, ou, du moins, tous les renseignemens que je pris à cet égard, n'aboutirent qu'à
me convaincre, ou que ceux-ci n'existent plus,
ou que l'insouciance générale les tient dans un
oubli complet.

Ne trouvant donc, parmi ses décombres modernes, aucun objet digne de curiosité, si ce n'est
peut-être le vaisseau de sa cathédrale ; église qui,
trente-cinq ans après l'événement qui la renversa,
est encore encombrée aujourd'hui de ses propres
ruines ; je profitai du premier vent favorable ; et
me rembarquai pour Messine; trop heureux d'être
resté trois grands jours en Calabre, sans être ni
assassiné ni volé !

VOYAGE DE MESSINE

A CATANE.

Il y avait déjà quelque temps, que M. Waddington, notre ancien compagnon de voyage, avait
repris la route de Naples, et nous avait laissés à
Messine, où je n'étais retenu moi-même que dans
l'attente d'y recevoir, de jour en jour, des cartes,
des dessins et des livres, de l'achat desquels il avait
bien voulu se charger, pour mon compte, à Naples; vu que l'existence de toutes ces bagatelles
est, pour ainsi dire, inconnue à Messine. Un événement imprévu en retardait l'arrivée : parmi ces
mêmes livres se trouva, par malheur, le Voyage
du Danois Ryedesel, que j'avais perdu sur la route;
et, bien que la Sicile n'ait pas trop à se plaindre
du tableau qu'il en a tracé, cependant sa qualité
d'hérétique n'avait pu lui faire trouver grâce aux
yeux des membres du saint-office, à Palerme; qui,
malgré ses extases et ses rêves, l'avaient préalablement confisqué, avec tous ses compagnons d'infortune, sauf à les restituer ensuite.

Une fois assuré de la chose, et malgré les offres
de service que voulut bien me faire M. Barcker,
consul d'Angleterre, à Messine; je pris lestement
mon parti; et, convaincu que l'église rend
rarement ce qu'elle tient, j'abandonnai le malen-

contreux Ryedesel au bûcher qui l'attendait sans doute ; et je fus le premier à presser les préparatifs de notre départ pour Catane.

La route de Messine à l'ancienne Tauromenium n'offrant pas le moindre objet qui soit digne de la fatigue qu'elle coûte ; nous louâmes encore ici, une de ces barques que les Siciliens nomment spéronares ; sorte de petit bâtiment d'autant plus convenable à un semblable voyage, que, comme ils vont à rame et à voile, on est à peu près certain d'avancer, contre vent et marée ; et que l'on jouit, en outre, de l'avantage très-précieux sans doute, de s'arrêter, quand, et où on le veut.

Notre projet était donc de franchir dans notre esquif, les dix à douze lieues qui séparent Messine de la moderne Taormine ; de débarquer dans cette même ville ; et d'aller ensuite par terre, jusqu'à Catane même ; où le spéronare devait transporter tout notre gros bagage. Ce plan de route fut en effet celui que nous suivîmes.

Nous partîmes de Messine vers le milieu du mois de septembre, à neuf heures du matin. Le vent nous fut d'abord assez favorable ; et, dans l'espace de quatre à cinq heures, nous nous trouvâmes à la hauteur de la petite ville d'A'li, c'est-à-dire, à environ quatre à cinq lieues du point de notre départ.

A'LI.

S'IL était toujours bon de s'en tenir à l'autorité des chroniqueurs et des antiquaires , race assèz souvent plus menteuse que la gent poétique même ; cette ville ne serait rien moins que fondée par une de ces anciennes colonies Élidiennes , qui , comme tant d'autres peuples de la Grèce , passèrent successivement en Sicile , s'y établirent , et y fondèrent en effet la plupart des anciennes villes. Mais , d'un autre côté , quelques chronologistes , rattachent l'origine de cette ville à la première irruption des Sarrasins , qui , autant qu'il m'en souvienne , débarquèrent , pour la première fois , dans le port de Syracuse , le 22 mai de l'an 669 de notre ère. Or , cette dernière assertion est d'autant plus probable , que le nom que la ville porte encore aujourd'hui, sent plutôt son arabe que son grec ? Mais voilà qu'un autre historien (1), et de plus, un historien national , lui dispuste ses onze cent cinquante ans d'existence, et la rejette aussi près de nous , que le milieu du seizième siècle ! Au reste , s'il est vrai que la petite ville en question ne puisse pas se glorifier d'une origine aussi reculée ; pittoresquement située au pied d'une haute montagne , et baignée par les eaux de la mer , elle présente, en son état actuel, un coup d'œil plus agréable , et

---

(1) Fazzéllo. *De Reb. Sic. Dec.* I, lib. 2, cap. 2.

surtout plus vivant, que bien d'autres villes plus anciennes ; elle a d'ailleurs des bains acido-sulfureux,
qui suffiraient seuls à guérir tous les galeux de la
Sicile ; et des mines de cuivre et de fer , qui n'at-
tendent , pour valoir quelque chose , que l'époque
de leur exploitation.

Mont de Neptune.

A peu de distance de cette même ville , on remarque le sommet sourcilleux du célèbre Mont de
Neptune. Fazzèllo (1) dit que du haut de cette montagne, on découvre la mer Tyrrhène et l'Adriatique;
et il ajoute qu'on y voit un vaste cratère , d'où , à
certaines époques, sort un vent glacial et impétueux.
Voilà bien des merveilles réunies! mais, à la vérité , l'historien ne rapporte point les faits , comme
témoin oculaire ; il n'a point vu l'Adriatique , et
n'a point senti le vent? De son côté , Brydone,
qui s'empare ici des deux faits , sans citer ses autorités, confond mal à propos la montagne en question , avec les Nébrodes de l'Itinéraire d'Antonin ;
et, de sa propre puissance , les place un peu sur
la droite , entre Giardini et Messine. La vérité
est que ces montagnes sont loin , dans l'intérieur
des terres , à plus de trente lieues au delà ,
vers la côte septentrionale , entre Collesàno et
Scillàto.

_____

(1) De Reb. Sic. *loc. cit.*

LE CHRYSOTOAS.

A PEINE a-t-on quitté la petite ville d'A'li, qu'on se trouve face à face, avec l'embouchure du Chryso-toas des Grecs , fleuve très-célèbre sans doute, qui se nomme aujourd'hui le Niso ; dont les eaux rou-laient jadis sur un sable d'or, et roulent maintenant sur des pierres.

Ici, les vents qui nous avaient si bien servi, sem-blent vouloir s'opposer à notre marche, et bientôt nous deviennent si contraires, que nous en sommes réduits à carguer notre unique voile , et à fendre, à force de rame , une mer houleuse et de mauvaise humeur.

RÔCCA-LUMÀRA.

A LA hauteur de cette petite ville, nos matelots, exténués, s'approchent du rivage le plus près qu'il leur est possible ; et , à notre grande surprise , l'un d'eux saute à la mer, et nage vers la rive. L'impos-sibilité de nous faire entendre , grâce au jargon barbare de nos gens , ne nous laissa d'autre res-source que d'observer en silence, ce que l'amphibie deviendrait? A peine eut-il gagné la terre , qu'au moyen d'une corde qu'il avait entraînée avec lui , nous le vîmes attacher la barque à quatre énormes bœufs , chargés de suppléer ici au caprice du vent et à l'inutilité de la rame.

La ville de Rôcca-Lumâra est célèbre par ses belles carrières d'alun de roche. On n'en peut dire autant de Scîglio, Pagliâra, Tûrci et Bûcalo, que nous dépassâmes ensuite ; et qui tirent toute leur célébrité de l'honneur d'être marqués sur la carte.

PROMONTOIRE ARGENNUM.

CE beau cap, ou plutôt ce rocher, que les Siciliens baptisent du nom de Cap Saint-Alexis, interrompt tout à coup la route ; et force est à nos bœufs, de nous laisser poursuivre ici notre chemin.

Au nom du saint en question, les habitans du pays ajoutent le surnom de Scylla de Sicile ; et, pour le coup, ils rencontrent juste. Ce cap, ainsi que celui de la Calabre, est formé en effet par un rocher à pic, de cinq à six cents pieds au-dessus du niveau de la mer ; mais avec cette différence remarquable, et qui, selon moi, produit un effet bien autrement pittoresque que l'écueil de Scylla, que, taillé en forme de cône concave, on remarque, sur toute sa surface, cinq cavernes aussi élevées que profondes ; cavernes assez grandes pour qu'une légère barque puisse y entrer, et en faire le tour ; et dans lesquels les eaux de la mer s'engouffrent effectivement, avec un bruit semblable à celui du tonnerre ; malheureusement pour nous, la grosseur de notre navire ne nous permettait pas de les suivre sous ces voûtes retentissantes ; et nous eûmes même assez de peine à résister aux vagues qui s'y portaient; et à ne pas nous briser contre le roc rougeâtre, pendant le temps que nous fûmes arrêtés devant lui.

Nul doute que ce jeu de la nature n'offre un effet beaucoup plus pittoresque, que le fameux écueil de la Calabre. Cependant, si l'on en excepte la mention pure et simple qu'en ont faite Ptolomée et Cluvérius, nul voyageur ne paraît l'avoir jugé digne de remarque; et, comme tant de chefs-d'œuvre de la nature ou de l'art, sacrifiés au renom de quelques autres, le promontoire Argennum attend encore le poëte, qui, le tirant enfin de l'oubli, le placera sans doute fort au-dessus de l'écueil chanté par Homère (1).

Au reste, de même que le roc de Scylla, celui-ci est couronné par une espèce de forteresse, construite par les Anglais, durant la dernière guerre. L'un et l'autre sont situés en face de la Tour *dell' A'rmi*; tour, qui donne ici son nom à un promontoire de la côte opposée des Calabres, dont nous ne sommes pas à plus de sept lieues de distance.

Ici, nous apercevons de plus près le sommet du blanc Etna, cette colonne du ciel qui se perd dans ses nuages; et c'est ici encore, qu'il commence à poser, jusqu'au fond de la mer, son pied volcanique et superbe. Je ne m'étonne plus que ce colosse dé-

---

(1) Le dessin de ce beau Cap fait partie de la collection dont il sera parlé plus loin.

mesuré, fût jadis l'étoile des anciens navigateurs ; car, bien que nous soyons à plus de dix lieues de sa cîme, il nous semble pouvoir la toucher du doigt.

ANCRAGE AU CHATEAU DE TAORMÎNA

APRÈS douze heures de marche, pendant lesquelles nous avons fait un peu plus de dix lieues, ce n'est qu'à la nuit close que nous gagnons la ville de Taormîna. Pour comble de malheur, le bureau de santé est fermé ; nous ne pouvons mettre pied à terre, ni rester dans le port, vu le peu de sûreté du refuge.

Le crique où nous nous jetons, est à une lieue au delà. Un vieux château, consacré jadis à la défense de la ville, lui en a transmis le nom ; et ce nom n'est pas la moins belle partie de l'héritage. Nous ne nous doutons guère que nous sommes maintenant, entre l'ancien port de Vénus, et l'autel d'Apollon Archagètes : l'humeur nous gagne, et dieu sait ce qui nous arrivera.

Cette baie, bien qu'un peu moins dangereuse que le port de la ville, n'est pas un asile assuré. Une foule de récifs, dont la tête s'élève au-dessus des eaux, nous entourent, et nous menacent de toute part. D'un autre côté le vent se renforcit, la mer grossit de plus en plus ; enfin, une pluie froide et battante nous assaillit en ce moment : tout cela ne nous promet pas une nuit des plus agréables.

Enfin, le jour paraît ; et, sauf à les maudire ensuite, nous saluons, pour le moment, les premiers rayons du soleil, qui, déjà, dorent les sommets de l'Etna (1) ; bientôt l'un des gardes-côtes nous annonce l'heureuse nouvelle de la venue prochaine d'une Excellence, qu'il nomme le député ; nouvelle, très-heureuse, en effet, puisqu'il est vrai de dire qu'à lui seul appartient le droit de nous laisser mettre pied à terre ; et que, s'il lui plaisait de ne pas venir, nous en serions réduits à nous en aller nous-mêmes ! Par bonheur, peu d'instans après le retour de notre émissaire, nous vîmes venir à nous une espèce de manant, en saraut et en guêtres, à califourchon sur un âne : ce manant était l'Excellence annoncée ; sa tournure, et surtout notre humeur, nous fit oublier, j'en conviens, le respect dû à son titre ; et, au milieu des reproches dont nous l'accablâmes tous ensemble, ne sachant auquel entendre, et n'ayant préparé ni excuse ni réponse, le pauvre député perdit si bien la tête, qu'au lieu de descendre de dessus l'âne, du côté le plus ordinaire, il choisit précisément l'autre ; plus malheureusement encore, ce côté se trouva être celui de la mer ; et, pour seconde infortune, il tomba dans

---

(1) Je prie le lecteur de ne pas prendre la chose au pied de la lettre ; car, du point où nous étions, dominés par de hautes montagnes, il nous eût été impossible d'apercevoir la cime du volcan .

l'eau jusqu'au cou. Ce petit accident n'eut de suites bien funestes, que pour la gravité et la toilette de l'Excellence, dont la tête, naguère cachée sous une petite perruque roussâtre, surmontée d'un énorme bonnet, se vit furieusement compromise ! le choc fut fatal au bonnet ; qui coula bas, à l'instant même ; la perruque fut un peu plus chanceuse, et soutint mieux sa dignité ; emportée aussi par la lame, elle flotta long-temps, çà et là, sur la mer, tantôt vers le port de Vénus, et tantôt vers l'autel d'Apollon ! Nous repêchâmes facilement l'Excellence et la perruque, mais nous ne pûmes repêcher le bonnet. Le malencontreux député était bien le meilleur homme du monde ; et, à l'air dégagé dont il prit la chute et la perte, nous devinâmes que, tôt ou tard, l'une et l'autre tomberaient sur nous.

RUINES DE TAUROMENIUM.

LES historiens ne s'accordent pas sur l'origine de cette ville. Diodore lui donne, pour fondateurs, les habitans de l'île de Naxos, venus de la Grèce en Sicile. De son côté Strabon y transporte les Zancléïens, anciens habitans de la grande Hybla. Quoiqu'il en soit, cette ville, nommée jadis Tauromenium, possède encore quelques beaux restes de son ancienne magnificence ; restes, au nombre desquels les antiquaires citent, entre autres, des anciens murs, un théâtre, des citernes, une naumachie, ou cirque, ou même, amphithéâtre ; des sépulcres, etc., etc., etc., monumens parmi lesquels j'aurais peine à citer moi-même autre chose que le théâtre, qui est en effet très-beau, et aussi-bien conservé que des ruines peuvent l'être, quand elles sont, comme ici, entre des mains ignorantes et profanes.

Ces ruines sont situées à une lieue du château de Taormina ; les unes sur le penchant, les autres sur le sommet d'un roc escarpé et aride, d'une élévation prodigieuse au-dessus du niveau de la mer qui le baigne; roc que les anciens nommèrent *Taurus Mons*, et qui, de même que tous ceux qui se trouvent sur cette côte, est évidemment formé par des lits de laves, vomies hors du sein de l'Etna. La fondation de la ville tient, comme je l'ai dit, à la classe des faits historiques incertains: à quelle époque rattacherons-nous donc la formation du rocher même, et l'éruption qui l'a produit? Un voyage en Sicile eût été fort utile à Moïse: les notes qu'il aurait pu y prendre, n'eussent pas nui sans doute à la correction de ses dates?

A moitié chemin du château aux ruines, nous nous arrêtâmes un moment dans un petit village nommé Giardini ; et ce fut là que nous reprîmes la même monture que celle de notre guide; car l'Excellence en question n'était ni plus ni moins qu'un simple valet de place. Une fois supportés par nos ânes, nous poursuivîmes notre route : et bien-tôt nous eûmes à gravir un des chemins les plus pé-

nibles que j'eusse encore parcourus. Nous arrivâmes
d'abord à une porte moderne, ménagée dans l'épaisseur des anciens murs ; porte qui, à ce qu'on nous
dit, a pris la place de la porte ancienne, que les
anciens nommaient *Unia*. Nous nous trouvâmes
alors, sur une espèce de plateau dominant la mer
Ionienne ; à droite, étaient les côtes de la Calabre ;
à gauche, les ruines de Tauromenium et l'Etna.

Il est au moins très-incertain que toutes les
vieilles bâtisses, tous les fondemens, tous les pans
de murailles que, sur la foi des antiquaires et la
parole de leurs propres guides, Biscari, Borch,
Brydone et Ryedesel nous donnent très-sérieuse-
ment pour tel ou tel autre monument, aient jamais eu, en effet, ni le nom ni l'usage qu'on leur
attribue ; et c'est par trop abuser de la confiance de ceux auxquels on parle, que de leur
donner pour certains, des faits plus que problématiques. Eh quels faits encore ! là, un trou formé
dans la terre, et entouré de quelques vieilles briques, nous est donné pour une citerne ; et, ici, un
autre trou, absolument semblable, nous est donné
pour un bain ! Plus loin, cinq à six pans de murs
aux trois quarts tombés en ruines, et parallèle-
ment alignés, ne sont, ni plus ni moins, que les
tombes des premiers habitans du pays ! En entrant
dans le monument même, dont les savans font
en même temps une naumachie, un cirque et
un gymnase, je me crus transporté, de nouveau, au milieu de toutes les vieilles pierres

de Rome : même site , même aspect , même désordre , même *inexplicabilité*, même sentiment de
pitié , de dégoût et de peine ! Là, comme ici ; une
vieille femme, en guenilles , vous ouvre une vieille
porte, qui conduit aux vieux monumens ; là ,
comme ici, vous vous frayez la route parmi les
terres , les briques , les épines et les ronces ; là ,
comme ici , vous arrivez enfin , devant un vieux
pan de muraille , chancelant sur sa base , et menaçant de s'écrouler sur vous. Un Cicéron ignorant et loquace , vous assomme également d'une leçon mal apprise, et plus mal répétée : c'est un déluge
de paroles, d'idées vides de sens , d'assertions ridicules , sinon tout à fait absurdes : la *chose antique*, l'éternel *opus reticulatum*, et les superlatifs ef-
frontés, vous poursuivent, vous assomment encore !
là, comme ici enfin , vous avez gravi des monceaux
de décombres , franchi des torrens de ruines ,
escaladé des fossés et des murs hérissés de ronces
et d'épines ; sous les reflets d'un soleil vertical et
brûlant , l'eau et le sang vous coulent de toute
part ; vous avez vu le monument antique : vous
avez payé en sortant : vous avez fait ce qu'on appelle une *excursion classique !* Enfin , lorsqu'une
fois de retour, vous cherchez à vous rendre compte
du motif de tant de fatigue , pour la première fois
vos guides naturels se taisent , ou , du moins , vous
apprennent tout au plus, que le monument en question a deux ou trois mille ans d'existence ; que
c'est un ouvrage *admirabilissime* ; une ruine qui

vaut son pesant d'or; et qui, selon les lieux, les temps, les erreurs corrigées et les nouvelles sottises, a pu successivement passer pour un temple ou un théâtre, un égoût ou un bain, un tombeau ou une maison de plaisance !

LA VARDIÔLE.

APRÈS avoir admiré la beauté du coup d'œil dont on jouit, sur le plateau en question, nos regards se portèrent vers une fort belle maison moderne, s'élevant au milieu des ruines dont on est entouré ici. Il y avait dix à parier contre un, que cette maison était un couvent; et, en effet, c'en était un. Les franciscains de Taormine ont ici une retraite qui vaut mieux que les murs de leur ville. Les bons pères ne sont étrangers, ni au luxe ni à la recherche; leur table est excellente, leur cellier meilleur encore, et leur jardin rempli des plus beaux fruits. Vers le fond du plateau en question, s'élève un joli belvédère, nommé par eux la *Vardiôla*, d'où la vue se perd dans un espace aussi riant qu'immense; c'est dans ce lieu que les hermites de Taormine viennent pieusement, chaque soir, digérer, prier et dormir.

THÉATRE DE TAUROMENIUM.

CE ne fut pas sans surprise et sans peine, qu'au moment de quitter cet asile du repos, nous reconnûmes que la route qu'il nous fallait suivre pour parvenir jusqu'au théâtre, n'était autre

qu'un roc , qui , plus escarpé et plus haut que
celui que nous venions de gravir, s'élevait à pic,
devant nous. Toutefois , pendant cette longue et
pénible marche , durant le cours de laquelle un
soleil vraiment sicilien, ne cessa de tomber d'a-
plomb sur nos têtes , j'eus tout le temps de maudire de bon cœur, le voyage et la *chose antique;*
et , surtout , la manie qu'avaient les anciens de se
caser au milieu des nuages ! A la fatigue du corps
se joignait bien un peu le découragement de l'esprit : j'avais été si souvent joué, que je tremblais de
l'être encore : par bonheur, je ne le fus pas; et ,
à peine arrivé au terme de la course, la course fut
entièrement oubliée.

La vue des ruines de ce beau monument de la
magnificence romaine , produisit sur moi un effet
absolument contraire à celui auquel je m'étais attendu; effet, que je n'avais que trop souvent éprouvé,
à la vue de tant d'autres ruines : le tableau que
j'avais alors sous les yeux , était fort au-dessus des descriptions que j'avais pu en lire ; ici ,
pour la première fois , la chose l'emportait sur
l'éloge.

Ce théâtre est le plus vaste, et peut-être le mieux
conservé de tous les anciens théâtres , ou, du
moins, de tous ceux que j'ai vus ; sa circonférence intérieure est de mille trente-un pieds et quelques pouces. Dans son état actuel il présente une
grande partie de l'intérieur même de la salle ;
malheureusement cette immense enceinte est pri-

vée en partie, aujourd'hui, de sa galerie supérieure.
Des trois portes qui lui servaient d'entrée, et s'ouvraient vers l'orient, la principale, qui existait
encore, du temps où Brydone était sur les lieux,
est entièrement détruite. Toute la partie intérieure
de la salle qui fait face au théâtre même, est de la
plus belle conservation, ou, du moins, suffisamment belle, pour donner une idée juste de l'effet de
l'ensemble, et des parties qui en ont été détruites.
L'édifice est construit sur une roche concave et
circulaire, sur la pente et autour de laquelle
étaient taillés les différens ordres de siéges où se
plaçaient les spectateurs.

La galerie intérieure, qui devait terminer l'é-
difice, et dont la partie supérieure n'existe plus
malheureusement, comme je crois l'avoir-dit déjà ; cette galerie est ornée de trente-six niches,
dont l'usage est encore incertain ; mais qui conte-
naient sans doute des statues ou autres ornemens
quelconques. Au reste, loin de pouvoir s'étonner
de la destruction de la partie supérieure, on
serait plutôt tenté de se demander, comment il
peut se faire, que cette même galerie qui s'élève
fort au-dessus de la montagne qui supporte le
reste de l'édifice, ait plus facilement résisté aux ravages des temps et des hommes, que les autres
parties du théâtre, taillées dans le roc même ?

Quelque peine que j'aie prise, je n'ai pu découvrir la plus légère trace des différens ordres de
gradins qui, partant du haut de la galerie supé-

rieure, devaient nécessairement s'étendre jusqu'à l'orchestre même, dont la place est très-reconnaissable. Ces gradins sont sans doute à plusieurs pieds sous terre, ainsi que la plus grande partie de l'enceinte intérieure. La scène est bien conservée ; mais, selon moi, elle ne l'est point autant, que celles des deux théâtres de Pompeia. Celle du théâtre de Tauromenium n'a pas plus de quatre à cinq pieds de profondeur. Ryedesel et Borch ne reviennent pas de leur surprise, à l'idée que les acteurs aient pu agir, dans un espace aussi étroit? Les scènes des deux théâtres en question, ne sont cependant pas plus larges ; et, pour le coup, il est impossible d'élever le plus léger doute, sur le véritable usage de ces trois monumens. Quant à la voûte, que ce dernier ne s'explique pas d'avantage, et qui se trouve immédiatement au-dessous de l'orchestre, il me semble assez simple de la considérer, comme un de ces passages que les anciens nommaient vomitoires, et qui probablement servait d'entrée à cet orchestre, ou même à ceux des spectateurs qui occupaient les siéges inférieurs? particularité remarquable dans la plupart des anciens théâtres, et particulièrement dans le théâtre tragique de Pompéïa.

Il est faux, comme Brydone le donne mal à propos à entendre, que, de toutes les parties de la salle, les spectateurs eussent été placés en face de l'Etna. Car, outre que l'expression même ne donne qu'une fausse idée des lieux, et ferait supposer que la montagne en question, apparaît ici toute entière; tandis que le théâtre même, ou plutôt le sol sur lequel il s'élève, fait partie de cette même montagne, et que le sommet de l'Etna ne peut être aperçu qu'en se plaçant, soit en face de la scène, soit à gauche, en regardant celle-ci; à la droite et au delà de laquelle, une partie de la montagne sur laquelle est construit le théâtre, cache entièrement la vue du volcan.

Il est également faux que, dans l'état actuel de ce théâtre, un homme puisse se faire facilement entendre, sur tous les différens points de la salle; et ce ne fut qu'avec beaucoup de peine, et en criant de toutes mes forces que, m'étant porté sur la scène, je parvins à être entendu de sir Frédéric, qui, placé à l'autre bout de la salle, au pied de la galerie qui l'entoure, avait autant de peine à se faire entendre de moi.

Les trois belles portes dont j'ai parlé plus haut, et dont la principale, c'est-à-dire, celle du milieu, n'existe plus aujourd'hui, forment ici, comme dans tous les anciens théâtres, le fond immobile de la scène, également orné de colonnes et de pilastres d'ordre ionique, entre lesquels sont des niches semblables à celles de la galerie même. Ces trois portes devaient communiquer sans doute aux trois autres portes de la galerie extérieure; parties de l'édifice dont on est réduit à supposer l'existence.

Enfin, quoique, dans leur état actuel, la vue de ces belles ruines valût seule le voyage, le

I.   20

théâtre de Tauromenium ne me paraît point offrir
ce caractère d'antiquité reculée , qui distingue les
monumens de Sicile, de tous ceux des autres pays.
Ce théâtre est évidemment l'ouvrage des Romains ;
ouvrage qui, en conséquence, ne peut appartenir à
une époque plus reculée que celle de Jules-César ,
qui , selon Diodore de Sicile , fut le premier à faire
passer une colonie romaine à Tauromenium.

GIARDINI.

LES vents continuant de nous être contraires ,
nous forcèrent de chercher un refuge pour la nuit ,
dans le petit village de Giardini. Au moment où
nous entrâmes dans l'auberge , je ne pus m'empêcher de rire de l'énorme différence qu'on remarquait , entre le train pompeux avec lequel Brydone
était entré dans le village , et l'extrême modestie
de celui qui nous y accompagnait nous-mêmes. Il
traînait après lui trois mules de maîtres ; trois autres pour les valets ; deux autres pour les bagages ;
et autant pour les muletiers , sans y comprendre
encore deux sbires , armés jusqu'aux dents , et
qui , selon lui , étaient alors indispensables , pour
se prémunir contre les attaques des bandits. Heureusement pour nous , mais fort malheureusement
sans doute pour le plaisir de nos lecteurs , tant de
précautions seraient désormais inutiles ! Plus de
bandits qui mettent à contribution les barons du
pays ; plus d'assassins qui menacent les magistrats
mêmes , et voyagent en habits d'ermite ; en un

mot, plus de *Campieri*, qui, après avoir tué *hono-
rablement* une demi-douzaine de voyageurs, servent ensuite d'escorte aux autres ! Tels sont effectivement les tristes changémens qu'une cinquantaine d'années ont apportés dans les us et coutumes
siciliennes, qu'un auteur de voyages ne trouve plus
moyen de placer la moindre historiette de ce genre ;
et que, dans toute l'étendue de la Sicile, sur les
routes les moins fréquentées, dans les gorges les
plus profondes, un voyage n'offre plus le moindre épisode romanesque ; et qu'enfin, la seule arme
qui soit aujourd'hui nécessaire, est la baguette qui
hâte le pas de votre mule ; et le seul garde dont vous
ayez besoin, le muletier qui vous fraye ici la
route !

Nos matelots nous réveillèrent long-temps avant le
jour. Les préparatifs de notre départ ne furent ni longs
ni pénibles : les lits qu'on nous avait donnés, consistaient, comme dans toute la Sicile, en trois planches posées sur deux pieds de fer, et couvertes d'un
matelat de deux doigts d'épaisseur; et l'idée de nous
déshabiller pour dormir, ne nous était pas même
venue. Deux heures du matin sonnaient au moment où nous remîmes à la voile. Le vent était bon,
mais très-fort, et la mer passablement houleuse;
nous filions six nœuds à l'heure (1); et avant six
heures du matin, nous avions fait les huit lieues

---

(1) Six milles, ou environ deux lieues.

que l'on compte de Taormina à A'ci ou Iàci Reàle,
l'ancienne Aci Aquileïa des Romains.

Roc Volcanique.

De nouvelles vexations nous attendaient ici. Notre projet, comme je l'ai dit, avait été de débarquer dans le port de cette ville, où nous voulions
prendre la route de terre. Nous y débarquâmes en
effet ; mais seulement, quand il plut aux officiers
de santé de se rendre à leur poste. Cependant,
nous mîmes enfin pied à terre, et nous congédia-
mes notre barque, en recommandant fort aux gens
de l'équipage, de partir de suite, pour nous rejoindre
à Catane.

Formé par une énorme accumulation de laves,
le petit port d'Iàci, est un des lieux les plus pittoresques de la côte. Il est situé à plus d'un mille au-
dessous du sol de la ville, construite elle-même
sur un rocher de sept à huit cents pieds de hauteur, au-dessus du niveau de la mer.

Cette masse, aussi énorme qu'inexplicable, n'est
point, comme on le croirait d'abord, le produit
d'une seule éruption de l'Etna : neuf différentes
couches de laves, dont chacune est séparée par un
lit de terre végétale, la forment ; et l'imagination
recule devant l'idée des siècles qu'il a fallu pour
former seulement la première couche de cette terre ;
couche qui ne peut être que l'effet de la macération
progressive de la lave ; car le lieu où cette énorme
masse s'élève, est absolument éloigné de toute au-

tre montagne , d'où les vents ou la pluie aient
pu y porter la terre végétale en question ; et ce lieu,
en un mot, est le bord même de la mer. Que penser donc de la présence de ces huit autres couches
de terres intercalaires? Les cinq à six mille ans de
la Genèse nous laisseraient fort loin de compte !

A'ci ou Iaci - Reale.

Cette ville est petite , mais jolie , et très-ré-
gulièrement construite. La plupart de ses rues sont
fort larges, bien pavées , très-propres, et bordées
de maisons qui passeraient pour belles , dans plus
d'une capitale de l'Europe. Un changement aussi
grand que favorable , s'y est opéré en assez peu de
temps. A l'époque où Brydone y passa , cette ville
n'avait pas une seule auberge : on en compte plusieurs aujourd'hui. Ce qui me porterait à douter un
peu du rapport de ce voyageur , c'est qu'il ne dit
pas un mot de l'élégance de la ville même ; et que
Borch , qui n'y vint que six à sept ans après lui ,
non-seulement en fait un grand éloge ; mais il va
jusqu'à dire , qu'on y trouve toutes les commodités
de la vie. Quant à la bonté de ses auberges , je veux
croire qu'ici ; comme ailleurs, cette qualité est relative , et dépend du temps et des circonstances ;
mais , du moins , ces auberges existent ; et le voyageur , qui passe aujourd'hui par Iàci , n'est plus
réduit, comme du temps de Brydone , à chercher
un asile chez des moines ; espèces d'hôtes, qui
font souvent payer plus cher, un lit et un sou-

per;aussi mauvais , que ceux des auberges ordinaires.

L'Acis.

Nous ne nous arrètâmes,à Iàci , que le temps absolument nécessaire pour manger un morceau ,
faire viser nos passe-ports, et louer des mules
qui , par parenthèse , ne servirent qu'à mon premier compagnon de voyage ; car les quatre lieues
qui nous restaient à, faire, pour arriver à Catane ,
nous offraient tant d'objets. remarquables , que sir
Frédérick résolut , ainsi que moi , de faire toute
cette route à pied.

À peine a-t-on quitté la ville , qu'on rencontre
une espèce de ruisseau coulant vers la mer , au tra-
ves des rocs et des laves , avec la rapidité d'un torrent. Ce ruisseau qui longe ici la route , et qui est
tantôt à la droite , tantôt à la gauche du chemin ,
nous est donné pour le fleuve même, qui dut sa création , son éclat et son nom, à ce célèbre berger
Acis, écrasé ici sous un bloc de lave lancé sur lui, par
l'horrible géant Polyphème, qui , de même que les
autres enfans de la Terre, habitait, comme on sait ,
sur l'Etna : voilà la fable ; passons à la vérité.

Le fleuve Acis prend en effet sa source au pied
de l'Etna ; il dut ce nom à la rapidité de sa
course : *Acis* en grec signifie *flèche*. Il baignait jadis
les murs de la ville d'Etnea; et la froideur naturelle
de ses eaux , froideur d'autant plus remarquable ,

qu'elle semble tout-à-fait étrangère à la nature du lieu d'où il sort; cette froideur, dis-je, fit ajouter à ce nom l'épithète, non moins juste, de *frigidus*; les habitans du pays le nomment encore aujourd'hui fleuve froid.

Brydone, qui recueillit plus d'un conte sur sa route, avance, sur l'autorité seule des moines d'Iaci, que les eaux de l'Acis sont imprégnées de parties vitrioliques, et tuent les bestiaux qui en boivent. Si le fait est vrai, il faut en conclure que tout va ici au rebours du bon sens : les bergers devraient dire la messe; et les moines, garder les moutons? Au moment où nous traversons nous-mêmes un des bras les plus rapides du fleuve, un immense troupeau de chèvres se désaltère, ainsi que celui qui les mène, dans ces eaux vénéneuses et mortelles; et, sur l'observation par nous faite au berger, le berger se rit de nos craintes, et nous donne même à entendre que, ainsi que les vieilles femmes et les nourrices, la plupart des *seigneurs* qui voyagent, ont toujours en réserve un certain nombre de contes, dont ils amusent les grands enfans! Au reste, il n'est peut-être pas un historien, ni un poète, qui n'ait parlé du fleuve et des eaux en question. Homère, Virgile, Théocrite et Ovide en firent souvent le sujet de leurs chants; et nul d'eux, que je sache, n'a rien dit de semblable à cette assertion de Brydone, qui, sans doute, aura confondu ici deux sources très-différentes : le fleuve Acis, et une autre source thermale, située sur cette même route, aux

portes mêmes de la ville d'Iàci ; source dont les eaux
teignent d'une couleur jaunâtre, les laves et les
fleurs au milieu desquelles elles passent. Celle-ci est
connue sous le nom de Puits de Sainte Vênera : l'Amico en parle (1) dans son Dictionnaire géographique.

Le grand nombre de bourgs et de villes, qui,
sur cette partie de l'Etna, porte encore le nom
d'A'ci (2), suffirait pour démentir l'origine fabu-
leuse de ces mêmes lieux; et n'existât-il en effet
aucune preuve à opposer aux récits d'Homère et
d'Ovide, il resterait encore à concevoir, comment
l'antiquité put rendre tant d'honneur à un simple
berger, assommé par un forgeron ? Un des plus anciens historiens de Sicile (3) a soutenu, depuis long-
temps, que ce prétendu berger était effectivement
un des princes du pays, tué par le cyclope Polyphème, dans un accès de jalousie. Vraie ou fausse,
l'historiette est plus vraisemblable que la fable ; et,
de plus, celle-là est appuyée sur une inscription
très-curieuse, qui, selon notre auteur, aurait été
découverte de son temps, aux environs d'A'ci-Cas-
tello, dont il sera parlé bientôt. Cette inscription,

---

(1) *Lexic Sicul. Vall. Demon*, pag. 302.

(2) On trouve six différens lieux de ce nom, dans le
Dictionnaire de l'Ortolâni; savoir : A'ci Bonacôrso, A'ci
Castello, A'ci Catêna, A'ci Reâle, A'ci Sant-Antônio,
A'ci san Filìppo, et enfin Aci Sânta Lucia.

(3) Mâssa.

déjà citée par Brydone , me semble assez intéressante , pour être citée de nouveau par moi :

DIAE

OGNIAE SATVRNIAE AETNAEAE

DEORVM

MARTI FINAE VXORI

IN PORTV

SEPVLCHRVM TEMPLVM ET ARCEM

ACIS

FAVNI FILIVS PICI NEPOS

SATVRNI PRONEPOS

LATINI FRA

TER

Quelle métamorphose ! le pauvre petit pasteur
d'Homère , de Virgile et d'Ovide , devenu tout à
coup un grand prince ! Le gardeur de troupeau de
l'Etna, n'était ni plus ni moins, que le fils de Fau-
nus , le neveu de Picus , le petit neveu de Saturne ,
et le propre frère du grand roi Latinus ! Si le
P. Mâssa accuse juste , cette inscription est la plus
ancienne du monde ; elle réduit à rien la célébrité
des marbres de Paros ; et l'arbre généalogique de
monseigneur Acis , est en effet le plus poudreux et
le plus rance , de tous les vieux papiers des vieux
marquis de Carabas !

Cap Syphonium. La Trizza.

Nous remarquâmes bientôt , sur la gauche , le petit promontoire , qui , sous le nom modeste qu'il porte aujourd'hui, cache toutefois un nom passablement célèbre : qui croirait, en effet, que cette langue de terre , maintenant connue sous le nom de Cap des Moulins , est le Syphonium de l'histoire , le lieu même où César aborda et séjourna plusieurs fois ?

Le petit port de ce village n'est qu'un misérable abri , où quelques barques de pêcheurs se retirent au besoin ; et le village même doit toute sa célébrité , à l'île et aux écueils qui protégent son petit port.

Ile et Écueils des Cyclopes.

Tel est le nom que Pline , et tous les anciens géographes, ont donné à une petite île et à deux énormes écueils, situés à cent pas du rivage de la Trizza. Borch les passe entièrement sous silence ; Brydone n'en parle qu'en passant ; et , dans le peu qu'il en dit, on relève cette fausse assertion ; savoir, que ces écueils conserveraient encore le nom que leur a donné Pline (1). La vérité est que, les écueils et l'île en question , ont eu le même sort que la plupart des lieux et des monumens an-

(1) Brydone. *Loc. cit.* Lett. VII.

tiques ; qu'ils ne sont effectivement connus ici,
sous le nom d'Ile et d'Écueils des Cyclopes, que par
les gens qui lisent Pline ; et que, conséquemment,
on courrait grand risque de ne pouvoir se faire entendre des habitans même de la Trîzza, en se servant du nom classique. C'est là, du moins, ce qui
nous arriva à nous-mêmes ; et la plus courte expérience vaut mieux que le plus long raisonnement.
Après nous être un peu écartés de la route, pour
descendre sur le bord de la mer, nous voulûmes
traiter du louage d'une barque qui nous conduisît
aux *Écueils des Cyclopes ;* écueils qui nous faisaient face, qui étaient à cent pas de nous ; mais,
quelle fut notre surprise, quand les pêcheurs auxquels nous nous adressâmes , nous répondirent
qu'ils ne les connaissaient pas ; nous demandèrent
où ils étaient situés ; et , sans même attendre notre
réponse , imaginant sans doute que nous comptions
passer aux Terres Australes, ajoutèrent qu'ils ne
pourraient aller si loin ! Ces écueils ne sont effectivement connus, en Sicile, que sous le nom bizarre de *Faragliôni ;* le prince de Biscari ne leur
donne pas d'autre nom (1). Quoique cette ignorance, cet oubli total des noms anciens, soient plus
remarquables encore, quant à l'Etna même que
les sept huitièmes de ses propres habitans ne connaissent aujourd'hui que sous le nom arabe de

---

(1) *Viagg. di Sicil.* Cap. IV, pag. 23. Ce mot vient
sans doute du latin *farrago.*

Gibel ; la longue possession du pays par les Sarrasins en explique du moins l'origine, et justifie
l'usage en partie. Mais, qui pourrait soupçonner
que le nom du Vésuve fût un nom tout aussi ignoré,
d'une partie des habitans de Naples ? Cependant,
portez-vous vers cette partie centrale de la ville,
nommée Sânta-Lucïa, quartier habité par cette
classe composée de matelots, de pêcheurs, et autres gens de peine, connus sous le nom de Lazzarons ; entrez dans une barque, et dites au batelier
de vous conduire *au Vésuve* ; et bien que le volcan soit directement devant lui, il y a deux à parier contre un, qu'il vous entendra, sans vous comprendre ; dites-lui, au contraire, de vous mener
à *Mônte Sômma* ; et votre homme vous mènera
droit au Vésuve. Cependant le Mont-Sômma, quoique faisant partie de la montagne du Vésuve, n'a
jamais été confondu avec lui ; et forme comme une
autre montagne, détachée du volcan même ? L'ignorance de l'ancien nom, et l'usage du nom moderne,
n'ont point ici d'excuse ; mais, à la vérité, l'un et
l'autre ne se retrouvent que dans les gens de la basse
classe ; tandis que, la majorité des habitans de la
Sicile, ne parlent en effet de l'*Etna,* que sous le
nom de mont *Gibel;* et des *Écueils des Cyclopes*,
que sous celui de *Faragliôni.*

Les rochers volcaniques qui forment l'île et les
trois écueils en question, s'étendent, quant à ceux
des écueils mêmes, sur une seule et même ligne,
précisément en face du village dont il a été parlé

plus haut. L'île, qui passe pour avoir été la première habitation des Cyclopes, en Sicile, est un
roc, dont la sommité est plane, et présente, en
effet, quelques ruines d'anciens monumens ; mais,
dans un tel état de dégradation, que la confiance
la plus aveugle dans la parole des antiquaires, n'ar-
riverait pas à y reconnaître, sans doute, ce qu'ils
y reconnaissent eux-mêmes : des maisons et une
citerne ! sa forme est un carré long ; sa hauteur,
qui varie selon le point de vue, est dans la partie
la plus élancée, de cent pieds au-dessus du niveau de la mer.

Au pied de cette même île, à vingt à vingt-cinq
pieds au delà, on remarque un écueil beaucoup
moins élevé au-dessus des eaux, qui n'est point
compris dans le nombre des trois principaux
écueils ; et qui paraît être échappé à l'observation
de tous les voyageurs. Cet écueil, toutefois, me
semble d'autant plus remarquable, que sa position
dans ce lieu, sa petitesse, sa surface plane, qui présente la base d'un cône renversé ; enfin, l'extrême
analogie de la lave dont il est formé, avec celle qui
forme l'île même ; m'engagent à le considérer,
non pas comme un écueil naturel, et qui fut toujours séparé de l'île ; mais bien effectivement,
comme une partie de celle-ci, qui, arrachée à sa
position naturelle, aura été jetée dans la mer, par
l'effet de quelque tremblement de terre ? Si cette
supposition était admise, il en résulterait que l'île
en question n'aurait été elle-même, qu'un écueil ab-

solument semblable aux trois autres, dont il va être
parlé; que cet écueil n'aurait offert, pendant long-
temps, qu'un roc aussi escarpé, aussi stérile, et
aussi inhabitable que les autres; et qu'enfin, les
ruines que l'on nous donne pour celles d'une ville
fondée par les Cyclopes, seraient très-postérieures
au tremblement de terre qui aurait renversé dans
les eaux, la partie du rocher dont elles tiennent
aujourd'hui la place? Un très-petit espace sépare ce
dernier récif du premier des trois écueils. Celui-ci
est moins haut que le second, et plus élevé que le
troisième; sa figure est celle d'un cône parfait. Le
temps, qui en usa les parties latérales, en permet
aujourd'hui l'accès, jusqu'à une certaine hauteur;
là, une fois parvenu, à la base de la partie supérieure, le pied n'a plus d'appui, et toute espèce de
tentative serait aussi vaine que périlleuse. Cependant, à en croire les bateliers qui nous conduisent,
les enfans du village de la Trizza gravissent, parfois, jusqu'à la sommité du cône; mais, quoique
l'habitude de ce pénible jeu, et la connaissance des
points les moins impraticables, fassent croire à la
vérité du récit, ils conviennent eux-mêmes, que la
plupart de ces nouveaux Dédales, arrêtés tout à
coup dans leur course, et ne pouvant revenir sur
leurs pas, n'ont plus d'autre ressource que de se
précipiter d'une hauteur considérable, dans la mer,
au risque de prendre mal leurs mesures, et de
trouver une mort certaine, sur les pointes du rocher
qui en défendent la base; rocher, qui peut avoir

cinq cents pieds d'élévation au-dessus du niveau de la mer.

Le second écueil, le plus haut de tous, est situé à une grande distance du premier, et touche presque au troisième. Rond et poli sur toutes ses faces, tel qu'un géant superbe, il semble sortir, au moment même, hors des flots de la mer; sa forme est plus conique que celle des deux autres; sa cime, plus pénible encore à atteindre, que celle du premier.

Enfin, le troisième et dernier écueil, est également de forme conique, et un peu moins haut que le second; mais, avec cette différence remarquable, quoique non encore relevée, que toutes ses parties latérales forment autant de prismes carrés, et comme taillés à pic; de sorte que le roc sort du milieu des eaux, comme une véritable pyramide. Le pied de l'homme ne l'a jamais foulé.

SPALLANZANI ET FERRARA.

Sur les Écueils des Cyclopes.

TROIS célèbres naturalistes, Dolomieu, Spallanzani et Ferràra, ont parlé de ces mêmes écueils, et décrit la nature des laves dont ils sont formés. Je ne rapporterai ici que les remarques des deux derniers; celles de notre illustre compatriote sont, en France, entre les mains de tout le monde.

Je parvins à deux heures après midi, dit

Spallanzàni (1) aux écueils des Cyclopes ; écueils
que l'on nomme aussi îles, parce qu'ils sont entourés des eaux de la mer, quoique n'étant qu'à
un jet de pierre, du village de la Trîzza. Il se peut
que ces écueils aient été réunis jadis au terrain qui
forme le pied de l'Etna, et qu'ils en aient été séparés par l'effet des vagues ; quoique, d'un autre
côté, il ne soit pas impossible que, par suite d'é-
ruptions successives, ils aient été vomis hors du
sein de la mer.

Une barque me transporta vers le premier,
que j'examinai attentivement, soit, en en faisant
d'abord le tour, soit en y montant ensuite, pour
mieux en observer les différentes parties. On reconnaît, à la simple vue de ces écueils, qu'ils ne sont
extérieurement formés, que de colonnes prismati-
ques, tombant d'aplomb sur l'eau, tantôt de la
longueur d'un pied, tantôt de deux, et quelquefois
davantage ; mais il est certain, néanmoins, qu'il
en est un, qui n'offre pas la plus légère apparence
de prismes, et qui est seulement entre-coupé de
fissures fort inégales ; fissures, qui produisent elles-
mêmes des blocs également irréguliers, ainsi qu'on
le remarque dans les laves ordinaires.

Ces écueils présentent une autre particularité,
qui n'a point échappé aux regards pénétrans du
Commandeur Dolomieu : on remarque, sur leur

_____

(1) *Viàggi alle due Sicílie*. Tom. I, cap. 9, pag.
280 *e segg.*

superficie., et même au milieu des laves qui les
forment, et partout où il se rencontre des petites
cavités quelconques; on remarque, dis-je, une
grande quantité de divers zoolithes très-beaux; et
c'est avec juste raison, que Dolomieu remarque
ici, que ces belles petites pierres doivent leur origine aux eaux qui filtrent à travers les laves, après
leur refroidissement, et tiennent en état de dissolu-
tion les molécules idoines à la formation des zoolithes. Il me serait tout-à-fait inutile d'en parler ici
moi-même, après la savante description qu'en a
donnée le naturaliste lyonnais. Je me borne donc à
rapporter ce que j'ai remarqué moi-même, en les
soumettant à l'épreuve du fourneau. Ayant donc
exposé à cette espèce de feu, un certain nombre
de morceaux de laves détachés des écueils en question, et chargés de ces mêmes zoolithes; après le
refroidissement des laves, les zoolithes se vitrifiè-
rent, avant même que la lave fût en pleine fusion;
quelques-uns coulèrent sur la superficie de la lave,
où ils formèrent une lame de verre; mais la plupart se mirent en petites boules, qui, par l'effet
de leur couleur laiteuse et brillante, parurent autant
de petites perles. Vus à la loupe, on y distinguait un
grand nombre de fissures; ce qu'il faut attribuer
sans doute au passage subit du fourneau à l'air
froid. Ce verre est semi-transparent et dur. En
rompant les morceaux de lave qui ont été exposés
au feu, et en observant les ruptures, on ne distingue qu'une demi-vitrification dans les zoolithes

I.   21

qui s'y trouvent. Quelques-unes de ces laves-zoo-
lithes, sont d'une substance homogène ; mais
d'autres renferment de petits schorls ; le couteau
aimanté attire leur poudre; la polarite de quelques-
unes est remarquable ; car, si on les expose à l'aiguille magnétique, elles l'attirent d'un côté, et la
repoussent de l'autre.

Je passe aux réflexions de M. l'abbé Ferrâra,
l'un des meilleurs historiens et observateurs des
produits volcaniques de la Sicile.

Les écueils des Cyclopes, dit-il (1), sont situés sur la côte orientale de la Sicile, entre l'est
et le sud. Les hauteurs qui leur font face, comme
toutes celles des pays des environs, sont, tantôt
des craies argileuses, tantôt des produits volcaniques. Ces écueils se composent de blocs de laves,
brûlées, vitreuses et friables, ainsi que d'un grand
nombre de scories et laves poreuses. Parmi les
blocs informes, on remarque des prismes, les uns
très-petits, les autres d'un pied de haut, et d'un
diamètre égal. Il en est de situés en lignes verticales, taillés à facettes, et convergeant vers un centre
commun. Les amas de terres argileuses qui forment
les points élevés, renferment souvent des prismes,
et colonnes des mêmes laves, et de formes très-
irrégulières. Quelques-unes sont agrégées, quelques autres à bandes, et toutes, presque toujours

_____

(1) *Ferrâra Descrizione dell' Etna*, pag. 56.

unies, à des masses informes de lave même. Quelques-uns des prismes sont de couleur rougeâtre, à leur surface ; dans l'intérieur, ils sont de la couleur du fer, et par la teinte et par le poids. Enfin, dans les blocs qui forment les parties supérieures des écueils en question ; blocs, qui sont en même temps argilleux et volcaniques, on remarque un grand nombre de masses rondes, formées par la même lave.

Après avoir pleinement satisfait nous-mêmes notre curiosité, soit en tournant chacun de ces écueils, soit en gravissant tous leurs pointes praticables, excursions qui nous prirent trois à quatre heures de temps, nous regagnâmes la Trîzza, et nos mules, et poursuivîmes notre route vers Catane.

Château d'A'ci ou A'ci Castêllo.

A peine sortons-nous du village de la Trîzza, que nous voyons, dans l'éloignement, un objet digne de piquer notre curiosité.

Un énorme amas de laves séculaires s'élancent tout à coup dans la mer, dont il repousse au loin les flots, qui, depuis des temps ignorés, se brisent contre le promontoire volcanique.

Sur la cime du rocher, s'élèvent les ruines d'une forteresse, dont les murs semblent également construits de laves etnéiennes. Ces murs sont en effet tout ce qui reste du château fort ; mais ils sont sur un site remarquablement pittoresque ; mais ils furent construits par un consul romain (1); mais ils soutinrent vingt assauts célèbres; mais ils ont près de trois mille ans d'existence; et, ne fût-ce qu'en considération du respect dû à l'âge, nous ne pouvions guère passer outre, sans mettre pied à terre, et leur rendre nos devoirs.

Du sommet de cette tour à demi écroulée, toute la mer Ionienne se déploie devant vous; et de là, le regard enchanté plonge sur le pays des fables. Là, est la grotte de Polyphème, retentissante encore sous les cris des compagnons d'Ulysse; ici, à quelques cents pieds sous moi, je reconnais la plage, où le grec Achéménide vint implorer la protection d'Énée, contre les fureurs du géant. Voici l'énorme éclat de roc, sous lequel le malheureux Acis fut écrasé, dans sa fuite; plus loin le fumeux Etna pèse sur le sein d'Encelade; du fond de ces rocs caverneux, on croit voir sortir des Cyclopes : j'ai pris ce palmier pour Bronthée, et ce roc rougeâtre pour l'horrible Sthérope !

Nous ne nous arrachons à ces illusions involontaires, que pour fouler de nouveau le sol qui les fait naître : nous passons, en ce moment, sous une porte, où, quelques mille ans avant nous, passèrent les aigles romaines, guidées par les

---

(1) C. Aquilius Tuscus éleva effectivement cette forteresse, deux cent soixante et quelques années avant notre ère.

vainqueurs d'Hiéron (1); porte au pied de laquelle le fameux Artale Alagone (2) força son propre maître (3) à capituler avec lui. Cette porte fameuse à tant de titres , et qui dépend de la forteresse en question , sert aujourd'hui d'entrée à un pauvre petit village , qui ne se doute guère du rôle qu'il a joué jadis.

PORT D'ULYSSE.

A UNE heure de marche, au delà de ce dernier village, sur le sommet des laves vomies jadis hors du sein de l'Etna, est situé un petit bourg nommé, par quelques-uns, Lognîna, et par d'autres Ognîna. Ce bourg n'a d'autre célébrité que son port ; et ce port est celui où , selon la fable Virgilienne , Ulysse même serait débarqué.

Antonin et Cluverius , qui suivirent le récit d'Homère, ont placé ce même port, à l'autre extrémité de la Sicile, un peu au delà du cap Pachinus. Mais ici , comme dans bien d'autres passages , la

---

(1) Les Consuls L. Valerius Flaccus , et T. Otacilius Crassus.

(2) Comte de Mistrêtta , et grand-justicier de Sicile. Les faits d'armes de cet homme inquiet, téméraire et fougueux, remplissent les pages sanglantes de l'histoire de son temps; il vivait au milieu du quatorzième siècle; son compétiteur était le célèbre Mainfroi Chiaramônte.

(3) Frédéric III, surnommé le Simple, et qui méritait le surnom.

géographie d'Homère est fautive ; et , voulant
faire aussi débarquer son héros au pied même
de l'Etna , Virgile fit fort bien , ce me semble , de
ne pas le porter à plus de vingt lieues au delà ?

Ce port a été passé sous silence par Brydone et par
Boreh ; je ne m'explique point leurs raisons : les
beaux vers qu'il rappelle , lui méritaient l'honneur d'être cité. C'est ici , en effet , que Virgile plaça la scène d'un de ses plus touchans
épisodes : l'emprisonnement d'Ulysse et de ses
compagnons, dans l'antre du Cyclope Polyphème ;
le débarquement, la terreur d'Énée et des siens ,
à la vue de ce même Cyclope ; et enfin, le secours
accordé par Énée, au malheureux Achéménide ,
échappé aux fureurs du monstre , et errant, fugitif , sur cette côte redoutable (1).

Dès le milieu du seizième siècle, époque où
l'historien Fazzèllo écrivait , ce port célèbre , par
suite des ravages du volcan , avait déjà perdu la
plupart des avantages que le poete romain lui accorde. L'île qui le formait autrefois , et le mettait
à l'abri des vents , s'est réunie au continent même ;
et, dans son état actuel , le port d'Ulysse et d'Énée ,
n'offre plus qu'une baie très-petite ; mais une baie
qui , par son aspect pittoresque , n'a peut-être pas
son égale au monde. Ce lieu se nommait jadis
Ongia , d'où les Siciliens ont fait *Ognina* et *Lo-
gnina*. Pline fut le premier qui lui donna le sur-

(1) Virg. Æneïd., lib., III, v. 614 et seqq.

nom de Port d'Ulysse. L'ancien nom du petit pays
où il est situé, n'a pas éprouvé autant d'altération;
et du nom *Dicatria*, on a fait *Licazïa*. Une église
dédiée à la Vierge, s'élève à l'endroit même, où
Virgile fait aborder son héros.

J'essaierais volontiers de décrire ce petit coin
de terre, à la fois ignoré et célèbre, qui vit dans
tous les souvenirs, pleins encore des fictions des
poetes; mais les tableaux de la nature se refusent
à la description, en raison de leur intérêt même;
et, après s'être donné bien des peines pour peindre
ce qu'on a sous les yeux, quand on croit le tableau
achevé, il est encore bien loin de l'être!

Eh! comment s'y prendre en effet, pour transporter l'imagination du lecteur, aussi complètement étranger aux objets qui m'entour ent, qu'à
l'effet qu'ils produisent sur moi; comment la transporter, dis-je, sur ce rivage aride et nu, assis sur
ces laves séculaires? Comment ouvrirais-je à ses
yeux ces cavernes immenses, obscures, sinueuses
et profondes, que la lave a progressivement creusées dans le flanc de ces roches basaltiques, inégales, escarpées et rudes; rochers, dont l'âge touche à celui du monde; la base, aux entrailles de la
terre; et la cime, aux nues qu'elle menace? Comment m'y prendre enfin, pour mettre sous ses yeux,
cette mer qui s'allonge, écumeuse, dans un canal
étroit et profond, fermé par deux digues rougeâtres,
qu'elle gravit, sans franchir, et bat, sans ébranler? Dieu me garde d'une entreprise aussi hasar-

dense ! il en est de certains détails , comme du du-
vet léger des fruits : les toucher de trop près , c'est
s'exposer à les ternir ; et les ternir, c'est les gâter.

LA FERME DU RÔTOLO. PAYSANNES SICILIENNES.

J'AVAIS lu au chapitre IV du soi-disant voyage du
prince de Biscari , qu'à peu de distance de Lognîna,
se trouvait un grand nombre de fort belles ruines,
dépendantes de la ferme, dite le Rôtolo ; je com-
muniquai la remarque à mes deux compagnons de
voyage, qui, plus las que curieux, et n'aspirant
qu'après le terme de la course, reçurent la proposition que je leur fis de passer jusqu'à ces fameuses
ruines, aussi froidement qu'un libraire reçoit le
manuscrit d'un auteur.

La vue de ces ruines n'était pas en effet le véritable but où tendait ma curiosité. Je commençais à
être las des vieilles pierres et des décombres : mon
antiquomanie était à ses derniers momens ; mais je
me rappelais une certaine gravure du livre de
Borch, dans laquelle est représentée une danse de
paysannes siciliennes ; ce jour même était un di-
manche ; les ruines en question étaient dans l'intérieur d'une ferme ; et, tout en les visitant , il y
avait dix à parier contre un, que je serais témoin
d'une de ces mêmes danses ; et que je verrais enfin,
ces charmantes danseuses, que l'imagination me
péint d'avance, comme autant de Galathées, de
Dryades, et de nymphes légères !

Je laisse donc mes compagnons poursuivre leur

chemin , et je m'achemine moi-même vers le lieu
en question , situé beaucoup plus loin , que mon
auteur ne me l'avait donné à entendre. Harrassé ,
hors d'haleine , j'arrive enfin au but ; et , comme
en toute chose , l'utile doit passer avant l'agréable ,
je remets à mon retour des intéressantes ruines , le
plaisir de contempler les nymphes ; et me voilà suivant les pas d'un guide , que sa figure rébarba-
tive , sa barbe épaisse et noire , le désordre de sa
toilette, et surtout la couleur de sa peau, me portent
bien plutôt à prendre pour un cyclope échappé de
la forge , que pour un faune amoureux et galant.

Enfin , j'arrive aux ruines curieuses ; et là , je
vois , 1°. une grande pierre , que mon auteur m'assure être un fragment de pavé antique ; 2°. une
espèce de bouge obscur et à demi-démantelé , qua-
lifié du titre de tribune ; 3°. enfin , un étroit souterrain , où , selon le Pausanias sicilien , on peut
se tenir debout à son aise ; et où , mon guide et
moi, nous sommes réduits à marcher à quatre pat-
tes , sous peine de nous casser la tête , contre le plafond de la *haute galerie* (1).

Est-ce-là tout, dis-je à mon guide , en me hâtant
de sortir à reculons du boyau où je suis enfoncé ?
C'lénzia si, me répond le faune enfumé , dans son
patois sicilien , et d'une voix à faire trembler la
voûte. Que le ciel soit loué , repris-je : reconduis-
moi vite à ta ferme ! Pour la centième fois , je ve-

_____

(1) Bîscari Viaggio, etc. Cap. 4, pag. 26, e segg.

nais d'être dupe des descriptions de cet auteur;
mais les nymphes me restaient encore : cette idée
me consolait un peu.

Je ne sais cependant quel secret pressentiment
affaiblissait d'avance l'effet de leurs prétendus charmes ? Cruellement trompé par un prince, je pouvais l'être par un comte; et, dupe de la *chose an-*
tique, l'être aussi de la *chose moderne.* Toutefois,
je gagnai la maison de mon guide. Cette maison
était à la fois la ferme, la boutique, l'auberge, l'é-
curie et la salle de bal du village. Au moment où
nous y entrâmes, les plafonds pliaient sous le poids
de vingt couples de bergers et de bergères, tous
plus lourds les uns que les autres. J'ignore où Borch
a pu trouver les modèles des six nymphes qu'il fait
légèrement danser au son d'une guitare, que pince
un berger non moins beau et non moins gracieux
qu'elles ; mais ce que je sais bien, c'est que parmi
les femmes que j'avais sous les yeux, il n'en était
pas une, qui pût passer pour autre chose, que ce
qu'elle était en effet; je veux dire, une femme sans
grâce, sans beauté, sans fraîcheur ; et, après
avoir parcouru le pays en tous sens, j'en suis encore à découvrir les charmans objets qu'il nous
peint ! Ce n'est pas que ses nymphes ne soient un
peu massives, et que son troubadour n'ait l'air un
peu niais ; mais ces attitudes gracieuses, mais cet
habillement si riche, si élégant et si léger, sont
autant de détails qui, pour n'être pas ridicules,
n'auraient besoin que d'être vrais. Mais peut-être

n'est-ce pas sérieusement que cet auteur nous vante
la beauté des paysannes siciliennes ? Plus avili, plus
pauvre, plus accablé cent fois, que tous les hommes
de cette classe, sous le poids du travail et de la
misère, le paysan sicilien secoue quelquefois le
fardeau : il saute, il est vrai, aux sons de la cor-
nemuse ; mais il saute en guenilles et sans grâce,
et non pas avec goût, et des habits dorés !
Quant à la régularité des traits, et surtout aux
grâces naturelles, ces dons, moins que partout
ailleurs, sont ici le partage de la classe indigente :
parmi toutes les paysannes de la Sicile, on chercherait inutilement une de ces figures à désespérer
une femme de qualité. Ici, la jeunesse est sans
fraîcheur et sans grâce ; l'âge mûr est la vieillesse
même ; la vieillesse, l'état de décrépitude. Ces remarques ne souffrent que quelques exceptions fort
rares ; elles sont également applicables aux habitans des villes, comme aux habitans des campagnes.
En un mot, je n'ai pas vu, dans tout le pays, une
seule de ces têtes de vieillards qui commandent à
la fois le respect et l'intérêt ; je n'ai pas vu une seule
fille de vingt ans, qu'on n'eût pris pour une femme
de quarante ! Borch même en convient : en parlant de ce caractère de vieillesse anticipée, il dit
ailleurs, dans son style franco-polaque : dans
le véritable âge des amours, le dieu de la ten-
dresse ne trouve plus ici que des fleurs fanées (1) !

_____

(1) *Loc. cit.* Tom. I. Lett. 9, pag. 126.

CATANE.

Je suis depuis trois semaines à Catane ; et je n'ai
point encore vu l'Etna, ou, du moins, je ne l'ai vu
que comme chacun le voit ici, c'est-à-dire, en
portant mes regards vers sa cime. La fatigue, les
visites, les lettres à remettre, les livres à consulter,
les informations à prendre ; en un mot, les préparatifs du voyage, en voilà plus qu'il n'en faut pour
justifier cette insouciance apparente ; ces sortes
d'excuses se trouvent dans la plupart des livres ;
et, dupe de cette petite ruse, le lecteur ne manque-
rait pas de prendre, ici, pour prudence et sagesse,
ce qui n'est, en effet, que faiblesse et appréhen-
sion.

A tous ceux qui jugent de l'Etna, d'après la
place qu'il occupe sur la carte, l'aveu paraîtra fort
étrange ; mais, dût-on ne pas m'en croire sur parole, celui qui comme moi, après avoir lu Fazzèllo,
Borêlli, Mâssa, Hamilton, Dolomieu, Denon,
Spallanzâni, Recûpero, Ferrâra, et quelques autres auteurs de ce genre ; auteurs, qu'on ne peut
soupçonner d'amplification et de fables ; celui, dis-
je, qui prétendrait avoir entrepris le voyage sans
nulle hésitation ni crainte, s'en imposerait à lui-
même, ou voudrait en imposer aux autres.

Dans la comparaison qu'il fait des dimensions
respectives de l'Etna et du Vésuve, Spallanzâni

nomme plaisamment celui-ci , un volcan de cabinet; puis il ajoute : Il ne faut donc pas s'étonner que les voyages au Vésuve soient regardés, pour
ainsi dire , comme des entreprises de rien ; et qu'en
conséquence , on n'en parle que lorsque ces mêmes
courses ont été faites au moment de quelque éruption ? Mais le voyage à l'Etna , voyage que l'on
fait ordinairement par la route de Catane, située à
trente milles (1) du sommet du volcan , ne fut jamais considéré comme une petite entreprise , etc.

Depuis le temps où je suis à Catane, la tête remplie encore de descriptions alarmantes, j'imite
l'homme dont parle le Dante (2), et temporise
aussi , sinon avec la mort , du moins avec la
fatigue et le danger. Chaque jour je cherche à habi-
tuer mes forces physiques et morales , à l'aspect
comme au sol de ce monstrueux enfant de la terre
et du feu, de cette colonne du ciel, de ce faîte de
la Sicile (3); et, chaque jour, pour m'accoutumer
mieux à la rudesse des routes que j'aurai bientôt à

---

(1) Si Spallanzâni parle des milles de Sicile , il n'en
compte pas assez; s'il parle de milles d'Italie, il en dit
un peu trop. On compte effectivement, de Catane aux
cratères, c'est-à-dire, de la base de l'Etna jusqu'à sa
sommité, on compte, dis-je , trente-six milles de
Sicile , ou vingt-cinq milles d'Italie; environ huit
lieues un tiers de France.

(2) *Inf. Cant.* 19.

(3) Pynd. — Senec.

franchir, je gravis, en tout sens, ce fleuve de laves éteintes, qui, dans une seule nuit (1), après avoir formé sur la croupe de l'Etna deux montagnes (2) aussi grandes que le Vésuve, s'élança tout à coup hors du nouveau cratère ; s'avança lentement vers Catane ; submergea, sous des flots de feux, toute la partie orientale de la ville ; rasa entièrement un espace de quatorze milles d'étendue ; et refoulant au loin les flots même de la mer, éleva dans leur sein un promontoire d'environ deux tiers de lieues de longueur, sur une élévation égale. Jusque-là Catane n'avait aucun port ; un système insouciant et sordide, était loin de lui en donner un : l'Etna prit sur lui l'entreprise ; et le port fut construit en un jour.

La principale rue de Catane est directement en face du colosse volcanique ; et, tout en prenant une glace, à la porte d'un des cafés de cette rue, je relève déjà plus d'un conte des poétes et des voya-

_____

(1) La nuit du 23 au 24 avril 1669. C'est donc mal à propos que Brydone place cette éruption, vers la fin du seizième siècle.

(2) Ces montagnes, qui n'ont en effet, qu'un seule et même base, sont celles de *Monte-Róssi* ; qu'il ne faut pas confondre avec le *Monte-Rósso*, autre produit d'une éruption qui eut lieu en 1763. D'après la remarque consignée dans la note précédente, il paraîtrait que Brydone aurait pris lui-même cette éruption pour l'autre ?

geurs; tels, entre autres, que les neiges éternelles dont ils parent le front du volcan (1)!

A n'en juger même que sur le simple aspect du cône immense, escarpé et rapide, l'Etna ne me parait pas fait pour être foulé par le pied d'une jolie femme? on prétend, toutefois, que des anglaises ont tenté l'entreprise; vrai ou faux, le fait ne m'étonnerait pas : ces femmes-là sont autrement faites que les autres; leur force physique et morale les a toujours poussées, vers les tentatives hasardeuses : aucune fatigue ne leur coûte, aucun péril ne les retient, dès qu'il s'agit de faire ou de voir, ce qu'aucune autre femme n'a fait ni vu comme elles : ce sont de nouveaux preux, de vrais paladins en cornettes; je n'oublierai jamais que, le même jour, à Rome, j'en trouvai une dans la boule de Saint-Pierre; puis, sur la Tour de Néron, d'où elle ne

---

(1) J'arrivai à Catane le 18 septembre 1819; à cette époque l'Etna n'offrait pas la moindre apparence de neiges; je gravis la montagne le 9 octobre suivant, et la montagne n'en avait point encore. Dans la nuit du 15 au 16 même mois, la sommité du volcan en fut couverte pour la première fois. Lès neiges éternelles n'existent donc ici, que dans l'imagination des poëtes, ou à plusieurs pieds sous la terre, comme je l'expliquerai plus loin. Elles commencent généralement, vers la fin d'octobre, et sont entièrement fondues, vers les derniers jours de juin.

descendit, que pour passer de suite au fond des ca-
tacombes.

MONUMENS ANTIQUES DE CATANE.

QUOI qu'on en puisse dire, l'Etna est pour Catane un voisin doublement incommode : il la menace ou la détruit; et sa vue ne laisse à la ville que
l'intérêt qu'on prend au volcan.

Cependant cette ville renferme des curiosités de
tout genre : Bîscari en a tracé l'interminable liste;
· liste qu'il m'a bien fallu lire, et, qui pis est, vérifier.
Tout en me préparant au grand voyage, je vis donc
successivement les restes d'un amphithéâtre, presque entièrement abattu par le grand roi Théodo-
ric, qui s'entendait mieux à abattre qu'à élever ;
mais, au milieu de ces ruines, le volcan fumait devant moi. Pour admirer de près les voûtes bien humides et bien sombres d'un théâtre, d'un bain antique et d'une espèce de tombeau, force me fut,
de monter sur tous les toits; puis, de descendre
dans les caves d'une demi-douzaine de palais,
de couvens et d'églises; mais, de loin comme
de près, sur les maisons ou dans les caves, l'Etna
me poursuivait partout, et partout je ne voyais que
lui! Cette infatuation n'est pas aussi ridicule qu'on
le pense : monument aussi vieux que le monde,
celui-là ne tombe point en ruine ; il est là, comme il
fut jadis; la main du temps l'effleure à peine; ce
terrible géant est l'enfant de la nature; il a détruit

l'ouvrage de l'homme ; et il tonne aujourd'hui sur l'habitant de Catane, comme il tonnait jadis sur les Cyclopes et les Sicans.

Origine de Catane.

L'origine de cette ville se perd dans la nuit des temps fabuleux : les lambeaux historiques, que nous nommons histoire universelle, ne remontent pas aussi haut.

Au dire de Bérose et d'Homère, Catane aurait été fondée et habitée par les Cyclopes, ou Géans, premier peuple qui serait passé dans cette partie de la Sicile, où la ville est encore située de nos jours.

A ces mécréans redoutables, qui, comme l'ogresse de Perrault, mangent les enfans, les pères et les mères, et couchent indistinctement avec les grand'mères et leurs filles ; à ces mécréans, dis-je, succèdent les Eubéens, qui, quittant leur petite ville de Chalcide, fondent tout à coup sur nos Cyclopes, leur crèvent le seul œil qu'ils ont, et s'emparent de leur ville, à laquelle, d'un certain Cathanos, qui leur sert de chef et de guide, ils donnent le nom de Cathanée. Tout cela, selon Thucydide, se passa justement sept cent quatre-vingt-deux ans avant la naissance du Sauveur. Je ne réponds pas du calcul : en fait de computations de ce genre, quelques siècles de plus ou de moins ne sont pas une affaire ; et ici, grâce au ciel, l'absurde ne nous est pas ici commandé !

I.

Après l'aveuglement de nos Cyclopes, un des tyrans de. Syracuse, Hiéron jugea convenable à son tour de mettre les vainqueurs à la porte ; or, comme il fallait mettre quelqu'un à leur place, il tira de Mégaré, de Géla et de Syracuse même, un certain nombre d'hommes qu'il établit dans la ville qu'il venait de s'approprier, par la grâce de Dieu et la justice de sa cause. Le nom du chef Eubéen ne pouvait rester à la ville : Hiéron lui donna celui d'Ethnëa, nom qu'il affectionnait si fort, qu'à l'époque où il remporta le prix des jeux pythiens, c'est-à-dire, dans la soixante-seizième olympiade, il défendit au crieur public de l'annoncer lui-même sous aucun autre nom que sous celui de l'Ethnéen. Ce changement de nom n'était pas sans motif : après avoir exercé la plus affreuse tyrannie sur les habitans de Syracuse ; après avoir fait périr quelques milliers de victimes, et conspiré la mort de son frère, le prince changea tout à coup de système : un léger accès de fièvre fit d'un tyran avare, imbécile et farouche, le plus généreux, le plus docte et le plus doux de tous les maîtres ; à la foule des bourreaux et des courtisans avides, on vit succéder, à sa cour, Symonide, Bachylide et Pindare. Le tyran converti devient le meilleur des hommes : il quitte volontiers une ville, où, bien que légitime, son pouvoir n'est pas fort aimé ; et il vient s'établir à Ethnëa, où bientôt il échange les titres de tyran et de prince, contre celui de simple citoyen. La fièvre d'Hiéron n'était pas contagieuse : le mal commença et finit avec lui. Catane reprit son premier nom : ce nom est aujourd'hui la seule chose qui lui reste de son ancienne célébrité. Elle passa successivement ensuite, au pouvoir des Athéniens, des Sicules, des Grecs, des Romains, des Arabes, des Normands, des Suèves, des Aragonais et des Castillans; en un mot, la fureur des hommes ne l'épargna pas plus que les feux de l'Etna ; et, grâce à ce double et terrible fléau, il est plus que probable, que les ruines sur lesquelles la moderne Catane est assise, ne sont pas les ruines de la ville d'Hiéron ; il est probable, dis-je, que sept à huit couches de laves, de pierres, de cendres, de scories et de terre végétale, accumulées sur celle-ci, cachent maintenant à nos yeux, autant d'anciennes villes de Catane.

BASE VOLCANIQUE DE L'ETNA.

TOUTE inonïe que paraisse la conjecture précédente, le simple aspect des lieux en prouve la vérité. Depuis le roc de Tauromenium, jusqu'au lac Gurrîta; de ce lac à Troine; de Troine à Centòrbi ; de Centòrbi à Catane ; et, enfin, de Catane au roc de Taormine ; soixante lieues de terrain se sont changées en pierres; et ces pierres ne sont autres, que des torrens de laves vomies par le volcan ; laves que l'on retrouve sur tous les points de cette vaste carrière. Sur les montagnes les plus hautes, dans les antres les plus profonds, dans les

vallées et dans les plaines , dans les villes et dans
'lés hameaux, dans les rues, dans les places , sur
'les routes , sur les bords de la mer, et jusque dans
la mer même ; dans cet énorme espace , dis-je , on
ne peut faire un pas , sans voir'on heurter la lave ,
sans fouler la cendre volcanique, sans que la scórie
friable n'éclate et ne crie sous le pied. Partout
ailleurs, la pierre se forme dans le sein de la terre :
ici, c'est la pierre qui produit celle-ci. Plus dure que
le plus dur granit avant de sortir du volcan, la terre
ferrugineuse, devenue lave friable , redevient terre
végétale. L'imagination s'arrête, comme effrayée ,
devant le temps nécessaire à cette lente métamorphose , à cette étrange végétation ? Chose inouïe !
un espace de cent cinquante ans n'altère point encore le caractère primitif des scories et des laves ,
qui, refoulant les eaux de la mer , s'emparèrent de
son lit , vers la partie méridionale de Catane ! A
l'autre extrémité du port , on remarque aussi des
monceaux de pierres volcaniques dont la mémoire
de l'homme n'a retenu, ni l'origine ni la date ;
celles-ci, cependant, ne sont pas plus altérées que
les autres ; chacune d'elles, à quelques exceptions
près, semble sortie d'hier , du gouffre qui les a
vomies ; et, pour toute différence, ces exceptions
mêmes ne présentent qu'une espèce d'incrustation terreuse, que l'on remarque sur quelques-
unes, et qui n'a pas un huitième de ligne d'épais-
scur ; ou , peut-être encore, comme je l'ai observé, sur des laves de 1669, une espèce de fon-

gus panaché et blanchâtre, qui croît sur la lave même, et dont j'ai recueilli quelques beaux fragmens (1).

Ce n'est donc pas, comme plusieurs minéralogistes le prétendent; ce n'est pas, dis-je, à la décomposition des laves compactes, qu'on peut raisonnablement attribuer la présence de cette terre végétale. Le temps nécessaire à l'opération présumée, déjouerait toute espèce de calcul; et les signes ordinaires seraient bientôt insuffisans. La pulvérisation des scories friables, des sables et des cendres dont le volcan recouvre, peu à peu, les carrières qu'il triture et vomit; telle est, selon moi, l'hypothèse la plus admissible, quant à la nature et à l'existence de ces couches de terre végétale, qui, jetées comme au hasard, sur les flancs de l'Etna, transforment en terrain fertile, la grande base volcanique, sur qui posent, à la fois, les fleuves, les champs, les vallées, les collines, les montagnes, les villages et les villes de cette partie de la Sicile; sinon même, de la totalité de l'île; car, s'il est

---

(1) Malgré toutes les précautions prises pour l'emballage et le transport de ces curieux échantillons, à mon retour en France, j'ai eu le déplaisir de les trouver entièrement détruits. Une des boîtes qui contenait ces laves, a même été soustraite ou perdue, par suite de la visite qu'on en fit à Marseille. Quant à celles qui me sont parvenues, ces précieux fongus étaient réduits en poudre.

vrai de dire, que la base de l'Etna n'a, en effet, que soixante lieues (1) de circonférence apparente, il est au moins probable, que les racines mêmes de ce grand chêne volcanique, ne s'arrêtent pas à ce point; et s'étendent, en effet, sous la terre, à une distance bien plus considérable, et qui est encore à fixer; je n'en veux d'autre preuve, que la nature même de la plupart des montagnes, qui couvrent le reste de l'ile.

Musée Bîscari.

Pour en revenir aux curiosités de Catane même, dont, par suite de la préoccupation dont j'ai parlé plus haut, je me suis encore écarté malgré moi; -il me restait à parcourir les interminables salles du fameux Musée Biscari.

Le traducteur de l'ouvrage de Brydone, charge ici la conscience de son auteur, d'une assertion très-fausse, et dont celui-ci n'est nullement responsable. Il lui fait dire, qu'il a trouvé dans ce même musée, autant d'antiques qu'au palais du roi de Naples, à Portici (2). La vérité est, que notre voyageur dit positivement le contraire (3). Je ne

***

(1) Cent quatre-vingts milles, selon le calcul de Spallanzâni. *Voy*. ci-dessus, la note de la pag. 38.

(2) *Voyage en Sicile*, etc. Tom. I, pag. 146.

(3) Voici ses propres expressions : « *Which* (le musée en question), *in antiques, is inferior to none I have*

relève cette lourde faute que, parce que, trompé par le texte de la traduction, j'aurais pu faussement accuser l'auteur même, d'une de ces exagérations dont il est si souvent prodigue.

Au reste, comme ce même Brydone le remarque fort bien, cette collection se compose, pour la plus grande partie, de débris de colonnes, de vases, de statues, et autres monumens antiques, découverts dans les fouilles que le gouvernement permit au prince de faire, *à ses propres frais*, dans l'emplacement de l'ancien théâtre de Catane ; et, profitant de la permission, le prince a si bien fouillé, qu'il n'a rien laissé sur la place.

La plupart de ces morceaux, ainsi que le musée même, me semblent un peu au-dessous de leur grande réputation. Pour celui qui a vu les galeries de Paris, de Florence, de Rome et de Naples, les grands éloges de mes prédécesseurs sont ici, selon moi, autant d'amplifications contredites par le seul aspect des lieux.

La partie la moins belle de cette immense collection, est précisément celle qui lui a donné naissance ; je veux dire les monumens antiques, recueillis par l'ancien possesseur. J'en excepte toutefois la collection des vases étrusques, qui contient plusieurs beaux morceaux. Quant au médaillier

seen, *except that of the King of Naples at Portici.* » *A Tour through Sicily*, etc. Lett. VIII, pag. 76.

superbe et nombreux , à la collection rare des livres les plus recherchés (1) , objets sur le mérite
et l'existence desquels Brydone a gardé un profond
silence ; les héritiers du prince en ont disposé sans
doute , ou du moins ne les montrent plus au public ; et les éloges qu'en a faits Borch ne sauraient
être contredits.

Ce même auteur vante , avec juste raison , le
cabinet d'histoire naturelle ; mais , comme s'il ne
pouvait s'empêcher d'avoir tort , il se hâte d'ajouter
l'éloge de l'arrangement même, à celui de la collection ; et c'est justement en cela que la collection
pèche : le désordre le plus grand s'y remarque ; espèce et genre, tout y est confondu : dessous la même
clef , et voire même , sur la même planche , j'y remarque une lave basaltique , un arbre de corail ,
un fétiche du Congo , et une dent d'éléphant!

MUSÉE GIOËNI.

UNE collection unique en son genre , collection
que ni Ryedesel , ni Brydone , ni Borch ne purent
voir , et dont Spallanzâni ne fit lui-même (2) que
présager le futur mérite; c'est celle qui se trouve

---

(1) Borch. *Loc. cit.*

(2) *Viaggi alle Due Sicilie* Tom. I, cap. 9, pag. 286.
Voici de quelle manière cet auteur s'explique à cet
égard. « *In questa Città comincia a fiorire un ter-*

aujourd'hui dans le musée appartenant à M. le chevalier Joseph Gioéni.

Le lecteur ne s'attend pas sans doute à la description d'un Cabinet, qui, non-seulement, renferme la collection la plus rare et la plus complète des produits de l'Etna, mais aussi ceux de toute la Sicile et des mers qui l'entourent ? Spallanzàni en a déjà traité ; un autre naturaliste qui, malheureusement pour moi, m'a constamment précédé d'une quinzaine de jours dans sa tournée de la Sicile, et dont je n'entends parler partout, que pour accroître le regret que j'ai de ne pouvoir le rejoindre ; M. Lucas, fils du naturaliste de ce nom, se propose, à ce qu'on m'assure, d'en parler dans le cours de la relation de son intéressant voyage ; et je ne suis pas assez ennemi de moi-même, pour lutter contre de tels adversaires.

Le savant auquel la ville de Catane doit cette collection précieuse, fut l'ami du célèbre et infortuné Dolomieu, dont les conseils ne nuisirent pas sans doute au succès de l'entreprise ; mais, par une singularité assez remarquable, après y avoir consacré une grande partie de sa fortune, et des soins qui ne peuvent s'évaluer, le possesseur de ce trésor ne l'eut pas plutôt recueilli, qu'il s'en sépara de

---

zo Muséo (a), *poco conosciuto fuori, perchè nuovo. Si può dire, che è anche bambino; ma questo bambino però fin d'ora giganteggia, etc.*

(a) Le second de ces musées est celui des Bénédictins, dont il sera parlé plus loin. *Voy.* ci-dessous, pag. 353.

lui-même ; et depuis trente-cinq ans , il n'a pas
remis le pied à Catane. A la vérité, la collection
ne pouvait être en de meilleures mains, qu'entre
celles de M. le chevalier Benoît Gioéni , son frère ;
homme aussi instruit qu'aimable , et qui , par ses
soins prévenans pour tous les étrangers qui s'arrêtent ici, parviendrait à leur faire aimer cette ville ,
quand bien même l'Etna en serait aussi loin qu'il
en est proche. Cependant, il est fort à craindre qu'à
la mort du propriétaire, toute cette belle collection
ne soit dilapidée et vendue à l'enchère. Le fils unique du chevalier Gioeni , est hors d'état d'hériter de
son père ; une aliénation complète l'enlève à la société ; et son neveu , auquel le musée et la fortune
doivent naturellement revenir , ce neveu paraît
homme à se défaire de l'un, après avoir dissipé l'autre. Je sais de bonne part, que le gouvernement napolitain se propose , depuis long-temps , d'acquérir cette belle collection ; il en a même offert
soixante à quatre-vingt mille francs ; c'est-à-dire le
tiers de sa valeur réelle ; l'offre fut acceptée dans le
temps ; mais la somme est encore à venir ; et ce trésor inestimable sera dilapidé sans doute, sinon
même entièrement perdu.

COUVENT DES BÉNÉDICTINS.

CETTE maison est telle que Brydone l'a dépeinte :
c'est un véritable palais , et , de plus, un palais
superbe. On dit que les moines qui l'habitent ,
possèdent un revenu immense ; j'ai souvent ouï

parler de leur richesse : je n'ai point ouï parler de leurs talens. Cet ordre, si long-temps l'honneur des lettres, n'est plus ce qu'il fut autrefois : les Montfaucons, les La Rue, les Martenne, les Mabillon, les Dantine ne sont plus ; ses savans, s'il en est, ont toute l'humilité des premiers siècles de l'Église : ils se cachent et se font oublier. Leur maison, comme je l'ai dit, est de la plus grande magnificence ; mais celle-ci ne blesse point : la simplicité la corrige. L'élégance et le luxe se sont emparés du dehors, l'ordre et la propreté du dedans ; en un mot, je ne connais aucun palais de moines, qui se fasse plus aisément pardonner. Au reste, tous les membrs de l'ordre sont ici exclusivement tirés du corps de la noblesse.

Le chevalier Gioèni, dont j'ai parlé plus haut, voulut bien nous accompagner ici, et, cette fois, nous eûmes enfin pour guides, deux hommes à qui l'on pouvait parler. Don Ferdinand de Ribera, qui voulut bien se joindre à lui, nous parut plus élégant et plus mondain, qu'il n'est permis à un moine de l'être .. sa figure, ses manières, son esprit et son ton, semblent autant de choses étrangères à sa robe : il est aimable, il est gai, il est franc, il est instruit, il est plein de talens : il n'est pas du pays, et n'est encore qu'à demi-moine.

La façade de ce palais (car je ne saurais le nommer autrement) est d'une simplicité d'autant plus remarquable que, dans ce pays comme à Naples,

l'emploi des ornemens superflus étonnerait la Folie
même. L'escalier principal me frappa ; et cette
partie de l'édifice me parut l'emporter sur le reste,
comme sur tout ce que j'avais vu ailleurs : cet escalier est à deux branches, dont chacune est ornée
de deux énormes colonnes doriques ; il aboutit à
un vaste vestibule voûté. Les marches, les murailles, les colonnes et la voûte, tout est construit
ou recouvert du plus beau marbre. Du vestibule,
dont je viens de parler, on jouit, à la fois, de la
vue de la ville et du port ; du côté de l'entrée principale, un balcon, proportionné à la grandeur de
l'édifice, déploie la première sous vos yeux ; et
du haut de la terrasse en face, le port et la mer
s'étendent devant vous, au delà d'un jardin immense. Cette terrasse et ce jardin sont élevés dans
les airs ; mais, plus solides que les murs de
l'ancienne Babylone, la main de l'homme n'en posa
point la base : la nature en traça le plan, et l'Etna en fut l'architecte : ce jardin, inouï en son
genre, repose en effet sur la lave, qui forma le
port même, dans la journée du 12 mars, 1669.

JARDIN DES BÉNÉDICTINS.

On désire dans ce jardin ce qu'on désire dans
tous les jardins de cette île : de beaux arbres et
quelque peu d'ombre ! Mais, en revanche, on y voit
ce qu'on ne voit point autre-part. Partout ailleurs, le gravier, le gazon, le terreau ou le sable couvrent les allées d'un jardin : ici on mar-

che sur la pierre : des fragmens de laves, artistement réunis, étendent sous vos pieds un tapis
volcanique, orné de différens dessins, et brillant de
diverses couleurs; les parterres seuls, sont ce qu'ils
sont ailleurs, ou, du moins, la lave qui les supporte, disparaît elle-même sous quelques pouces
de terreau.

ÉGLISE DES BÉNÉDICTINS.

CETTE église, dit Brydone, serait une des plus
belles de l'Europe si elle était finie. Je la vois près
de cinquante ans après lui , je la vois entièrement
finie, et je pense que la prédiction fut juste.

Ce temple est construit en forme de croix grecque, forme qui me paraît infiniment préférable
à celle de la croix latine, par les raisons que j'ai
données ailleurs, et qu'on ne regretterait pas aujourd'hui dans Saint-Pierre (1), si le caprice et l'ob-
stination d'un pape, ne l'eussent emporté sur le
génie et la raison d'un grand homme.

L'affaissement qu'éprouvèrent les fondemens de
cette église, avant même qu'elle ne fût achevée,
n'est plus remarquable aujourd'hui; de sages répa-
rations ont paré au danger; et, à moins que l'Etna
ne s'en mêle, l'édifice a les deux qualités nécessi-
saires, et qui ne se trouvent pas partout : la solidité apparente et la solidité réelle. Au reste,

(1) *Voy.* ci-dessus, pag. 137.

comme Borch le remarque fort bien, l'affaissement en question ne tient, en effet, ni à la nature poreuse et friable des laves sur lesquelles
l'église est construite ; ni même à la faiblesse de
ses premiers fondemens ; cet affaissement n'eut
pour unique cause , que le penchant qu'a presque
toujours l'ignorance , de s'écarter du plan .tracé
par une main habile. Ce qui arriva à la basilique
de Rome, arriva à l'église-de Catane : à un excellent architecte, succéda un architecte assez mé-
dioere ; et dans la formation des voûtes, celui-ci
s'écarta de la courbure régulière ; et il en résulta
que les arcs ne purent résister à la poussée, et que
les culées cédèrent sous le poids.

Quant aux ornemens accessoires , l'orgue, de
cette église est sans doute une des choses les plus
remarquables ; Brydone et Borch en font de grands
éloges : ces éloges sont en partie mérités. Le dernier a poussé l'exactitude jusqu'à descendre dans
la machine, pour en examiner le mécanisme. Quant
à moi , qui ne suis ni mécanicien ni organiste , et
qui n'ai nulle envie de m'aventurer dans ces le-
viers et dans ces roues, je m'en tiens au coup d'œil
et à l'effet même. Je veux croire, comme il l'insinue
ici (1), que ce mécanisme fournit tout le volume
d'air suffisant pour animer cinquante-cinq re-

---

(1) Je n'entends rien au tour méticuleux que prend
ici l'auteur ; car je ne vois aucune témérité à dire qu'un
orgue a cinquante-cinq registres?

gistres, imitant les instrumens les plus délicats et les plus savans; je veux croire à l'écho supérieurement bien saisi ; je veux croire que Brydone a bien raison de préférer cet orgue à celui de Harlem, et, enfin, qu'il est bien plus noble, pour le dessin, et beaucoup plus riche et plus heureusement imaginé, pour le mécanisme ; mais quand j'aurai cru à toutes ces choses-là, il me restera encore à en juger par moi-même, et à en dire aux autres ce que j'en pense?

La forme svelte et légère de cet orgue, l'absence de tout ornement superflu, et surtout la place même qu'il occupe, en font sans doute le plus bel instrument de ce genre ; et, sous ce point de vue, celles de Harlem et de Trente ne peuvent effectivement lui être comparées. Je conviens également avec Borch (et ses remarques avaient échappé à beaucoup d'autres), je conviens, dis-je, que la situation de cet orgue, placé au fond du chœur, à la place qu'occupe ordinairement le maître-autel, forme, comme il le dit fort bien, une décoration très-belle ; et n'affiche pas tous ces colifichets que les protestans ont raison de reprocher aux catholiques, et qui font de leurs églises des bontiques de quincailleries. Mais, ici, je remarque, à mon tour, que l'architecte, chargé des ornemens accessoires, a volontairement gâté son propre ouvrage, en plaçant au-dessus de l'orgue une longue et lourde draperie de bois doré, qui non seulement cache ici une partie de la belle voûte de l'é-

glise, mais qui détruit même entièrement l'effet
de la partie supérieure de l'orgue, dont la forme
conique et légère eût dû se perdre dans la courbure
seule de la voûte.

Quant à l'effet de l'instrument, j'avoue qu'il
fut loin de répondre à l'idée que je m'en étais
faite. Soit l'effet du trop grand pouvoir de l'é-
cho des voûtes, soit l'effet de l'inhabileté du moine
qui le touchait pour nous, les sons hauts m'en
parurent un peu aigres, et les basses beaucoup
trop faibles. Deux raisons principales peuvent encore expliquer la différence de l'effet qu'il fit sur
moi, avec celui qu'il fit sur nos deux voyageurs :
la place qu'il occupe, et le peu d'usage qu'on en
fait. Quant à la première cause, je le repète,
cette place est, sans aucun doute, éminemment
convenable au coup d'œil ; mais elle me paraît devoir être nuisible à la conservation de l'instrument,
qui, comme je l'ai dit, placé au fond de l'église,
et conséquemment en face des portes principales,
est exposé sans cesse à l'action immédiate de l'air,
de l'humidité et du vent. Quant à la seconde
cause, elle me semble plus propre encore à en altérer la bonté : cet orgue n'est touché que très-
rarement, seulement aux jours de grandes fêtes, et
le plus souvent même par des mains inhabiles.
L'organiste a soixante milles à faire pour se
mettre à son instrument ; car l'instrument est à
Catane, et l'organiste est à Messine ! Le jour
où nous l'entendîmes nous-mêmes, il fut touché

par un des·moines. Au reste, quelle que soit en
effet la richesse et la beauté de cet orgue, sa
construction n'a coûté au couvent que le prix des
matériaux mêmes. Son auteur, dont j'ai malheureusement perdu le nom, en perdant des tablettes
sur lesquelles étaient plusieurs autres notes; son
auteur, dis-je, n'exigea, pour toute récompense,
que la table et l'asile, et le privilége exclusif
de toucher son propre instrument, jusqu'à la fin
de ses jours. Le sanhédrin eût accepté cette offre·:
je laisse à juger au lecteur, si un couvent pouvait la
rejeter?

MUSÉE DES BÉNÉDICTINS.

TROIS ou quatre interminables pièces forment
ce qu'on est convenu d'appeler le Musée des Bénédictins. Borch s'extasie fort sur la grandeur de
ces mêmes pièces, et sur l'ordre symétrique où
tout y est placé; symétrie, qui fit sur lui l'effet
d'un appareil théâtral.

Parallellement alignées, et placées de distance
en distance, je remarque en effet, des deux côtés
de ces quatre pièces, une longue suite d'armoires
vermoulues, que ferment, à double clef, deux petites portes à jour, ornées de petits vitrages entourés de lames de plomb, les uns à demi-cassés. les
autres entièrement absens; et tout cela. aussi noir,
aussi sale, aussi vieux que les antiquités mêmes; antiquités, qui se composent, pour la plupart, de vieil-
leries qu'on retrouve partout, et qui, je l'avoue-,

I.   23

rai, ne m'ont pas *donné dans l'œil*, ainsi qu'à notre voyageur; quant à leur effet même, je n'ai point remarqué non plus ce coup d'œil d'*appareil théâtral*, qui en résulte selon lui; mais peut-être qu'en fait d'appareil de ce genre, on n'est pas difficile en Pologne?

Au travers de ces petites vitres, et sous la poussière qui les ronge, on distingue bien en effet quelques objets assez curieux, et qui mériteraient peut-être un *appareil* un peu moins simple : je citerai entre autres une collection de vases greco-sicules, et de pénates; deux petites statues fort belles, et quatre bas-reliefs, très-petits, mais très-beaux, quelques pierres striées fort curieuses, et, surtout, deux tables à figures, travaillées en ivoire et en ébène, qui, quoique belles et remarquables pour la pureté du dessin et le grand nombre de figures, sont déjà à demi-détruites, faute d'une couverture assez forte pour les mettre à l'abri des rayons du soleil, qui les a déjà fendues de toute part. Pour ce qui est des curiosités d'histoire naturelle, il faut que cette partie du musée soit étrangement déchue de son ancien éclat, depuis l'époque où Borch trouva matière à en faire de si grands éloges? Au moment de nous conduire dans la salle qui la renferme, Don Ferdinand, s'arrêtant tout à coup, nous demanda si nous avions déjà vu le Musée Biscari, et surtout celui du frère du chevalier Gioeni, alors présent. Sur la réponse affirmative que nous lui fîmes : « Pour l'honneur de l'Ordre,

et un peu pour le mien, reprit-il le plus sérieusement du monde, je souhaiterais tout le contraire.
Ces messieurs ont gâté le métier : en sortant de
chez eux, on ne va qu'à regret chez les autres; et,
si nous ne parvenons pas à leur faire fermer boutique, il faudra, tôt ou tard, nous résoudre à fermer la nôtre ! »

Dans une salle consacrée à la collection des
peintures, nous vîmes avec plaisir deux tableaux
du Caravage ; un saint Michel de Guîdo Rêni ;
un saint Sébastien de l'Espagnolette ; un saint
Jean du Guercino ; quelques tableaux de l'école
de Rubens, un plus grand nombre de l'école sicilienne ; et enfin une assez bonne copie de la
Cène, de Raphael. Cette collection, quoique fort
inférieure à ce qu'on voit en Italie, nous parut
toutefois l'emporter sur le reste.

Bibliothèque des Bénédictins.

Quand on a vu le local de cette bibliothèque,
on a vu tout ce qu'elle offre de curieux. Les quarts-
de-cercle, dont parle Borch, ont disparu, avec les
ouvrages choisis; mais eussent-ils existé en effet,
du temps où Brydone vit lui-même cette bibliothèque, je ne vois pas sur quelle raison, le premier
lui reprocherait si fort, d'avoir avancé dans son livre,
qu'il fut réduit de prendre la hauteur de l'Etna, par
les calculs barométriques, faute d'avoir pu trouver
un seul quart-de-cercle dans Catane ? Le fait est que
je n'ai pu m'y procurer moi-même un thermomètre

de Réaumur ; et, dût la bibliothèque des RR. PP.
en être égalemént remplie, je n'aurais eu, ni plus ni
moins que Brydone, le droit de tirer l'instrument
de la belle armoire qui le renfermait, et moins encore celui de l'emporter avec moi.

Catane offre à peine les ressources de la plus petite ville de province : point de théâtres, point de
promenades publiques, point de lieu de réunion,
si ce n'est l'éternel Casino, qu'on retrouve ici
comme ailleurs ; espèce de réunion des nobles, d'où
les femmes sont absolument exclues, et où l'on ne
trouve un verre d'eau qu'en le tirant du café du
coin.

Malheur à l'étranger qui, comme moi, tombe
ici à l'époque de la *villeggiatûra* ; je veux dire,
au moment où, las de s'ennuyer à la ville, les
nobles Cataniens vont s'ennuyer à la campagne !
Autant vaudrait tomber dans une ville récemment
ravagée par la guerre, la famine et la peste ! Une
seule maison existe dans Catane ; cette maison est
celle de M. l'Intendant, aujourd'hui le prince de
San Martino : lui seul tient en ses mains tous les
plaisirs de la ville : par malheur, il en est avare ;
et une fois la clef dans sa poche, elle n'en sort que
assez rarement ; or, pendant tout le temps que nous
restâmes à Catane, la précieuse clef ne vit pas une
seule fois le jour.

Étude , ou Biliothéque publique.

Au défaut de toute espèce de société , de théâtre , de cafés et de promenades , il reste bien encore une ressource, contre le désœuvrement et l'ennui : Catane a une assez bonne bibliothéque publique, connue sous le nom de l'Étude ; mais celle-ci est tenue par des moines ; et ces gens-là mangent ou dorment sans cesse. Plusieurs tentatives différentes m'ont donné le même résultat : le Bibliothécaire est toujours , soit à table , soit au lit.

Ressources particulières.

Si j'ajoute que, depuis un mois de séjour dans cette ville , logé, comme je suis, dans la meilleure auberge ; faute de pouvoir me procurer une bouteille de ce liquide que l'on nomme encre , j'en suis réduit, au moment même , à tirer mon esprit du cirage de mes bottes ; je vois d'ici ce qui en résultera : les malins trouveront un rapport évident , entre l'épaisseur de l'un et de l'autre ; les prôneurs du progrès des lumières révoqueront le fait en doute ; et les savans me demanderout compte de la latitude où j'écris ? Je réponds aux premiers, que la nature de mon esprit est étrangère à la nature de mon encre ; aux seconds , qu'ici, comme dans toute la Sicile , la civilisation avance en sens invers du carré des distances ; aux troisièmes, que j'écris vers le 37e degré 51 minutes de latitude septentrionale , sur un des points les plus

connus du pays des Moschus, des Bion, des Théocrite et des Archimède, en un mot, à Catane même;
ville à jamais célèbre par son volcan et ses grands
hommes ; ville qui tient le troisième rang parmi
toutes les villes du pays; ville où l'on trouve des
académies, des musées, des bibliothéques, des
universités, des savans, des gens de lettres, qui,
de même que chez nous, savent lire et écrire ;
ville, enfin, où l'on trouve tout, mais où l'on ne
trouve point d'encre, ou, du moins, où l'on n'en
trouve point à acheter ! Quant aux plumes et au
papier, la civilisation a fait quelques progrès sensibles : un bon nez et un vent favorable suffisent
pour les dépister : le marchand de tabac les débite.
Le marchand de tabac? On se gardera de me croire ;
et, parce que j'écris dans le pays des fables, on
dira que j'écris des contes ? mais j'en appelle à tous
les râpeurs, vendeurs et preneurs de tabac de la
bonne ville de Catane; j'en appelle au témoignage,
sans doute irrécusable, de don Marc-Antoine Ster-
nuccî, qui me vend mon papier, mon tabac, mon
sucre, mes chandelles et mes plumes, et demeure
au septième étage du palais qui fait face au cul-de-
sac St.-Nicolas-l'Arêne, n°. 14977 ; j'en appelle
surtout, à l'aveu de l'illutrissime seigneur don Bal-
thazar Minûtolo, notaire assermenté et écrivain
public de la ville, lequel, par pure complaisance,
m'a cédé plus d'une bouteille d'encre qui valait son
pesant d'or ?

RETOUR DE L'ETNA.

Enfin j'ai vu l'Etna !

Pendant quatre jours et trois nuits, j'ai foulé le colosse ignivome.

Je sors, au moment même, du grand laboratoire, où, comme dit Spallanzâni, la nature travaille en secret à ses opérations chimiques.

A peine échappé aux déserts, aux abîmes, aux gazs, aux soufres, aux cendres, aux scories et aux laves : étourdi, cnivré, suffoqué de vapeurs sulfureuses, gros d'exhalaisons volcaniques, je vacille encore sur mes pieds, et nè sais pas trop où j'en suis ?

En moins de quatre-vingt dix-sept heures, j'ai tenté tout ce qu'on peut tenter : j'ai fait tout ce que l'on peut faire : j'ai vu tout ce que l'on peut voir : j'ai souffert tout ce qu'on peut souffrir.

La fatigue, la soif, la terreur, la chaleur la plus forte, le froid le plus intense, je les ai sentis tour à tour : souvent même ils m'ont frappé ensemble.

J'ai foulé le sol d'un abîme, qu'aucun n'a foulé avant moi : j'ai vieilli de cinq ans, en cinq jours ; et j'ai usé deux paires de bottes.

Mais après tout, j'ai vu l'Etna ; et, dussé-je en mourir, ou bien aller nu-pieds, je ne puis regretter, ni mes pas ni ma chaussure !

Toutefois, dans l'état où je suis, quelque repos me paraît nécessaire ; l'homme qui vient d'où je sors, peut hésiter à se remettre en route : or, tandis que mon bottier travaille, et que mes pauvres jambes se reposent, le lecteur trouvera ici des remarques qui valent mieux que les miennes.

REMARQUES PRÉLIMINAIRES

SUR L'ETNA.

LES feux de l'Etna, les éruptions de ses laves brûlantes, les terribles phénomènes dont ils sont comme annoncés, et qui sans cesse les accompagnent [dit M. l'abbé Ferrâra, dans le discours préliminaire de son excellent ouvrage (1) : ouvrage, qui laisse loin derrière lui celui de Recûpero ; et qui, pour être connu et admiré en France, n'attend qu'un autre Faujas de Saint-Fonds (2)] ; ces feux durent faire toujours les impressions les plus profondes sur ceux qui furent témoins de ces grandes opérations naturelles, et parfois porter parmi eux la terreur et la consternation.

Réveillés en sursaut, dans le silence des nuits, par le bruit et les mugissemens du volcan ; terrifiés à la vue des torrens qui, s'ouvrant le passage dans les flancs de la montagne même, inon-

---

(1) Descriziône dell' Etna, *con la Stôria delle Eruziôni, e il Catâlogo dei Prodôtti*. Palermo, 1818. Les notes qui seront jointes à cet intéressant fragment, n'appartiennent point à l'ouvrage d'où je le tire.

· (2) On sait que c'est à ce savant célèbre, que nous devons l'excellente traduction des voyages de Spallanzâni.

daient les campagnes, de leurs flots enflammés et brillans ; non moins intimidés encore par l'éclat de ces colonnes de feu qui, passant de la bouche du volcan jusqu'au ciel, illuminaient un moment l'horizon, pour s'éclipser bientôt dans les nuages d'une fumée épaisse et sombre ; les anciens habitans de la Sicile, les Sicans, fuyant spontanément le théâtre d'aussi horribles scènes, quittèrent pour jamais un pays constamment dévasté.

L'Etna fut, sous les Grecs, la source des plus belles créations fabuleuses et poétiques. Terrible et majestueux, horrible et beau, cachant en ses flancs énormes une masse de feux inextinguibles ; couvert, au dehors, de prairies et de bois enchantés ; enfin, élevant vers le ciel sa tête couronnée de glaces éternelles, du milieu desquelles il vomit des torrens de fumée et de feux (1) ; l'Etna oc-

_____

(1) Ce n'est pas dans une amplification poétique, que les savans placent la vérité. M. l'abbé Ferrâra sait mieux que moi, sans doute, que l'Etna n'est pas couvert de *neiges éternelles*, et qu'il ne vomit des feux, qu'au moment de quelque nouvelle éruption ? Il me semble cependant que, dans un ouvrage de ce genre, ces sortes de figures ne peuvent que consacrer de vieilles erreurs, qu'il serait plus sage de combattre. Quel homme, sur la foi de Brydone et de Borch, ne se croirait autorisé à soutenir l'existence de ces *neiges éternelles* ? Quel naturaliste ne répéterait pas, d'après ce dernier, *que la montagne du cratère de l'Etna, est le canton des*

cupa, à la fois, le génie créateur des fictions
poétiques et sublimes , et l'esprit calme et sévère ,
observateur infatigable de la nature des choses et
de la vérité ; il excita toujours cette espèce de curiosité inquiète, instinct naturel à l'homme, et
qui lui fit un besoin de connaître le lieu où gis-
sent ces fournaises d'où sortent tant de flammes et
de feux ; la nature des matières qui les alimentent ;
celles des forces qui les poussent au debor ; enfin , la source, l'inépuisable et mystérieuse source,
qui produit ces étranges phénomènes, qui, tout
en épouvantant l'homme, le font jouir de sa propre terreur.

L'Etna vomit ses feux près des rives de la mer,
vers le milieu de cette côte de la Sicile, qui regarde
l'orient (1). L'accumulation successive des ma-

---

glaces , et qu'une croûte glacée et compacte la revêt
et la couvre en entier, depuis le sommet jusqu'à la
base. Borch. Loc. cit. Tom. I, lett. VIII, pag. 89.

L'un et l'autre, toutefois, soutiendraient et consacre-
raient d'autant, un fait de la plus grande fausseté, ou,
du moins, qui n'est vrai, que relativement à l'époque
où Borch monta sur l'Etna ; c'est-à-dire, dans la seule
saison de l'année où le sommet du volcan est effectivement couvert de neiges ; neiges, dont l'éternité prétendue ne résiste pas aux chaleurs du mois de juin.
Qu'on a de peine à inculquer la vérité dans l'homme !

(1) La situation de l'Etna sera expliquée plus loin,
d'une manière plus précise.

tières volcaniques qu'a vomies sa bouche enflammée, éleva autour d'elle une immense montagne de
forme conique, qui, partant d'une base presque
circulaire, base qui n'a pas moins de cent vingt
milles de circonférence (1), s'élève perpendiculairement, en diminuant toujours de diamètre, et
toujours isolée de toute part, jusqu'au point où sa
tête orgueilleuse se perd dans les plus hautes régions de l'atmosphère.

. Les Apennins qui, à l'extrémité de la Calabre,
sont coupés par le canal de Messine, s'élèvent de
nouveau sur la côte opposée ; et, après avoir rempli cet angle de la Sicile, par un amas confus de
hautes montagnes, connues sous le nom collectif
de montagnes du Pélore, et qui sont toutes de
nature calcaire, les Apennins traversent ensuite
la totalité de l'île, qu'ils occupent, pour ainsi
dire, de toute part. A partir du cap de Taormine ; situé en face de l'extrémité de l'Italie,
jusqu'à quarante milles au delà du Pélore, vers
le sud, les montagnes, qui s'inclinent ici vers la
mer, forment une chaîne qui s'étend de l'est à
l'ouest, jusqu'à trente milles dans les terres. Ces

---

(1) Environ quarante lieues. Fazzêllo ne lui en donne
que trente-trois; Spallanzâni, comme je crois l'avoir
précédemment remarqué, porte cette même circonférence à cent quatre-vingt milles, ou soixante lieues de
France; et ce dernier calcul me paraît le plus exact. ;

montagnes se recourbent ensuite vers le sud, et
après avoir embrassé une grande étendue du terrain, elles, forment, dans la mer, le cap Sainte-
Croix, situé directement en face de Taormine ;
après avoir parcouru, du nord au sud, un espace
de quarante milles. Toute l'étendue de la plaine
renfermée dans ce vaste circuit, est baignée, à
l'est, par les eaux de la mer.

La masse immense de l'Etna occupe toute la
partie septentrionale de cet espace. C'est-là que le
volcan porte au loin ses bases majestueuses ; bases
baignées, à l'est, par la mer Ionienne, au nord par le
fleuve Onôbola (1), à l'ouest et au sud par le Symèthe (2), le plus grand fleuve de la Sicile, qui,
à peine sorti des entrailles de la terre, vient éga-

(1) L'Ortolâni lit Onâbola. Au surplus, ce fleuve,
connu des gens du pays sous le nom moderne
de Cântera, ou Calatabiânco, a sa source au pied
même de l'Etna, près du village Randâzzo ; et son embouchure, sur le rivage de Taormîna, à deux lieues, au
sud de cette dernière ville.

(2) Le Symœthus des anciens. L'historien Fazzêllo
confond mal à propos le Symèthe avec la rivière
Saint-Paul. Brydone et Borch sont tombés dans
la même erreur. Au reste, ce fleuve est connu
aujourd'hui sous le nom ridicule de Giarrêtta. On peut
consulter ce que j'en dirai moi-même plus loin. *Voy.*
ci-dessous, Art. *Voyage de Catane à Syracuse.*

lement baigner , dans sa course tortueuse , le pied de la plus haute montagne du pays.

Lès divers points de la base du volcan ne sont pas à une distance égale de l'axe du cône. Les laves qui sortent à torrens enflammés du sein de l'Etna , ont trouvé , dans la déclivité du sol , une route plus facile et plus prompte, du côté de la mer, que de celui des terres ; elles ont donc dû naturellement prolonger , ici plus qu'ailleurs , les bases de la montagne, en s'avançant vers le rivage , en s'emparant d'une partie du lit de la mer , et enfin , en augmentant , du côté de l'est, l'étendue du pays même. Au sud , ces mêmes bases s'étendent à sept lieues un tiers ; au sud-est (*scirócco*), à huit lieues; à l'est , jusqu'à neuf lieues un tiers ; au nord-est (*gréco*), à cinq lieues un tiers ; au nord , à quatre lieues ; au nord-ouest (*maèstro*) et à l'ouest, à cinq lieues un tiers ; et enfin , au sud-ouest (*libéccio*), à six lieues deux tiers (1).

A la surface , comme au fond des vallées les plus profondes de la montagne , on n'aperçoit que des

---

(1) Sans entrer dans des détails aussi particuliers , et qui ne peuvent partir que de la plume d'un observateur qui , comme M. l'abbé Ferrâra, est né , et a passé sa vie, sur les lieux qu'il décrit ; Spallanzâni porte à trente milles d'Italie, ou environ dix lieues de France, la plus grande étendue de pays recouverte par les laves ; et cette computation se rapproche beaucoup du calcul de M. l'abbé Ferrâra.

matières calcinées, produits des éruptions du volcan, pendant le cours de tant de siècles. Ces produits sont jetés l'un sur l'autre, et élèvent plus ou
moins le dos incliné de la masse pyramidale, qui
doit elle-même sa forme, aux lois que les matières
volcaniques rejetées au dehors d'un centre d'éruption, suivent naturellement dans leur chute et leur
accumulation respectives. Cependant, tandis que
d'un côté ces produits élèvent le sol de la montagne, de l'autre, les eaux pluviales qui les couvrent, rompent et divisent leurs différentes couches. Une fois arrachés à leurs bases, ces produits se
transforment en torrens furieux ; leur gravité augmente leur pesanteur naturelle ; et, les armant d'une
force à laquelle rien ne résiste, on les voit creuser,
dans leur chute, des trous et des vallées immenses,
des cavités d'une effrayante profondeur ; entraînant
après eux, jusque vers les plus bas sites, et dans
le sein de la mer, tout ce qui ne saurait résister à
leur choc ; et la mer, comme surchargée elle-même
de tant de matières étrangères, en rejeter une partie
sur ses rives. Les longues parties de terrains abais-
sécs par l'effet des secousses qui accompagnent les
éruptions, et ébranlent les plus hautes montagnes,
préparent et facilitent ces grandes dévastations,
opérées par la chute des eaux pluviales. Les dégâts
se font remarquer davantage, sur les points élevés
de l'est; points sur lesquels on peut dire, que le corps
gigantesque et conique de l'Etna est déjà en grande
partie détruit. Là, de même que les laves, les eaux

courent vers la mer, avec plus de rapidité. On demeure frappé de surprise, à l'aspect de la vallée connue sous le nom de Trifogliètto; vallée qui, à partir du point où elle commence, a sans doute plus de mille pieds de profondeur, sur cinq milles de circonférence. A droite, est l'immense vallée *del Búe* (1), vallée moins longue, mais plus profonde, et à côtes plus verticales; un peu plus loin, est la vallée de Trîpodo; plus bas encore, se trouve celle de St.-Jacques, gouffre affreux, de trente pieds de circonférence, sur mille pieds de profondeur; enfin, vient ensuite la charmante vallée de Calanne.

A l'ouest, le haut de la montagne est très-boiseux, et ses flancs sont moins inclinés, quoiqu'on y voie encore de larges fissures, et une foule de cavités profondes, qui s'étendent jusqu'au pied même du volcan.

Ces vallées, qui, comme on vient de le voir, sont d'une extrême profondeur, offrent à l'œil de l'observateur, l'historique de la formation de ce mont gigantesque. Là, on ne voit que matières consumées par le feu : le courant, toujours incliné des

---

(1) C'est sur un des points de cette même vallée, que l'éruption du mois de juin 1819 éleva tout à coup une nouvelle montagne, bientôt changée elle-même en volcan. On peut consulter les détails entièrement nouveaux, que j'en donnerai moi-même. *Voy.* ci-dessous. *Voyage aux Cratères de l'Etna.*

laves, indique qu'elles sont venues du haut de la
montagne, d'où elles ont été vomies par le volcan,
sur celles qu'il avait vomies avant elles. L'unifor-
mité des formes des parties latérales de ces laves, est
la preuve la plus évidente de leur ancienne adhé-
rence. Restes d'un sol, jadis creusé, d'énormes
masses de laves isolées, compactes et de la plus
grande dureté, s'élèvent encore, çà et là, au milieu de ces vallées mêmes : vainement les eaux pluviales les assaillent de toute part ; plus vainement
encore, veulent-elles les entraîner dans la ruine commune : immuables sur leurs énormes bases, elles
résistent à tous leurs efforts, et conservent le
poste dont elles s'emparèrent, au moment où elles
furent lancées par le volcan. C'est ainsi qu'au
milieu de la vallée de Trifogliette, s'élève fièrement le roc Musâra ; roc dont la base a sept cents
pieds de circonférence, qui est d'une égale hauteur,
et, ce qu'il y a de plus remarquable, plus gros au
milieu qu'à sa base. Les parties latérales en sont
taillées à pic ; et l'énorme produit volcanique, se
rétrécissant peu à peu, voit sa superbe tête se couronner de verdure et d'arbustes. Un peu plus
loin, s'élève une autre masse, connue sous le
nom du rocher de la Chèvre.

Sur toute l'étendue des montagnes du Pélore, on
ne voit pas des dévastations moins grandes, que celles
qui se remarquent sur l'Etna ; dévastations qui,
comme celles-ci, ne sont que l'ouvrage du temps.
Tout se dégrade, tout s'abaisse, tout paraît tendre

peu à peu à se niveler avec le sol. Mais, là, rien ne répare les ruines; et, ici, au contraire, de l'anéantissement naît la reproduction. Chaque nouvelle éruption de l'Etna produit un nouveau torrent de matières (1), qu'arrachant de nouveau de ses propres entrailles, le volcan vomit sur ses anciennes ruines, comme pour en perpétuer le souvenir et l'effet.

Situé au 37e. degré 51 minutes de latitude septentrionale, et touchant au rivage de la mer qui baigne la côte occidentale de la Sicile, l'Etna est dans la situation la plus favorable à une température moyenne et douce. Toute la partie située au pied de la montagne, est connue sous le nom de première région. Aucun site de la terre n'offre, sans doute, un pays plus riche, plus fertile et plus beau. Sous un ciel pur et toujours serein, chaque objet est distinct et brillant. Les terrains qui occupent cette partie de la montagne, sont comme une vaste scène, qui, par une pente insensible et douce, descend de plaine en plaine, et de colline en colline, jusque sur les bords de la mer; dont les eaux brillent de toute part, sous l'éclat d'un soleil fécondateur. Ici, l'hiver n'est tout au plus, que le sommeil léger et court, d'une nature presque toujours active; et qui bientôt réveillée, au retour

(1) L'éruption 1819 est une nouvelle preuve de l'assertion très-vraie de M. l'abbé Ferràra. *Voyez* ci-dessous, Voyage au Cratère de 1819.

du printemps, couvre de nouveau cette scène, de verdure, de fruits et de fleurs. Enfin, développant les corps organiques, la chaleur vivifiante de l'été, les porte au dernier point de perfection, presqu'au moment de leur naissance (1).

La température de l'air qui diminue à mesure qu'on s'éloigne de la superficie du globe, doit naturellement rendre plus froid, le climat du milieu de la montagne, nommé deuxième région. Là, à l'ombre des forêts (2), le printemps règne, et se repose ; tandis que la première région languit elle-même sous les brûlantes chaleurs de l'été. La partie supérieure de la montagne, la troisième et dernière région (3), est la région du froid ; c'est celle, où, même dans les nuits d'été, on éprouve la rigueur des hivers les plus forts ; et, parfois

(1) La remarque est sans doute juste ; mais je ne sais si elle vient à l'appui de la conséquence qu'on pourrait en tirer, pour ce qui est de la bonté des productions du sol ? Je le répète encore : en dépit de cette même fécondité, la plupart des fruits du pays sont moins savoureux et plus durs que les nôtres ; leur abondance et leur durée font sans doute leur plus grand mérite.

(2) Voici encore une figure, que l'aspect des lieux me semble contredire ? Le lecteur jugera bientôt par lui-même de la nature de l'ombrage en question.

(3) Telle est, du moins, la classification ordinaire. Des raisons, que j'indiquerai par la suite, me feront diviser l'Etna, en quatre régions bien distinctes.

même, l'engourdissement glacial des climats les plus septentrionaux. Dans les pays situés au pied de la montagne, la chaleur des étés les plus chauds, ne va pas au delà du 25ᵉ. degré de Réaumur; rarement le vent brûlant et sec, venu de la partie occidentale du pays, élève cette même chaleur jusqu'au 28ᵉ. degré.

Pendant les mois les plus froids de l'année, les neiges couvrent souvent toutes les parties de l'Etna; il en tombe assez peu, dans les lieux bas, et voisins de la mer, et celles-ci durent peu. Mais, dans les lieux élevés, elles s'amassent souvent à plus de dix pieds de hauteur. La belle saison les fait disparaître partout, si ce n'est cependant sur la cime de la montagne (1), et dans les cavités des profondes vallées creusées sur les sites supérieurs, où les neiges sont éternelles. Ces neiges conservées avec soin, sont un des commerces les plus lucratifs des habitans de l'Etna; elles sont transportées par toute la Sicile, et jusqu'à Malte même, où elles tiennent lieu de glace.

_____

(1) Il y a ici amphibologie dans le sens; et l'auteur veut dire, sans doute, ce qu'il dit effectivement ensuite; savoir : que vers la cime de l'Etna, ces mêmes neiges se conservent dans des cavités souterraines, ou sous les cendres mêmes accumulées sur elles, soit naturellement, soit à dessein. On peut voir ci-d., pag. 535, ce que j'ai précédemment remarqué, à l'égard de la présence prétendue des neiges éternelles sur l'Etna; et ce qui en sera dit plus loin.

Dans les temps les plus froids de l'année , les couches neigeuses se recouvrent de véritable glace ; mais celle-ci disparaît ensuite avec elles. Cependant la glace se conserve toujours aux environs du cratère (1).

Des neiges et des glaces éternelles sur une montagne brûlante , ne pouvaient manquer d'exciter l'admiration de tous les anciens habitans , qui ne manquèrent pas , en effet , de crier au prodige. Pyndare , relevant le contraste en question , supposa que l'Etna pressait le sein brûlant de Typhée. De son côté , Solin , qui s'écarta souvent des règles du bon sens, soutient qu'à la cime de la montagne , le feu se mêle avec la glace , de manière que la chaleur même n'est pas diminuée par le froid. Enfin , l'ampoulé Claudien pousse plus loin la métaphore : il affirme sérieusement, que là , le feu durcit la glace ! Silius Italiens , et quelques autres , nous offrent des idées aussi fausses et aussi ridicules ; mais , au milieu d'opinions si étranges , on ne peut s'empêcher d'admirer la sagesse de Sénèque , qui , dans la lettre par lui écrite à Lucilius, son ami, près de passer à l'Etna , c'est-à-dire, de visiter des lieux inconnus jusqu'alors (2) , lui recommande de prendre note de la

_____

(1) *Voy*. La note précédente.

(2) M. l'abbé Ferrâra oublie ici la prétendue Tour d'Empédocle, construite au pied du cratère du volcan; ou plutôt, M. l'abbé Ferrâra ne croit pas plus que

distance qui sépare ces mêmes feux, des neiges que leur chaleur ne peut fondre. (1)

Dans l'été, les jours sereins sont extrêmement chauds sur l'Etna ; mais les nuits y sont toujours très-fraîches, et souvent même très-froides. Les hauteurs sont sans cesse battues de vents, quelquefois très-violens. Dans les sites les plus élevés, les nuits sont parfois tranquilles ; mais, du moment que le soleil paraît, il semble que le vent qu'il apporte, augmente à mesure que l'astre s'élève. Ce même vent s'apaise vers midi, et, le soir, devient sensiblement plus fort. Un nouveau vent, selon sa nature particulière, produit presque toujours, sur la montagne, un changement dans la température, et dans l'état météorologique de l'air ; les vents de mer ont coutume de produire cet effet ; mais surtout, les vents du nord, qui, troublant tout à coup la sérénité de l'air, produisent un petit nuage qui s'agrandit peu à peu, jusqu'à ce qu'il finisse par couvrir la région supérieure, et qu'il se fonde ensuite, soit en pluie, soit en grêle, entraînant alors après lui une bourrasque terrible, qui, accompagnée de tonnerre et de vents impétueux et contraires, parcourt, de-

_____

nous au vieux conte? *Voy.* ci-dessous, *Tour du Philosophe.*

(2) Quelle idée se former des lumières de ces philosophes si vantés, s'il nous faut admirer, en effet, une recommandation aussi simple!

puis la cime jusqu'à la base, toute l'étendue de la montagne.

L'air sur l'Etna est d'une diaphanéité remarquable, et beaucoup plus grande même, qu'on ne pourrait naturellement l'attendre de la diminution, à cette hauteur, de la densité de ce fluide élastique et compressible. Les rayons de la lumière doivent donc le transpercer très-facilement ; et, conséquemment, ne l'échauffer que peu ou point. On a souvent remarqué qu'ici, une masse de neige exposée à la percussion directe, et long-temps garantie des rayons de la lumière, n'éprouve qu'une faible diminution ; ces rayons semblent perdre ici toute leur force ; la température ne peut donc lui venir, que du sol même avec lequel elle est en contact ? On sait que les corps secs, calcinés et vitreux, ont la propriété de s'imbiber promptement d'une grande quantité de calorique ; mais qu'ils perdent aussi facilement, en le transmettant aux corps voisins, qui deviennent eux-mêmes de nouveaux conducteurs. De sorte qu'ils n'en communiquent que très-peu, et avec beaucoup de lenteur, d'un bout à l'autre de leurs agrégats.

Les sables noirs, les scories vitreuses, les laves calcinées dont la montagne est formée, s'échauffent facilement, dès qu'ils sont frappés des rayons de la lumière, et, aussi facilement encore, transmettent à l'air qui les touche, la matière qui les échauffe, sans qu'ils puissent néanmoins transmettre également celle-ci aux masses et aux agrégats des mêmes matieres qui les couvrent. La première et la plus basse couche d'air, raréfié par l'effet de la chaleur, s'élève dans la région plus dense du haut de la montagne, tandis qu'une autre couche d'air prend immédiatement sa place ; celle-ci exécute la même opération, et ainsi de suite de toutes les autres couches d'air. C'est de cette façon que se forment les diverses couches de ce fluide, à qui le sol communique la chaleur, presqu'au même instant qu'il la reçoit lui-même des rayons de la lumière. Enfin, de même que la couche d'air qui rase la montagne, est incessamment changée, 1°. parce qu'il est formé par celui qui vient occuper la place qu'il abandonne ; 2°. parce qu'il provient de régions aériennes équidistantes de la basse superficie de la terre, et conséquemment d'une température au-dessous de celle de l'Etna ; 3°. enfin, parce qu'il est ici hors de toute espèce de contact avec d'autres conrans d'air ; de même, dis-je, cette couche d'air est nécessairement d'une température moins haute que celle dont elle devrait être, en ne considérant que la situation du lieu même ; et, de là encore, la courbe neigeuse doit être beaucoup moins élevée, que ne semblerait l'exiger la situation géographique de la montagne (1).

_____

(1) Ferràra. *Loc. cit.*

VOYAGE AUX CRATÈRES

DE L'ETNA.

Incediſper ignes suppositos cineri doloso.

Maintenant que je suis, et plus calme et moins las ; et que mon cordonnier a réparé la perte de ma chaussure; me voilà prêt à m'ensoufrer de plus belle, et à gravir le redoutable Etna.

Dès le surlendemain de notre arrivée à Catane , sir Frédérick nous avait abandonnés , pour aller directement à Malthe , d'où il se proposait de passer en Égypte. Si , par süite d'un engagement pris d'avance , il eût pu différer son départ, et me donner le temps de visiter l'Etna ; je ne sais trop si j'aurais résisté à ses obligeantes instances , et si, au lieu de poursuivre ma route à travers les montagnes de la Sicile , je n'eusse pas cinglé avec lui vers les pyramides du grand Caire ? Il nous quitta ; et son absence me fut doublement sensible : aux qualités les plus aimables, sir Frédérick joignait encore des talens non moins précieux ; et je regrettai son esprit, presqu'autant que sa personne.

Nous étions donc sur le point de tenter seuls l'entreprise , lorsque, tout fraîchement sorti de la terre-sainte , un gentilhomme écossais , M. Rae Wilson , tomba dans notre auberge , et se joignit à nous. Dans toute autre circonstance, sans doute, le hasard nous eût paru heureux ; mais, à Catane même, mais à l'autre bout de la Sicile, mais dans ce grand désert de l'Europe, où l'arrivée d'un voyageur fait époque, dans l'histoire des auberges des villes ; la présence de celui - ci nous causa une agréable surprise; et, ce qu'il y eut de mieux, c'est que ce nouveau compagnon de voyage qui, selon les chances les plus ordinaires, pouvait être une assez triste acquisition, M. Wilson, dis-je, se trouva au contraire, l'homme du monde le plus aimable, et celui qui nous convenait le mieux, soit pour ses qualités personnelles, soit pour sa longue habitude du métier. Du moment que nous fûmes convenus de nos faits, qu'il nous eut dit son nom, et eut pris note du nôtre, nous arrêtâmes sept fortes mules, et partîmes dès le lendemain.

Départ de Catane.

Notre petite caravane, qui consistait en trois maîtres, un domestique, deux muletiers et les mules, se mit en marche le 9 octobre à midi. L'espace à parcourir, pour revenir ensuite au point du départ, n'était pas un voyage de plus de vingt-quatre lieues, et ce voyage nous prit quatre jours entiers ; mais, à moins d'avoir franchi les neuf cercles de l'Enfer Dantesque, on n'a aucune idée bien juste des routes de l'Enfer Etnéen !

Rue Etnéenne.

A peine est-on entré dans la grande rue de Catane , qu'on se trouve face à face avec les abîmes à franchir. Cette rue, suffisamment longue , aboutit directement à une route qui l'est encore plus , et celle-ci traverse le faubourg de la ville. L'une et l'autre sont nommées *Rue Etnéenne* : il me semble que l'ancien mot *voie*, aurait ici quelque chose de plus convenable? Du mélange du nom ancien avec le nom moderne, il résulte toujours, je ne sais quel heurtement disparate et choquant? Au reste, la remarque n'est pas seulement applicable au nom de la rue en question : j'eus souvent l'occasion de la faire, à l'égard de beaucoup d'autres rues ou monumens quelconques , non-seulement en Sicile , mais en Italie même ; et cette faute est d'autant plus frappante , qu'elle n'est que l'effet du calcul ; et que celui qui l'a commise , la commit en pleine connaissance de cause.

La rue Etnéenne est fort belle ; et , lors même qu'elle devient une route, elle conserve longtemps encore l'apparence d'une rue ordinaire. En un mot, si un véritable désert pouvait ré-veiller l'idée d'une ville très - peuplée au contraire ; j'ajouterais que celle - ci ressemble assez à la superbe rue , connue sous le nom de *Route d'Oxford*, à Londres.

Environs de Catane.

Première région de l'Etna.

Au bout de la rue en question, le chemin tourne brusquement sur la gauche ; ici, on est hors du bourg de Catane, dont la principale rue fait place à un sentier suffisamment rude, et où le sol volcanique commence déjà à se montrer. Des prairies parées de la plus belle verdure ; des vergers, des plaines, des collines, des champs plus ou moins fertiles, plus ou moins couverts de blocs de scories et de laves, du milieu des fissures desquelles le *ficus opuntia*, plus connu sous le nom de figuier d'Inde, élève ses tiges monstrueuses ; remplacent peu à peu les habitations; et, des deux côtés du chemin, qui se rétrécit par degrés, on entend, sans le voir, un torrent qui, dans un canal recouvert, coule rapidement près de vous, et qui va se jeter ensuite dans la mer qui baigne Catane.

Mascalucïa.

Cette petite ville n'a rien de remarquable, si ce n'est peut-être l'étrange différence qu'on remarque entre ses noms. M. l'abbé Ferrâra la nomme Malcalsïa ; le Zaunôni, dans sa grande et fautive carte, Mâssa Inicïa ; et l'Ortolâni, Mascalucïa. Or, comme l'auteur d'un dictionnaire géographique est censé connaître l'ortographe des noms de son propre pays, je m'en tiens moi-même à la sienne. Au reste, cet auteur place ici les ruines d'une tour, d'une tombe et d'une ancienne citerne ; mais les habitans du pays, qui ne voient que trop de ruines, font sans doute si peu de cas de celles-ci, qu'ils en ignorent jusqu'à l'existence même ? A défaut de la tombe, de la tour et de la citerne, je remarque, à droite du sentier rapide que je suis, une jolie maison de campagne, d'un style gothico-arabe, et d'un effet très-singulier. Cette maison est située à l'entrée même de la ville ; elle appartient à M. le commandeur Frâncica.

La ville, comme le pays qui en dépend, est un ancien fief de la famille de Branciforti, de Palerme; famille, plus connue sous le nom de Butêra. La ville a titre de duché. La cathédrale fut entièrement détruite par le tremblement de terre de 1809; Avant d'arriver à la ville, j'avais un peu hâté le pas de ma mule, dans le dessein de visiter cette église, à la porte de laquelle j'attachais tranquillement ma bête, sans m'apercevoir plus qu'elle, que des maçons travaillaient sur les toits, d'où ils jetaient de gros débris de pierres ; et celles-ci ne m'avertirent du danger, qu'en me tombant sur la tête.

La nouvelle église est fort belle, ou, du moins, semble devoir être telle, quand elle sera entièrement achevée : le seul défaut que j'y remarque, c'est qu'elle est suffisamment vaste, pour deux ou trois villes aussi grandes que la ville de Mascalucia.

MASSANUNCIATA.

UN peu au delà de cette ville, on commence à apercevoir le double Monterôssi ; celui - là même sorti des flancs de l'Etna, en 1669 ; montagne dont j'ai parlé déjà, et dont je parlerai encore. Vient ensuite la petite ville de Massanunciàta, duché appartenant aux princes de Castelfôrte. La popúlation de ce vaste duché est portée, dans le dernier cadastre, à deux cent quatre-vingt-douze âmes, sans y comprendre la fraction.

Au bout de la rue principale, on remarque une vieille église, dont le clocher est carré, et tout couvert de laves noires et blanchâtres, ce qui produit un effet à peu près semblable à celui de la cathédrale de Gênes, et à la Tour de Saint-Marc, à Venise.

VALLÉE DE MASSANUNCIATA.

ICI, le sol change entièrement de nature et d'aspect : la scorié et la lave friables crient déjà sous le pied ; et l'on commence à reconnaître que l'on foule les flancs de l'Etna.

Recouverte des laves de vingt éruptions différentes, et, notamment, de l'éruption de 1669, une immense vallée, un désert affreux se présente aux regards qu'il étonne, arrête et consterne. On se croit déjà transporté dans la *Vallée douloureuse* du grand Terzinânte (1), et, toutefois, on en est encore loin ; car, à peine a-t-on laissé

---

(1) Surnom donné à Dante, du genre de versification dans lequel son poème est écrit.

le désert derrière soi, que le sol s'applanit de nouveau, et qu'on se trouve encore au milieu de la
verdure la plus riante et la plus fraîche.

Vallée de Nicolôsi.

Cette brusque transition résulte du passage
de la vallée de Massanunciàta, dans celle de Nicolôsi. Il est peu de contraste plus frappant et plus
fort : c'est sortir de l'enfer, pour entrer dans les
jardins d'Armide ; c'est échapper au lieu le plus
horrible, pour passer au lieu le plus beau. On
ne voit de côtés et d'autres, que des vergers symétriquement alignés, formés d'enclos artificiels. Ces
enclos ne sont point, comme ceux d'Angleterre,
de simples et fragiles haies ; ce sont d'énormes
blocs de pierres, entassées les unes sur les autres,
sans ciment et sans chaux. La plupart de ces pierres sont sans doute aussi vieilles que le monde ? la
carrière exploitée sans cesse, sera long-temps inépuisable : elle est le produit du volcan.

Les habitans de l'Etna ont coutume de jeter,
de distance en distance, sur ces murs volcaniques, une poignée de chaux-vive, qui s'y fixe,
et relève d'autant plus la teinte sombre et sévère de
la lave. On se ferait difficilement l'idée de l'effet de
ces taches blanches, ressortant çà et là sur la pierre
volcanique ; pendant la nuit surtout, il en résulte
le coup d'œil le plus étrange, sinon même le plus
imposant. Don Quichotte et Sancho n'auraient
pas fait ici un seul pas, sans avoir à combattre des

milliers de géans, de magiciens et de fantômes, plus bizarres er plus effrayans les uns que les autres.

Les renseignemens que j'ai pris à l'égard de cet usage, sont aussi contradictoires, que peu satisfaisans : selon quelques-uns, l'emploi de ces espèces de signes se bornerait à indiquer la route ; et ces derniers seraient de la même nature que ceux placés par les guides de l'Etna, sur des piliers de laves qu'ils ont soin d'élever de distance en distance, comme des jalons indicateurs de la route à suivre, au travers des scories et des laves. D'autres personnes prétendent, au contraire, que les marques en question sont placées par les employés des ponts et chaussées, pour le nivellement et l'alignement des routes, des villages et des villes. Mais, dans le premier cas, la précaution serait pour le moins inutile ; parce que ces sortes de signes sont le plus ordinairement placés des deux côtés d'un chemin étroit, direct, et bordé par les laves mêmes, sur lesquelles on les a mis. Et, quant à la seconde explication, il faudrait convenir que le projet de niveler et d'aligner ces routes, ces villages et ces villes, serait sorti un peu tard du cerveau du ministère napolitain ; puisqu'il est vrai de dire, que ces routes, ces villages et ces villes, sont construits, depuis deux cents ans !

Nicolôsi.

Rien de plus riant ni de plus varié, que l'aspect extérieur de ce village; mais, quoique l'intérieur y réponde, et qu'il s'y trouve de fort jolies maisons, on y cherche en vain une auberge. Nicolôsi est, cependant, sur la route la plus fréquentée, ou pour mieux dire, sur l'unique route, que l'on suive ordinairement, pour aller de Catane à l'Etna : depuis qu'on en fait le voyage, sept à huit cent mille curieux auraient payé de reste les frais de l'entreprise; et l'entreprise n'a même pas été tentée! Les personnes difficiles en fait de gîtes, sont donc forcées de prendre à Catane, quelques lettres de recommandation pour une maison appartenante aux bénédictins de cette ville, maison qu'on remarque sur la droite, à environ un mille au delà de Nicolôsi. Cette marche était celle que nous avions d'abord voulu suivre : notre ami, le chevalier Gioeni, avait sollicité pour nous cette précieuse lettre, mais la même cause qui nous avait déjà fermé la porte de M. l'intendant, à Catane (1), nous ferma celle du couvent des bénédictins, sur l'Etna : nous étions, comme je l'ai dit, au temps de la *villegiatúra*, c'est-à-dire, au moment où chacun quitte la ville et court à la campagne : par un hasard aussi malheureux qu'inouï, M. le supérieur était en résidence; et don Ferdi-

---

(1) *Voy*. ci-dessus, pag. 356.

nand de Ribera (1) était, au contrairè, à la ville ;
toutes les places se trouvaient prises ; et n'ayant là
personne qui s'intéressât à nous en faire trouver,
force nous fut de renoncer aux vanités mona-
cales, et de nous soumettre à notre sort ! Une
maison de paysan nous fut offerte, et nous la
prîmes. Le muletier nous la donna, pour le palais (2) d'un de ses proches parens. Une salle par
bas, tenant à une espèce de bouge qui servait de
cuisine, et qui, de même que la pièce qui formait
à la fois notre salon , notre salle à manger et
nòtre chambre à coucher, n'avait d'autre jour que
la porte, et d'autre parquet que le terrain ; cette
salle , dis-je , fut le palais qui nous fut octroyé ,
et dont nous nous emparâmes avec joie ; trop heureux en effet, de pouvoir nous en emparer ! Il serait
inutile de s'étendre sur la description des meubles :
d'un autre côté , le lecteur voit d'ici le repas que
nous eût fait faire le possesseur du palais , s'il était
vrai de dire , que nous eussions été assez ennemis
de nous-mêmes , et assez étrangers à la cuisine des

(1) *Voy.* ci-dessus, pag. 347.

(2) Je me suis déjà servi de ce terme, dans des occasions de ce genre; et je ne doute pas que le lecteur
n'ait pris la chose pour une mauvaise plaisanterie ? Cependant, ce n'en est point une : en Sicile, comme en
Italie, on est tenu d'appeller *palais*, toute maison qui,
comme celle du noble père de Cunégonde, a des croi-
sées, des vitres et des portes.

palais du pays, pour y entrer sans les provisions
nécessaires ?

Partout ailleurs, un certain air d'arrangement,
de soin et de propreté, colore du moins l'enseigne
de la misère; mais ici, mais dans toute la Sicile,
cette misère se montre à découvert : elle vous
frappe de toute son horreur.

MONTERÔSSI. MONTPELIÊRI. ÉRUPTION DE 1669.

Du moment que j'eus dîné, je laissai mes compagnons à table ; je pris un guide et m'acheminai
de suite, vers le lieu de la scène de la fameuse
éruption de 1669 ; je veux dire, vers Monterôssi ;
cette double et énorme montagne, sortie du sein
de la terre volcanique, dans la soirée du 11 mars,
de la même année (1). A quinze ou seize cents pas
du lieu en question, s'élève une autre montagne
connue sous le nom de Montpelièri ou Montpelière,
car les écrivains nationaux ne s'accordent pas
même sur l'ortographe des noms (2); différence
plus nuisible qu'on ne croit à la facilité, comme à
l'exactitude des renseignemens et des recherches;
et qui devient souvent la source d'une foule d'erreurs de tout genre. Le torrent de laves enflammées,

_____

(1) L'éruption principale commença trois jours au-
paravant, c'est-à-dire le 8 mars 1669.

(2) C'est ainsi, par exemple, que, dans le même
chapitre, et dans la même page, M. l'abbé Ferrâra
écrit ce nom, de ces deux différentes manières.

se dirigeant d'abord vers le sud, fut frapper contre la base de cette dernière montagne, l'entoura, la perça de part en part, se fit jour sous sa base, et se dirigeant vers le village de ce nom, l'engloutit, ainsi que trois ou quatre autres. Bientôt le torrent prend sa route vers Catane; il renverse ou gravit les murailles de la ville; se dirige ensuite vers la mer, l'attaque, la repousse, et se met à sa place.

Brydone prétend que la montagne où se fit la première éruption qui enterra le *Mel-Passy* (Mel-Pâsso ou Bel-Pâsso), est connue sous le nom de Montpelière (1). Cet auteur confond ici mal à propos Montpelière avec Monterôssi; car, ainsi que je viens de le dire, bien loin d'avoir été l'instrument de la ruine commune, cette dernière montagne et le village de son nom, furent engloutis au contraire, par le torrent de laves vomies par le Monterôssi; laves, que la baguette de Brydone fait sortir ici du sein de Montpelière.

De son côté, renchérissant encore sur les erreurs de son collègue, et, pour la première fois sans doute, s'élevant à la hauteur de l'hypothypose, Borch nous peint le fleuve de feu, vomi par le *Monte Rôsso* (2), s'avançant vers Catane sur un

---

(1) Brydone. *Loc. cit.* Lettre IX.

(2) C'est Monterôssi qu'il fallait dire: produit volcanique très-différent de celui connu sous le nom assez semblable de Monte Rôsso, et dont il sera parlé plus

tas d'infortunés expirans. La figure est belle sans
doute ; mais elle tombe malheureusement à
faux. Non - seulement Borêlli (1) , Mâssa (2) ,
le P. Amico, dans ses annotations à l'histoire de
Fazzêllo (3) , Recûperò (4) , Maravigna (5) et Ferràra (6) , tous auteurs nationaux , et dont les trois
premiers furent témoins oculaires de l'éruption de
1669; non-seulement , dis-je , ces auteurs ne disent
pas même un seul mot, qui vienne à l'appui de la
figure de Borch ; mais, tous conviennent, au contraire , que la marche de la lave fut heureusement
assez lente, pour donner le temps aux habitans des
villages , des villes et de Catane même , d'éviter la

---

loin. Celui-là est situé au milieu de la première
région , aux environs de Nicolôsi , entre le mont
Fûsara et ce même village; celui-ci est situé au contraire fort loin delà , c'est-à-dire, dans la troisième
région, précisément en face de la partie méridionale du cratère, dont il n'est séparé que par le Mon-
térièllo, la Tour du Philosophe , et la Maison de Refuge. Voilà bien des erreurs en peu de mots.

(1) *Hist. Et Meteorol. Incend. Ætnei*, anni 1669,
cap. 4.

(2) *La Sicilia in Prospettiva.* Tom. I , pag. 79 , *e
segg.*

(3) *De Reb. Sic. Annot.* Tom I , pag. 128.

(4) *Istor. dell' Etna.*

(5) *Tàvole Sinòttiche dell' Etna.*

(6) *Loc. cit.* Part. 2, pag. 101 *e segg.*

mort par la fuite. Au reste, il est certain que, dans toute l'histoire des éruptions connues de l'Etna, on ne trouve pas d'exemple d'un seul individu englouti par la lave.

Ce même voyageur paraît avoir examiné, plus attentivement que l'autre, la montagne en question. Il est très-vrai, comme il le remarque, que ni les parties extérieures, ni le cratère même de Monterôssi n'offrent aucune trace de lave ; mais il aurait pu indiquer un peu mieux, et la situation de ce cratère, et la forme de la montagne même ; il eût pu nous apprendre qu'elle est de forme conique ; qu'elle pose sur une base unique ; qu'elle se divise, aux deux tiers de sa hauteur, en deux parties également coniques; et enfin que son cratère qui est aussi conique, est situé sur la pente occidentale de la sommité de l'est ; c'est-à-dire, sur cette partie de la double montagne, qui regarde et touche, pour ainsi dire, au village de Nicolôsi.

Les scories rougeâtres, qui recouvrent les flancs de la double montagne, et lui ont fait donner le nom de Monterôssi (Monts-Rouges) ; ces scories, dis-je, ne lui sont point exclusives, et cette même couleur se remarque sur la plupart des autres produits volcaniques, çà et là amoncelés, sur les flancs de l'Etna. Cette teinte est ici d'un effet admirable : elle contraste, de la manière la plus pittoresque, avec la couleur verdoyante des vignobles qui couvrent le double mont Etnéen.

Cette montagne, selon Borèlli (1), a deux milles de circonférence, et cent cinquante pas d'élévation. Hamilton lui donne trois milles de circuit, et un mille de hauteur : Spallanzàni (2) adopte le dernier calcul ; d'où il résulte que Monteróssi n'est que d'un tiers de mille, moins élevé que le Vésuve même. Voilà une partie qui suffit pour donner une idée du tout.

HABITANS DE NICOLÔSI.

On ne sait où Brydone a pu prendre tout ce qu'il dit, sur le caractère féroce et sauvage (3) des habitans de Nicolôsi ; à moins qu'il n'ait puisé ces vieux contes dans l'historien Fazzèllo, qui se sert en effet des mêmes expressions, en parlant de la totalité des habitaus de l'Etna ? mais il est bon de comparer la date des deux rapports : l'un fut écrit en 1454, et l'autre en 1770 ; plus de trois siècles, entre les deux voyages, pourraient bien avoir apporté quelques changemens dans la nature des objets et des choses ? Ce qu'il y a de certain, c'est que, fussent-ils cent fois plus jeunes et plus frais, tous les Fullarton d'Angleterre pourraient montrer ici leur teint fleuri et leur peau blanche (4), sans aucune espèce de crainte que les femmes de Nicolôsi les

---

(1) *Loc·cit.*
(2) *Loc. cit.* Tom. I, cap. 7, pag. 198.
(3) *A Tour through Sicily.* Lett. 9, pag. 96.
(4) *Id.*, *ibid.*

prissent aujourd'hui pour *des* personne/de leur sexe;
et moins encore sans doute, que la vue de ces céla-
dons britanniques les fit passer jusqu'aux clamenrs,
aux grosses injures et aux menaces. Rien de plus ri-
dieule que l'histoire relative aux idées superstitieuses des paysans mêmes, en le voyant ramasser des
cailloux. Brydone semble parfois oublier que le pays
dont il nous parle, est situé à quelques lieues du
centre de l'Europe ; et que lui-même, n'écrit pas
pour des sots. Loin d'attacher la moindre idée su-
perstitieuse à la curiosité des voyageurs ; loin de té-
moigner la moindre surprise, et moins encore la
moindre crainte, quant au but de leurs recherches,
les habitans de Nicolôsi, comme tous ceux de l'Etna;
sont les premiers au contraire à venir au-devant du
désir , à offrir aux voyageurs des échantillons des
produits les plus curieux , ou à leur indiquer les
lieux où ceux-ci se trouvent. Est-ce bien sérieusement , en effet , que cet auteur prétendit nous faire
croire, que des hommes qui, de père en fils, vivent
sur le volcan , et qui non-seulement ; depuis leur
plus tendre enfance , voient passer chaque jour des
voyageurs de tous les pays de l'Europé , mais
leur servent eux-mêmes de guides ; est-ce bien sérieusement , dis-je ; que cet auteur nous assure
que les paysans du village en question, s'at-
troupèrent autour de lui , pour lui demander
compte du motif de son voyage (1) ? Des récits

---

(1) *Loc. cit.* , pag. 98.

de ce genre pourraient trouver leur place dans la bouche d'une nourrice, endormant son enfant; mais quand on s'adresse à des hommes, on devrait respecter un peu plus la vérité et le bon sens.

ANECDOTE RELATIVE A BRYDONE.

Ce qui suffirait pour prouver que les habitans de Nicolôsi ne sont ni aussi sauvages, ni aussi ignorans, ni même aussi crédules que Brydone voulut le faire croire, c'est que la relation de son voyage leur est parfaitement connue. Il n'en est pas un seul qui, lorsqu'on lui en parle, ne se rie de son prétendu voyage au cratère ; voyage que, de père en fils, ils regardent comme une fable de l'auteur. Ils prétendent en effet, que l'accident dont Brydone a parlé(1), et qui, selon son propre dire, lui serait arrivé sur le sommet de l'Etna, lui arriva à Nicolôsi même ; d'où, transporté sur un brancard au couvent des Bénédictins, il aurait été forcé d'y attendre le retour de ses compagnons de voyage. Vraie ou fausse, l'assertion est du moins remarquable ; mais ce que je puis assurer, c'est que non-seulement le fait en question m'a été rapporté par plusieurs paysans de ce même village, ainsi que par le guide qui nous conduisit aux cratères ; mais aussi par une foule d'habitans de Catane, qui, pour ainsi dire, étonnés de mon étonnement, me dirent avoir tenu

_____

(1) *Loc cit.* Lett. X, pag, 117. L'accident en question fut une violente entorse.

le fait, de la bouche du chanoine Recùpero même,
ami et compagnon de voyage de Brydone (1).

Des contes sur les habitans de l'Etna, notre auteur passe aux contes sur l'Etna même ; et, quoique
à l'époque en question, il y eût plus de quatre ans
que le volcan fût dans le calme le plus com-
plet(2), c'est-à-dire, dans l'état où il est constamment, dans l'intervalle d'une éruption à l'autre ;
intervalle, pendant le cours duquel il ne produit
ni bruit, ni flammes, et ne jette au dehors qu'une
fumée plus ou moins épaisse ; a peine Brydone a-t-il
quitté Nicolôsi, qu'il entend des explosions aussi
fortes que celles d'un gros canon (3), des mugissemens sourds et profonds (4), et qu'il voit la tête
enflammée du grand cratèie (5) ; en un mot, du

---

(1) L'ouvrage que le chanoine Recûpero a publié sur
l'Etna, est la source où Brydone a secrètement puisé
toute la partie scientifique de sa relation ; le fait est publie à Catane. Intimement lié avec l'auteur, celui-ci
lui communiqua l'ouvrage encore inédit, que Brydone
copia, sans mot dire. Je ne m'étonne pas qu'il revienne
si souvent, sur *l'amabilité* du chanoine !

(2) A partir du 26 avril 1766, jusqu'au 28 janvier
1780, l'Etna ne donna pas le plus léger signe d'éruption. *Voy.* Recûpero, Maravigna, Ferrâra et les autres.

(3) *Loc. cit.* Lett. 9.

(4) *Loc. cit.* Lett. 10.

(5) *Id. ibid.*

couvent qui l'abrite , et du lit sur lequel son entorse le retient , il franchit les sommets de l'Etna ;
et , en dépit des faits reconnus et prouvés , le 28
mai 1770 , il se crée une grande éruption ; éruption
qui n'est vue , entendue et citée que par lui , et
qui n'existe que dans son livre.

Et voilà justement comme on écrit l'histoire!

Mais la preuve la plus évidente que Brydone ne
passa point en effet jusqu'aux cratères de l'Etna ,
je ne la chercherai que dans son propre itinéraire ;
que dans le temps par lui employé sur la route ;
que dans les excursions qu'il prétend avoir faites ;
que dans les choses qu'il prétend avoir vues.

EXAMEN CRITIQUE DE L'ITINÉRAIRE DE BRYDONE.

BRYDONE partit de Catane, le 27 mai , 1770 ,
à la pointe du jour (1); le lendemain , à huit
heures du soir, il était de retour à Catane (2). Il
a donc mis un peu moins de quarante-huit heures ,
dans un voyage ; qui , en ligne directe , en y comprenant le retour , est au moins de vingt-quatre
lieues de France ; d'où il résulte qu'il a fait , sur
l'Etna , ce qu'on n'a jamais fait , sur aucune route
de Sicile ! mais , en admettant même que la chose
soit possible ; en supposant qu'il n'ait fait que tou-

___

(1) *Loc. cit.* Lett. IX , pag. 89.
(2) *Id.* Lett. X, pag. 118.

cher barre ; ce même espace de temps lui au-
rait-il permis de passer aux différens points, où
il passe en effet dans son livre ? suivons-le un peu
dans sa marche.

Il couche le premier jour (1), à la grotte des
Chèvres ; le même jour, à 11 heures du soir, il se
réveille, pour continuer la route (2) ; mais, avant
de repartir, il ramasse de la neige, fait bouillir
de l'eau pour le thé, déjeune avec ses compagnons ;
et repart (3). Tout cela aura pris quelque temps,
sans doute : les cafés de l'Etna ne sont pas les
cafés de Londres ; et les *toasts* (4), que le volcan
prépare, sont trop durs pour être mangés ; mais
je veux qu'il soit reparti à minuit ; or, de minuit
à huit heures du soir, il n'y a tout juste que vingt
heures ? Eh ! quoi ? vingt heures ont suffi à Brydone, pour aller de la grotte des Chèvres, grotte
située à peu près au milieu de la deuxième région
de l'Etna ; pour aller de cette grotte, dis-je, jusqu'au sommet du volcan même, et revenir ensuite
à Catane ? Dans ces vingt heures, il aura pu voir
et faire tout ce qu'il dit avoir vu et fait ? Il se sera
reposé à la Tour du Philosophe ; il s'y sera même
arrêté assez de temps, pour boire à la santé d'Em-

---

(1) *Id.* Lett. IX, pag. 102.
(2) *Id.* Lett. X, pag. 104.
(3 *Id.*, *ibid.*, pag. 106–107.
(4) Tranches de pain grillé, qu'on sert avec le thé,
en Angleterre.

pédocle et de Vulcain (1) ; il aura pris ici le temps
nécessaire à des expériences thermométriques (2) ;
à contempler en silence les sublimes effets de la
nature (3) ; il aura observé les étoiles , et se sera
perdu en de long raisonnemens (4) ; puis , parvenu
au pied du cratère principal , il y aura fait encore
des expériences barométriques (5) ; expériences ,
qu'il aura renouvelées au milieu du chemin , ainsi
que ses expériences thermométriques (6) ; enfin ,
il aura gagné le sommet du volcan ; il s'y sera arrêté
assez de temps, pour admirer et décrire tout ce
qu'il admire et décrit, et mesurer la hauteur de
la montagne (7) ; ce n'est pas tout encore : il sera
revenu à la Tour du Philosophe (8), où , tout en
philosophant lui-même , il se sera donné une violente entorse (9) ; accident qui l'aura empêché de
marcher, mais non de remarquer ici, que son
thermomètre est au-dessous du point de congélation ; il se sera remis en route, et, ne pouvant remonter sur sa mule, il aura pris tout le temps

---

(1) *Loc. cit.* Lett. X, pag. 106.
(2) *Id.*, *ibid.*
(3) *Id.*, *ibid.*
(4) *Id.*, *ibid.*
(5) *Id.*, *ibid.*
(6) *Id.*, *ibd.*, pag. 108.
(7) *Id.*, *ibid.*, pag. 109-114.
(8) *Id.*, *ibid.*, pag. 115.
(9) *Id.*, *ibid.*, pag. 117.

nécessaire pour descendre l'Etna *à cloche-pied* (1) !
de retour à la grotte des Chèvres, il y aura dormi
pendant une heure et demie (2); toujours à cloche-pied, sans doute, il sera reparti de nouveau,
et sera revenu au point d'où il était parti; et tout
cela n'aura pris que quarante heures? En eût-il
mis le double, le voyage serait encore prompt! Je
ne me pique point d'une célérité semblable; j'ai
mis trois fois autant de temps à parcourir ce même
espace; et, toutefois, je n'ai ni vu, ni fait, la moitié des objets et des choses que Brydone vit et fit
lui-même; mais, à la vérité, je n'avais à compter
que sur moi; et à mon retour à Catané, Recûpero
n'était point auprès de mon lit (3) ! Vrai ou faux,
comme le voyage en question a donné lieu à une
fort belle description du lever du soleil sur l'Etna.
je la rapporterai plus loin.

---

(1) *Id.*, *ibid.*

(2) *Id.*, *ibid.*, pag. 118.

(3) Malgré tout ce qu'il dut à ce savant naturaliste,
notre auteur n'en parla cependant qu'avec un ton de
légèreté, sinon même de dédain, aussi choquant que
remarquable. M. Patrick Brydone n'était rien moins
qu'un grand seigneur; mais, eût-il été tel, ce ton
n'en eût pas moins été très-déplacé et très-ridicule, à
l'égard d'un homme aussi estimable que le chanoine Recûpero.

SOL ET PRODUCTIONS DE LA PREMIÈRE RÉGION.

LA première région de l'Etna, du côté de Catane, s'étend à douze milles, environ quatre
lieues, au delà de cette ville, qui, comme je l'ai
déjà remarqué, est située elle-même au pied du
volcan. Cette région, que l'on nomme aussi Pied
du Mont, région cultivée et habitée, tire ce dernier nom des villes, des villages et des bourgs qui
y sont profusément répandus. Les rivières, les
torrens et les sources ne sont point encore ici, ni
entièrement taris, ni entièrement recouverts par
les laves; si l'on en excepte peut-être les nouveaux produits volcaniques, qui conservent encore
leur couleur, leur forme et leur dureté primitives,
la superficie des laves y est réduite à une espèce
de cendres, de sables et de fongus, suite naturelle
de l'action de l'air, de la chaleur et de la pluie.
Le sable volcanique y est mêlé à la terre végétale;
terre, produite par la macération des plantes dont
les germes s'y fixent et y croissent; et qui, elle-
même, amène la destruction progressive des laves.
Cette action et combinaison de diverses matières, est la principale cause que les naturalistes
donnent à la qualité végétative du sol de cette
première région; et cette même combinaison se
remarque à une profondeur plus ou moins grande;
profondeur, au delà de laquelle le produit volcanique conserve encore la même dureté, que celle
qu'il avait en sortant des entrailles du volcan.

La température de la première région, ainsi que celle des autres, dont je parlerai par la suite, cette température, dis-je, varie naturellement, selon les sites et les saisons; mais on peut dire, du moins, qu'elle n'est jamais aussi humide ni aussi froide que celle des régions supérieures.

Ici, la végétation est dans sa plus grande force : l'olive, le citron, le cédrat, l'orange, la pomme, la grenade, la poire et le raisin, la figue de l'Inde et celle de l'Europe y croissent en abondance, et, pour ainsi dire, sous vos pas. Cette grande fertilité du sol a donné lieu à un savant moderne (1), d'avancer que cette même région est le point le plus fertile de toutes les autres parties de la Sicile.

Cette grande végétation est particulièrement produite par la chaleur naturelle du climat, par l'antiquité des laves (2); par la macération des arbustes et des plantes; par les couches de terre végétale, que ceux-ci déposent sur ces mêmes laves; et enfin, par l'industrie des habitans de cette même région; industrie, qui, quoique fort au-dessus de celle qu'on remarque dans les autres ha-

(1) *Cluver. Sicul Antiq.* Lib. I, cap. 8.

(2) Cette antiquité se refuse à tous les calculs. L'Etna vomissait ses torrens volcaniques, long-temps avant l'époque des Cyclopes et des Sicules; il n'est pas ici une seule pierre qui ne ruinât de fond en comble tous les systèmes chronologiques.

bitans du pays, ne me paraît pas mériter, cependant, les éloges extraordinaires que Borch et quelques autres lui donnent. On peut en dire autant des résultats de la fécondité de ce sol, qui, quoiqu'en effet très-fertile, est loin de l'être au point où il le fut jadis. Ce que j'ai dit ailleurs des légumes et des fruits de la Sicile en général, peut également s'appliquer aux productions de la première région de l'Etna. Tout y abonde sans doute ; et, si la quantité des choses en constituait la bonté, ce canton serait une autre terre promise. Les bestiaux y sont maigres et chétifs ; la viande y est coriace et sans suc ; l'usage du beurre y est entièrement inconnu ; les huiles mêmes y sont fort mauvaises ; le lait n'est que du lait de chèvre ; le pain seul y est bon ; encore n'est-il point assez cuit. Dans tout le cours de mon voyage en Sicile, et notamment dans cette partie de l'Etna, je ne répondrais pas, d'avoir vu un troupeau de moutons ; il y en a cependant, mais ils y sont très-rares.

La première région a quatre lieues d'étendue.

M. Gemmellaro.

Dès l'année 1806, un des principaux propriétaires de Nicolôsi, M. Marius Gemmellaro, auteur de plusieurs bons ouvrages sur l'Etna, et très-savant naturaliste, construisit à ses propres frais, la première maison de refuge qui eût encore été établie sur le volcan, au pied du cône même. Cette maison fut agrandie ensuite par les soins du général

Dunkin, lors de l'occupation de l'île par l'armée anglaise. La première avait été nommée la *Gratíssima* ; la seconde prit le nom de maison des Anglais. Au départ de l'armée, la propriété de celle-ci fut abandonnée au fondateur du premier établissement; et le don était de toute justice.

Dans l'état actuel des choses, les personnes qui passent de Nicolòsi aux cratères de l'Etna, prennent, chez M. Gemmellàro, un des principaux habitans de ce village, les clefs de la maison en question ; et, comme la situation de celle-ci force le propriétaire à des dépenses aussi coûteuses que continuelles, une légère rétribution dont le prix est invariablement fixé, est indiquée par une affiche appendue dans l'intérieur de la maison; cette contribution, dis-je, se paie au guide, qu'il procure à tous les voyageurs qui veulent avoir ici l'usage d'un refuge indispensablement nécessaire. Un certain voyageur moderne (1) s'est permis cependant des remarques passablement déplacées, et sur la contribution même, et sur le caractère de celui auquel elle revient : à l'en croire, on ne sait trop que faire de la personne même de M. Gemmellàro : ce ne serait, selon lui, ni ce qu'on appelle un *gentleman* (2), ni un

---

(1) Feu M. Bothwell, autant qu'il m'en souvienne?

(2) Quant au sens que les Anglais attachent au mot *gentleman*, eux-mêmes seraient, je crois, fort embarrassés d'en donner une explication bien claire et bien précise. Ce mot a, dans leur langue, une foule

cicérone ordinaire. Il est aussi aisé que juste, de lever
à cet égard les doutes de notre voyageur : M. Gemmellàro est effectivement ce qu'en Angleterre ,
comme partout, on appelle un homme bien né ,
un savant estimable , qui , par goût, et non par
calcul , entoure tous ceux qui le visitent, de renseignemens très-utiles sur le volcan et ses produits.

---

d'acceptions différentes ; et fort difficiles à saisir [*Voy.*
L'ANGLETERRE ET LES ANGLAIS. Tom. III, pag, 69 et
259]. Johnson lui donne cinq significations différentes :
1° *Homme bien né, homme de naissance, quoique non
noble;* 2° *homme au-dessus du commun, par son caractère ou son emploi ;* 3° *titre de courtoisie;* 4° *officier
au service d'un homme de rang;* 5° *on s'en sert à l'é-
gard de tout homme , quelle que soit son élévation.*
En français, l'homonyme *gentilhomme* signifie exclusivement *homme de race noble.* Le magistrat, le militaire, le négociant le plus distingué par sa richesse et
ses talens , n'oserait prendre ce titre, chez nous, s'il
n'était en effet, *fils d'un noble.* Les voyageurs anglais
n'y regardent pas de si près : la similitude apparente
des deux expressions les abuse : le paquebot de Dou-
vres à Calais, jette journellement sur nos côtes, une
foule de *gentilshommes* échappés aux boutiques de
Londres. Le jour même, où, en fermant sa boutique et
renonçant à son métier, le cordonnier ou le tailleur de
cette ville aura eu droit, chez lui, au titre de *gentleman;* on le verra, s'il passe en France, y prendre bon-
nement le titre de *gentilhomme anglais !* Qu'on dise
ensuite que l'ignorance n'est bonne à rien !

Quant à la rétribution même, j'en ai suffisamment expliqué la nature et le mode , pour lever toute espèce de soupçon injurieux au caractère d'un homme qui , loin d'y donner prise , jouit ici de l'estime générale , et mérite en effet la reconnaissance de toutes les classes de voyageurs. Il serait à désirer sans doute que , venant ici au secours de ce citoyen respectable, le gouvernement napolitain se chargeât seul des dépenses , et ne le laissât pas dans la pénible alternative de dilapider sa fortune , ou de se voir exposé à des jugemens si injurieux et si faux ; mais ce qui serait à désirer en Sicile , est justement ce dont le gouvernement s'occupe le moins, et cet utile établissement tomberait mille fois en ruines , avant que celui-ci songeât à le relever. Ce n'est donc qu'à M. Gemmellàro même , que tous ceux qui visitent l'Etna , sont redevables d'un asile nécessaire, pour ne pas dire indispensable , dans toutes les saisons de l'année ; asile, toujours ouvert au besoin qui le cherche ; et qui est pour le voyageur le temple de l'hospitalité.

Départ de Nicolôsi.

Nous partîmes de Nicolôsi à neuf heures du matin , sous l'escorte d'un nouveau guide , auquel nous recommandâmes, à diverses reprises , de charger son propre mulet , et celui qui portait nos provisions de bouche et notre petit bagage , d'une quantité suffisante des trois choses les plus nécessaires : l'eau potable , l huile à brûler , et le bois ;

car, sur le sommet de l'Etna, on ne trouve aucune espèce de source ; et nous devions y trouver, en revanche, des nuits fort longues et un froid glacial. Malheureusement pour nous, nous fîmes ce qu'on ne doit jamais faire en pareille circonstance : nous nous fiâmes à de simples promesses ; et, comme on le verra bientôt, nous payâmes cher notre folle confiance.

Mônte Fusara, ou Fosse de la Colombe.

Au sortir de Nicolôsi, nous laissâmes d'abord, sur la gauche, le volcan Monterôssi et ses flanes rougeâtres ; et plus loin, sur la droite, le mont Saint-Nicolas-d'Arêna, autre produit volcanique, au pied duquel est le couvent où Brydone fut transporté, et dont il a été parlé plus haut (1).

Nous nous trouvâmes bientôt à la hauteur du fameux mont Fûsara, nommé aussi la Fosse de la Colombe ; nom dont, par parenthèse, il me fut impossible de connaître l'origine. Ce nouveau produit volcanique, de l'éruption de 1669, n'a pas moins de six cent vingt-cinq pieds de circonférence; son cratère éteint, a soixante-dix-huit pieds de profondeur. On y descend par une large ouverture qui communique à plusieurs cavités souterraines, au bout desquelles on arrive dans une espèce de galerie, où la clarté du jour n'a jamais pénétré. Cette vaste catacombe a quatre-vingt-dix pieds de lon-

---

(1) *Voy.* ci-dessus, pag. 3g3.

gueur , quinze pieds de largeur , et cinquante de
hauteur. A l'extrémité opposée, s'ouvre un nouveau
gouffre , et ce gouffre est sans fond , ou du moins ,
toutes les tentatives qu'on a faites , n'ont amené
aucune espèce de résultat , si ce n'est l'impossibilité de découvrir ce fond qui fuit sans cesse. Les
représentations du guide sont ici assez inutiles :
on s'arrête de soi-même au bord de l'abime ; et la
curiosité la plus vive , ne vous pousserait pas à un
pouce au delà. Je ne sais si Charles-Quint eût pu
trouver ici son moucheur de chandelle ; mais ce
que je soupçonne fort , c'est qu'en dépit de sa fer-
meté naturelle , le Chevalier sans peur et sans reproche eût suivi notre exemple , et fût revenu sur
ses pas.

La totalité de cet effroyable gouffre est une lave
compacte et solide ; les parties latérales et les voûtes
sont aussi rudes à l'œil qu'au toucher ; auprès de
la Fosse de la Colombe, la fameuse grotte du Pausilippe serait un boudoir élégant.

Mont Serrapizzuta.

Nous ne revîmes le jour que pour entrer bientôt
dans une interminable plaine où les ruines du monde
semblent comme entassées. Au milieu de cette carrière volcanique, où la lave , le sable , la scorie et
la cendre vous disputent pied à pied le chemin ,
s'élève majestueusement le mont Serrapizzûta , sorti
des entrailles de la terre, le 9 décembre de l'an 1634.

DEUXIÈME RÉGION, OU RÉGION BOISEUSE.

APRÈS avoir foulé, pendant plusieurs heures, le sol de cette fournaise éteinte, nous arrivons en face d'une immense forêt dont l'aspect inattendu, au milieu de ces laves calcinées et grisâtres, repose enfin nos regards fatigués. Cette forêt occupe toute cette partie de la montagne qui en forme la deuxième région, et que l'on nomme Région boiseuse. La maison d'un des gardes-chasse du prince Biscari, propriétaire de toute cette partie de la forêt connue sous le nom de bois de Catane, et qui n'a pas moins de huit lieues de longueur, cette maison, dis-je, est posée, comme par enchantement, au milieu de ce vaste désert : c'est le point de démarcation de la première et de la deuxième région de l'Etna.

Cependant, plus nous approchons de cette forêt, et plus elle prend elle-même un aspect sauvage et rude. Nous atteignons enfin la maison du garde-chasse ; et, à peine l'avons-nous dépassée, à peine venons-nous de gravir un sentier étroit et rapide, creusé par le volcan dans ses propres produits,

> Que déjà nous perçons une forêt sauvage,
> Où nos regards surpris, et pénétrant en vain,
> Cherchent, sans la trouver, la trace du chemin. (1)

Ici, je crois être le jouet d'un rêve : je suis transporté en effet dans la forêt du septième cercle de

---

(1) Dante, *Enfer*. Ch. 13, imit. citée. *Voy*. ci-dessus, pag. 2, note.

l'enfer dantesque ; cé sont les mêmes lieux ; la
même horrèur m'entoure :

> Un noirâtre feuillage y tient lieu de verdure ;
> Des tortueux rameaux l'écorce est rude et dure ;
> Et d'un suc homicide abreuvant le terrain,
> La ronce aux doigts crochus répand son noir venin. (1

Là, comme ici enfin , il me semble que le Maître
va dire :

> En ce désert sauvage ,
> Avant de pénétrer tous les deux davantage,
> Sache qu'en ce moment tu diriges tes pas
> Dans le second giron ; d'où tu ne sortiras
> Que pour fouler enfin l'épouvantable arène (2).

J'entrais effectivement dans le second giron de
l'enfer des Titans ; et, de même que l'Homère Flò-
rentin, je n'en devais sortir, que pour fouler l'arène
qui couvre le front du volcan.

Dans les recherches nécessaires à la révision de
l'ouvrage inédit auquel j'ai fait allusion au commencement de ce voyage (3), l'analogie véritablement remarquable qui existe entre une foule de détails de cette partie du poème de Dante , et les localités etnéennes , ne pouvait m'échapper sans
doute ; mais je n'ai pu parvenir encore à savoir, si
cette analogie n'a effectivement pour principe, que

(1) *Id.*, *ibid.*
(2) *Id.*, *ibid.*
(3) *Voy.* ci-desssus , pag. 2, note.

les détails que le poète aurait pu puiser dans les anciens auteurs qui ont écrit sur l'Etna , ou si , dans le cours de ses ambassades , et notamment dans celles de Naples , il ne serait jamais passé dans cette île , et n'aurait pas vu lui-même les lieux que je vois maintenant? Ce qu'il y a de certain , c'est qu'il existe une ressemblance frappante , entre certaines localités de l'enfer du poëte de Florence , et celles du volcan sicilien. Au reste , dans toute la divine comédie , Dante n'a parlé , ou plutôt n'a cité l'Etna , que dans deux différens passages (1). Ce silence affecté à l'égard d'un lieu si semblable à celui qu'il a peint , ce silence viendrait peut-être encore à l'appui des suppositions précédentes? si je parviens jamais à publier le résultat de mon travail sur Dante, je donnerai peut-être un peu plus d'étendue à des idées, que je ne puis indiquer ici qu'en passant.

Un célèbre naturaliste moderne, dans les écrits duquel, comme dans ceux du savant historien de l'Etna (2), j'ai puisé et puiserai souvent encore, la plupart des détails de ce genre ; Spallanzâni (3) remarque que, de même que le sol de la région inférieure , le sol de cette deuxième région est couvert d'une terre végétale, produite par la décomposition des laves. Ces laves se découvrent par-

_____

(1) *Purg. cant.* 14. *Parad. cant.* 8.
(2) Ferrâra. *Loc. cit.*
(3) *Viaggi nelle Due Sicílie.* Tom. I, cap. 7, pag. 209.

tout où l'on creuse à une certaine profondeur. Cette deuxième région qui, par suite de sa situation, outre le surnom de boiseuse, peut recevoir encore celui de région moyenne, jouit d'une grande célébrité pour la fertilité du sol, la hauteur et la beauté des arbres qui la couvrent.

Brydone en fait de grands éloges. Spallanzâni et Borch la virent sous un jour différent, je veux dire comme je la vois moi-même. Les arbres, et particulièrement les chênes de cette zone némoreuse, m'ont paru, comme à eux, très-chétifs, et, pour ainsi dire, à demi formés. Quant aux hêtres, qui ne semblent tenir au sol que par leur écorce même, comparativement à ceux qui parent l'Apennin et les Alpes, ce sont de vrais arbres nains, arrêtés dans leur croissance. Le peu de profondeur de la terre végétale, me paraît la première cause de l'état de langueur de cette même végétation. Il se peut aussi, comme Borch le dit fort bien (1), que l'abondance des sels dont la terre est imprégnée, ait contribué elle-même à l'abâtardissement du chêne, qui, au lieu de s'élancer noblement dans les airs, recourbe sa tête, et n'emploie la vigueur de sa sève, qu'à ajouter à la grosseur de sa base, qui s'étend sur le sol, monstrueuse et informe. Au reste, la végétation de la région boiseuse, ainsi que celle de la première région, est depuis si long-temps l'objet des remarques des-auteurs anciens et mo-

---

(1) *Loc. cit.* Tom. I, lett. 8, pag. 91.

dernes, qu'on ne saurait douter, que l'époque de
cette végétation ne se perde dans la nuit des temps ;
à quelle époque faut-il donc rattacher l'origine des
premières laves, qui, par leur décomposition progressive, ont dû nécessairement concourir à la
forme de ces mêmes végétaux ?

Quoique je partage entièrement l'opinion de
Spallanzâni, quant à la nature chétive des chênes
et autres arbres de la forêt etnéenne, quoiqu'elle
m'offre plutôt l'aspect du plus affreux désert, que
d'une forêt majestueuse et fertile ; en un mot,
quoique bien en garde contre la magie des noms
et des localités, je ne puis m'empêcher de convenir, que quelques-unes des parties de cette forêt, et
notamment celle de la Grotte des Chèvres, sont
effectivement très-boiseuses, et ornées de très-
beaux chênes. Quant à son aspect même, quoique
beaucoup moins beau qu'on voudrait nous le faire
entendre, cet aspect n'est entièrement dépour-
vu, ni d'une certaine horreur, ni d'un caractère
pittoresque. Cette horreur et ce caractère ne
peuvent avoir frappé Brydone plus que Fazzèllo,
Spallanzâni et moi-même, puisque chacun de
nous vint ici, dans la saison la moins favorable sans doute à l'effet en question ; mais je conçois facilement qu'à une époque différente, lorsque les neiges couvrent entièrement ce désert
volcanique et boiseux, je conçois, dis-je, que la
forêt de l'Etna puisse offrir un aspect vraiment redoutable. Mais, encore une fois, tout cela ne dé-

pend que de causes étrangères au site et aux arbres mêmes : transportés des flancs du volcan, sur les bords de la Marne ou de l'Ourque, en perdant son -site et son nom, la forêt de l'Etna deviendrait un bois ordinaire.

La Grotte des Chèvres.

Après avoir laissé à notre droite la malheureuse vallée dite *Delle Rosélli*, deux fois entièrement recouverte de laves, dans les éruptions de 1634 et 1792, nous arrivons enfin à la fameuse Grotte des Chèvres.

Spallanzâni, qui n'était rien moins que poëte, et voyait les choses comme elles sont, dit, en parlant de cette grotte, que, quoique fort au-dessus de sa réputation, on y trouve du moins de la paille et des feuilles sèches, pour s'y reposer pendant la nuit! Quant à Brydone, le mot grotte lui paraît un mot trop modeste : il le change en celui de caverne, mot qu'il rehausse encore par l'épithète *grande*.

Le même Spallanzâni remarque que le seul moyen d'arriver le lendemain à la cime de l'Etna, d'assez bonne heure pour y jouir de la vue du lever du soleil, est de passer ici la nuit. La remarque était juste à l'époque dont parle cet auteur : aujourd'hui elle a cessé de l'être ; car, ainsi que je l'ai dit plus haut (1), dès l'année 1806, une

---

(1) *Voy.* ci-dessus, pag. 402.

maison de refuge fut construite au pied même du cratère, par les soins et aux frais d'un des principaux habitans de Nicolôsi.

La célébrité de cette grotte tient sans doute à l'utilité dont elle était autrefois ; car, de toutes les autres grottes que l'accumulation des laves a creusées sur les divers points de la forêt en question, il n'en est pas peut-être de moins digne de remarque pour sa profondeur, sa hauteur, sa largeur, sa situation et son aspect.

Cette grotte est située dans un fond, à la gauche, et au-dessous du chemin, qui mène à la région déserte ; une lave épaisse et concave la recouvre et l'entoure : sa plus grande ouverture n'a pas au delà de douze pieds, et nulle part elle n'est assez haute pour qu'on puisse s'y tenir debout ; sa hauteur même va toujours en diminuant, à mesure qu'on approche du fond de la grotte, qui n'a pas plus de sept à huit pieds de profondeur. Tout cela, comme on voit, ne forme qu'une caverne assez ordinaire, et surtout un fort méchant gîte? Je ne m'étonne donc pas que Spallanzàni même en ait parlé avec un peu d'humeur.

Heureusement pour la célébrité de cette grotte, si l'on n'y couche plus, du moins on s'y arrête encore, soit pour faire reposer les mules, soit pour s'y reposer soi-même. Nous nous y reposâmes donc, pour deux raisons particulières ; 1°. parce que nous étions las ; 2°. parce qu'il fallait bien

pouvoir noter sur notre album : *Nous nous sommes reposés dans la Grotte des Chèvres.*

Après m'être acquitté de ce commun devoir, je
m'amusai à chercher sur les chênes qui entourent
en effet la grotte, les noms des voyageurs, dont
Spallanzàni a parlé (1). Je me rappelle qu'il remarque même, qu'il éprouva je ne sais quel sentiment de honte, en n'y voyant pas le nom d'un seul
voyageur italien. Voilà une faiblesse assez étrange
dans un homme comme Spallanzàni ? Si le voyageur se propose de retirer quelque fruit de ses
courses, ce n'est pas le moment d'en prendre acte :
s'il ne voyage que pour dire, *je fus,* la gloire à
laquelle il aspire, ne vaut pas le prix du crayon.
Dans une circonstance assez rare, nous cédâmes
une fois nous-mêmes à l'exemple (2), et je ne sais
si nous eûmes raison. Au reste, cette faiblesse
était sanctifiée en quelque sorte, par l'usage ; je
cherchai sur ces mêmes arbres le nom de l'historien Fazzèllo, qui, comme il l'avoue lui-même (3),
fut le premier à suivre cet exemple ; toutes mes
tentatives furent vaines : l'arbre et le nom ont fait
place à d'autres, qui, peut-être, méritaient un
peu moins d'être respectés par le temps. Avec tous
ses défauts de style, son verbiage et ses vieux

---

(1) *Loc. cit.*, pag. 211.

(2) *Voy.* ci-dessous, Art. *Descente au fond du Cratère méridional.*

(3) *De Reb. sicul.* Dec. 4, lib. I, cap. 4.

contes, l'ouvrâge de Fazzèllo n'en est pas moins
encore, l'histoire et la géographie la plus complète et la plus fidèle que nous ayons sur la Sicile. A la fin de ces remarques, je parlerai de son
propre voyage à l'Etna.

Il n'est pas de spectacle plus rare que celui découvert par Brydone, du fond même de cette
grotte, qui, comme je crois l'avoir dit, est située à
vingt pieds sous terre, dans un fond environné
d'arbres. De là, il jouissait du ravissant spectacle
d'objets pleins de grandeur et de majesté ; de là
encore il se croyait déjà élevé au-dessus de la
terre, et habiter sur un nouveau globe. Quant à
moi, qui n'ai pas une aussi bonne vue, du point
d'où je regarde, je serais plus tenté de me croire
au-dessous qu'au-dessus de la terre : au lieu de
tant de belles choses, je ne vois en effet que nos
mules, mangeant tranquillement l'avoine dans le
tronc d'un vieux chêne, abattu sur le nouveau
globe !

La lave dont cette grotte est formée, a pour
base une espèce de roche cornée et terreuse (1);
cette roche, quoique assez peu compacte pour
laisser entrevoir quelques vides, est cependant
d'une dureté remarquable. Outre un certain nombre de schorls, elle contient aussi deux espèces de
feld-spath blanc ; les uns inégaux et brillans, les
autres peu éclatans et unis, et qui, sans aucun

---

(1) Spallanzâni. *Loc. cit.*, pag. 211.

signe 'apparent de fusion, indiquent un certain degré de calcination. On y découvre aussi de petits corps menus et minces que leur dureté et leur couleur verte feraient prendre pour de véritables chrysolithes; car, comme ajoute l'auteur dont je tire ces détails (1), personne n'ignore qu'on trouve plusieurs de ces belles pierres dans les laves de l'Etna. Exposée à l'action du fourneau, cette lave se transforme en un émail bouillonneux ; et, une fois devenue plus noire, la blancheur du feldspath acquiert, au contraire, un nouvel éclat. Cette même lave agit sur l'aiguille aimantée à une ligne et demie de distance. Au reste, ajoute encore notre auteur, la lave de la grotte des chèvres n'offre aucun caractère différent de celui des laves environnantes ; ou, pour mieux dire, elle n'est elle-même qu'une combinaison de ces dernières, lors même que celles-ci se trouvent recouvertes d'une incrustation de terre végétale, et entourées d'un grand nombre d'arbres. D'où il faut nécessairement conclure, que la formation de la grotte en question, se rattache à des temps sortis de la mémoire des hommes ; qu'elle n'est point le produit des eaux pluviales ; mais, bien effectivement, celui des gaz élastiques provenus des laves encore liquides; gaz, qui auraient formé cette excavation, comme toutes les excavations de ce genre.

_____

(1) *Id.*, *ibid.*

La deuxième région de l'Etna a trois lieues un tiers d'étendue.

TROISIÈME RÉGION.

Du moment que nous nous fûmes remis en route, le temps jusqu'alors fort beau, quoique froid, cessa de nous être favorable. Un changement remarquable se fit sentir dans la température. Moins heureux que Spallanzàni, quoique faisant la même route, dans la même saison et au même mois que lui, nous fûmes assaillis, tout à coup, par un ouragan accompagné de tonnerre, d'éclairs, de grêle et d'une pluie glaciale et battante. Au bout d'une demi-heure de marche, nous fîmes notre entrée dans la région sublime, où les élémens conjurés ne cessèrent de nous assaillir, jusqu'au pied du cône de l'Etna.

Outre le surnom de sublime, cette troisième région porte encore celui de déserte; ce dernier titre est des mieux appliqués : jamais idée toute faite ne me parut plus généralement admissible. Ce lieu est, en effet, et sublime et désert; car, si l'on en excepte quelques chétifs arbustes, quelques ronces, quelques lycopèdes, et enfin, quelques autres plantes, amies des sites calcinés et brûlans; on ne voit et on ne foule ici que laves, que scories et que cendres, qui, depuis des temps à donner le démenti aux calculs des plus anciens chronologues, s'entassent lentement les unes sur les autres, et ne laissent entre elles que de larges et profondes fissures, qui vous montrent, à chaque pas, la route aboutissant au sein de la grande Mère Antique.

Je ne sais, si, au moment même où Spallanzâni traversa cet affreux désert, l'obscurité de la nuit unie au pâle éclat des torches, pouvait accroître beaucoup plus la fatigue et l'horreur du chemin, que ce vent furieux, cette pluie glaciale, cette grêle, ces éclairs, cette foudre, qui ne cessent de nous poursuivre, au milieu de ce désert, que les gens du pays nomment la plaine de Mônte Frumênto; mais ce dont je suis sûr, c'est que le temps que nous y restâmes, pouvait être mieux employé.

Mônte Rôsso ou Monteriêllo.

Tout est relatif dans ce monde : point de grandeur qui ne s'abaisse devant celle qui la surpasse : point de géant qui ne puisse passer pour un nain : cette montagne en est la preuve. Presque aussi haute que le Vésuve, mais jetée par malheur, hors du sein de l'Etna, l'énorme Monteriêllo, qui partout ailleurs, recevrait sans doute le titre d'altesse éminentissime, s'élevant au pied du colosse, le pauvre Monteriêllo est trop heureux encore de conserver ici le nom de *petite montagne!* Sorti donc des entrailles du volcan, le 28 juillet 1763 (1), cet humble et fidèle sujet, est encore prosterné aux pieds de son royal maître, qui le menace, à

(1) Maravîgna. *Tâvole Sinôttiche dell' Etna.*

tout moment, de le jeter plus loin encore. La
troisième région a près de trois lieues d'étendue.

La Gratîssima ou Maison de Refuge.

Aussi contentes que nous-mêmes sans doute,
nos mules s'arrêtent enfin, devant le seuil hospitalier. Cette maison de refuge, dont j'ai déjà
parlé (1), n'existait pas malheureusement à l'époque, où deux des plus célèbres voyageurs (2),
gravirent jusqu'au cône de l'Etna : je dis, malheureusement, parce que, outre l'intérêt qu'il est
assez juste de prendre aux efforts et aux peines
de deux hommes qui jetèrent tant d'éclat sur la
science, ces efforts et ces peines auraient été plus
fructueux encore, sans doute, si nos savans explo-
rateurs, eussent trouvé ici un asile, qui leur
permit de donner plus de temps à leurs observations ; et ne les forçât pas à borner celles-ci, à
l'espace beaucoup trop court, d'un seul et même
voyage.

Mais si l'on se rappelle, que cette merveille de
la nature, ce volcan qui, depuis tant de siècles, excite à la fois, la surprise, la terreur et la curieuse
inquiétude de l'homme ; que l'Etna, qui n'est pas à
cinquante lieues de la capitale de la Sicile, en est
encore aujourd'hui à fixer l'attention du gouver-

---

(1) *Voy.* ci-dessus, pag. 401.
(2) Dolomieu et Spallanzâni.

nement du pays ; que, non-seulement ce gouvernement n'a rien fait, pour en faciliter l'approche,
pour en constater la nature, les phénomènes et les
produits ; pour tourner, enfin, toutes ces choses
vers un but d'instruction ou d'utilité publique ;
que loin d'encourager les recherches des observateurs nationaux et étrangers, souvent même il y
met des obstacles invincibles (1) ; une incurie aussi
inexplicable, réveillera sans doute un sentiment
qu'il est inutile de nommer ; sentiment qui ac-
querra plus de force, quand, à ce même exemple,
on joindra celui du volcan, qui tonne aux portes
de Naples même. En effet, le Vésuve paraît être
aussi complètement ignoré dans cette dernière
ville, que l'Etna l'est lui-même à Catane : de mé-
chantes relations, publiées dans un méchant journal ; des rapports détachés, sans exactitude, sans
couleur et sans style, rédigés par des hommes qui
n'ont vu le volcan que de loin, et ne font tout au
plus, que copier à la hâte, les prétendues observations recueillies, rédigées et envoyées à l'Académie Vésuvienne, par un moine inepte et sans
lettres, connu ici sous le nom de *l'ermite* ; celui-
là-même qui tient une espèce d'auberge, sur le Vésuve ; telles sont les seules sources d'où découlent,

(1) On sait de reste les affreux traitemens que les gouvernemens de Rome et de Naples firent éprouver au
célèbre et infortuné Dolomieu, qu'ils retinrent pendant long-temps dans une dure captivité?

de nos jours , le petit nombre d'observations insignifiantes ; que l'académie de Naples , transmet à l'Europe étonnée , sur un sujet de cette importance !

Je tiens ces faits de la bouche même de l'ermite en question. Cet homme, qui, comme je viens de le dire, n'a pas la plus légère connaissance, en fait de minéralogie , et moins encore de physique , copie lui-même , tant bien que mal , les rapports qui lui sont verbalement transmis, par des observateurs de sa force , les paysans du village de Resina, qui servent de guide aux voyageurs. M. le chevalier Gimbernat (1), qui me pardonnera sans doute de le citer ici en témoignage , m'avait déjà fait part de ce fait assez curieux. Au reste, pour en constater la vérité, il suffit de parcourir le journal même de l'ermite-aubergiste. Le moyen de s'étonner ensuite que Dolomieu , Hamilton , Spallanzàni et quelques autres, n'aient pu trouver d'asile sur l'Etna ; et qu'un des principaux habitans de Catane (2) , en ait été réduit à dilapider sa fortune , pour donner enfin à la Sicile une collection complète des produits du volcan ! De pareils faits peuvent se passer de commentaires : ils sont jugés , alors qu'ils sont connus. Si le Vésuve et l'Etna étaient situés dans tout autre pays de l'Europe, chacun d'eux aurait, depuis long-temps, ses observateurs particuliers ; et , sous un gouverne-

(1) *Voy*. ci-dessus, pag. 43 et suiv.
(2) *Voy*. ci-dessus, pag. 344 et suiv.

ment actif et sage, ces deux volcans qui n'ont jamais été, et ne seront jamais sans doute, qu'une
source intarissable de terreur et de destruction,
deviendraient au contraire une source non moins
féconde, d'observations utiles, et de travaux fructueux.

La *Gratissima*, ou plutôt la nouvelle habitation
qu'on y a jointe, n'est qu'une maisonnette carrée,
d'un seul et même étage. Les matériaux qui la composent, ne sont ni dispendieux, ni rares : les seuls
flancs de l'Etna les fournissent; vingt villes, comme
Paris et Londres, trouveraient ici leurs carrières.
Une première salle, destinée aux guides, aux domestiques et aux muletiers ; en face de la porte
d'entrée, une petite cuisine dans le fond ; une
salle un peu plus grande, pour les maîtres ; dans
cette salle, trois bois de lit, trois chaises, une
table, un foyer, une fenêtre entièrement condam-
née, à l'exception d'une petite ouverture fermée à
volonté par un morceau de lave; derrière ces mêmes
pièces, une écurie pour six à sept mules ; plus
loin, et attenant au premier bâtiment, l'ancienne
maison de refuge (1), maison plus petite encore,
et qui se borne à une petite pièce, dans laquelle est
une espèce de lit de camp : telle est la disposition
générale et particulière de la fameuse Gratissima.
Tout cela n'offrirait pas ailleurs un asile fort com-

(1) *Voy*. ci-dessus; pag. 401 et suiv.

mode , sans doute ; mais , au milieu d'un désert
volcanique , au pied du cratère de l'Etna , toute
cabane est un palais ; tout abri , un lieu délectable ;
et toute planche , un excellent lit.

SITUATION DE LA GRATISSIMA.

SÉPARÉE du reste du monde ; et , pour ainsi dire,
suspendue , dans les airs , cette cabane est située au
pied du sommet le plus conique du volcan ; au lieu
même où , selon ma propre manière de voir , com-
mencerait une région qu'on pourrait ajouter aux
trois autres ; région, que je nommerais la dernière
région , ou région des scories , des cendres et des
fumeroles (1). En ajoutant que la porte de cette cabane s'ouvre vers la partie méridionale de la montagne , je n'apprendrais rien au lecteur , ou du
moins je ne lui donnerais qu'une idée assez vague
des localités mèmes. Tout minutieux qu'ils puissent
paraître , il me semble cependant, que ces sortes de
détails ne sont point absolument inutiles : on aime
à pouvoir suivre les pas d'un voyageur ; et , quand
la description est vague , quand les localités ne sont
qu'imparfaitement décrites , la peine que l'on prend
à le suivre nuit à l'intérêt qu'on lui porte; et le plaisir qui fatigue , devient un véritable ennui. Afin
donc de donner au lecteur une idée suffisante du

_____

(1) On est convenu d'entendre par ce dernier mot,
ces espèces d'exhalaisons volcaniques ; qui sortent du
cratère même , ou des flancs des volcans.

point où il est avec moi , je ne consulterai ni le
quart de cercle , ni la boussole , ni la carte topo-
graphique ; une fois sur le seuil du toit hospitalier :
cette immense plate-forme sur laquelle nous sommes
maintenant , cette plate-forme , lui dirai-je , est la
base du cône de l'Etna ; le sol que nous foulons est
au niveau du fond apparent des cratères ; devant
nous est la route que nous venons de suivre ; à notre
gauche , cette vallée noirâtre , est la vallée connue
sous le nom de Vallée du Bœuf ; et cette montagne
qui paraît en sortir , en est effectivement sortie
d'hier : c'est le dernier produit du volcan ; nous
en reparlerons plus loin (2). Plus près de nous, et
toujours sur la gauche , voyez-vous ces espèces de
ruines que l'erreur commune nous donna pour l'habitation d'Empedocle , et que , par suite de cette
même erreur , les gens de ce pays ont nommée la
Tour du Philosophe ? la montagne sur laquelle ces
ruines s'élèvent , porte le double nom de Monte-
Rosso on Monteriello. Enfin , à notre droite , et
derrière la maison, à la porte de laquelle nous sommes maintenant , ce faîte monstrueux , perpendiculaire et conique qui s'élève à quelques cents pas
de nous ; c'est la bouche du volcan , le faîte de
l'Etna même , le sommet sourcilleux et blanchâtre
d'un gouffre aussi vieux que le monde ; gouffre, sur
lequel les anciens divaguèrent ; que les modernes

_____

(1) *Voy.* ci-dessous, Art. *Vallée et Montagne du
Bœuf.*

ne connurent pas mieux ; et dans lequel nous des-
cendrons nous-mêmes, pour divaguer à notre tour.

Cette vue était fort curieuse sans doute ; mais
l'eût - elle été , davantage , elle n'aurait pu fixer
alors nos regards : la nature était en nous trop souf-
frante. Depuis plus de trois mortelles heures , nous
étions exposés à toute l'intempérie d'un climat naturellement glacial : nos vêtemens étaient transpercés ; et , au moment de mettre pied à terre , à
peine eûmes-nous la force nécessaire, pour descendre
de dessus nos mules , et nous traîner jusque sous le
toit protecteur. On devine aisément quelle fut la
partie de la maison qui fut visitée la première : un
mouvement machinal nous poussa tous vers la cheminée, où nous fîmes allumer un grand feu ; mais
ici, un obstacle imprévu se joua de notre espérance :
une épaisse fumée ne tarda pas à nous environner ;
et ; en moins de temps qu'il n'en faut pour le dire ,
le poste n'était plus tenable. Vainement nous cou-
rons aux portes, plus inutilement nous levons le
morceau de lave qui sert de vitre à la fenêtre , la
cheminée n'en fume que de plus belle : il n'y avait
pas moyen d'appeler un fumiste ? et notre seule ressource fut d'éteindre le feu. Il faut le dire , à la
honte de notre sagesse : aucun de nous ne devina
la véritable cause de ce malheureux contre-temps.
En notre qualité d'hommes , nous ne manquâmes
pas d'être injustes, de divaguer sur la cause et l'effet,
de porter des jugemens bien tranchans et bien ridicules ; en un mot , d'accuser le pauvre architecte

d'un tort qui n'était pas le sien ! Pour parer à l'inondation intérieure, une lourde et large lave, qui s'enlevait à volonté, bouchait aussi hermétiquement que possible, le tuyau de cette cheminée, à la construction de laquelle notre science insultait gravement.

Après nous être séchés, tant bien que mal, aux fourneaux de la cuisine, nous songeâmes à visiter nos provisions ; et, au lieu de nous trouver possesseurs d'une quantité d'eau suffisante, nous reconnûmes alors, l'inutilité des recommandations faites à notre guide : nous n'avions en effet, qu'un baril de ce liquide précieux, et ce baril ne contenait pas trois bouteilles. Trois bouteilles d'eau, pour désaltérer, pendant deux ou trois jours, six personnes et sept mules ! Il y avait de quoi assommer notre homme : nous ne l'assommâmes pas toutefois ; mais nous lui dîmes force sottises. Le conseil s'assembla ensuite : il ne s'agissait plus de songer à faire boire nos mules, non pas même à avoir de la soupe pour nous ; aliment qui, dans l'état où nous étions, nous eût été très-nécessaire. On décida, à l'unanimité, que la moitié de l'eau serait abandonnée aux quatre domestiques ; et, que l'autre serait exclusivement consacrée à notre thé et à notre café. Au milieu d'un désert volcanique, d'où tout l'or de la terre ne tirerait pas une goutte d'eau, cette résolution rigoureuse nous était commandée par la nécessité. Tout fiers de ce beau sacrifice, nous ne nous doutions guère, que la résolution serait aussitôt oubliée que prise : Dante l'a dit (1) : *les lois sont, mais qui les respecte ?* après notre diner, nous ne crûmes pas devoir nous refuser le plaisir de prendre une tasse de café ; et un bon tiers de cette eau précieuse fut employé à le préparer ; le soir, avant de nous coucher, nous trouvâmes tout aussi naturel de remplir la théière, et de boire une tasse de thé ; mais la théière fut si souvent remplie, que les deux autres tiers disparurent ; et que le baril fut vidé, en dépit des lois existantes !

La confiance trompée, passe souvent dans l'excès contraire : malgré les représentations de notre guide, qui nous assurait que nous ne pouvions espérer de jouir, à la sommité du volcan, de la vue du lever du soleil ; circonstance si rare, en effet, que, sur cent tentatives de ce genre, à peine une seule réussit-elle ; en dépit de ses représentations, dis-je, nous persistâmes dans la résolution de gravir, cette même nuit, le cône de la montagne.

QUATRIÈME RÉGION.

Région des scories, des cendres, et des fumeroles.

DÉJA exténués de fatigue, et redoutant surtout celle qui nous attendait, nous nous couchâmes de très-bonne heure ; et dès les quatre heures du matin, c'est-à-dire, deux heures avant le jour, nous nous réveillâmes et partîmes.

---

(1) *Purg.* Cant. 16.

Conformément aux recommandations de tous
nos amis de Catane, nous nous étions pourvus des
habillemens les plus chauds ; et, notamment, de
grosses redingotes ; l'expérience ne tarda pas à
nous convaincre des inconvéniens de cette précaution : à la vérité, dans la saison où nous étions
alors, et, surtout, quelques mois plus tard, les nuits
sont très-froides sur la sommité de l'Etna ; mais la
fatigue et les dangers contre lesquels vous avez à
lutter sans cesse, ne vous échauffent que trop facilement. Ce n'est qu'aux bords du cratère, et non
pas pendant le chemin, qu'il convient, selon moi,
de se charger de chauds vêtemens. Je conseillerais donc aux autres voyageurs, de faire porter
ces vêtemens par leurs guides, jusqu'au haut de la
montagne; seul et unique point où ils deviennent
en effet nécessaires.

Départ et retour a la Maison de Refuge.

La pluie avait cessé ; mais le ciel était toujours
très-obscur; et, quoique alors en son plein, la
lune ne sé laissait entrevoir qu'à longs intervalles,
et comme entourée de nuages.

Au sortir de la Maison de Refuge, nous suivi-
mes, l'un après l'autre, et dans le plus profond silence, les pas de l'homme qui nous servait de
guide, nous frayant le chemin sur la droite de cette
même maison, au milieu de monceaux de laves, produits de la fameuse éruption de 1787.
Ces ruines volcaniques ont une lieue d'étendue,

sur un huitième à un seizième de lieue de largeur. La profondeur de la lave varie de six à dix-huit pieds (1).

Ici, la lune se cacha de nouveau : l'obscurité la plus profonde s'empara de cette scène d'horreur : le colosse ignivome disparut lui-même à nos yeux.

Le premier, sur les pas du guide, j'avançais avec peine parmi ces amas monstrueux de rocs entassés l'un sur l'autre, sans distinguer la place où je posais le pied, et, sans autre ressource, contre une chute aussi dangereuse que facile, que le bâton qui m'aidait à sonder le terrain; et cette marche était d'autant plus pénible pour moi, que ma vue, naturellement très-courte, le devient encore plus, dans la nuit. Tout à coup, une scorie se brise et s'affaisse sous moi; et je tombe de côté, le pied droit pris entre deux laves; au cri que m'arrache la douleur, le guide et mes compagnons s'arrêtent; cependant, l'obscurité qui nous cache l'un à l'autre, et les difficultés qu'ils ont à surmonter eux-mêmes, ne leur permettent encore ni de m'apercevoir, ni de venir à mon secours. Le guide seul y parvint; il m'aida à sortir de l'abime, qui semblait se refermer sur moi. Quand la douleur que j'éprouvais se fut un peu calmée, je deman-

(1) Ces espèces de torrens de laves, qui recouvrent de toute part un espace plus ou moins étendu, sont connus des gens du pays sous le nom de *sciara*, pluriel *sciare*, et non *schiarra*, comme l'écrit fort mal Borch.

dai à cet homme comment il se faisait qu'il n'allu-
mât pas sa torche ? Ce fut alors qu'il nous avoua
qu'il ne s'en était point pourvu. S'il est ainsi, dis-
je, à mes compagnons, poursuivez tout seuls le
voyage ; quant à moi, je vais me coucher : ce peut
être un très-beau spectacle, que de voir le soleil se
lever sur l'Etna ; mais, outre qu'il est incertain
qu'on en jouisse, je ne connais aucun spectacle qui
m'engage à me rompre le cou ! Ici, je les laissai
poursuivre seuls le voyage, et regagnai, avec
beaucoup de peine, le toit que je n'aurais pas dû
quitter avant le jour. Le résultat de l'entreprise
me prouva que j'avais eu raison : après des fatigues incroyables, ils parvinrent à la cime du volcan, au moment même où le soleil se levait, au
delà des montagnes de la Calabre ; mais, ainsi que
tous mes vieux auteurs m'en avaient prévenu, et
que le guide nous l'avait dit lui-même, le
panorama etnéen ne voulut point se laisser voir ;
et, pour unique fruit de tant de dangers et de
peine, ils ne virent tous deux que le spectacle dont
je jouissais moi-même, sur le seuil protecteur de la
Maison de Refuge : l'ombre pyramidale du géant
volcanique, reflétée à l'horizon, vers la côte occidentale de la Sicile.

Au reste, ce rare effet d'optique s'observe chaque
jour ici, au lever et au coucher du soleil ; à la
différence près, qu'au moment où le jour baisse,
l'ombre du volcan apparaît à l'horizon oriental :
tandis qu'au lever du soleil, il s'élève graduelle-

ment au contraire, vers la partie *occidentale* ~~orientale~~ de la
Sicile.

L'effet de ce spectacle est au-dessus de toute
description : toutes les énormes parties de l'Etna
sont alors reflétées par le ciel, avec une telle
exactitude, que je suis encore à comprendre, qu'a-
près tant d'efforts inutiles, pour constater d'une
manière bien précise, la hauteur géométrique du
volcan (1), personne n'ait encore eu l'idée de mesurer l'Etna, sur cette ombre de l'Etna même.
Que, si, j'en suis réduit à en donner l'idée à d'autres, c'est faute d'avoir été pourvu des instrumens
nécessaires.

CÔNE DE L'ETNA.

Vu le 11 octobre 1819.

Du moment que le soleil eut dissipé ce bel effet
d'optique, et que le ciel eut rendu graduellement
à la terre, le corps monstrueux du géant; je pris
pour guide un de nos muletiers, et je m'acheminai enfin vers le cône du volcan.

En traversant de nouveau cette vallée de laves
éteintes, qui, naguère avait failli me coûter si
cher, je ne pus m'empêcher de frémir à l'idée des
dangers de tout genre, que mes deux compagnons
avaient dû surmonter. Tout en m'applaudissant
du parti que j'avais pris, inquiet sur leur sort, il
me tardait de les rejoindre; mais telle était l'aspé-

---

(1) *Voy.* ci-dessous, Art. *Hauteur de l'Etna.*

rité de cette route, que, même en distinguant le chemin, je ne pouvais hâter ma marche, sans m'exposer encore à de nouveaux accidens.

A partir de la Maison de Refuge jusqu'à la sommité du volcan, le cône de l'Etna a un peu plus d'un tiers de lieue de hauteur perpendiculaire; mais les détours à faire, quintuplent pour le moins la distance; et, quand on touche au but, on a fait plus de cinq lieues.

Cet espace, si court en apparence, le seul obstacle qui vous sépare encore de ce grand fourneau séculaire, qui, comme une tour gigantesque, s'élève seul ici, au dessus de la terre et de vous; cet espace, dis-je, pourrait à la rigueur, se diviser lui-même, en quatre régions bien distinctes : la région des laves compactes et solides; celle des scories ou laves calcinées et friables; celle des sables et cendres volcaniques; et enfin, celle des fumeroles, des mofettes ou exhalaisons sulfureuses, qui cernent et défendent de toute part, l'effroyable bouche du volcan.

Deux heures de la plus pénible marche, me suffirent à peine, pour arriver au delà de ces quatre régions. La région des laves compactes est la moins pénible de toutes; quant à celle des scories et des cendres, la difficulté du chemin augmente de plus en plus, en raison de la déclivité et de la nature du sol; là, le pied ne trouve en effet qu'un appui fragile et trompeur : élevées l'une sur l'autre, à angles aigus et tranchans, et n'ayant aucune

base solide , tantôt les scories s'enfoncent ou s'é-
crasent sous le pied, tantôt elles glissent, et
vous font glisser avec elles, entraînant dans leur
chute toutes celles dont elles étaient l'appui.'
Non-seulement cette marche vous épuise; non-
seulement elle vous éloigne du but; mais elle vous
expose, en outre, au choc très-dangereux de blocs
acérés et brûlans, qui roulent sur vous de toute
part. Enfin, avec fatigue et crainte, vous parvenez
à la région des sables ou cendres volcaniques ; ré-'
gion où l'on marche véritablement, *per ignes suppositos cineri doloso!* Ces cendres cachent en effet
des feux; et ces cendres sont presque aussi brûlantes, que les feux qu'elles cachent; elles ocen-'
pent, comme je viens de le dire, toute la partie
extérieure de la côte volcanique ; c'est-à-dire, un-
douzième de lieue : elles seules vous séparent encore de l'abime qui, toujours gigantesque et superbe, s'élève constamment devant vous. Cet espace si
court, se présente aux regards , comme un obstacle
insurmontable ; obstacle , contre lequel la force,
l'espoir et le courage viennent se briser à la fois.

Ici le front de l'homme s'abaisse; et, tel qu'un
vainqueur insolent, le fier Etna force l'homme à
s'agenouiller devant lui ; ici , toutes les grandeurs
disparaissent; ici, enfin, réduites à prendre l'attitude de la brute, toutes les Majestés de la terre
raseraient le sol à plat ventre, et marcheraient à
quatre pates, comme moi.

Le sol sur lequel on se traîne, n'est plus qu'une
I. 28

arène volcanique ; une cendre menue, dure,
aiguë, brûlante et mobile ; où l'on enfonce à
chaque pas, et où l'on recule presque aussi souvent qu'on avance. A la nature incandescente du
sol, se joint encore son instabilité même. A demi
enfoncées dans les sables, quelques scories plus ou
moins fortes, plus ou moins friables, vous présentent leurs angles aigus ; leur secours peut vous
être utile : vous ranimez vos forces abattues ;
épuisé, haletant et couvert de sueur, après un
long détour vous atteignez enfin le rocher protée-
teur ; déjà même votre main s'y fixe ; et cédant
tout à coup sous le poids, le rocher calciné se
brise, et vous jette à vingt pas en arrière, en vous
couvrant de ses débris.

Cet effet là, je l'éprouvai vingt fois ; et la fatigue qui en fut la suite, acheva de triompher
du reste de mes forces. Cependant, je rappelle mon
courage, et me traîne au milieu de ces énormes
masses :

A leur faîte hideux nous atteignons à peine,
Qu'épuisé, haletant, sans force, sans haleine,
De fatigue et d'effroi je me sens succomber,
Et sur le premier roc, me laisse enfin tomber (1).

Je ne sais si j'aurais fait un pas de plus, n'é-
tait le souvenir du passage, où, dans une circonstance assez semblable, le cygne de Florence

(1) Dante. *Enf.* Ch. 24, init. citée, pag. 2, note.

met dans la bouche de Virgile, une leçon dont je
profitai :

> Il faut, dit le Romain, secouer ta paresse :
> La gloire n'admet point de mortelle faiblesse ;
> Et ceux dont on la voit couronner les projets,
> Sur le duvet oiseux ne la trouvent jamais.
> Tout homme qui, sans elle, a traversé la vie,
> Voit bientôt sa mémoire en la terre engloutie ;
> Et, semblable aux vapeurs que dissipe le vent,
> La trace de ses pas ne dure qu'un instant.
> Lève-toi : dompte enfin l'effroi qui t'en impose,
> Par ce ferme vouloir qui peut tout ce qu'il ose,
> Dès lors que, sur sa force appuyant sa raison,
> L'âme ne fléchit point sous sa lourde prison (1)!

J'atteins enfin le but désiré ; je reprends enfin
l'attitude naturelle à l'homme ; je foule enfin moi-
même le front de l'orgueilleux géant, qui, tout
vaincu qu'il soit, semble me menacer de sa quadruple bouche (2), et des feux prêts à en sortir.

PLATE-FORME DU CÔNE DE L'ETNA.

Au moment où j'atteignais la plate-forme supérieure, mes compagnons de voyage et leur

---

(1) Dante. *Enfer*. Ch. 24, imit. citée, pag. 2, note.

(2) Ainsi que je le prouverai bientôt, le cône principal de l'Etna renferme effectivement quatre différens cratères ; et ce fait, dont je vais être le premier
à parler, est une des raisons qui m'ont déterminé à
donner à cette partie de mon ouvrage, le titre de
Voyage aux Cratères de l'Etna.

guide, s'apprêtaient eux-mêmes à en descendre :
ils m'apparurent à l'improviste, tels que trois
spectres, qui tomberaient du ciel? M. Wilson me
parut avoir étrangement souffert; son visage, naturellement coloré, était défait et pâle, si non
même entièrement livide. Moins âgé, plus in-
gambe ; et n'ayant point souffert autant des exhalaisons volcaniques, qui avaient produit sur celui-
ci, et sur le guide même, un effet semblable à
celui du mal de mer; mon ancien compagnon de
voyage ne semblait, toutefois, ni plus frais ni
moins empêché; naturellement maigre et fluette,
sa figure ne finissait plus : le Lazare, sortant du
tombeau, n'était ni plus long ni plus pâle!

Tout en écoutant le récit de leur course, je
crus m'apercevoir qu'ils abandonnaient trop tôt
la partie, et laissaient, après eux, plus d'un objet
à voir. A la vérité, M. Wilson était hors d'état
de supporter de nouvelles fatigues; et s'il eût
voulu retourner alors sur ses pas, j'eusse été le
premier à lui faire abandonner l'entreprise. Quant
au nouveau Lazare, ma présence lui avait rendu
le courage : il se tenait tout debout sur ses pieds;
et voyant qu'il ne s'agissait plus que de lever son
incertitude, je me rappelai le discours de Jésus, parlant à Mathias : je lui dis : *Veni;* et
il vint.

Après avoir partagé, en frères, le reste de nos
provisions qui consistaient en quelques œufs, un
pain et deux bouteilles de rum, liqueur, dont,

par parenthèse, je ne saurais trop recommander l'usage à ceux qui font le voyage en question ; nous prîmes congé de M. Wilson ; et tandis qu'il redescendait la montagne, nous nous dirigeâmes nous-mêmes, vers le point le plus élevé, au-dessus des cratères.

CRATÈRES DE L'ETNA.

IL serait très-difficile, pour ne pas dire absolument impossible, de se former, d'après une description quelconque, une idée bien claire et bien juste, de l'aspect général, et plus encore sans doute, de la disposition particulière des gouffres, qui composent les quatre différens cratères de l'Etna. J'ajoute que, parmi tous ceux qui ont fait ce voyage, sans en excepter même Fāzzéllo, Bèmbo, Mâssa, d'Orville, Amîco, Mongitôre, Borêlli, Dolomieu, Recûpero, Hamilton, Spallanzâni, Denon, Gemmellâro, Maravîgna et Ferrâra ; tous noms également respectables, tous hommes également instruits, tous historiens, plus ou moins dignes de foi ; parmi tant d'observateurs, dis-je, peut-être n'en existe-t-il pas un, qui se soit bien rendu compte à lui-même, des localités en question. Chacun en a vu des parties : aucun n'en a bien vu l'ensemble : des obstacles invincibles s'y opposent ; ces obstacles sont :

1°. L'immense étendue du cratère principal, qui aujourd'hui n'a pas moins de trois milles, ou environ 13,734 pieds de circonférence (1), étendue qui, jointe à l'inégalité du sol et aux élévations et affaissemens intercalaires, ne laisse aucun moyen d'en saisir à la fois l'ensemble.

2°. La forme irrégulière et ovale de ce même cratère.

3°. L'inégale hauteur des bords et des projections des parties intérieures, soit quant au cratère principal, soit quant au cratère secondaire.

4°. La subdivision du cratère principal en plusieurs cratères particuliers, espèces de gouffres secondaires, mutuellement séparés par des murailles naturelles, plus ou moins élevées, plus ou moins régulières, et plus ou moins épaisses; autres produits volcaniques, créés et détruits tour à tour, par les éruptions successives.

5°. L'existence des fumeroles, ou vapeurs acido-muriatiques qui, sans discontinuation, s'élèvent hors de toutes les parties intérieures ou extérieures du cratère principal et des cratères particuliers; ainsi que du sol même de l'espèce de plate-forme

---

(1) La circonférence du cratère du Vésuve n'est que d'environ 5,624 pieds, c'est-à-dire, 8,110 pieds de moins que celle de l'Etna. Le plus grand diamètre de celui-ci est de l'est à l'ouest. Au reste, je le répète, la circonférence de cet immense gouffre varie selon des circonstances locales. En 1669, cette même circonférence, au rapport de Borélli, fut de six milles, ou 27,468 pieds.

qui entoure le grand cratère, et sert de cadre à cet affreux tableau ; vapeurs épaisses et méphitiques, qui, entre l'observateur et l'objet observé, élèvent de toute part un voile brûlant, suffocant et impénétrable.

6°. Enfin, à ces cinq principaux obstacles, il est juste d'ajouter encore, celui qui résulte de la chaleur du sol même ; chaleur produite par les vapeurs acido-muriatiques dont il vient d'être parlé ; et qui n'est pas sans doute au-dessous du 45°. degré du thermomètre de Réaumur?

Loin de moi la prétention ridicule d'avoir vu ce que tant d'autres n'ont pu voir, ce que tant d'obstacles nous cachent ! je conviens, au contraire, qu'après avoir parcouru, avec beaucoup de peine, une partie de la plate-forme extérieure du cratère principal ; c'est-à-dire, la partie de cette plate-forme qui s'élève du côté de l'est, ou, pour parler plus clairement, à la droite du chemin que l'on suit communément pour gravir jusqu'au sommet du cône ; après être parvenu sur les bords les plus exhaussés, au-dessus du petit cratère de l'ouest ; après être revenu sur mes pas, et m'être ouvert la route sur cette autre partie de la plate-forme, située à gauche du chemin en question, et être descendu jusqu'au fond du cratère éteint du sud-est ; après avoir enfin essayé vainement de plonger mes regards dans les cratères de l'est et du nord, je me suis retrouvé au point du départ, sans pouvoir me former une idée beau-

coup, plus précise et plus juste, de la disposition
générale de ce quadruple abîme, qu'au moment
même où je quittai Catane, pour monter la première fois sur l'Etna.

Le moyen donc de mettre sous les yeux des autres l'ensemble d'un tableau, dont tant de parties
vous échappent ? L'art du dessin, qui, plus que
l'éloquence même, peut triompher de la distance,
et rapprocher l'objet décrit, cet art n'est plus ici,
que d'une assez faible ressource : l'intérieur de l'Etna
échappe au crayon du peintre, comme à la plume
de l'écrivain ; de là les contradictions innombrables qu'on relève dans les descriptions des auteurs ;
et de là encore, l'inexactitude évidente des prétendues vues du volcan : l'obscurité qu'on y remarque est souvent plus épaisse que les vapeurs mêmes
au milieu desquelles on les prit !

Toute description ou dessin du cratère d'un
volcan, est une entreprise essentiellement vaine. Un
volcan, et surtout un volcan comme l'Etna, est un
véritable Prothée, qui, d'un moment à l'autre,
change d'aspect et de forme ; le tableau très-fidèle
aujourd'hui, peut devenir, demain, d'une infidélité
complète. J'en apporterai plus loin une preuve
incontestable (1). Quand j'aurai dit ce que j'ai
vu, ou plutôt ce que j'ai cru voir, à l'époque en
question, c'est-à-dire, le 11 octobre 1819 ;
j'aurai dit tout ce qu'il m'est possible de dire ; et je

_____

(1) *Voy.* ci-dessous, pag. 445, 457, note.

ne répondrais pas que celui, qui, dès le lendemain, aurait fait le même voyage, n'eût pu voir, et n'eût vu différemment que moi.

SITUATION RESPECTIVE DES CRATÈRES
DU CÔNE DE L'ETNA (1).

JE ne sais si la plupart des auteurs de voyages se sont bien entendus eux-mêmes, quant aux localités du gouffre? mais ce que je sais bien, c'est qu'avant d'y descendre, tous ces demi-aperçus ne m'avaient procuré que des demi-lumières. Boileau l'a dit :

Ce que l'on conçoit bien s'énonce clairement.

Les voyageurs en question auront mal conçu l'Etna, sans doute, ou je les aurai mal compris?

Si on me parle d'une église ou d'un palais, on réveille en moi, l'idée de toutes les parties qui les composent ; mais il n'en est pas ainsi d'un volcan ; et si l'on se borne à me parler de son cratère, on ne m'offre plus d'autre idée, que celle d'un gouffre unique et immense? Or, quant au volcan en question, cette idée le ferait un peu moins connaître, que si on n'en eût pas parlé ; car cette idée serait directement contraire à la nature de l'objet en question.

Bien loin de ne former qu'un seul et même gouffre, fautivement nommé jusqu'ici *le Cratère de l'Etna*, ce gouffre, prétendu unique, renferme

---

(1) *Voy*. le plan en regard, pag. suiv.

au contraire, selon moi, quatre abîmes, ou cratères bien distincts ; savoir : le cratère éteint, situé
vers la partie méridionale ; le grand cratère, situé
à l'est ; le cratère septentrional ; et, enfin, le cratère de l'ouest, que je nommerai cratère central,
parce qu'il s'étend plus que les trois autres, vers le
centre du gouffre qui les renferme tous.

La forme de ce gouffre est un ovale irrégulier,
dont les extrémités s'étendent de l'ouest à l'est ;
celle-là, vers l'intérieur des terres ; celle-ci, du
côté de la mer. Une prolongation du cône extérieur, forme, autour de ces quatre différens gouffres, comme une digue plus ou moins élevée ; sa
plus grande hauteur est du côté de l'est et du nord.
Outre cette muraille extérieure, chaque gouffre
est cerné, dans l'intérieur de l'abime, par une
autre digue volcanique, qui, de même que celle-
ci, est inégale en hauteur ; mais, partout, beaucoup moins élevée que la digue principale ; et partout, réunie à celle-ci.

Telle est, autant que j'en ai pu juger, la situation respective et l'aspect général des quatre différens gouffres, formant les cratères de l'Etna. D'où
il résulte que, celui qui a suivi la route la plus ordinaire, c'est-à-dire celle qu'on prend en partant
de la Maison de Refuge ; celui-là, dis-je, en arrivant sur la plate-forme extérieure, a, sous lui,
pour ainsi dire, le cratère éteint, ou cratère méridional ; à droite, le cratère de l'est ; à gauche,
le cratère occidental ; et, enfin devant lui, de

Cratère
Occidental.
Côté regardant
l'intérieur des
terres.

Cratère méridional
Côté de Catane.

Sud.

Cratère
Oriental
Côté de la mer
Jonienne.

Situation
respective des
cratères décrite de l'Etna.
Tom. I. en fête de la page 442

Plan chorographique des cratères du cric de l'Etna.

l'autre côté du gouffre, le cratère septentrional. Les détails subséquens suppléeront, je l'espère, à l'obscurité de ces premiers renseignemens. Quant au plan que je me hasarde à mettre ici sous les yeux du lecteur, je suis loin de répondre de son exactitude : je ne le mets en avant, qu'avec la plus juste méfiance ; et seulement, comme pouvant servir à jeter plus de jour, sur les différens points de mon propre système.

GRAND CRATÈRE, OU CRATÈRE ORIENTAL.

Le point vers lequel nous nous dirigeâmes d'abord sur la droite (1) est une des parties de la plate-forme qui entoure les cratères ; c'est le point le plus élevé de l'Etna ; celui d'où le regard plonge le plus aisément, sur la totalité de cet immense abîme.

Le cratère au-dessus duquel nous gravîmes est connu sous le nom de cratère oriental. Sa circonférence me parut, pour le moins, aussi grande que celle du cratère du Vésuve, c'est-à-dire d'environ 5,624 pieds. C'est le plus vaste des trois autres. Au premier regard que j'y jetai :

De l'abîme éternel la bouche nébuleuse,
Était large, profonde et si fort ténébreuse,
Que, sans rien reconnaître en ses épais brouillards,
Vainement dans son sein je plongeais mes regards (2).

(1) *Voy.* ci-dessus, pag. 442.

(2) Dante. *Enf.* Ch. 4, imit. pag. 2, note.

Le sol sur lequel nous étions, est une cendre aci-do-muriatique, une arène impalpable, et d'une extrême chaleur. Toute la superficie de ce même sol est couverte, de distance en distance, d'un grand nombre de fumeroles ou vapeurs, de la nature en question. Au sortir du terrain volcanique, ces vapeurs sont d'une chaleur extrême ; et le sol d'où elles sortent, est si brûlant lui-même, que, non-seulement nous n'aurions pu nous y asseoir (1), et moins encore y tenir la main ; mais que nous ne pouvions rester long-temps à la même place ; vu que le sable, cédant peu à peu sous le pied, formait bientôt sous nous comme un canal étroit, une étuve concentrée et brûlante, dans l'intérieur de laquelle l'air extérieur, ne pouvant pénétrer, nous laissait entièrement exposés à l'action de la chaleur centrale. Le seul moyen de rester quelque temps sans danger dans ce bain de vapeurs sulfureuses ; vapeurs qui, à la fois, vous suffoquent et vous brûlent ; c'est de s'agiter fortement sur soi-même, et d'être dans l'action d'un piétinement continuel. En dépit de ces précautions, la plupart des voyageurs ne peuvent se garantir de l'effet de ces vapeurs : Spallanzâni en fut cruellement affecté ; et, comme je crois l'avoir dit, M. Wilson, ainsi que notre guide, en souffrirent encore plus que lui : l'un et l'autre éprouvèrent des nausées continuelles ; M. Wilson cracha le sang ; et, quand je le trouvai, à son retour du

(1) *Voy.* ci-dessus, pag. 446.

cratère , ses yeux étaient encore si enflammés et si rouges , qu'on eût dit que le sang en sortait. Quant à moi , je n'éprouvai aucun de ces symptômes ; et je me trouvais même si bien , sur ce sol calciné et sulfureux , que, quoique mes vêtemens fussent aussi baignés de sueur , que si on les eût trempés dans l'eau ; ce ne fut pas sans quelque peine , que mon ancien compagnon de voyage , qui ne prenait pas la chose aussi bien , parvint à me tirer de mon bain volcanique. Au reste , toute la surface intérieure du cratère est remplie de ces mêmes vapeurs.

Quant au gouffre présumable du centre de ce même cratère , s'il existe en effet, nous ne pûmes du moins l'apercevoir, vu que les vapeurs qui s'élèvent et se croisent en tous sens , offusquent entièrement la vue. Dans le dessein de nous en assurer , nous lançâmes à plusieurs reprises , dans le gouffre , les plus gros morceaux de lave que notre rapprochement de l'abime et la mobilité du terrain nous permirent d'arracher , sans danger , aux bords intérieurs du cratère ; mais nos tentatives furent vaines ; et , au bout de quelques secondes , le sourd retentissement de ces masses plus ou moins pesantes, nous apprit qu'elles tombaient sur un sol solide , et non pas dans un gouffre rempli d'une matière liquéfiée ; d'où nous nous crûmes autorisés à conclure que le cône qui , en 1805 et 1810 , s'élevait au fond même de l'abime , s'est affaissé , et que la matière liquéfiée qui y existe sans aucun doute , s'est ouvert le passage dans quelque partie du fond du gouffre, où les laves que nous lancions ne pouvaient parvenir.

Nous tentâmes vainement de pousser plus avant sur la droite : plus nous nous élevions sur le bord étroit du cratère, plus les exhalaisons sulfureuses s'épaississaient (1) autour de nous, et parfois même nous cachant entièrement la route, ne nous laissaient d'autre ressource, que de demeurer immobiles à notre place, jusqu'à ce qu'une brise favorable fût parvenue à dissiper un peu les vapeurs qui nous enveloppaient. Nous ne remarquâmes pas non plus, sans quelque surprise, qu'au lieu de diminuer alors, la chaleur naturelle du sol semblait augmenter au contraire, à mesure que nous nous élevions au dessus du fond de l'abîme. Nous fûmes forcés enfin de revenir sur nos pas; et, après avoir recueilli une certaine quantité de l'arène jaunâtre et brûlante, nous regagnâmes, non sans quelque danger, le point d'où nous étions partis.

Cratère méridional.

Ce point, comme je crois l'avoir dit plus haut (2), est situé à la partie méridionale de la plate-forme des cratères : de là, nos regards tombaient d'à-plomb sur le grand cratère éteint ; et, ne pouvant espérer de descendre au fond des trois autres, nous vou-

---

(1) *Voy.* ci-dessus, pag. 438 et 444.

(2) *Voy.* ci-dessus, pag. 442.

lûmes tenter, du moins, de descendre au fond de celui-ci.

A en juger sur l'apparence, l'entreprise n'était pas impossible. A la vérité, les parties latérales de l'intérieur de l'abime, nous paraissaient avoir une pente assez rapide, et pour ainsi dire perpendiculaire; mais celle-ci pouvait être adoucie par d'énormes masses de laves, projetant de distance en distance, jusqu'à une certaine profondeur, au delà de laquelle nous n'apercevions plus rien; particularité, que nous n'attribuâmes d'abord, qu'à la projection même des laves qui pouvaient nous cacher, et nous cachaient en effet tout le reste du gouffre? D'un autre côté, le point en question nous paraissait le plus favorable, parce qu'on y remarquait une excavation naturelle, qui offrait un passage assez facile, et qu'en fait d'entreprise hasardeuse, le premier pas coûte toujours le plus. Vainement, par ses instances et ses prédictions funestes, notre guide tenta-t-il de nous faire renoncer à ce dessein; nous n'écoutâmes ses avis, que pour nous moquer de sa crainte; et, ne pouvant le décider à nous suivre, nous le laissâmes sur le bord de la plate-forme, les mains levées vers le ciel, et recommandant notre âme à tous les saints du paradis.

Le hasard me procura l'honneur de franchir le premier le passage : une fois le pied dans l'abîme, il ne s'agissait plus que d'avancer bon gré malgré; et, grâce aux laves en question, je parvins, sans beaucoup de peine, à cent cinquante ou deux cents pieds de profondeur ; mon compagnon de voyage imita mon exemple , avec le même bonheur et la même facilité.

Telle était notre folle assurance , que nous nous arrêtions, de temps à autre, pour engager le guide à nous suivre ; et que nous nous moquions encore d'une prudence qui nous semblait poltronnerie. Jusque-là les rieurs auraient été de notre côté ; et, de même que cet homme qui , tombant du haut d'un clocher , se disait en chemin : cela ne va pas mal, pourvu que cela dure ; nous eussions pu nous dire aussi que , jusque-là, tout allait assez bien.

Cependant, la pente du gouffre devient de plus en plus rapide ; les laves protectrices diminuent peu à peu , en nombre, en épaisseur et en solidité ; des scories mobiles et friables les remplacent. Ici , notre gaîté se calme d'elle-même ; le silence succède aux bons mots ; et , comme la cause qui le commande , ce silence est affreux : c'est celui de la tombe , où nous nous sentons entraîner : une des scories les plus énormes , cède et glisse tout à coup sous mes pieds ; et , au lieu de rouler sur la pente présumée du cratère, je la vois tomber perpendiculairement : puis ensuite , je l'entends retentir dans l'abime ; abîme, au fond duquel un pas de plus m'entraîne avec elle.

Au cri que la terreur m'arrache , mon compagnon s'arrête , et est sauvé, sans pouvoir me sauver moi-même.

J'ignore ce que je devins ; j'ignore même ce que je sentis : mais l'impression dut être forte ; car, au moment où j'écris , une sueur froide me glace encore. Quand je revins à moi , je me trouvai la face contre terre , et comme attaché au sol , où mes mains s'étaient enfoncées.

L'instant même où l'homme échappe à la mort , ne lui fait pas sentir le prix de l'existence ; et , pour celui qui n'a qu'un pied hors de la tombe , l'éclat du jour est plus pénible que doux. Se sentir exister est un bonheur sans doute ; mais , tant que le danger est là , ce bonheur est encore bien faible.

Il nous restait à nous retirer du gouffre ; mais , pour y parvenir , il nous fallait nos forces , et nos forces étaient épuisées. Encore éloignés l'un de l'autre , chacun de nous resta donc quelque temps à sa place , dans la même attitude , le visage collé contre terre , et les mains enfoncées dans l'arène.

Cependant , du point où nous l'avions laissé , notre guide avait aperçu le péril : ses cris nous l'avaient plusieurs fois annoncé ; mais ses cris n'avaient pu passer jusqu'à nous. Du moment qu'il nous vit immobiles , il devina le motif du repos ; et , par un dévouement bien rare , s'exposant pour nous porter secours , il descendit lui-même jusqu'au point où les laves solides nous avaient manqué tout à coup. Ce point était encore à cinquante pas de nous : tant que cette distance existait, sa présence nous était inutile ; et cependant sa présence seule nous sauva : elle réveilla notre courage , ranima notre espoir éteint , et nous fit retrouver nos forces.

Une fois parvenus jusqu'à lui, nous nous crûmes sauvés, et nous l'étions en effet ; un verre de notre précieuse liqueur acheva de nous rendre à nous-mêmes : nous regagnâmes, sans beaucoup de peine, le point que nous n'aurions pas dû quitter ; et à peine fûmes-nous remontés sur la plate-forme des cratères, que nous étions tout prêts à recommencer le voyage , mais non pas par le même chemin !

DESCENTE DANS LE GRAND CRATÈRE MÉRIDIONAL.

Toujours préoccupés de ce projet bien fou ; ne désespérant point de découvrir, sur les bords de l'abime , un chemin un peu moins perpendicu-laire et moins court; tout en portant nos regards vers la gauche (1), nous reconnûmes bientôt, que la déclivité des laves qui cernent et forment ici le cratère, pourrait être plus favorable à notre des-sein ; et , en conséquence, nous tournâmes de ce même côté. Cette route était celle que nous au-rions dû suivre de préférence à l'autre; mais, au moment en question, le vent poussait vers nous toutes les vapeurs des fumeroles de cette partie de la montagne ; et celles-ci nous avaient ôté le moyen de reconnaître suffisamment les lieux. En-fin, au bout d'un quart d'heure de marche, sur les bords de ce même cratère , nous parvînmes à un point, où la déclivité du sol nous parut beau-

(1) *Voy*. ci-dessus, pag. 442 et suiv.

coup moins rapide ; et d'un autre côté , nous reconnûmes, à la première épreuve [car , dès-lors ,
nous sondions le terrain], nous reconnûmes , dis-
je , que toute cette partie du cratère est recouverte d'une autre espèce de sable, ou plutôt d'une
lave triturée , suffisamment solide pour nous soutenir , sans glisser sous nos pieds. Ce point-là nous
parut le seul qu'il y eût à choisir ; et , tentant de
nouveau l'entreprise, nous eûmes enfin l'extrême
satisfaction de la voir couronner du succès.

Le cratère où nous parvînmes à descendre , occupe , comme je crois l'avoir remarqué , une partie de la côte méridionale de l'Etna : c'est le plus
grand de tous : le plus ancien sans doute : le seul
que le pied de l'homme puisse fouler.

Il se peut , en effet , que cet abîme ait été visité
par d'autres que par nous ; mais j'aime à me flatter
du contraire ; et deux inductions assez fortes,
semblent venir à l'appui de ce rêve de l'amour-
propre : aucun voyageur, aucun historien, que je
sache , n'a pris acte de l'entreprise ; et , sur toute
la superficie du sol , couvert ici d'un sable très-
mince , très-léger et jaunâtre, nous ne pûmes découvrir la moindre trace d'un pied humain ?
Quelle que soit en effet la nature de ce beau rêve,
nous ne pûmes résister au désir un peu puéril sans
doute, de prendre acte nous-mêmes de notre visite à
ce cratère du volcan ; et nous laissâmes tous les deux
notre carte, sur une lave, dont il sera parlé plus loin.

La première chose que nous fîmes, en arrivant

au fond du gouffre, ce fut de boire à la santé de l'Etna, et au succès de notre entreprise. Une fois quittes envers lui, et envers notre ange tutélaire, sans nous communiquer notre dessein, sans nous dire même un seul mot, un mouvement machinal nous poussa vers le point de l'abîme, où, peu de temps avant, nous devions trouver tous les deux une mort aussi prompte que certaine : la vue de ce rocher de sept à huit cents pieds de haut, l'aspect affreux de cette lave taillée à pic, et rentrant sur elle-même à sa base, auraient suffi pour nous convaincre que le chemin que nous avions d'abord pris, n'était pas le meilleur à prendre; mais quand nous reconnûmes, de loin, le lieu où nous nous étions arrêtés; quand nous vîmes que ce lieu n'était pas à dix pas de l'abîme; je ne sais quel frisson nous saisit, et nous fit éprouver de nouveau l'horreur et le sentiment du danger?

Voilà donc, dis-je ici à mon compagnon de voyage; voilà le lieu où nous devions arriver, morts! Connaissez-vous, monsieur, de fin plus tragique et plus prompte? de fin qui méritât moins la pitié? Comment plaindre, en effet, deux hommes assez fous [plus fous même que tous les fous de Paris et de Londres!], pour quitter leurs foyers, leurs parens, leurs amis; et venir, en Sicile, se jeter, d'eux-mêmes, dans l'Etna? Eh! pourquoi? pour flatter un petit amour-propre, pour publier un petit ouvrage, pour amuser quelques lecteurs, et ennuyer le plus grand nombre?

Mon compagnon de voyage ne put disçonvenir du fait : il avoua que nous étions de grands fous ; et, pour la première fois peut-être, nous nous donnâmes tous deux raison.

La cendre, ou plutôt, la lave décomposée qui couvre la surface intérieure de ce cratère, est formée de petits grains blancs-grisâtres, parmi lesquels on remarque certaines laves boursoufflées. Cette espèce de produit ne se rencontre, je pense, que dans ce même cratère, ou, du moins, je ne l'ai remarqué qu'ici ? D'énormes masses de laves isolées, sont jetées çà et là, sur le sol. Si ces laves n'ont pas été lancées dans ce lieu, par les éruptions des cratères environnans, elles sont certainement aussi vieilles que le monde ; car l'époque où le cratère en question vomissait des laves, des scories et des cendres, çette époque ne vit plus dans la mémoire des hommes. Nous remarquons aussi un assez grand nombre de laves et scories sulfureuses ; de très-belles laves violettes ; et une espèce de lave noirâtre, très-compacte et très-dure, que recouvre une incrustation terreuse, d'une blancheur remarquable, et d'un quart de ligne d'épaisseur.

Le plus gros bloc de cette espèce de produit, est placé à peu de distance et directement en face du cratère septentrional (1). C'est sur ce même

_____

(1) *Voy.* ci-dessus, page 442.

bloc, que nous prîmes acte de notre descente au
fond du vieil abîme. Dieu sait, si cette belle inscription doit jamais frapper les regards d'un autre
homme ; et, si, aussitôt détruit qu'élevé, ce monument d'orgueil humain, n'aura pas le sort de
tant d'autres ! Mais, s'il en doit être autrement ;
si quelque voyageur le découvre, non-seulement
je le conjure ici, de vouloir bien le respecter ; mais
je l'engage même à réparer l'outrage que le
temps aura pu lui faire ; et, si ma prière est
vaine, si sa main profane le détruit, je le tiens
pour un vrai barbare ; et je le voue d'avance,
aux divinités infernales, qui hurlent au fond de
l'Etna !

Sous quelque point de vue que le lecteur veuille
envisager cette faiblesse, dont j'ai souvent été moi-
même le premier à rire dans les autres, elle nous
fut du moins utile à quelque chose : en tournant
autour de la lave, pour choisir la partie la plus
lisse, et la moins exposée aux injures de l'air,
nous découvrîmes la partie faible ; et, grâce au
marteau minéralogique dont mon compagnon de
voyage était incessamment armé, nous parvînmes
à lui ravir une portion d'elle-même, dont chacun
de nous prit sa part.

CRATÈRE SEPTENTRIONAL.

Un spectacle nouveau attira bientôt nos regards. Cerné, de toutes parts, d'une fumée épaisse

et jaunâtre , le cratère septentrional (1) brûlait à quelques pas de nous : nous courûmes au nouvel abîme; et, en dépit de ses barrières vaporeuses , nos efforts furent d'abord couronnés de quelques succès. Déjà même, nous étions assez élevés sur ses bords, si non, pour en découvrir le fond même, tout couvert de ces voiles humides , du moins, pour embrasser facilement l'immense étendue du cratère; et là ,

Sur le gouffre penché, je sondais ce lieu sombre ;
Mais à des yeux mortels un voile épais l'obombre (2) !

Une fois parvenus à une certaine hauteur , la place ne fut plus tenable : car, ici, les vapeurs en question , sont infiniment plus chaudes, plus intenses, et plus poignantes, que celles du grand cratère, considéré du point d'où nous le vîmes d'abord.

Cette augmentation de chaleur et de force, tient à la nature des localités mêmes : par suite de l'inclinaison intérieure du sol, vers le centre commun, toutes les digues extérieures des différens cratères contenus dans le cratère principal, qui forme la bouche du volcan; ces digues, dis-je , sont naturellement plus hautes, que les digues intérieures des cratères secondaires. Les vapeurs acido-muriatiques qui s'exhalent, soit du fond de

---

(1) *Voy*. le plan, pag. 442.
(2) Dant. *Enf.* Ch. 24, imit., pag. 2 , note.

ces mêmes abîmes, soit de leurs digues intérieures ; vous frappent, pour ainsi dire, au sortir de leur source, sans que l'action de l'air puisse ici, comme là, en diminuer la force. Cet obstacle vraiment invincible, nous mortifia d'autant plus, que le bruit de quelques laves que nous lançâmes vers le fond, nous prouva, que là, existe en effet la matière liquéfiée et bouillante, seul et unique cause des éruptions du volcan ; matière que nous désirions tant de voir ; que, plus heureux que nous, Spallanzâni vit lui-même (1), au fond du grand cratère (2) ; et qu'enfin, nous ne devions apercevoir que sur un autre point de l'Etna. Voici de quelle manière le savant en question, a parlé du plaisir qu'il ressentit, en apprenant qu'il pourrait effectivement jouir d'un spectacle aussi curieux :

Une fois parvenu à franchir le passage, dit-il (3), en parlant des fumeroles dont j'ai parlé moi-même (4), et qui entourent la digue du grand cratère ; ayant repris, peu à peu, mes sens et ma présence d'esprit, je me trouvai enfin sur la sommité de l'Etna. Déjà même, je découvrais les bords du cratère, quand les guides qui m'avaient précédé se retournèrent vers moi ; et, transportés de joie, me crièrent que je ne pouvais choisir un

(1) *Loc. cit.* Tom. I, cap. 8, pag. 228 et suiv.
(2) *Voy.* ci-dessus, pag. 443.
(3) *Loc. cit.*
(4) *Voy.* ci-dessus, pag. 436, 438, 444.

lieu ni un moment plus favorables pour jouir de
la vue intérieure de ce théâtre volcanique. Le lecteur, sans que je lui dise, concevra facilement,
sans doute, tout l'excès de mon ravissement, lorsque je me vis alors au moment de recueillir un
pareil prix de mes fatigues et de mes peines ! Cependant, la joie que j'en ressentis fut augmentée
encore, lorsque, parvenu au bord de l'abime, je
reconnus que je pouvais jouir d'un tel spectacle,
sans m'exposer au moindre danger. Je m'assis donc
sur les bords du cratère ; et j'y restai pendant deux
heures (1), tant pour réparer mes forces, que
pour contempler d'un regard étonné, la configu-
ration de ce cratère , ses murailles intérieures, la
forme de l'ample caverne, son fond, une ouverture qui s'y faisait remarquer (2) ; la matière liqué-

_____

(1) S'il était nécessaire d'insister sur les changemens
continuels qu'éprouvent les localités de l'Etna, je n'en
choisirais d'autre preuve que celle qui résulte de ce passage. Spallanzâni resta pendant deux heures assis sur
les bords du grand cratère : ainsi que je l'ai dit plus
haut [pag. 444], non-seulement nous n'eussions pu
nous y asseoir nous-mêmes; mais la chaleur du sol
était telle que, pour y rester debout, nous étions obligés de piétiner sans cesse, seul moyen de ne pas nous
brûler les pieds.

(2) Autant de choses que nous ne pûmes voir; et
autant d'assertions qui prouvent l'impossibilité de
fixer invariablement les couleurs d'un tableau, qui varie sans cesse lui-même.

fiée, qui bouillait en son centre ; et enfin , là fumée qui s'en exhalait. Tout cela était sous mes yeux, et je vais essayer de le peindre , quoique bien convaincu d'avance , de ne pouvoir offrir au lecteur qu'une image fautive et sans vie ; car ce n'est que par la vue seule, qu'on peut se faire une idée juste et parfaite d'objets aussi sublimes et aussi imposans (1).

Il résulte de ces détails si intéressans , et plus encore de la description même , que les lieux vus par le savant voyageur , ont éprouvé des changemens bien remarquables. 1°. Au moment où j'écris, la chaleur du sol , comme je crois l'avoir dit déjà , ne permet plus de s'y asseoir , ou , du moins , de s'asseoir sur cette partie la plus élevée au-dessus de l'abime , seul point d'où l'on puisse le voir aujourd'hui ; et les vapeurs acido-muriatiques vous entourent et vous suffoquent. 2°. On ne distingue plus , ni la forme de cette ample caverne , vue par Spallanzâni ; ni le fond de l'abime , ni l'ouverture qu'il y remarqua ; ni la matière liquéfiée qui bouillait en son centre ; ni enfin , la fumée qui s'en exhalait, fumée qui aujourd'hui , ne sort plus du fond même de l'abime , mais seulemeut de ses bords ; tout cela a disparu , et tout cela reparaîtra peut-être ? Spallanzâni fut plus heureux que moi ; et Dieu sait s'il le méritait ! elle ne fut que juste envers lui , cette nature abstruse et bizarre ,

---

(1) Spallanzâni. *Loc. cit.*

alors que, pour lui montrer ses secrets, elle ouvrit
au Pline de Pavie, son laboratóire volcanique !
chaque pas d'un observateur de ce genre, en fait
faire un à la science; et la route qu'il parcourt,
ne saurait être trop aplanie.

Cratère occidental ou Central.

Assez loin du cratère septentrional, et entièrement séparé des trois autres, par la muraille inté-
tieûre qui s'unit à la digue principale, s'ouvre le
quatrième et dernier gouffre, renfermé dans le
cône volcanique. Ce cratère, comme je l'ai dit
plus haut (1), s'avance le plus près de tous, vers
le centre intérieùr de ce même cône. Les obstacles
naturels qui s'opposent à l'observation parfaite des
trois autres gouffres, deviennent ici plus nombreux, et surtout, plus insurmontables encore.
Non-seulement les exhalaisons volcaniques y sont
en beaucoup plus grand nombre, plus épaisses et
plus fortes; mais l'abime même est cerné de toute
part, d'une digue tellement escarpée, qu'à moins
de planer au-dessus, on essayerait en vain de voir
ce qui s'y passe. Cependant, à en juger par le
sourd bruissement qui en sort, bruissement, plus
fort que celui des cratères du nord et de l'est; mais
surtout, par le nombre et la nature des fumeroles
volcaniques, il est du moins probable, que c'est
le plus actif des trois; celui qui renferme une

---

(2) *Voy.* ci-dessus, pag. 442.

plus grande abondance de la matière liquéfiée et
bouillante ?

Descente de l'Etna.

Las enfin d'écouter aux portes, sans aucun
espoir de succès, nous songeâmes à ressortir de l'a-
bîme. Le soleil commençait à darder verticalement
sur nos têtes : il était onze heures et demie du matin ;
et pendant plus de trois heures consécutives, nous
avions supporté bien des fatigues, lutté contre bien
des dangers, et escaladé bien des gouffres. Nos
forces épuisées, tendaient malgré nous au repos ;
repos, qu'il fallait acheter au prix de nouvelles
fatigues. Par bonheur, celles-ci ne furent pas aussi
grandes, que nous avions lieu de le craindre :
nous ressortîmes, sans beaucoup de peine, du
fond du grand cratère éteint ; et, plus facilement
encore, nous redescendîmes de l'Etna.

A partir de la plate-forme, jusqu'à la porte de
la Maison de Refuge, nous ne fûmes qu'une demi-
heure en route ; fait en sens inverse, ce chemin
m'avait coûté trois heures de marche. Je ne m'explique point la vitesse et la facilité de cette dernière course ? la descente du Vésuve est aussi
longue, et bien autrement pénible. La plus grande
extension, et conséquemment la pente moins rapide de la région des cendres volcaniques, sur
l'Etna, que sur le Vésuve, en est peut-être l'unique cause ? A la partie où l'on descend ordinairement la montagne, toute la superficie extérieure

du Vésuve, est hérissée de scories mobiles et à angles aigus, dont la chute successive, tout en accélérant la marche, la rend dangereuse et pénible. Ces sortes de scories, n'occupent sur l'Etna, qu'un peu moins du tiers de la route; et plus on avance vers le but, plus la peine paraît légère. En un mot, abstraction faite de la longueur respective du chemin, comme aussi des premières fatigues, fatigues infiniment plus grandes, la montée et la descente du cône de l'Etna me paraissent encore moins pénibles, que la montée et la descente du Vésuve. À la longueur du voyage de l'Etna, joignez les obstacles à vaincre, sur certain point du Vésuve, et, ou je me trompe fort, ou le voyage de celui-ci, sera beaucoup plus pénible que le voyage de l'autre?

RETOUR A LA GRATÎSSIMA.

ENFIN nous rentrons de nouveau sous le toit hospitalier : déjà nos bottes brûlées et rongées de part en part, sont tirées en lambeaux, de nos pieds douloureux et gonflés ; et déjà notre lit de bois nous paraît une couche moelleuse ! mais à peine goûtons-nous le plaisir du repos, qu'un nouveau tourment nous assiége : une soif ardente se fait sentir; et, toutefois, la triste conviction de ne pouvoir la satisfaire, en rend encore le besoin plus actif. C'est alors, qu'avec le pauvre alchimiste de Brêscia, j'aurais pu m'écrier moi-même :

Voyez de maître Adam la misère profonde :

Tous mes vœux, mes besoins, tant que je fus au monde,

Je les pus satisfaire ; et dans ce noir tombeau ,
Hélas ! mon seul désir est une goutte d'eau ! (1)

Et voilà que le domestique de M. Wilson , le bon
et brave Nicolo , Maltais de naissance , et honnête
homme de son métier ; voilà, dis-je , que Nicolo
s'approche du lit de douleur , et présente aux deux
altérés, un haut et large verre rempli d'un thé délicieux ! La vue d'une tonne d'or nous eût moins enchantés, et l'offre aurait été moins noble : ce verre
d'eau était le tribut d'un bon cœur : le plus grand
sacrifice que l'homme pût faire à l'homme ; en un
mot, c'était la portion échue à Nicolo, qui s'en était
privé, pour son maître et pour nous ! le tribut était
si pur , le sacrifice si désintéressé , qu'au plaisir
qu'il avait à nous regarder boire , on eût dit qu'il
oubliait sa soif, et se désaltérait avec nous ? J'ignore
ce que pouvait sentir mon compagnon d'infortune :
chaque homme est plus ou moins facile à émouvoir :
quant moi , tout en buvant mon verre , ma main
avait besoin de presser celle de Nicolo ; et mes regards, de lui peindre ma reconnaissance.

MONTERIÊLLO. TOUR DU PHILOSOPHE.

Nous nous remîmes en marche , à une heure
après midi. Il nous restait à voir deux choses : l'une
très-fameuse et peu intéressante ; l'autre , très-in-
téressante et peu connue : la Tour dite du Philosophe , et le nouveau cratère de l'Etna.

De tous les noms donnés aux monumens qui n'en

_____

(1) Dante. *Enf.* Ch. 30, imit., pag. 2, note.

ont point ; de tous les contes auxquels ils ont donné
naissance, il n'en est pas peut-être de plus ridicules,
ni de plus évidemment faux, que le nom donné à cette
prétendue tour! on peut en dire autant, de l'historiette qui s'y rattache. Ces ruines sont situées sur un
des monstrueux produits sortis du sein du volcan ;
produit, connu sous le nom de Monte-Rôsso ou Mon-
terïéllo, et, qui, comme je l'ai dit (1), est situé sur la
gauche, et à peu de distance dè la Maison du
Refuge.

Depuis un temps immémorial, les habitans de
l'Etna donnent aux ruines en question, le nom de
Tour du Philosophe ; nom, qui tire son origine du
rêve de quelque ancien chroniqueur, qui prétendit
y voir l'observatoire d'Empedocle? Ce vieux conte
est de la même nature que celui relatif à la fin de
ce même philosophe, et à ses pantoufles rejetées par
le volcan! Quelques antiquaires un peu plus raisonnables, nous donnent ces ruines, pour celles d'un
tombeau, ou même d'un temple antique ; enfin, se
rapprochant encore plus de la vraisemblance historique, quelques autres en ont fait une simple vigie, qui aurait été construite par les Sarrasins, ou
même par les Normands, pendant leur séjour en
Sicile? Voilà bien des conjectures et des pages de
perdues, pour quatre méchans fondemens de murailles, qu'un enfant escaladerait sans peine, qu'on
ne remarquerait point ailleurs, et qui, du temps

(1) *Voy.* ci-dessus, pag. 418.

de Fazzéllo même (1) , n'étaient déjà qu'un amas confus de ruines !

Au milieu de ces quatre fragmens de murs, qui, comme je viens de le faire entendre, ne s'élèvent pas à deux pieds au-dessus du sol, où ils forment un carré parfait ; est placé une espèce de pilier moderne, formé de laves irrégulières, et posées à vif les unes sur les autres. Sur une des faces de ce pilier, est placée une vieille inscription latine, si grossièrement taillée dans une pierre poreuse et friable, que toute moderne qu'elle soit, les caractères en sont absolument illisibles. Tel est le monument en question ; le monument dont tous les voyageurs ont fait des ruines intéressantes ; tels sont les vieux pans de murailles, sur lesquels de savans antiquaires ont écrit et déraisonné longuement ; telle est enfin, la fameuse tour que Spallanzâni crut devoir passer sous silence ; et que Borch ne put voir lui-même, parce qu'à l'époque de son voyage, la fameuse tour avait entièrement disparu, sous deux ou trois pieds de neige ! Eh! le moyen de s'étonner de l'importance donnée, par certains observateurs, à des objets si péu dignes de remarque, si, de nos jours, si dans le pays même, au milieu des murs de Catane, à quelques milles de la prétendue tour, un des savans les plus illustres, M. le docteur Maravigna, en tête de ses Tablettes Synoptiques de

---

(1) *De Reb. sicul.* Dec. I, lib. I, cap. 4.

l'Etna (1)', a placé une planche dans laquelle les quatre pans de murailles en question, sont-devenus une véritable tour, s'élevant intacte sur sa base !.

CHATAIGNIER DES CENT CHEVAUX.

NOTRE guide nous proposa de revenir à Catane par la route de Battiàti , pour voir le fameux.châtaignier qui , par suite d'une vieille tradition , aurait pu abriter jadis une centaine d'hommes à cheval ; mais , outre qu'une curiosité de.ce genre ne vaut guère, selon moi, la peine de faire un détour. de près de quatre lieues , chacun de nous savait de reste tout ce qu'ont écrit'sur cet arbre , soit Brydone , soit Borch , soit une foule d'auteurs nationaux. Nous savions, à n'en pas douter , que, par l'effet du temps, l'arbre en question a été divisé en. cinq parties différentes ; qu'il a cent soixante-dix-huit pieds de circonférence ; que la hauteur du tronc principal est de vingt-cinq pieds, et que chacune des branches a huit pieds de long : or , quand on sait tout cela , et qu'il vous reste des choses beaucoup plus curieuses à voir , on ne fait pas quatre lieues pour courir après un châtaignier ; et on laisse aux amateurs des gros arbres et des petits fruits (2), le

---

(1) *Tâvole Sinôttiche dell' Etna.* Catania 1811.

(2) *La Châtaignier des cent chevaux,* comme 'dit' Borch , ne produit en effet que des fruits d'une petitesse remarquable ; et tels que les *châtaigniers* ordinaires n'en produisent pas de plus petits!

I.   30

plaisir d'admirer les uns, et de savourer les autres.

Spallanzâni , qui en fait de choses dignes de remarques, n'épargna ni ses peines , ni ses pas , ne vit ni le fameux châtaignier, ni , comme je viens de le dire , la fameuse Tour du Philosophe ; il s'en consola et fit bien : après avoir sondé les gouffres de l'Etna , reporter ses regards sur des objets semblables ; c'est passer d'un orage, en mer, à un orage de marionnettes ; c'est détruire à plaisir les impressions les plus vives , et qu'on n'éprouve qu'une fois.

DÉTAILS DE ROUTE.

A L'APPUI de ces considérations , que la vue des vieux murs en question faisait naître , se joignit un motif plus puissant , pour me déterminer à laisser de côté le châtaignier et ses châtaignes. Du haut de ce même Monteriéllo , j'aperçus dans l'éloignement la noire vallée , connue sous le nom de Vallée du Bœuf ; et, dans son centre même , la montagne et le nouveau gouffre , récemment formé par l'Etna. La vue de tous les châtaigniers du monde ne m'eût pas engagé à faire un pas vers eux ; et, dès ce moment même , ma résolution fut prise.

Notre projet avait été d'abord de passer une seconde nuit dans la Maison de Refuge , de revoir de nouveau les cratères du cône principal , de passer ensuite dans la vallée en question ; et, enfin, de revenir à Catane , par le chemin que notre guide nous proposait alors de suivre. Le manque absolu d'eau, nous força de renoncer à ce plan : depuis plus de vingt-huit heures, nos pauvres mules n'avaient pu se désaltérer, et la soif nous tourmentait autant qu'elles. Comme l'état, où M. Wilson était, ne lui permettait pas d'entreprendre un nouveau voyage, il fut arrêté entre nous, qu'il retournerait de suite à Nicolôsi, avec le guide et les mules de bagage; et que mon compagnon et moi nous ne garderions que les nôtres, et le garçon du muletier; celui-là même qui nous avait servi de guide, dans notre tournée des cratères.

Le lecteur s'étonnera sans doute que, me trouvant à Naples à l'époque des dernières éruptions de l'Etna (1), je n'aie pas profité de l'occasion pour passer de suite en Sicile ? Mais, à cette même époque, j'étais loin de songer à ce voyage; et, quand le projet en fut pris, la gazette napolitaine ne parlait déjà plus des nouvelles convulsions du volcan. A notre arrivée à Palerme, le même silence et la même incurie me laissèrent dans la même erreur : je crus l'éruption terminée, et ne pouvant espérer de la voir, je bornai mon désir à en voir du moins les effets, le plus tôt qu'il serait possible. Cet espoir fut encore déçu : en dépit du motif qui me poussait vers Catane, mon compa-

_____

(1) Les éruptions qui fermèrent le cratère en question, furent celles des 27 et 28 mai, et du 2 juin 1819.

gnon de voyage , homme profondément versé dans
les sciences météorologiques , qui a toujours ses
instrumens en poche , et calcule au plus juste , à
Palerme , la chaleur de Paris et de Londres ; mon
compagnon, dis-je , n'eut garde de ne pas établir,
sur le toit de notre auberge , et son observatoire ,
et tous ses instrumens barométrico-électriques.

Une fois cramponné sur ce toit , un grand mois
me suffit à peine pour arracher le savant à ses
tuiles ; et quand il en fut descendu , le volcan était
aussi froid que lui-même !

Vallée et montagne du Boeuf.

Du moment que M. Wilson eut tourné bride
vers la route de Nicolòsi , nous ne songeâmes plus
nous-mêmes , qu'à exécuter notre nouvelle entreprise. Nous dirigeâmes d'abord nos mules à travers
le vallon situé au nord de Monterièllo , sur lequel
nous étions encore ; et nous ne tardâmes pas à
atteindre les hauteurs de la fameuse vallée , nouveau théâtre d'une nouvelle ruine.

Cette vallée nous parût plus profonde et plus
grande qu'aucune de celles que nous avions vues
jusqu'alors. Elle est située à l'est , et au pied du
cône de l'Etna , que nous laissions ici sur la gauche ; toute sa superficie est hérissée d'énormes
scories compactes, irrégulières et noirâtres ; scories
naguère vomies par le volcan.

Ici , nous descendîmes de nos mules ; et , instruits par l'expérience , nous laissâmes aussi der -

rière nous, toute espèce de vêtemens lourds ; car,
comme dit fort bien Dante (1) :

Pour d'amples vêtemens la route n'est point faite.

En effet, outre que, comme je viens de le dire,
les scories qui recouvrent le sol, sont infiniment
plus massives que celles de la quatrième région ou
cône de l'Etna ; par une particularité qui ajoute
encore à la difficulté naturelle du chemin, quoique
aussi compactes que les autres, ces scories sont
extrêmement friables ; comme elles, elles s'écrasent
sous le pied, et, de plus, elles reposent sur un terrain mobile, formé d'une cendre impalpable et noirâtre. La marche ne peut donc être ici, qu'une
suite continuelle d'avancement et de reculement,
d'efforts plus ou moins pénibles, de chutes plus
ou moins dangereuses.

VOYAGE AU CRATÈRE DE 1819.

LE cratère vers lequel nous nous portions, venait donc de s'ouvrir à la sommité d'une montagne, naguère enfantée par l'Etna ; spectacle
malheureusement ravi à ma curiosité, par suite
d'une foule de petites circonstances, de considérations ridicules, suffisamment indiquées plus
haut ; et qui, dans aucun cas, ne devraient jamais
arrêter l'homme, qui, au prix de sacrifices de
tous genres, ne voyage pas seulement pour voir
des processions et des fêtes.

---

(1) *Enf.* Ch. 24, imit. citée, pag. 2, note.

La première des trois éruptions qui avaient en lieu sur le point vers lequel nous tendions alors, avait commencé le 27 mai 1819, c'est-à-dire quatre mois et demi, avant l'époque en question. Ce jour-là, le nouveau cratère vomit une quantité prodigieuse de scories, de laves, de pierres, de fumée, de feux et de cendres. Le 28, la fureur du volcan parut prendre un autre caractère : une pluie, ou plutôt des torrens de cendres en sortirent, et formèrent la montagne actuelle. Enfin, le 2 juin suivant, la bouche du volcan vomit de nouveau, et le feu et la flamme, et la lave liquéfiée et la scorie brûlante ; des pierres, des sables, des cendres en sortirent, avec une détonation horrible ; leur chute successive encombra de ruines toute l'immense vallée, au centre de laquelle s'élève ce nouvel enfant de l'Etna, devenu, à son tour, un colosse ignivome et terrible. Je possède trois grands dessins enluminés de ces trois différentes éruptions ; dessins exécutés d'après les trois tableaux à l'huile, qui furent faits alors sur les lieux, par ordre et pour le compte de S. A. R. le prince régent, aujourd'hui roi d'Angleterre. Ces morceaux précieux font partie d'une collection d'autres dessins enluminés, qui auraient accompagné ce voyage, s'il était vrai de dire que les frais de ces sortes d'entreprises, et l'incertitude du succès, n'étaient pas l'écueil ordinaire, qui les fait presque toujours échouer.

Le point vers lequel nous commençâmes à des-

cendre la côte, forme la base du triangle, à une
des extrémités duquel s'élève, sur la gauche, le
cône monstrueux de l'Etna ; à la sommité de ce
même triangle, mais un peu vers la droite, sont
situés la montagne et le nouveau cratère.

La route directe était impraticable ; celle du
côté du cône semblait être moins rapide ; mais sa
longueur apparente nous empêcha de la choisir.
D'un autre côté, du point où nous étions, nous
ne pouvions juger de la nature des chemins. Au
milieu de ces énormes masses, qui, tantôt vous
élèvent et tantôt vous abaissent, on juge mal du point
fixe où l'on tend : après bien des fatigues, nous
pouvions nous trouver au bord de quelque abîme,
qu'il nous eût été impossible de franchir ; nous
pouvions être réduits à revenir ensuite sur nos pas.
Quoique beaucoup plus longue, la route, qui nous
laissait toujours en vue du nouveau cratère, nous
rassurait contre ces mêmes chances ; et, en nous
permettant de calculer d'avance chaque obstacle,
nous laissait les moyens de l'éviter, sinon même de
l'attaquer de front.

Après avoir recommandé à notre guide de rester sur les bords de la vallée ; après lui avoir enjoint de nous suivre de l'œil, de se porter vers les
points d'où nous pouvions l'apercevoir nous-
mêmes ; enfin, de nous faire des signaux, et de
répondre aux nôtres ; nous nous mîmes en route,
en nous dirigeant d'abord, sur la ligne la plus directe. Mais, après un quart d'heure de marche,

pour ne pas dire de chutes continuelles, nous fûmes bientôt forcés d'abandonner cette voie, et de nous porter vers la gauche, au risque d'allonger le chemin.

Cependant plus nous marchons, et plus la base énorme du cratère s'élève et s'éloigne de nous ; enfin, au moment même, où, épuisés de lassitude, nous cédons au découragement, nous nous trouvons, comme par miracle, en face d'un sentier naturel et suffisamment solide, qui nous mène jusqu'à la sommité du volcan. Le point où nous parvînmes était directement en face du Monteriêllo, c'est-à-dire, de la montagne où M. Wilson venait de prendre congé de nous. Ce fut là que, jetant les yeux sur toute la partie de la vallée qui s'étendait sous nous, nous reconnûmes que, par un hasard aussi heureux qu'étrange, le sentier que nous avions suivi, n'était autre qu'un lit de laves solides, vomies hors du sein du volcan, et l'unique de son espèce.

Avant de porter nos regards vers le cratère, nous les portâmes sur nous-mêmes; l'état où nous étions, nous aurait fait pitié, s'il ne nous eût pas fait rire : nos habits et nos bottes étaient comme en lambeaux; nos mains, écorchées et sanglantes; notre visage était si couvert de sable volcanique et de sueur, mêlés au sang qui avait coulé de nos plaies, que nous étions méconnaissables, et que nous nous fîmes peur à nous-mêmes.

CRATÈRE DE 1819.

Vu, le 11 octobre de la même année.

Au premier regard que je jetai sur l'abime, je crus rêver l'enfer, ou plutôt, je l'avais devant moi. Le cri que je poussai, était plus que de la surprise : l'admiration et la terreur sortaient à la fois de mon sein. Pour la première fois, je crus voir un cratère : la vue de celui-ci me fit oublier tous les autres. L'impression fut si vive, si profonde, et si vraie, que, sans m'en expliquer la cause, mes yeux se couvrirent de larmes, et mes genoux se plièrent, au bord du gouffre entr'ouvert devant moi.

Qu'ils viennent ici, ces hommes qui, au-dessus de leur propre nature, se vantent de ne point connaître la crainte ; ces demi-dieux, ces héros, ces pourfendeurs de géans, ces preux sans peur et sans reproche : qu'ils se mettent au lieu où je suis ; sur cette lave calcinée, suspendue au-dessus de l'abime ; et là, s'ils disent, je n'ai pas peur ; dites vous-même, qu'ils sont fous, ou qu'ils mentent!

Les cratères du grand cône ne m'avaient tous offert, que la bouche décolorée et sombre d'un volcan paisible et muet ; mais ici, tout est en action, ou du moins, tout semble y être encore ? Le volcan murmure et s'agite ; et, depuis l'angle étroit où la lave liquéfiée bouillonne, jusqu'aux bords du cratère où je suis, l'immense étendue du gouffre offre, de toute part, la scène la plus ac-

tive, le spectacle le plus effroyable, le plus inonï,
le plus grand ! Là, arrachées du sein du cratère,
des laves calcinées et noirâtres, ont roulé de nouveau dans l'abîme ; ici, des scories massives et
fumantes, projettent, suspendues à ses bords; et
sur les parties intérieures, de larges couches de
muriate d'ammoniaque ,,et de soude et de fer, tout
récemment sorties de la fournaise ardente qui les
triture, les liquéfie et les colore, font briller à mes
yeux leurs couleurs rouges, grisâtres, brunes,
blanches, roses, violettes, vertes, azures et noires; et s'étendent sur de larges lits de souffre,
tantôt de la sombre nuance de l'ocre, et tantôt
du jaune le plus tendre, le plus vif, et le plus
éclatant; tandis que, vomie elle-même hors du
sein du volcan, une digue de cendres et de sables
plus noirs que le plus noir ébène, entoure la pa-
lette volcanique, d'un cadre sévère et brûlant.

Cette digue, ou plutôt ces cendres accumulées,
qui couvrent toute la surface extérieure du cratère,
sont d'une déclivité infiniment plus forte, que celles
qui recouvrent la surface du cône de l'Etna. L'absence totale des scories et des laves solides explique,
selon moi, cette particularité : ces corps, plus
pesans que la cendre et l'arène volcaniques, n'ont
pu trouver ici une pente assez douce, pour s'arrêter sur les flancs du volcan; les sables, plus
lourds eux-mêmes que les cendres, ont glissé,
ainsi que les laves, jusqu'au pied du cratère, dont
le cône n'est effectivement recouvert, que d'une

cendre très-noire, très-menue, et, Pour ainsi dire, impalpable. Ces sables, ces scories et ces laves, encombrent l'immense vallée au centre de laquelle le nouveau volcan les vomit.

Le bord extérieur ou la plate-forme du cône, diffère également de celui des quatre autres cratères en question. Celui-ci est presque partout assez large, pour que deux personnes puissent y passer de front; terminé en angle aigu, celui-là est fait de manière à n'ouvrir, de toute part, qu'une voie étroite, peu sûre et toujours inclinée, soit au dehors, soit au dedans du gouffre; d'où il résulte que, n'était la nature même de la matière qui recouvre cette digue, et son aptitude à céder sous le pied, le chemin serait ici beaucoup plus dangereux, sinon même, tout-à-fait impraticáble.

J'ai dit que, de tous les points de l'abîme, s'élèvent des vapeurs volcaniques. Ces vapeurs se croisent en tout sens, elles sont plus épaisses, plus chaudes, et plus fortement imprégnées que les autres, de l'odeur suffocante du muriate ammoniac. Quant à la chaleur des cendres, cette chaleur est telle, qu'elle nous brûlait les pieds; et qu'il nous aurait été impossible de rester deux secondes à la même place; celles que je recueillis à la superficie du sol, roussirent le papier dans lequel je les mis; prises à deux pouces de profondeur, elles brûlaient la main.

A mesure que nous longions, sur la droite,

l'abime immense et fumeux , la digue qui l'entoure
s'élevait d'une manière sensible ; et la cendre volcanique devenait plus menue , et d'une chaleur
toujours croissante. Les vapeurs en question aug-
mentaient aussi en nombre et en force ; si bien que ,
au bout d'un quart d'heure de marche , il nous fut
impossible d'avancer. Au reste, cet accroissement
de nombre et de force , dans les mofettes volcaniques , à mesure qu'elles s'éloignent du fond même
du volcan, nous avait précédemment frappés, dans
celles du cratère oriental de l'Etna (1) , sans pouvoir , plus qu'ici, en expliquer la cause.

J'avais su , du chevalier Gioéni, à Catane, que
M. Lucas (2) avait visité ce nouveau cratère,
au moment même de l'éruption ; et tandis que
nous poursuivions notre marche , dans ce sentier
étroit et unique ; marche , pendant le cours de laquelle , un pied dedans et l'autre en dehors , nous
étions , s'il est permis de le dire , comme à cheval
sur le bord de l'abîme ; je cherchai inutilement la
route qu'il avait prise ; car , ne fut-ce même que
de loin , j'aurais été flatté de suivre ici ses traces.

DESCENTE DU CRATÈRE DE 1819.

Le spectacle inonï qui se déployait à nos yeux ,
ne nous permettait guère de calculer le temps, non
pas même les obstacles qui nous attendaient au retour. Cependant , comme le dit fort bien l'un des

(1) *Voy.* ci-dessus, pag. 446.
(2) *Voy.* ci-dessus, pag. 345.

meilleurs historiens de l'Etna (1), rien de plus opposé, et, à la fois, de plus subit que les changemens
de l'atmosphère, dans ces régions, situées au-dessus des nuages; cette instabilité est telle, que, si
d'un côté, je ne craignais pas de m'attirer quelque
méchante affaire, et que, de l'autre, mon expérience
pût être admise en preuve, je serais assez tenté
de comparer le ciel du volcan, à la figure d'une
jolie femme, dont la mobilité des traits peint sitôt
et si bien la mobilité de l'âme, qu'on y lit, presqu'au même instant, et la guerre et la paix, et le
calme et l'orage; et que, l'un vous sourit à peine,
que déjà l'autre vous atteint? Telle fut, du moins,
la conduite que le ciel volcanique se plut à tenir
envers nous.

Au moment même où nous nous décidâmes à revenir enfin sur nos pas, et à laisser fumer en paix
le cratère et ses fumeroles, notre confiance était
telle, que nous n'attribuyions encore qu'à ceux-ci,
l'obscurité qui commençait à nous environner;
mais lorsque nous en fûmes tout-à-fait éloignés,
nous reconnûmes, trop tard, l'injustice de l'accusation. Cette obscurité était bien moins encore l'effet
des vapeurs volcaniques, que d'un amas d'épais
nuages qui, pendant notre course, et sans nous
dire gare, s'étaient emparés peu à peu de toute la
circonférence intérieure et extérieure du gouffre;
et nous enveloppaient nous-mêmes, de manière à ne

(1) Ferrâra. *Descriziône dell' Etna*, pag. 8, *e segg.*

plus nous laisser reconnaître, ni le chemin à suivre, ni la trace de nos pas. Par une conséquence nécessaire de cette obscurité , nous tentâmes vainement d'apercevoir le guide, qui jusque-là nous avait servi de point de mire : le cône de l'Etna même avait disparu à nos yeux; et, là, où un colosse cesse d'être visible , il n'est pas très-aisé d'apercevoir un nain ? Cette situation commençait à devenir pénible : l'expérience du danger ne la colorait pas pour nous ; et la crainte commençant à nous prendre, dans l'espoir que la voix du guide nous aiderait à nous diriger , nous essayâmes ici de nous faire entendre de notre homme ; mais , à notre grande surprise , les cris que nous jetions ne frappaient pas l'air davantage , que si nous eussions parlé bas. Cet effet me surprit presque autant qu'il m'alarma. Quant à mon compagnon d'infortune , tirant gravement de sa poche un petit thermomètre qui , à mon grand regret, en sort pour la première fois ; il profite de la circonstance , pour m'expliquer l'effet et la cause du phénomène en question ; et l'explication est si savante et si longue , qu'avant la fin du corollaire , l'obscurité devient complète; par bonheur, cet effet-là le frappe lui-même : le précieux instrument est remis dans l'étui ; l'étui est remis dans la poche ; le savant cesse de parler ; et les ténèbres se dissipent !

Une fois rendu au jour, j'en profitai moi-même pour sonder encore une fois l'abime. Le fond de cette énorme bouche me parut être à cinq à six cents pieds de moi. La matière liquéfiée sortait, en bouillonnant, non pas du milieu du cratère, mais d'une espèce de caverne profonde, qui paraissait s'ouvrir au pied de la digue opposée. Le vent qui s'engouffrait dans la totalité du cratère, en repoussait alors les vapeurs loin de nous. Un bruit sourd s'élevait du fond du gouffre; mais je ne pus m'assurer, si ce bruit était l'effet du bouillonnement de la lave en fusion, ou celui du vent qui, en en repoussant la fumée, pouvait sortir de la caverne en question.

La descente ne nous présenta plus qu'une faible partie des obstacles que nous avions eu d'abord à vaincre. Notre guide et ses mules étaient alors un point de mire dont nous sentions toute l'utilité, et qui devait faciliter le retour. Cependant nous étions encore loin du but : une fois arrivés au fond de la vallée, il nous restait à faire un chemin aussi long que celui que nous avions fait d'abord ; et ce chemin n'était pas semé de roses ; accablé de fatigues et tourmentés de nouveau par la soif, nous nous assîmes sur un coin de terrain couvert d'une cendre noire, brillante, et d'un grain bien plus gros que la cendre volcanique ordinaire ; là, absorbé dans mes réflexions sur le spectacle que je viens de voir, j'écarte machinalement la superficie de ces cendres; et, tout en y remarquant des petits corps blanchâtres, que je prends d'abord pour des spaths ou des soufres décomposés ; aussi machinalement encore, je continue de creuser jusqu'à une certaine profondeur, où une fois parvenu, je reconnais, à ma grande surprise, que mes spaths et mes prétendus soufres, ne sont effectivement qu'un lit de neige ; neige, si belle, si compacte et si dure, que mon canif ne suffit plus à l'exploitation de la mine ; et que je suis forcé ici, de recourir encore au marteau de mon savant. Il est inutile d'insister sur le plaisir que nous ressentîmes : cette découverte inattendue mettait en nos mains, un trésor dont nous ne tardâmes pas à connaître le prix ; car, à peine eûmes-nous écarté toute la superficie des cendres, que, du fond du sol volcanique, jaillit soudain, pour nous, une source aussi fraîche qu'intarissable !

Je n'examine point la nature même de cette neige qui, comme je viens de le dire, présentait cependant un caractère particulier. Cette question appartient à la science : je n'ai rien à démêler avec elle ; mais ne pouvant, ni décider, ni écarter l'autre partie de la question, je me borne à la soumettre ici à mes maîtres.

Je sais que ces sortes de glacières artificielles se trouvent sur plusieurs autres points de l'Etna ; je sais que les gens du pays ont coutume d'enterrer les neiges sous les laves, les scories ou cendres éteintes ; je sais que les lieux qu'ils choisissent, sont, ou, les lieux les plus élevés vers le nord, ou les cavernes le plus profondes, formées par l'accumulation progressive des plus anciennes laves ; mais je ne sache pas que, pour mieux conserver ces mêmes neiges, ils aient jamais choisi une vallée brûlante, découverte de toute part, et continuellement exposée à l'action des rayons du soleil. Je

conçois encore moins, comment il se pourrait
faire que, dans l'intervalle qui s'écoula entre
la dernière éruption, et le jour dont je parle
moi-même, je veux dire le 2 juin et le 11 octobre 1819; je conçois encore moins, dis-je,
qu'entièrement submergée par des torrens de laves,
de scories, de pierres, de cendres et de sables
brûlans vomis par le nouveau cratère, et conser-
vant même encore une partie de leur chaleur pri-
mitive; la vallée en question ait paru un lieu cou-
venable, pour y conserver de la neige? Que, si l'on
écarte de la question cette conjecture peu vraisemblable, et que l'on suppose au contraire, que ces
neiges ont été placées là, à une époque antérieure
à la dernière éruption qui, ensuite, les couvrit de
cendres, la question deviendra, selon moi, encore plus difficile à résoudre; car il s'agira d'expliquer, par quel moyen inouï ces mêmes neiges auront pu résister, pendant l'espace de quatre mois,
d'abord, à l'effet des cendres volcaniques, et ensuite, à l'action d'une atmosphère non moins brûlante? Telles sont les questions sur lesquelles, j'engage les savans à éclairer mon ignorance.

DESCENTE DE L'ETNA. RETOUR A CATANE.

Nous nous éloignâmes, enfin, d'un lieu dont l'as-
peet aurait suffi pour me convaincre, que les impressions les plus fortes ne sont pas les moins agréables;
que l'horreur a ses charmes, et la terreur ses jouis-
sances. Après avoir rejoint nos mules et leur maî-

tre, qui tous trois moins heureux que nous, n'a-
vaient eu, ni volcan, ni neige, pour compenser
leur fatigue et leur soif; nous nous remîmes enfin
en route, pour gagner notre premier gîte, je veux
dire le village de Nicolôsi (1).

Depuis la Tour du Philosophe, jusqu'à l'entrée
de la région boiseuse, nous eûmes encore à traverser la totalité du désert etnéen; désert, qui nous
parut mille fois plus horrible et plus vaste, qu'au
moment où nous l'avions vu pour la première fois.
Ici, nous sommes de nouveau au milieu du troisième giron du septième cercle :

Une arène stérile, et pesante et menue,
Couvre de toute part la plaine aride et nue ;
Semblable, en sa nature, au sablonneux terrain,
Que foulait de Caton le pied républicain. (2)

La situation où nous étions d'abord, explique cet
accroissement d'horreur, dans le tableau dé-
ployé sous nos yeux : les torrens de grêle et de
pluie dont nous avions été couverts, lors de notre
premier passage, ne nous permettaient guère d'observer les objets environnans : la matière l'emportait sur l'esprit, et la curiosité cédait à la souffrance ;
tandis qu'au moment dont je parle, l'approche de
la nuit, le silence qui marche avec elle, nous mon-

(1) *Voy.* ci-dessus, pag. 385.
(2) Dante, *Inf.* Cant. 14. Imit. citée, pag. 2, note.

trent, dans toute son horreur, la région si justement
nommée *déserte*! N'en doutons pas : je suis dans ces
gorges affreuses, que le génie de Dante creusa
dans les entrailles de la terre : c'est ici le séjour de
ses hérésiarques : ces masses calcinées et brûlantes,
ces cavernes profondes d'où sort un sourd bruissement, ce sont leurs cachots et leurs tombes ; les
tristes monumens qui parent la cité de Dis. J'y
pénètre moi-même avec lui :

Je regarde : et ne vois qu'une campagne nue,
Un ténébreux désert, dont la vaste étendue
Ne présente à mes yeux que le triste tableau
Des châtimens du crime, et des pleurs du tombeau !
Tel, aux bords, où, sorti de ses gorges profondes,
Le Rhône épanche au loin le surcroît de ses ondes :
Vers ceux où du Carnare, on voit les flots mutins,
Terminer l'Italie, et baigner ses confins :
Sous les tombeaux épars, que recouvre la grève,
Le terrain montueux, et s'abaisse et s'élève ;
Tels (mais plus effrayans par leur usage affreux !)
D'innombrables tombeaux viennent frapper mes yeux.
Jamais l'art du Cyclope, au bronze qu'il tourmente,
Ne parvint à donner de chaleur plus brûlante,
Que celle qu'entretient, jusqu'en leurs fondemens,
La flâme où sont plongés ces sépulcres fumans !
Sous les cris des pervers, la pierre qui les couvre,
A mes yeux étonnés se soulève et s'entrouvre;
Et ces cris déchirans, ces pénibles sanglots,
Attestent la douleur qui vit dans ces tombeaux (1).

---

(1) Dante *Inf.* Cant. 9. Imit. citée, pag. 2., note.

Ici, ralentissant le pas de ma mule, je veux jouir encore du spectacle affreux qui m'entoure :

> Mais la nuit de nouveau vient voiler la nature :
> De ce lugubre lieu maintenant parcouru,
> Il est temps de soitir, et nous avons tout vu (1).

Effet involontaire d'une ressemblance inouïe mais réelle, entre les lieux que je parcours, et ceux que le Maitre a décrits, ces étranges illusions ne cessent de me suivre, jusqu'à notre retour à Nicolòsi. Nous passâmes la nuit en ce lieu ; et dès le lendemain nous reprimes la route de Catane.

FRAGMENT DU VOYAGE DE FAZZÊLLO A L'ETNA, EN 1541.

APRÈS avoir parcouru le fatras de mes propres remarques, le lecteur ne sera peut-être pas fâché de savoir ce qu'a dit lui-même de l'Etna, un historien national, qui y vint plus de deux siècles et demi avant moi ? Il trouvera dans ce récit, force gens de connaissance ; et les notes que j'y joindrai, mettront sous ses yeux, les changemens que le volcan a éprouvés, dans l'intervalle qui sépara les deux voyages.

« La route la plus courte, dit l'historien Fazzêllo (2), en parlant du voyage de l'Etna, est celle de Lingua-Grôssa et Randâzzo ; en la suivant, on monte pendant l'espace de vingt milles ; la plus

---

(1) *Id.*, *ibid.* Ch. 34.
(2) *De Reb. Sic. Dec.* I, lib. 2, cap. 4.

longue, et la plus facile, est celle de Catane ; celle-ci est de trente milles ; route , par laquelle , moi (1), auteur de cet ouvrage , je montai à l'Etna, le XXVII juillet de l'an MDXLI.

» Les habitans divisent le voyage en trois parties , ou régions, savoir : la région piémontaise, boiseuse, et ouverte (2), laquelle se nomme communément, découverte. La région qui-embrasse tout le pied de la montagne [d'où elle est nommée piémontaise], commence à Catane, et au pays qui en dépend ; et s'étend jusqu'au couvent des frères de saint Niccolô (3), qui sont de l'ordre des Bénédictins ; elle a douze milles de longueur ; et, autour de la base de la montagne , sont situés les

---

(1) Je crois devoir me coller ici au texte, avec autant d'exactitude qu'il est possible, afin de conserver d'autant , la naiveté de cet ancien style.

(2) De ces trois dénominations, deux seules existent aujourd'hui ; la dernière a été remplacée par l'épithète *déserte;* et cette épithète est, selon moi, infiniment moins exacte que l'autre ; car elle convient autant , en effet, à la deuxième qu'à la troisième région du volcan. On peut en dire autant de la seconde épithète.

(3) La première région s'étend en effet , aujourd'hui, fort au delà du couvent en question , situé à peu de distance du village de Nicolòsi. [*Voy.* ci-dessus, pag. 407.] D'où il résulte que, du temps de Fazzêllo , la forêt qui forme cette seconde région , s'étendait elle-même beaucoup plus loin que de nos jours.

villes et villages suivans; savoir : Catane , Taormîna, Calatabiânco , Lingua-Grôssa , Castigliône , Fiancavîlla , Roccêlla , Randàzzo , Brônte , Adranô (1), Paterniône (2), et la Môtta (3). Un grand nombre de bourgs et de gros villages sont situés au sud et à l'ouest.

» Les habitans de ce pays , sont des hommes terribles , féroces , et très-portés à la guerre (4). Cette région est remplie de pierres de tuf , et de cailloux calcinés et inégaux , qui ont été anciennement , ou sont encore jetés hors de la montagne de l'Etna ; mais , par la suite des temps , ces cailloux auxquels les Siciliens donnent le nom barbare de *sari* (5), se réduisent en poussière , et forment une terre grasse , extrèmement fertile. De là vient que cette région est très-agréable , et toute ornée de beaux vignobles , et de toute espèce d'autres fruits ;

---

(1) Aujourd'hui Adernô.

(2) Aujourd'hui Paternô.

(3) Dite de S. Anastâsia.

(4) J'ai dit qu'aujourd'hui les habitans de l'Etna , ne sont rien moins que aussi terribles , aussi féroces , et surtout aussi portés à la guerre , que du temps du bon Fazzêllo. C'est ici que Brydone a puisé une partie de ses contes. *Voy.* ci-dessous, pag. 391.

(5) Ce mot est effectivement sarrazin ; et je l'ai souvent entendu moi-même , dans la bouche des paysans de l'Etna.

et de là vient encore, que les champs qui s'y trouvent, produisent de très-beaux bleds. Outre cela , ce pays abonde tellement en pâturages que, si l'on n'avait soin de saigner les bestiaux aux yeux , il serait dangereux d'en manger et de s'en repaître (1). Ici, on trouve aussi beaucoup de sources et de rivières, quoique les masses énormes jetées par les montagnes, en aient comblé et desséché un grand nombre. Par suite des pierres qui les couvrent, les chemins y sont assez peu praticables aux voitures, et même aux chevaux ; ces chemins sont aussi très-propres à faciliter le vol et l'assassinat (2). Cette région, comme je l'ai dit,

(1) Brydone et Borch ont pris note ici du fait, sans mot dire. Au reste, ce fait, qui pouvait être vrai du temps de Fazzêllo, a cessé de l'être du nôtre. Les bestiaux de l'Etna, si l'on excepte les bœufs servant aux charrois, sont généralement chétifs et maigres. J'ai remarqué ailleurs le manque total de moutons. Deux cent vingt ans peuvent avoir apporté quelques changemens dans la nature et la qualité d'un sol, que manie et bouleverse sans cesse un volcan?

(2) On croit lire ici Bridone. J'ai dit ailleurs que les routes de la Sicile sont exemptes aujourd'hui de voleurs et d'assassins. Un petit nombre d'exemples contraires, en un grand nombre d'années, ne feraient tout au plus, que les mettre dans la classe des principales routes de l'Europe, qui offrent parfois aussi leurs histoires de brigands.

finit au couvent de Saint-Niccolô da Rêmi (1),
couvent construit par le comte Simon , neveu du
comte Roger. Nous arrivâmes ici le premier jour ;
et nous nous y arrêtâmes un jour entier.

» L'autre région qui suit celle-ci , sur ladite montagne, est toute couverte de bois, et longue de près
de dix milles (2).

---

(1) J'ai déjà relevé le changement remarquable
opéré dans les localités en question. [*Voy*. ci-dessus,
pag. 485.] J'ajoute ici, que le couvent en question est
précisément le même d'où , à s'en rapporter au témoignage, et des habitans de Catane et de ceux de Nicolôsi , un certain voyageur d'outre-mer aurait vu tant
de belles choses, au sommet de l'Etna. *Voy*. ci-dessus ,
pag. 415, et suiv.

(2) Ou Fazzêllo s'écarte ici de son exactitude ordinaire , ou il s'en est d'abord écarté. Il résulte de sa
première assertion , que la région boiseuse s'étendait
de son temps beaucoup plus loin vers Catane , qu'elle
ne fait aujourd'hui ; et, cependant, il ne lui donne ici
que l'étendue qu'elle a encore. Pour admettre ce double calcul, il faudrait supposer que, du côté de Catane,
la forêt en question aurait diminué d'étendue , et
que , de celui du cratère de l'Etna , cette forêt se serait
au contraire étendue davantage ; et cette dernière
supposition me paraît repoussée , par la nature du sol et
par la situation même ? Quant à l'étendue respective
que ces trois régions ont aujourd'hui, on peut voir ce
qui en a été dit plus haut. *Voy*. ci-dessus , pag. 401.,
417 et 419.

» Après avoir quitté le monastère, nous trouvâmes ici, sur la gauche, un grand nombre de grosses
pierres, dont quelques-unes sont taillées en meules
de moulin; lesquelles pierres étaient toutes calcinées et noires, et avaient été jetées là, par la montagne et par les flammes (1), l'an MDXXXVII.

» Nous entrâmes ensuite dans une forêt de hêtres,
de sapins et de pins (2), laquelle forêt est si touffue,
que non-seulement on n'y voyait aucune route, mais
même aucune trace de pas d'homme; et dès que
nous eûmes commencé à nous frayer le passage, le
mieux que nous le pûmes, nous la trouvâmes, partout, si déserte et si abandonnée, que la solitude et le

---

(1) Je traduis mot à mot.

(2) Fazzêllo ne cite ici d'autres arbres, que des hêtres, des sapins et des pins; il revient même sur les
premiers, comme on le verra plus loin. Cependant, ces mêmes arbres forment le plus petit nombre de ceux qu'on y remarque; et le chêne, au
contraire, s'y présente à chaque pas ? Au reste,
la forêt est fort loin d'être aussi touffue, que du
temps de Fazzêllo; et la difficulté qu'on éprouve
à s'y frayer le passage, tient bien plus sans doute à
la nature du terrain, qu'à l'épaisseur de la forêt même. Quant à ce qu'il ajoute plus loin, savoir :
qu'on n'y voit aucune trace de pas d'hommes; le bon
Fazzêllo oubliait sans doute, que le sol, sur lequel il
marchait n'était qu'une accumulation de laves; et que
le pied de l'homme s'empreint difficilement sur la
pierre?

silence nous remplirent de terreur. Nous ne trouvâmes rien de remarquable dans cette forêt, si ce n'est quelques gros et vieux hêtres, sur l'écorce desquels étaient gravés les noms de ceux qui avaient gravi la montagne avant nous, et qui les avaient mis là, en mémoire de leur voyage ; exemple que nous suivîmes nous-mêmes (1).

» Toute cette région est très-dépourvue d'eau; et nous n'y remarquâmes que quelques crevasses en forme de bouches de four, d'où le feu sortait autrefois (2), et à l'ouverture desquelles étaient semées çà et là de petites pierres calcinées et blanchâtres. Nous trouvâmes aussi un grand nombre de collines escarpées et boiseuses, au haut desquelles, malgré les arbres qui y croissent, on remarque des gouffres énormes, qui, selon le jugement que nous en portâmes, devaient avoir jeté du feu autrefois ;

---

(1) Fazzêllo parle ici sans doute des arbres qui entouraient, et entourent encore, la fameuse grotte des Chèvres ; grotte qui, à ce qu'il paraît, servait dès lors de refuge à ceux qui étaient forcés de passer la nuit dans la forêt de la deuxième région? On peut voir à cet égard, et pour ce qui est du nom gravé par lui sur ces mêmes arbres, ce qui a été dit plus haut. *Voy.* ci-dessus, pag. 410, 414.

(2) Fazzêllo écrit en 1541 ; et depuis 1537 jusqu'en 1566, l'histoire de l'Etna n'offre en effet aucune éruption intermédiaire. *Voy.* ci-dessous, Art. *Tabl. Chronologique des Éruptions de l'Etna.*

comme on le voit encore de nos jours sur plusieurs
autres collines de la montagne ; bien que les bouches de ces volcans soient entourées de jeunes arbres.

» Après avoir traversé cette région moyenne, nous
parvînmes à une certaine roche (1) où ceux qui
gravissent la montagne ont coutume de se retirer ,
soit pour ne pas coucher en plein air, soit parce que
le chemin devient ensuite très-périlleux; car il n'y a
ici ni toit ni arbre où l'on puisse se mettre à l'abri; et
l'air, par suite des neiges continuelles (2) , y est
extrêmement froid : mais, comme il nous restait encore trois heures de jour à marcher, plus entre-
prenant que les autres , et n'ayant pas la patience
d'attendre en ce lieu , un de nos compagnons se mit
à monter tout seul , malgré les prières que nous

---

(1) Il me paraît très-difficile de savoir, si la roche
en question est effectivement la grotte des Chèvres ,
dont on croirait que notre auteur aurait voulu parler plus haut? La vérité est , que le fait des noms
gravés sur les arbres de cette forêt, se rapporte exclusivement, aujourd'hui, à ceux qui sont aux environs de
cette même grotte.

(2) Voilà encore un fait qui n'existe plus de nos
jours , comme je l'ai précédemment remarqué. Aucune des régions de l'Etna n'est couverte aujourd'hui de
neiges *continuelles* ; les neiges, commencent à tomber,
vers la fin ou le milieu d'octobre, et sont entièrement
fondues, au milieu ou à la fin de juin. *Voy.* ci-dessus,
pag. 335, 362, 372, et 479.

lui fîmes. Cependant comme il s'obstina à ne point
revenir sur ses pas , nous fûmes forcés de le suivre
nous-mêmes , et nous entrâmes ainsi-dans la troisième région de la montagne, ou région découverte.

» Cette région est ainsi nommée par les habitans du
pays, non-seulement parce qu'il ne s'y trouve aucune
forêt, ni même aucun arbre , mais parce qu'elle
ne produit ni herbes , ni plantes , ni verdure , et
qu'on y voit seulement quelques branches de chien-
dent desséchées , des petites pierres calcinées , et
une quantité prodigieuse de sable; et cela dure
ainsi jusqu'à la cime. Cette partie a près de douze
milles de longueur ; et , pendant l'hiver , elle est
remplie de neiges et de glaces ; et , l'été même , ces
neiges et ces glaces s'y découvrent et s'y conservent
encore ; ce qui est une chose véritablement admirable ; puisqu'il est vrai de dire , que la cime de la
montagne est toujours pleine de feux , et qu'on voit
sortir la flamme, du milieu même des neiges et
des glaces éternelles (1).

» Après avoir parcouru , sur nos mules, quelques

(1) La voilà donc enfin trouvée cette source de l'erreur commune, qui nous représente , même encore
aujourd'hui , le sommet de l'Etna comme un gouffre
sans cesse actif , et lançant continuellement et la
flamme et le feu, sur des neiges et des glaces éternelles!
Aux faits positifs et contradictoires à cette opinion ,
que j'ai précédemment soumis au jugement du lecteur,
il me paraît inutile d'ajouter ici un seul mot [voy.

milles de cette même région, nous nous trouvâmes
en face d'une très-haute montagne qui sort de l'Etna
même; et que les gens du pays nomment *Spalla d'A'-
sino*. Après l'avoir laissée sur la droite, à peine
avions-nous fait deux milles, que nous vîmes une

---

ci-dessus, pag. 491, note 2] ; mais comme l'autorité
d'un historien aussi fidèle que Fazzéllo, pourrait être
sans doute fort au-dessus de la mienne, je remarque-
rai encore, 1°. que ce qui peut avoir été vrai de
son temps, pourrait fort bien n'être plus vrai du nôtre ;
2°. qu'on peut douter, à la rigueur, que notre historien ait effectivement voulu dire que ces feux, ces
flammes, ces neiges et ces glaces se voyaient toujours
alors, sur la sommité du volcan : la phrase est évidemment ambigue ; mais, dût-elle être prise au pied de la
lettre, la remarque, je le répète, a cessé, depuis
long-temps, d'être vraie ; et, depuis fort long-temps
sans doute, l'Etna ne jette au dehors, ni feux ni flammes, dans l'intervalle de ses éruptions ; et, quant aux
glaces et aux neiges éternelles, celles-ci ne se découvrent plus, que dans les lieux, qui, par leur situation,
sont entièrement à l'abri de l'action de l'air extérieur,
comme de la force des rayons du soleil. Au reste, Fazzéllo s'expliquera bientôt de manière à lever tous les
doutes. Pour la troisième fois, j'insiste sur ces faits :
le lecteur s'en étonnera peut-être ; mais sa surprise
cessera, pour peu qu'il réfléchisse, qu'il n'est pas aussi
aisé qu'on le pense, de poursuivre l'erreur, jusque dans
ses derniers retranchemens.

autre colline (1) quel'on nomme le mont *Frumento*. Entre ces deux montagnes est une profonde vallée (2) où, après avoir pénétré, nous cherchâmes à faire boire nos chevaux qui se mouraient de soif, et, ne découvrant aucune source, nous leur fîmes manger de la neige, que nous trouvâmes abondamment, sous terre (3).

» En élevant ici nos regards, nous vîmes sur la cime de cette montagne, des espèces de ruines d'un ancien édifice, dont il ne restait sur pied qu'un morceau d'architrave, entièrement construit de briques ; édifice que les gens de Catane et les ha-

---

(1) La première de ces deux montagnes porte aujourd'hui le surnom passablement ridicule de *Scârica l'A'-sino* ; quelques-uns, cependant, la nomment aussi *Schîna* dell' *A'sino*. Quant à la seconde, c'est-à-dire, à celle de *Fruménto*, ce n'est autre que le produit volcanique sur lequel est située la prétendue Tour du Philosophe. *Voy.* ci-dessus, pag. 462.

(2) Cette vallée ne peut être que celle du Monteriêllo.

_ (3) Pour peu que le lecteur se rappelle que l'époque dont Fazzêllo parle, se rapporte au 28 juillet 1541, il lui sera prouvé qu'à cette même époque, les sommets de l'Etna n'étaient pas couverts de neiges, plus qu'il ne le sont aujourd'hui ; s'il fallait donner ce titre, à la neige qu'il y découvrit, les glacières de nos propres cafés, feraient de Paris même, un Etna également chargé de glaces éternelles ?

bitans de l'Etna nomment la Tour du Philosophe ,
parce qu'ils disent tenir de leurs pères , qu'Empédocle se bâtit cette maison , pour observer , de là, plus
aisément, le feu du volcan et la cause qui le produit ;
et en conséquence il éleva cette maison en face du
volcan même (1). La fatigue et la nuit nous forcèrent de coucher en ce lieu , rassurés que nous étions
d'ailleurs , par l'exemple d'Empédocle ; exemple
aussi audacieux , que peu connu jusqu'ici (2) ;
et , comme nous étions forcés de passer la nuit en
plein air , nous fîmes un grand bûcher avec le bois
que nous avions coupé dans la forêt , et que nous
avions eu soin de transporter avec nous ; et , après
avoir fait un grand feu , nous nous hâtâmes de
souper , tout en contemplant , pendant la nuit ,
les feux qui sortaient de la cime de la monta-

---

(1) J'ai suffisamment parlé moi-même de ce conte et
des autres. *Voy.* ci-dessus, pag. 462 et suiv.

(2) Il résulte de ce passage 1°. qu'à l'époque en question, aucun lieu de refuge n'était encore établi sur l'Etna;
2°. que le bon Fazzéllo accueillait, comme un fait indubitable, les contes dénués de toute espèce de preuves,
sinon même de vraisemblance, qui attribuaient dès lors
les ruines en question , au désir qu'aurait eu Empédocle
d'observer l'Etna de plus près; 3°. enfin que , d'après
la manière dont notre historien s'explique à cet égard ,
on peut le regarder lui-même , comme la première autorité qui ait donné, au conte, la couleur d'un fait historique.

gne (1) située à environ deux cents pas de nous ;
et, après avoir vu toutes ces choses d'une manière
claire et distincte, nous ne tardâmes pas à nous
endormir.

» Tandis que je regardais ces feux, et que je cé-
dais à ma surprise, je me sentis saisi d'une certaine
horreur ; un je ne sais quel sentiment religieux se
réveilla alors en moi ; mais l'impression fut si forte,
qu'aujourd'hui même, je ne puis y penser sans
éprouver une sorte de terreur.

» A la pointe du jour, nous trouvâmes deux de nos
compagnons à demi - morts, par l'effet du froid
qu'ils avaient senti pendant leur sommeil ; nous reconnûmes aussi que nos chevaux avaient rompu les
liens qui les retenaient, et s'étaient refugiés d'eux-
mêmes en un lieu abrité ; de sorte que nous fûmes
forcés de gravir à pied (2), jusqu'au sommet de la
montagne.

---

(1) *Voy*. ci-dessus, pag. 362, note; 492, note.

(2) Ce passage est non-seulement échappé au com-
mentateur de Fazzêllo, le savant P. Amîco; mais
aussi à tous les historiens de l'Etna ; à Recûpero et à Ferrâra, ainsi qu'à tous les voyageurs ; et cependant, il
en est peu de plus digne de remarque ; car il prouve
d'une manière incontestable sans doute que, du temps
de notre auteur, on pouvait monter à cheval, jusqu'au
sommet même de l'Etna ? Aujourd'hui, la chose ne
serait pas seulement impossible : l'idée même en serait
ridicule ; d'où il faut nécessairement conclure, que l'Etna de l'an 1541, était tout autre que celui de l'an 1819 ?

» Nous descendîmes d'abord sur les pas de notre guide, dans une petite vallée nommée le Lac, de la fonte des neiges qui se précipitent du sommet de la montagne, s'arrêtent en ce lieu et y forment comme une espèce d'étang (1). Nous tournâmes ensuite sur la gauche, et nous commençâmes à gravir la croupe de la montagne (2), qui, très-escarpée, pierreuse et couverte d'un sable calciné, nous offrit un chemin extrêmement pénible ; de sorte qu'à chaque

---

(1) Que de contradictions en quelques lignes ! Fazzéllo nous a parlé à diverses reprises des glaces et des neiges éternelles qui couvrent, *même en été*, toute la surface des deux dernières régions de l'Etna ; et, ici, il nous parle d'un étang formé par *la fonte* de ces mêmes neiges ! Mais ce n'est pas tout encore ; et il est bon de remarquer, que notre auteur traverse ce prétendu étang, au milieu du mois de juillet ; d'où il est nécessaire de conclure, que l'étang était alors à sec ? A quelle époque de l'année ces mêmes neiges fondaient-elles donc de son temps ? Toutes ces contradictions ont cependant échappé à ses copistes, qui tous ont juré, d'après lui, et d'après les anciens conteurs, que les sommets du volcan sont couverts de glaces et de neiges éternelles ! Au reste, ce prétendu étang a disparu de nos jours ; et s'il a jamais existé, ce ne peut être que l'espace qui sépare la Maison de Refuge, du pied du cône de l'Etna ; celui-là même qui est maintenant couvert des laves de l'éruption de 1787, et où je faillis me casser la jambe. *Voy.* ci-dessus, pag. 429.

(2) C'est-à-dire, le cône de la montagne.

nouveau pas, nous en faisions un arrière ; et , quoique le cône ait à peine un demi-mille de hauteur , nous ne mîmes pas moins de deux heures de temps à le gravir. Enfin , dès que nous y fûmes parvenus , harassés , hors d'haleine , nous prîmes un peu de repos. Du point où nous étions , on eût dit que le soleil se levait sous nos pieds ; et de là encore nous découvrîmes toute la Sicile. Il semblait que toute la mer et tout le pays de la Calabre fussent très-proches de nous : si proches même que nous pensions pouvoir les toucher de la main. Non-seulement les montagnes de ce dernier pays , ainsi que celle de Naples , semblaient être tout près de nous ; mais on eût dit qu'elles étaient sur le sol de la Sicile ? Les îles avoisinantes produisaient le même effet ; et ce n'est qu'à la sérénité de l'air , que nous devions ce spectacle.

»Après avoir récréé nos yeux d'une vue si admirable , et nous être un peu reposés , nous songeâmes à mener à bien l'entreprise assez peu sage , qui nous avait conduits en ce lieu.

» Au haut de la montagne , nous trouvâmes une grande plate-forme entièrement couverte de sable , et çà et là remplie de trous et de fissures , hors desquelles sortait un feu très-vif (1). Au milieu de

_____

(1) J'ai dit, et je redis encore, que si, à l'époque où Fazzello monta à l'Etna , le volcan jetait effectivement des feux, il faut nécessairement en conclure, que la nature du volcan était toute autre qu'elle est aujourd'hui.

cette plate-forme était un gouffre (1) immense que les anciens nommaient cratère, c'est-à-dire coupe. Ce gouffre a près de quatre milles de circonfé_rence (2), et se retrécit par degrés jusqu'au fond. Une si grande fumée sortait de cette bouche, qu'il nous était absolument impossible de distinguer le fond ; mais cette fumée n'était point continuelle, et sortait seulement par intervalle, de manière qu'en saisissant le moment favorable, et en nous couchant à plat-ventre, sur le bord de ladite bouche, nous parvînmes à distinguer le fond. Et d'abord, soit au fond, soit autour de ce gouffre, nous ne vîmes autre chose, que la forme horrible dudit gouffre, ainsi que celles de ses parties intérieu-res, qui étaient toutes rouges, rongées et rem-plies de crevasses qui jetaient du feu et étaient incrustées de soufre. Mais la bouche ayant recom-mencé à jeter des feux, nous vîmes ces feux se mêler avec la fumée, et paraître tantôt très-clairs, et tantôt comme enveloppés dans un nuage épais. Du

---

(1) Voilà encore, à une époque fort reculée, la bouche de l'Etna n'offrant qu'un seul et même gouffre ? Il me semble avoir démontré, qu'aujourd'hui elle en contient quatre bien distincts. *Voy.* ci-dessus, pag. 441 et 442.

(2) Environ une lieue un tiers. Cette même circon-férence, du temps de Spallanzâni, n'était pas de plus d'un mille et demi. Au moment où je le vis moi-même, ce cratère me parut avoir au moins trois milles ou une lieue de circuit. *Voy.* ci-dessus, pag. 438, note.

moment que le feu eut cessé, nous regardâmes encore au fond du gouffre ; nous écoutâmes attentivement , et nous n'entendîmes autre chose qu'un
bruit et un retentissement sourd, semblable à celui
d'une grande cuve qui bout sur un très-grand feu ;
ainsi que certains mugissemens qui sortaient de ces
cavernes ; ce qui nous remplit tous d'une épouvante
égale à celle que nous aurions ressentie , si nous
eussions été sur le point de mourir. Nous nous re-
levâmes donc ; et , tout en nous reprochant cette
folle entreprise , nous nous en revînmes par le même
chemin que nous avions suivi d'abord.

» Que si, en lisant ce récit, le lecteur nous reproche de nous être écartés de celui de Strabon et
de Pline , comme aussi des autres auteurs qui ont
traité de la nature du mont Etna ; qu'il réfléchisse
un peu que , selon ce même Strabon , et aussi d'a-
près l'expérience journalière , cette partie supérieure de la montagne , loin de retenir toujours la
même forme , en change au contraire très-souvent ;
et cela , par l'effet du feu qu'elle renferme. Quelquefois elle lance des feux hors de sa cime , quelquefois des torrens enflammés , quelquefois une
flamme entourée de fumée et de nuages , et quelquefois enfin, elle jette des pierres enflammées ;
tantôt ces éruptions diminuent , et tantôt elles augmentent.

» Ayant donc parcouru toute la cime de la montagne , et ayant bien considéré ces feux , nous ra-
massâmes quelques pierres noirâtres , presque en-

tièrement couvertes de soufre , et , les emportant avec nous , nous nous en revînmes à Catane (1). »

Vue au-dessus de l'Etna.

TELLE est la description d'un voyage à l'Etna, par un auteur du 16ᵉ. siècle. La nécessité où j'ai été jusqu'ici, et où je serai sans doute encore, de combattre certaines opinions de Brydone, ne me ferme point les yeux sur le mérite réel de son ouvrage, quant à une foule de détails, et surtout, quant à l'élégance du style. Je l'ai déjà prouvé, par la citation que j'ai précédemment faite de la belle description du palais du prince de Palagonïa, à Palerme (2); et j'aime à le prouver encore, en rapportant ici, sa description, non moins belle, du spectacle dont on jouit parfois sur l'Etna, au moment du lever du soleil ; description d'autant plus remarquable, que, comme je l'ai dit ailleurs (3), il est à peu près certain, que l'auteur ne put la puiser que dans de simples ouï-dire, et qu'il ne vit jamais, en effet, le spectacle qu'il a si bien décrit.

« La description que je vous ferai, dit-il, en parlant du spectacle en question, ne vous en donnera qu'une idée très-imparfaite ; l'imagination de l'homme n'a jamais pu se représenter une scène si

---

(1) Fazzêllo. *De Reb. sic.* Dec. I, lib. 1, cap. 4.
(2) *Voy.* ci-dessus, pag. 107 et suiv.
(3) *Voy.* ci-dessus, pag. 393, 395.

brillante et si magnifique. Il n'y a pas sur la surface de ce globe, de lieu d'où l'on contemple à la
fois tant d'objets si ravissans. Nous étions placés
sur un théâtre prodigieusement élevé, et toute la
surface de notre hémisphère semblait se réunir en
un seul point, sans qu'il y eût aux environs aucune montagne sur laquelle les sens et l'imagination pussent se reposer. Nous revînmes avec peine
de notre extase, et nous crûmes long-temps
ne plus être sur la terre ; nous voyions à nos pieds
un gouffre sans fond, aussi ancien que le monde,
qui vomit souvent des torrens de feu, et lance des
roches enflammées, avec un bruit dont toute l'île
retentit. L'immense étendue de la vue comprenait
les objets de la nature les plus divers et les plus enchanteurs, et enfin le soleil levant s'avançait pour
éclairer et embellir ce magnifique tableau. Ima-
ginez l'atmosphère s'enflammant peu à peu, et ne
laissant entrevoir que par degrés, le firmament et
notre globe. La mer et la terre sont dans un état de
confusion et d'obscurité, comme si elles sortaient
pour la première fois de leur chaos primitif; la lumière et les ténèbres semblent encore confondues ; et
le matin qui s'approche, opère insensiblement leur
séparation ; alors les étoiles s'éloignent, et les om-
bres disparaissent. Les forêts qui, tout à l'heure,
étaient des abîmes noirs, et sans fond, ne réflé-
chissant aucun rayon de lumière qui fît apercevoir leur forme et leur couleur, semblent à présent
sortir du néant pour la première fois; et chaque

nouveau faisceau de lumière y répaud·la vie et la
beauté : la scène s'étend de plus en plus ; l'horizon
s'élargit et se prolonge de tous côtés, et le soleil,
comme le grand créateur, s'avance à l'orient, et
achève de former cet éblouissant spectacle. Tout
paraît enchantement, et nous sommes pour ainsi
dire transportés aux régions éthérées. Les sens, qui
ne sont point accoutumés à de pareils objets, se
trouvent confondus et troublés, et il leur faut quelque temps pour les reconnaître. On voit le corps
du soleil se lever du fond de l'océan, et traîner pour
ainsi dire à sa suite, une immense étendue de terre
et de mer ; les îles Lîpari, Pànari, Alîcudi,
Strômbolì et Volcâno, et leurs sommets couverts
de fumées, sont sous mes pieds, et nous contem-
plons toute la Sicile comme sur une carte. Nous
traçons le cours de chaque rivière à travers tous
ses détours, depuis sa source jusqu'à son embouchure. La vue est sans bornes de tous les côtés, et
il n'y a rien qui l'interrompe, elle se perd dans
l'immensité, et je suis très-convaincu que si nous
ne découvrons pas les côtes de l'Afrique et même
de la Grèce, cela provient uniquement de l'imperfection de nos organes, puis qu'elles sont au-dessus de l'horizon. La circonférence de l'horizon visible au sommet du cratère, ne peut pas être de
moins de 2,000 milles. Les habitans de Malte, qui
en sont éloignés de près de 200 milles, aperçoivent toutes les éruptions de la seconde région, et
un homme placé au milieu de la montagne, dé-

couvre souvent cette île. Au sommet de l'Etna l'horizon doit donc s'étendre à une distance à peu près double; c'est-à-dire, à 400 milles; ce qui donne 800 pour le diamètre du cercle, et environ 2,400 pour la circonférence. »

Voilà sans doute une fort belle amplification, et quelques remarques fort exactes et fort justes; mais, avec les lumières acquises sur les différens points de la montagne, jusqu'au point où l'on prétend que Brydone s'arrête; avec une grande flexibilité d'imagination et de style; une bonne carte de Sicile, et les yeux du chanoine Recúpero, un auteur tel que Brydone, eût pu décrire l'Etna, au fond de l'Irlande, et voire même, au fond de son propre cabinet.

A cette description plus poétique que scientifique, plus élégante que fidèle, le lecteur ne peut que me savoir gré, sans doute, de joindre encore ici quelques remarques, sur la vue dont on jouit à la sommité du volcan; puisqu'il est vrai de dire, que ces remarques sont dues à l'un des hommes qui le connut et le décrivit le plus exactement.

«Placée à une hauteur considérable, dit M. l'abbé Ferrâra (1), la cime de l'Etna peut être considérée comme un vaste télescope, au moyen duquel on jouit de la vue la plus variée et la plus étendue. S'élevant sur la côte d'une île, au milieu

(1) *Descriz dell'* Etna, pag. 15 *et segg.*

de la Méditerranée, et entièrement séparé de tous
les objets environnans, l'Etna, à cet égard, a sur
tous les autres volcans, un avantage bien réel. Ici,
le regard de l'observateur plane sur le plus vaste
espace, sans être jamais arrèté par aucune de ces
longues chaînes de montagnes, plus ou moins élevées, au pied de la montagne principale, et qui,
partout ailleurs, se rattachent aux plus hautes
prééminences du globe; sa forme pyramidale est
encore une particularité très-favorable à l'extension de la vue; enfin, pour peu qu'on réfléchisse
à la célébrité des sites qui concourent à former
les différentes parties du tableau, on ne pourra
s'empêcher de convenir, sans doute, que tout est
ici réuni, pour offrir aux regards le spectacle le
plus imposant, le plus rare et le plus beau. Les
géans, selon la fiction poétique, entassèrent montagnes sur montagnes, pour s'élever jusqu'au séjour de Jupiter : ici, les feux souterrains ont en-
tassé laves sur laves, comme pour porter l'homme,
sinon dans l'empyrée même, du moins dans la
plus haute région des nuages; et, de là, faire planer ses regards sur une immense étendue, et de
terres et de mers. Cette situation admirable, n'é-
chappa point à l'observation des anciens; et le lever du soleil sur l'Etna, fut dès lors un spectacle si
recherché et si célèbre, qu'avide de connaître ce
que le monde offre de plus curieux, l'empereur
Adrien, venu lui-même en Sicile, monta à la

sommité du volcan, dans le seul dessein de jouir de
ce spectacle inouï (1).

» D'après les calculs trigonométriques, on peut
connaître l'extension du rayon visuel, sur l'Etna,
de même que sur toute autre montagne. Cette extension est d'environ 138 milles, ce qui peut donner à peu près 862 milles de circonférence visible. Le regard, du côté de l'ouest, s'étend donc
vers les montagnes énormes et escarpées de l'Erix,
montagnes qui dominent la ville de Trâpani ; au
sud-ouest, il va fort loin au-delà du mont Calà-
trasi, et du territoire d'Entèlla, environné de rochers inaccessibles, quoiqu'à demi fracassés ;
quant à l'extrémité occidentale de la Sicile, l'œil
ne saurait l'atteindre. Du côté du sud, on em-
brasse toute la côte méridionale, à partir de la
haute montagne de Sciàcca, jusqu'au cap Pachy-
ñus ; et conséquemment une grande partie de cette
mer, que les anciens connurent sous le nom de la
mer d'Afrique. Quant à Malte, situé à 150 milles
de l'Etna, c'est-à-dire, au-delà de l'horizon visible, cette île ne s'aperçoit que comme un point
obscur, qui contraste dans le lointain, avec l'éclat
des flots qui la baignent. Du côté de l'est, on a
sous les yeux tout l'espace qui sépare les deux
caps Pachynus et Pélore, c'est-à-dire, toute la
côte orientale : le canal de Messine se distingue

---

(1)Spart. *in Hadrian.* Citation de M. l'abbé Ferrâra.

parfaitement. Plus loin, on reconnaît la pointe de
la Calabre, qui s'avance dans la mer Tyrrhène, et
porte fièrement l'énorme masse des Apennins, entassés et s'élevant l'un sur-l'autre. Du côté de l'I-
talie, l'œil plonge dans l'Adriatique, jusqu'au
golfe Squillace; et, dans la mer Tyrrhène, jusqu'au golfe de Sainte-Euphémie. C'est donc avec
raison, qu'après avoir fait sortir la flotte troyenne
du golfe de Tarente, Virgile lui fait aussitôt découvrir le fumeux Etna (1) : enfin, du côté du
nord, on voit distinctement, depuis le cap Pélore,
jusqu'aux montagnes les plus occidentales de la
Sicile; tandis que, devant soi, les îles Éoliennes
semblent sortir du sein des eaux écumeuses; îles,
qui, sur une même ligne, s'étendent de l'est à
l'ouest; point, vers lequel on distingue même,
parfois, la petite île d'Ustica, qui, de même que
l'Etna, est un produit volcanique, vomi hors
du sein de la mer. Quant à l'intérieur même des
terres, le regard plonge ici d'aplomb, sur une
grande partie de la Sicile, qui semble être une
vaste carte, déployée sous les yeux de l'observateur
étonné. Pour offrir tant d'objets épars sur les divers points de cette grande scène, les rayons du soleil doivent venir du' pied de l'Etna, jusqu'à la
sommité de la montagne, et passer, conséquemment, d'un milieu plus dense, dans un milieu

_____

(1) Virg. *Æneid*. Lib. III, v. 554.

plus rare : on sait qu'au moment même de leur
émergence, ils s'écartent et se rompent; d'où il
résulte que les objets ne peuvent être vus dans
leur véritable site, mais seulement dans celui où
vont tomber les rayons prolongés par l'œil (1)?
L'obliquité des rayons ainsi rompus, obliquité
qui augmente à mesure qu'ils s'éloignent des
points de la superficie, ajoute encore d'autres mo-
difications à celles que produit généralement la
réfraction de ces mêmes rayons. De là, les changemens que l'on remarque dans le site des objets,
qui paraissent plus élevés, plus ou moins changés
dans leurs formes et dans leurs distances mutuelles.
Ce n'est donc qu'à ces mêmes causes qu'il convient
d'attribuer l'illusion qui les fait voir alors, comme
s'ils étaient vus dans une glace, où on les verrait,
non pas directement, mais par une certaine action
des rayons. Le moment le plus convenable à la
vue de ce spectacle est l'heure qui précède le lever du soleil, et toujours dans une de ces matinées
pures et sereines, et qui sont si communes en
Sicile (2). Tout est encore plongé dans une obscu-

_____

(1) Rigoureusement parlant , devant passer par des
couches d'air qui changent progressivement de densité,
les rayons décrivent toujours une courbe (*Note de
l'auteur cité*).

(2) Cette assertion est très-juste sans doute, quant
à toutes les autres parties de la Sicile; mais elle me
semble au moins douteuse, quant au site en question ;

rité totale : c'est la nuit du chaos. Bientôt les premiers feux du jour commencent à paraître : l'aube
a fait disparaître les étoiles , et appelle à la vie
tous les objets terrestres , qui, sortis peu à peu de
leur amas confus , se revêtent de leur forme naturelle. Cependant, le jour qui s'avance d'un pas
majestueux et tranquille, anime tous les objets
créés, et pare de richesse et de magnificence le
grand appareil de la nature. La lumière augmente
avec lui ; elle épanche son éclat, sous la voûte
azurée ; et, retombant ensuite sur les flots de la
mer, elle en fait comme un vaste miroir, qui, tandis que le soleil apparaît au-delà des monts de la
Calabre, reflète déjà à l'entour une lumière éblouis-
sante. La vapeur lumineuse dans laquelle, vers les
bornes de l'horizon, les objets sont encore indis-
tincts et fondus , semble se rapprocher ensuite, et
obscurcir peu à peu les parties les plus voisines ;
de sorte que le plaisir produit par ce ravissant
spectacle, ne peut être que de courte durée ; et que
le spectacle même ne se laisse admirer et voir dans
toute sa pureté et sa beauté primitives, que tant
qu'il est encore à une certaine distance ; distance
déterminée par le plus ou moins de pureté de l'air.

---

et, outre ma propre expérience, je n'en veux pour
preuve, que l'aveu même de M. l'abbé Ferrâra, qui,
dans plusieurs autres passages, convient de l'extrême
instabilité de l'air, dans la région la plus élevée de
l'Etna.

Toutefois, et quoique les objets ne demeurent plus placés sous le même point de vue qu'à l'époque en question, les jeux variés de la lumière produisent encore ici, dans les autres parties du jour, des effets véritablement admirables.

» C'est ainsi qu'à mesure que le milieu du jour approche, l'Etna, dont l'ombre majestueuse gravait naguère, à l'occident, tous les objets et tous les sites parsemés sur ses flancs superbes, et, comme en un tableau magique, offrait au regard étonné une double montagne gigantesque et un double Etna fumant ; c'est ainsi que, diminuant peu à peu de hauteur, le colosse fantastique rentre graduellement en lui-même, et meurt enfin au pied du véritable géant. C'est alors que les rayons du soleil, augmentant d'éclat et de force, ne frappent plus seulement les contours des objets ; mais les pénètrent, les percent, les poursuivent, pour ainsi dire, jusque dans les lieux les plus bas ; rappellent la nature à sa forme et à sa beauté essentielles ; développent toutes les masses confuses ; rendent aux monts leur aspérité ; aux forêts, leur coloris sombre ; aux prairies, leurs ruisseaux et leurs fleurs. Vers la fin du jour, un éclat plus tranquille et plus doux, répand sur cette scène, une suavité remarquable, et, près de disparaître, les derniers rayons du soleil viennent dorer encore le front orgueilleux de l'Etna. Enfin, lorsque la nuit couvre notre hémisphère des ténèbres les plus épaisses, ici, pour être changée, la scène n'en est pas moins

sublime : concentrée dans un seul objet, la réflexion
ne se porte que sur l'Etna même : lui seul règne
alors en despote sur l'esprit, et sur l'âme, auxquels
il inspire à la fois, et les sensations les plus vives,
et les idées les plus sublimes, sur les opérations de
la nature en action, qui , dans cette fournaise
immense et souterraine, travaille incessamment, et
depuis une époque que l'homme ne connaît pas (1).»

---

(1) Le savant M. Denon a décrit de la manière la
plus énergique et la plus éloquente, les impressions qu'il
éprouva, en montant pendant la nuit, au cratère de
l'Etna. « Je n'oublierai de ma vie, dit-il, l'impression que me fit éprouver l'approche de ce lieu imposant, qui semble proscrit pour les humains, et absolument dévoué aux divinités infernales. Là tout est
étranger à la nature : nulle végétation, nul mouvement d'aucun être vivant n'y trouble le silence effrayant de la nuit; tout y est mort, ou plutôt rien encore n'a commencé de vivre, rien n'y est combiné :
c'est le chaos des élémens. Un air étheré qui presse ,
étonne l'existence, et en fait connaître une, qui avertit
l'homme qu'il est hors de la région où ses organes l'en-
chaînent .On sent l'impression de sa témérité : on croit
entrer dans le laboratoire de la nature pour lui dé-
rober ses secrets; on éprouve le frémissement de l'at-
tentat, tout en s'enorgueillissant de son ouvrage. Cette
plaine enfin me parut un sanctuaire ; et la lueur qui
nous servait de fanal, le feu principe, qui, plus ancien
que le monde lui a donné le mouvement. Les vapeurs
enflammées qui étaient lancées du cratère, étaient la

Tableau chronologique et historique des Éruptions de l'Etna.

En mettant de côté tous les faits qui ne sont appuyés que sur des conjectures plus ou moins vraisemblables , pour ne s'en tenir qu'aux faits bien effectivement prouvés , la simple liste des éruptions de l'Etna pourrait former peut-être un tableau suffisamment long et suffisamment horrible. J'abrégerai ces mêmes détails , autant qu'il me sera possible de le faire , et glisserai sur tous les faits peu prouvés ou peu remarquables.

Première Époque.

AVANT NOTRE ÈRE.

L'Histoire nous a transmis le souvenir d'onze éruptions différentes , qui ont eu lieu avant notre ère ; ces éruptions sont :

1°. Celles de l'an 427 ; 2°. de l'an 477 ; 3°. de l'an 396 ; 4°. de l'an 350 de la fondation de Rome ; 5°. de l'an 600 , *même époque* ; 6°. de l'an 613 , *même époque* ; 7°. celle de l'an 122 avant notre ère ;

---

seule lueur qui éclairait d'une manière mystérieuse cet immense espace. Lorsque nous fûmes au milieu de la plate-forme , le feu se changea en un torrent enflammé ; la lune se levant alors , colora ce lieu , et en changea l'aspect d'une manière absolument différente, mais non moins horrible : il nous sembla préparé pour les mystères ténébreux d'Hécate.» Denon, *Voyage en Sicile*, citation de M. l'abbé Ferrâra.

8°. celle de l'an 637 de la fondation de Rome, sous le consulat de L. Cecilius Metellus, et Q. Flaminius; éruption pendant le cours de laquelle, outre les torrens de laves ordinaires, l'Etna vomit une telle quantité de cendres, que la ville de Catane et tous les environs en furent comme surchargés, et que les toitures des maisons cédèrent bientôt sous leur poids. Cet événement, au rapport d'Orose (1), cité par l'historien Fazzèllo (2), engagea le sénat de Rome d'exempter, pendant dix ans, cette même ville de l'impôt onéreux de la gabelle; 9°. l'éruption qui eut lieu un peu avant la guerre entre Pompée et César; 10°. celle de l'an 44 (environ) de notre ère, à l'époque de la mort de César; 11°. enfin, l'éruption qui eut lieu au temps de la guerre de Pompée et d'Octave, en Sicile.

Deuxième Époque.

CETTE seconde époque, qui s'étend depuis la naissance de J.-C., jusqu'à l'an 1819, présente soixante-six éruptions, sur l'existence et la nature desquelles on ne peut asseoir aucune espèce de doute.

Premier siècle.

1°. L'éruption de l'an 44 de notre ère, sous le

(1) Hist. Lib. v, cáp. 13.
(2) De Reb. sicul. Dec. 1, lib. 2, cap. 1.

I. 33

règne de Caligula , qui se trouvait alors en Sicile ,
et se sauva , effrayé, à Messine (1).

Troisième siècle.

2°. L'éruption de l'an 251.

Cinquième siècle.

3°. L'éruption de l'an 420.

Neuvième siècle.

4°. L'éruption de l'an 812, à l'époque où Charlemagne était à Messine.

Douzième siècle.

5°. L'éruption de l'an 1169, sous le règne de
Guillaume II , roi de Sicile. Quelques-uns placent
cette éruption en l'an 1179 , et même aussi loin
que l'an 1183 ; ce fut l'une des plus désastreuses
dont l'histoire fasse mention. Des torrens de
laves couvrirent toute la surface de la montagne ,
du côté de Catane, et coulèrent jusqu'au pied
des murs de cette ville. Le tremblement de terre
qui la précéda [le 4 février, même année],
renversa toutes les maisons de Catane , Lentini et
Syracuse. L'évêque de Catane, Jean di Agnêllo ,
son clergé et un grand nombre d'habitans furent
subitement engloutis sons les ruines de la cathédrale
de cette ville. Plus de quinze mille personnes , de

(1) Suet. *In Calig.*

tout sexe et de tout âge , périrent également sous la chute des maisons. Les villes , villages et bourgs des environs de Catane ne furent pas plus épargnés : tout fut renversé , tout périt. Ceux que la terre sembla rejeter de son sein , furent bientôt engloutis dans les nouvelles rivières qui jaillirent tout à coup à la vue de leurs victimes (1).

TREIZIÈME SIÈCLE.

6°. L'éruption de l'an 1284 , au moment même de la mort du célèbre Charles d'Anjou.

QUATORZIÈME SIÈCLE.

7°. L'éruption de l'an 1323.

8°. L'éruption de l'an 1329. A partir du 28 juin jusqu'au 20 juillet de cette année, quatre nouveaux cratères s'ouvrent successivement vers la partie orientale et occidentale de l'Etna. Du sein de ces quatre cratères sortent des torrens de laves qui couvrent tous les environs d'Iàci et de Catane, mais qui respectent ces deux villes ; les scories et les laves vomies par ces différens cratères , for-

---

(1) Ugone Fallando. *Storia di Sicilia.* — Silvàggio. *Colloq. trium Peregrinat. Fol* 143.—Pırri, *Not. Eccl. Catan. Fol.* 29.—Grossis. *Catan. Sacr. Fol.* 89 —Mongitòre. *Sicilia Ricercàta.* pag. 367. — Maravigna. *Tav. Sinott. dell'Etna.*

ment, sur l'Etna, la montagne nommée Monte Fi-
nôcchio (1).

9°. L'éruption de l'an 1333.

10°. L'éruption de l'an 1381. Cette éruption fut
une des plus terribles. Les laves parvinrent jusqu'à
Catane , située, comme je l'ai dit déjà , à près de
douze lieues du cratère. A s'en rapporter au témoignage du P. Amîco (2), ces mêmes laves auraient
comblé alors , pour la première fois , le port de
cette dernière ville, qui , selon le même historien,
ne serait autre que celui d'Ulysse , port que je
place moi-même un peu au-dessus de Catane (3).

QUINZIÈME SIÈCLE.

11°. L'éruption de l'an 1408. Cette éruption
dura onze jours ; outre les laves , les scories , les
cendres et les sables , lancés au loin par le volcan ,
neuf nouveaux cratères s'ouvrirent à une lieue au-
dessus de Saint-Nicolas l'Arêna. Ces nouveaux
gouffres vomirent des torrens de laves , qui se di-
visèrent en plusieurs bras; l'un d'eux coula d'abord
vers Catane ; mais , fort heureusement , ne parvint

---

(1) Bonfiglio. *Hist. di Sicîlia*, pag. 554— Carrêra.
Mem. Stor. Tom. I, pag. 156. — Philot. *Ætnæ To-
pogr.* pag 14. — Silvâggio. *Loc cit.* pag. 158. —
Maürôli. *Hist. sicul.* lib. V. —Maravîgna. *Loc. cit.*

(2) *Catânia Illustrata.* Part. 2 , lib. 6, 7 , pag. 244.

(3) *Voy.* ci-dessus, pag. 325.

pas jusqu'à cette ville. Le couvent de Sainte-Marie du Bois , et le village de Pêdora furent totalement détruits (1).

12°. L'éruption de l'an 1444.
13°. L'éruption de l'an 1446.
14°. L'éruption de l'an 1447.

Seizième siècle.

15°. L'éruption de l'an 1536.
16°. L'éruption de l'an 1537. Cette éruption peut être comptée parmi les plus terribles ; le tremblement de terre, dont elle fut accompagnée , ébranla toute la Sicile , et jusqu'à la Calabre même. Messine fut détruite en partie. Pendant tout le temps que dura l'éruption , la lave coula à torrens , sur une étendue de plus de cinq lieues , jusqu'à Saint-Nicolas l'Arêna , Nicolôsi et Montpilièri. Les cendres , lancées par le volcan, furent tomber à Messine , et jusque sur les côtes de la Calabre (2).

17°. L'éruption de l'an 1566.
18°. L'éruption de l'an 1567.

---

(1) Silvâggio. *Loc. cit.*, pag. 159.—Maravîgna. *Loc. cit.*

(2) Fazzêllo. *De Reb. Sicul.* Dec. 1, lib. 1, cap. 4. —Silvâggio. *Loc. cit.* — Maürôlico. *Hist. sicul.*, lib. 7, pag. 233. — Maravîgna. *Loc. cit.*

19°. L'éruption de l'an 1578.

20°. L'éruption de l'an 1579.

DIX-SEPTIÈME SIÈCLE.

21°. L'éruption de l'an 1603.

22°. L'éruption de l'an 1607.

23°. L'éruption de l'an 1610.

24°. L'éruption de l'an 1614.

25°. L'éruption de l'an 1619.

26°. L'éruption de l'an 1633.

27°. L'éruption de l'an 1634 et 1636. Ces deux éruptions peuvent être regardées, en effet, comme n'en formant qu'une seule, puisqu'il est vrai de dire, que le torrent de laves ne cessa de couler, pendant l'espace de dix-huit mois (1).

28°. L'éruption de l'an 1638.

29°. L'éruption de l'an 1643.

30°. L'éruption de l'an 1646.

31°. L'éruption de l'an 1651.

32°. L'éruption de l'an 1669.

Voici la plus désastreuse de toutes les éruptions de l'Etna. Les détails principaux méritent d'en être connus, et je ne pense pas que le lecteur me sache mauvais gré d'en allonger encore cette relation, sans doute déjà très-longue.

Le 8 mars 1669, une heure avant le lever du

---

(1) Carrêra. *Mem. Stor. di Catânia.* Tom. 1, pag. 163. — Maravigna. *Loc. cit.*

soleil, le ciel s'obscurcit tout à coup, comme par suite d'une éclipse totale. Cette particularité se remarqua surtout au district de Pêdara, et aux environs de ce dernier village. Bientôt des secousses se firent sentir ; celles-ci durèrent jusqu'au 11 du même mois, époque où elles augmentèrent beaucoup, tant en nombre qu'en force. Le village de Nicolôsi, celui-là même dont j'ai suffisamment parlé (1), fut le lieu le plus violemment agité, et les secousses y furent si fortes, que les malheureux habitans ne pouvaient se tenir sur leurs pieds. Cet accroissement de force dans les secousses, comme je l'ai fait entendre, commença à se faire sentir à Nicolôsi, dans le cours de la matinée du 11 mars : à midi, le même jour, Nicolôsi avait été.

Le lendemain, la terre s'entr'ouvrit du sud au nord ; un gouffre de quatre lieues de long sur cinq à six de large, s'ouvrit : quant à sa profondeur, elle était incalculable ; bientôt à celui-ci en succéda un autre, qui se forma dans la même plaine, au pied du mont de la Nocêlla ; de ce dernier sortit une fumée sulfureuse et épaisse ; enfin, un troisième gouffre, du même genre que les deux autres, s'unit encore à ceux-ci ; et quatre nouveaux cratères s'ouvrirent successivement derrière le mont Fûsara. Les secousses, les bruissemens de la terre sont épouvantables ; les maisons de Catane vacillent sur

_____

(1) *Voy.* ci-dessus, pag. 385 et suiv.

leurs bases , comme près d'écrouler à tout moment.
Cependant un septième cratère se joint aux six premiers : il vomit un torrent de laves , qui , prenant
d'abord son cours vers la ville, se porte ensuite vers
l'est. Ce torrent volcanique ravage , dans son cours ,
une immense étendue de terrain : Montpilièri , Mis-
terbiânco , St.-Pierre , Câmpo-Rotûndo , la Tour
de Grîffo , Mascalucìa , Melpàsso , et plusieurs
autres villes , villages et bourgs sont engloutis par
lui. De là il passe jusqu'à Catane même ; renverse
ou surmonte les murs de la ville ; détruit ses plus
beaux monumens antiques et modernes; prend enfin
son cours vers la mer ; en repousse les flots à plus
d'un mille au delà, et se met fièrement à leur place !
Telle fut la quantité de sable et de cendres vomies
par le nouveau gouffre , qu'ils forment au pied de
Nicolôsi une énorme montagne, dont la cime divisée
présente deux différens cônes. Cette montagne est
celle de Monte-Rôssi , dont il a été parlé plus
haut (1). L'éruption de ces mêmes cendres dura
trois mois entiers ; elles couvrirent tous les lieux
voisins d'une arène volcanique , de plusieurs pieds
de profondeur. Par une singularité remarquable ,
au milieu de tant de désastres , dont la source n'é-
tait qu'en eux , les cratères du cône même , res-
tèrent paisibles spectateurs des ravages qu'ils avaient
préparés ; depuis le 8 jusqu'au 23 mars , aucune

_____

(1) *Voy*. ci-dessus, pag. 382, 388, 390.

éruption, aucun signe de fureur ne partit de la bouche du volcan ; l'épouvante et la ruine étaient partout ; eux seuls ils paraissaient tranquilles. Mais ce
jour-là même , de terribles secousses se firent tout
à coup sentir , et le front du volcan se replia en
lui-même. On reconnut alors que l'Etna avait
diminué de hauteur ; tandis que la circonférence
du cratère-principal , qui , avant cet événement ,
n'était que d'environ une lieue , en eut alors plus
de six! Enfin , après quatre mois et trois jours de
secousses , de fureurs et de désastres continuels ,
le 11 juillet 1669 , le volcan , se calmant tout à
coup , cessa de faire trembler la Sicile. La perte
publique fut immense : on l'estima à plus de trente-
neuf millions ; mais , grâce au ciel , l'homme fut
du moins épargné , et partout évita la mort par la
fuite (1). Il résulte des calculs du physicien Bo-
relli, témoin oculaire des faits en question , que les
matières volcaniques, lancées alors hors du cratère ,
auraient pu former une masse cubique de quatre-
vingt-trois millions huit cent trente-huit mille sept
cent cinquante pas géométriques(1)Le torrent principal n'avait pas moins de cinq lieues de long , sur
une à une lieue un quart de large ; sa profondeur
variait , de vingt-cinq , à cinquante et à cent pieds.

(1) Borêlli. *Hist. et Meteorol. Incend. Ætnei. An-
ni* 1669. Cap 4. — Mâssa. *La Sicília in Prospettíva.*
Tom. I , pag. 79. — Amîco. *Annot. ad. Reb. sicul.*
Fazzêl. Tom. 1, pag. 128. — Maravîgna. *Loc. cit.*

33°. L'éruption de l'an 1682.

34°. L'éruption de l'an 1688.

35°. L'éruption de l'an 1689.

36°. L'éruption de l'an 1693.

Pendant cette éruption , la lave ne produisit aucun ravage remarquable ; mais l'affreux tremblement de terre qui se fit sentir dès le 11 janvier, fut le plus fatal des fléaux, pour toute la Sicile, et, surtout, pour Catane. De tous les monumens publics, reconstruits depuis les désastres de 1669, la Chapelle de sainte Agathe, la Rotonde, autre église ; le Château Vesêno ; enfin, les murs de la-ville, et un très-petit nombre de maisons particulières échappèrent seuls à la ruine commune. Quinze mille âmes périrent sous les décombres ; huit mille seulement échappèrent à la mort, par la fuite ; en un mot, cinquante-neuf mille cent soixante-trois personnes, de tout sexe et de tout âge, périrent au même instant, sur toutes les parties de la Sicile. La mer, s'élevant en forme de haute montagne, se jeta dans la ville même. On voit encore aujourd'hui, dans la place St.-Philippe, à Catane, le lieu où elle s'arrêta (1).

37°. L'éruption de l'an 1694.

---

(1) Boccône. *Muséo di Física. Osser.* v. 1, pag. 5. — Mongitôre. *Loc. cit.* Tom. II , pag. 36. — *Transact. Philosoph. de la Société Royale de Londres.* An. 1693. — Maravigna. *Loc. cit.*

DIX-HUITIEME SIECLE.

38°. L'éruption de l'an 1702.

39°. L'éruption de l'an 1723.

40°. L'éruption de l'an 1726.

41°. L'éruption de l'an 1732.

42°. L'éruption de l'an 1735.

43°. L'éruption de l'an 1736.

44°. L'éruption de l'an 1744.

45°. L'éruption de l'an 1745.

46°. L'éruption de l'an 1747.

47°. L'éruption de l'an 1755.

48°. L'éruption de l'an 1758.

49°. L'éruption de l'an 1759.

50°. L'éruption de l'an 1763.

Le 28 juillet de cette année, l'Etna s'entr'ouvrit à l'endroit connu sous le nom de Tàcca del Barrite. Hors du nouveau cratère sortit une grande quantité de sable et de cendres. Le torrent volcanique coula pendant plus d'un mois ; il détruisit les plus beaux chênes de la deuxième région, et forma une haute montagne connue sous le nom de Monteriêllo , ou Monte-Rôsso (1) ; montagne que, comme je l'ai remarqué ailleurs , il ne faut point confondre avec celle nommée Monterôssi.

51°. L'éruption de 1766.

Le 27 avril de cette année , un nouveau cratère,

(1) *Voy.* ci-dessus , pag. 418, 424.

d'une largeur immense, s'ouvrit à l'endroit connu sous le nom de la Pômice. D'abord, les laves s'accumulèrent sur celles de la dernière éruption, c'est-à-dire, celle de 1763 ; ensuite, elles prirent leur cours vers les monts Contràsto et Calvarîna. Dans la seule journée du 3o du même mois, quatorze nouveaux cratères se formèrent, sur le lieu nommé Piâno del Chiâtto ; il en sortit des torrens de sables, de cendres, de scories et de pierres. Ces mêmes torrens coulèrent à travers la région boiseuse, la détruisirent en partie, et menacèrent du même sort, les villages de Pêdara et Nicolôsi.

52°. L'éruption de l'an 1780.

Ici se présentent deux particularités très-remarquables, et qui me paraissent faites pour contrarier un peu le système généralement adopté par les naturalistes modernes, à l'égard de la communication dés feux volcaniques ; communication dont ils nient l'existence. Pendant tout le temps que dura le terrible tremblement de terre, qui, en 1783, ravagea, ou plutôt détruisit et Messine et les deux Calabres ; c'est-à-dire, depuis le 5 février, jusqu'à la fin de juin ; le volcan du Strômboli, l'une des îles Éoliennes, situé à près de 15o lieues du centre des secousses ; ce volcan, dis-je, augmenta évidemment de fureur et de force, et ne cessa de vomir des globes de fumée et de flammes, àvec des détonations horribles. Cependant, non-seulement l'Etna demeura lui-même dans le plus grand calme ; mais la fumée qu'il vomit sans cesse,

disparut alors entièrement ; et ce ne fut qu'au mois
de juillet suivant, que le Nestor des volcans se para
de nouveau de ses phénomènes et de sa fureur ordinaires.

53°. L'éruption de l'an 1787.

Les cendres vomies par le volcan furent pórtées
jusqu'à Malte, c'est-à-dire, à près de cinquante
lieues de distance. La fumée qui sortit du cratère,
n'offrit pas un phénomène moins remarquable ;
cette fumée était mêlée, pour ainsi dire, à une
multitude inouïe d'éclairs éblouissans (1).

54°. L'éruption de l'an 1791.

55°. L'éruption de l'an 1792.

Cette éruption est une des plus célèbres ; elle
est particulièrement remarquable, pour le grand
nombre de cratères qui s'ouvrirent sur toutes les
parties du volcan ; et la prodigieuse quantité de
lave qui en sortit. Cette lave, en divers endroits, a
plus de trois cents pieds de profondeur ; et couvre
une étendue de dix lieues de terrain.

56°. L'éruption de l'an 1797.

57°. L'éruption de l'an 1798.

58°. L'éruption de l'an 1799.

Des colonnes de laves enflammées furent làn-
cées à une élévation au-dessus de toute espèce de

(1) Mirône. *Descr. de Fenômeni osserv. nell' Eruz.*
del 1787. — Gemmellâro. *Relazione dell' Eruz. dell'*
Etna, nel 1787. Maravîgna. *Loc. cit.*

calcul. Le volcan vomit, à plus de cinq lieues au
delà, des scories brûlantes, du poids de neuf à
treize onces.

59°. L'éruption de l'an 1800.

Cette éruption peut être regardée comme l'une
des plus affreuses, et des plus longues. Le ravage
produit par l'émission des laves, des scories, des
cendres, et surtout, par le tremblement de terre
qui ne cessa de se joindre à tant d'autres fléaux ; ce
ravage, dis-je, est au-dessus de toute peinture.
Une pluie de feu inonda, pendant plusieurs jours,
Zafaràna, Malvâgna, Môjo et Milàzzo. On revit
encore ici des scories brûlantes, du poids de douze
à treize onces, et qui pleuvaient sur la tête des
malheureux habitans.

DIX-NEUVIÈME SIÈCLE.

60°. L'éruption de l'an 1802.

Le volcan lança, à un quart de mille de distance,
une énorme lave solide et antique, de la forme
d'une colonne régulière.

61°. L'éruption de l'an 1805.

Cette éruption offrit la découverte de deux gouffres, qui, du fond du grand cratère, se prolon-
geaient dans les entrailles du volcan. L'activité du
feu fut telle que, depuis le 11 juillet, jusqu'au 4
avril suivant, une colonne de lave fluide ne cessa
de s'élever du fond de l'abime, et de couler sur les
laves anciennes, qui couvrent la partie orientale

du volcan. Durant cette même éruption, l'Etna lança constamment une grande quantité de sables, de scories et de cendres qui, retombant ensuite au fond du cratère, y formèrent un monticule de figure conique (1).

62°. L'éruption de l'an 1806.

63°. L'éruption de l'an 1808.

64°. L'éruption de l'an 1809.

Dès la fin du mois de décembre 1808, l'Etna avait donné des signes d'un accroissement quelconque d'agitation et d'activité intérieures, soit en vomissant une plus grande masse de fumée, soit par des secousses et détonations, qui avaient lieu de temps à autre. Enfin, le 27 mars 1809, la force de la fusion volcanique devint telle, qu'après plusieurs violentes secousses, qui se firent sentir, jusqu'à Lingua-Grossa, un cratère de 784 pieds de circonférence, s'ouvrit tout à coup au nord-est du dernier des anciens cratères, et vomit une grande quantité de sables, de scories, de cendres et de laves, qui prirent bientôt leurs cours vers le nord; tournèrent ensuite au nord-est; et le 1er. avril suivant, s'arrêtèrent enfin aux environs du Mont Sainte-Marie. Les tremblemens de terre continuèrent; et le 28 mars, c'est-à-dire, le lendemain même de la formation du premier cratère,

---

(1) J'ai parlé ailleurs de ce même monticule, qui paraît ne plus exister. *Voy*. ci-dessus, pag. 445.

neuf autres s'ouvrirent, dans un espace d'une lieue
de terrain, en ligne directe, et pour ainsi dire,
à égale distance l'un de l'autre, savoir : quatre sur
la plate-forme de l'Etna, qui fait face au sep-
tentrion; et cinq à l'endroit dit Tàcche di Coriâzzo.
Ces neufs nouveaux cratères vomirent tous à la
fois des sables, des cendres, des scories, des
pierres et des laves antiques. Le 29 du même mois,
une demi-heure après le coucher du soleil, un
dixième cratère s'ouvrit, au delà de Mônte-Rôsso,
dans le district nommé la Cerchiêra. Ce cratère,
ou plutôt ce nouvel Etna, n'avait pas moins de
vingt différentes bouches; il vomit au loin des
flammes, des pierres énormes, des scories, des
sables, des cendres; un immense torrent de lave
s'écoula aussi de leur sein, et couvrit la totalité
du vallon, dans la direction de Lingua-Grôssa.
Cette lave ne cessa de couler que le 9 avril suivant; elle submergea un terrain immense (1).

65°. L'éruption de l'an 1811.

Au moment de cette éruption, l'une des plus fortes, des plus longues, et des plus remarquables,
l'Etna parut d'abord, comme entièrement couvert
d'une multitude de flammes qui s'ouvraient le passage au travers d'autant de parties du cône. Cette
éruption commença le 27 octobre, et dura jusqu'au

---

(1) Ferrâra. *Descr. dell' Etna*, pag. 141. — Gemmellâro. *Memória dell' Eruzióne del* 1809.

milieu du mois de janvier suivant. M. l'abbé Ferràra, et M. Joinville, tous deux également chers à la
science et aux lettres, passèrent sur le cratère
même, la nuit du 1ᵉʳ. au 2 novembre; et nos
observateurs purent se flatter d'avoir pris la nature sur le fait (1).

66º. L'éruption de l'an 1819.

CETTE éruption, ainsi que je l'ai dit plus
haut, commença le 27 mai, et se prolongea jusqu'au 2 juillet suivant. C'est la dernière de toutes
celles qui aient eu lieu de nos jours. D'où il
résulte que, en ajoutant à celles-ci, les onze éruptions qui précédèrent l'ère chrétienne, la totalité des éruptions de l'Etna, sur l'existence et
la nature desquelles l'histoire ne nous laisse aucun doute, s'élèverait à soixante-dix-sept éruptions
principales.

Le désir de me procurer la relation de cette
dernière éruption; relation, depuis long-temps
attendue, à Catane même [car un livre nouveau, à
Catane, fait autant d'impression que l'apparition
d'une comète!] ce seul motif, dis-je, me retint
quinze jours de plus dans cette ville; et quand, la
veille de mon départ, cette fameuse relation parut (2), j'acquis la certitude de ne pouvoir m'en

(1) Ferrâra. *Loc. cit*
(2) L'ouvrage, autant que je sache, doit être dédié
à M. Lucas fils, dont le départ de Catane précéda aussi
la publication du livre.

I.   34

procurer un seul exemplaire, vu que l'auteur, M. le docteur Maravîgnâ, avait pris, avec l'université de Catane, aux frais de laquelle l'ouvrage avait été imprimé, l'engagement de n'en vendre aucun exemplaire; et voilà de quelle manière, les universités siciliennes, activent le progrès des lumières !

HAUTEUR DE L'ETNA.

LA hauteur de l'Etna est encore un problème. Ce n'est pas, toutefois, que l'Etna n'ait été mesuré; c'est, au contraire, parce qu'il ne l'a été que trop; et que chaque nouveau calcul, a donné le démenti à l'ancien.

Ces calculs reposent sur des observations barométriques : le plus ou moins d'élévation du mercure, doit donner, au plus juste, le plus ou moins d'élévation de la montagne. A la vérité, nos savans sont fort loin de s'entendre, sur le nombre de toises, de pouces et de lignes à assigner à chaque ligne de mercure; à la vérité encore, chacune de ces observations a été faite, sur des points très-différens de la montagne; à la vérité, enfin, il est difficile de comprendre comment nos savans s'y sont pris, pour calculer l'extrême différence qui doit naturellement exister, et qui existe, en effet, entre la nature des différentes couches d'air, qui, dans toutes les saisons de l'année, chaque mois, chaque jour, chaque heu-

re , et , pour ainsi dire , chaque minute , passent
et repassent sans cesse , sur le sommet de la montagne ; dont l'élévation varierait suivant la pluie
et le beau temps ? mais toutes ces petites considérations n'entrent pour rien dans un calcul baromé-
trique ; et une fois le principe établi, il faut, bon gré
malgré , que l'Etna s'abaisse ou s'élève ! il est des
rêves plus nuisibles , sans doute : il n'en est pas de
plus ridicules.

L'évaluation de chaque ligne de mercure a
produit quatre systèmes différens : La Hire assigne
à chacune de ces mêmes lignes , douze toises et
quatre pieds ; Picart , quatorze pieds ; Borch ,
soixante-douze ; enfin , ajoutant un pied à la première dixaine , deux à la seconde , trois à la
troisième , et ainsi de suite , Cassini assigne dix
toises d'élévation par chaque ligne de mercure.

Or, d'après les observations qui auraient été
faites par Brydone en 1770 , le mercure , sur la
sommité de l'Etna , serait tombé à 19 pouces 4 lignes , et d'après les observations faites par Borch
en 1773 , sur cette même partie du volcan , le
mercure ne serait tombé qu'à 17 pouces 1 ligne.
D'où il résulte.

Pᵈˢ. Pᶜᶜˢ.

1. Que, selon les calculs de La Hire,
et le baromètre de Brydone , l'Etna aurait de hauteur. 17,632

2°. Que, selon les calculs de Borch ,

Pᵈˢ. Pᶜᵉˢ.

et le baromètre de Brydone, il n'aurait que. 16,704

3°. Que, selon les calculs de La Hire,
et le baromètre de Borch, il n'aurait que 15,580

..4°. Que, selon les calculs de Borch,
et son propre baromètre, il n'aurait que 14,760

5°. Que, selon les calculs de Cassini,
et le baromètre de Brydone, il n'aurait
que. 14,200

6°. Que, selon les calculs de Cassini,
et le baromètre de Borch, il n'aurait que 12,520. 6

7°. Que, selon les calculs de Picart,
et le baromètre de Brydone, il n'aurait
que. 3,248

8°. Enfin que, selon les calculs de ce
même Picart, et le baromètre de ce
même Borch, l'Etna n'aurait, en tout,
que. 2,870

Que le ciel fasse paix aux savans, aux calculs et aux baromètres; qu'il les accorde entre eux; et nous apprenne enfin, auxquels savans, auxquels calculs, et auxquels baromètres il faut croire!

Les observations thermométriques ont amené des résultats aussi précis, aussi égaux, aussi satisfaisans!

Il est honteux pour les sciences, dit ce même Brydone, en parlant des calculs en question, il est honteux pour les sciences, que les résultats de ces philosophes soient si différens. On pourrait ajouter', que.l'aveu de l'ignorance même, serait beaucoup moins honteux, que des contradictions si choquantes! Le même auteur fait rejaillir une partie de la honte, sur l'Académie Etnéenne de Catane; et, pour le coup, il a doublement raison.

Delà; les contradictions que l'on remarque dans les calculs des voyageurs : ceux-là donnent à l'Etna deux lieues deux tiers; ceux-ci, deux lieues; d'autres enfin, quatre mille toises d'élévation. Le P. Amîco lui donne trois mille deux cent quatre pas de hauteur; Spallanzâni, environ douze mille pieds; Brydone dix mille six cent vingt-six; Deluc et Schùckburg, dix mille deux cent soixante-dix; Needham; dix mille trente-deux; Borch, quatorze mille sept cent soixante; et enfin, Ferrâra, dix mille cent quatre-vingt-dix-huit.

Autant de contradictions que de calculs; autant de calculs que de contradictions; ce qui n'empêche pas nos savans de compter de même, au plus juste, par pieds, par pouces et par lignes, la distance de la terre à Saturne!

La hauteur de l'Etna, je le répète, est encore un problème à résoudre; et l'on n'y parviendra jamais que, lorsque, renonçant à des calculs problématiques, on le mesurera, comme un enfant mesure son arlequin ou sa poupée; c'est-à-dire, par des calculs purement géométriques. Si, pour connaître au juste la hauteur de leurs monumens, nos

534 VOYAGE AUX CRATÈRES DE L'ETNA.

bons bourgeois de Paris avaient recours aux calculs de nos philosophes, ils divagueraient, sur la hauteur des tours de Notre-Dame, comme ceux-ci divaguent eux-mêmes, sur la hauteur de l'Etna.

CONCLUSION DU VOYAGE AUX CRATÈRES DE L'ETNA.

TELS sont les faits et les remarques recueillis dans le cours de mon voyage aux divers cratères du volcan : comparés à l'objet observé, ces faits et ces remarques paraîtront bien insignifians sans doute? en relevant quelques erreurs, j'en aurai commis de plus fortes ? il ne dépendait pas de moi de faire mieux : voir ou connaître sont deux choses très-différentes : quelques-uns ont pris l'une pour l'autre ; je ne m'abuse pas à ce point ; j'ai passé cinq jours sur l'Etna ; c'en est plus qu'il n'en faut, pour voir : cinq ans ne seraient pas trop', pour connaître.

FIN DU PREMIER VOLUME.

TABLE DES ARTICLES

DU PREMIER VOLUME.

L'astérisque * qui suit l'article, indique les planches enluminées et inédites, des sites et des monumens dont il est parlé à la page 470 de ce volume.

Ce titre a été omis ; il doit être placé en
tête du dernier paragraphe de la pag. 89.

. Ce titre a été omis ; il doit être placé en tête
  du second paragraphe de la page 116.

Lightning Source UK Ltd.
Milton Keynes UK
UKHW021138200219

337573UK00005B/1060/P

9 780332 613529